ŒUVRES

DE

J. F. COOPER

IMPRIMERIE DE H. FOURNIER ET Cⁿ, 7 RUE SAINT-BENOIT.

J. F. COOPER

TRADUCTION

par Defauconpret.

LE PORTE-CHAINE.

Paris.
FURNE & C⁹ CHARLES GOSSELIN,
Éditeurs.
1846.

OEUVRES

DE

J. F. COOPER

TRADUITES

PAR

A. J. B. DEFAUCONPRET

TOME VINGT-SIXIÈME

LE PORTE-CHAINE

PARIS

FURNE ET Ce, CHARLES GOSSELIN
ÉDITEURS

M DCCC XLVI

LE PORTE-CHAINE.[1]

CHAPITRE PREMIER.

> Il avait une tête solide, des membres d'Hercule ; une constitution de fer, en état de braver toutes les intempéries des saisons, sur laquelle n'avaient de prise ni la fatigue, ni les angoisses de la faim.
>
> ROKEBY.

Je suis fils de Cornelius Littlepage, de Satanstoe, dans le comté du West-Chester, État de New-York ; et d'Anneke Mordaunt, de Lilacsbush, domaine situé près de Kingsbridge, et qui, quoique à onze milles de la ville de New-York, fait partie des dépendances de la cité.

J'ai peu connu mes autres parents. J'étais encore très-jeune, lorsque mon aïeul maternel mourut en Angleterre, où il avait été voir un colonel Bulstrode qui lui-même avait habité les colonies, et pour qui Herman Mordaunt — c'était le nom de mon grand-père, — avait une prédilection toute particulière. J'ai souvent entendu dire à mon père qu'il était heureux peut-être, à un certain point de vue, que son beau-père fût mort à cette époque ; car il se fût sans doute rangé du côté de la couronne, dans la querelle qui éclata presque immédiatement après, et tous ses biens auraient infailliblement partagé le sort de ceux des de

---

[1] *Le Porte-Chaine* fait suite à *Satanstoe*, qui forme la première partie des MÉMOIRES DE LA FAMILLE LITTLEPAGE. Dans le cours de cet ouvrage, il est souvent fait allusion à des événements qui sont racontés dans la première partie. Nous croyons suffisant d'en prévenir le lecteur une fois pour toutes. L'auteur a voulu tracer une esquisse des mœurs américaines à différentes époques. Dans *Satanstoe*, l'action commençait en 1755 ; dans le *Porte-Chaine*, nous sommes transportés en 1784. (*Note de l'éditeur.*)

Lancey, des Philips, des Floyd, et de toutes les grandes familles qui restèrent fidèles, comme on disait; ce qui voulait dire fidèles à un prince, mais non pas à leur pays natal. Si l'on considère les opinions et les préjugés du temps, il serait difficile de décider qui avait tort ou raison; mais ce qui est certain, c'est que les Littlepage, c'est-à-dire mon grand-père, mon père et moi-même, nous nous rangeâmes du côté du pays. A n'envisager que l'intérêt, il est évident que l'Américain qui se prononçait contre la couronne, montrait le plus de désintéressement; car pendant longtemps on courut grand risque d'être subjugué; et dans ce cas, il ne s'agissait de rien moins que de voir confisquer tous ses biens, sinon d'être pendu. Mais mon aïeul paternel était ce qu'on appelait un whig des plus prononcés. Il fut nommé brigadier dans la milice en 1776, et prit une part active à la grande campagne de l'année suivante, ainsi que mon père qui avait le grade de lieutenant-colonel dans les contingents de New-York. Il y avait aussi dans le même régiment que mon père un major Dirck Follock, qu'il aimait de tout son cœur. Ce major était un vieux garçon dont la résidence légale était de l'autre côté du fleuve, dans le Rockland, mais qui passait chez nous la plupart de son temps. Ma mère avait une amie intime qu'elle chérissait comme une sœur et qui avait trente ans, au commencement de la révolution. Miss Mary Wallace, qui était toujours restée fille, jouissait d'une jolie fortune, et elle vivait constamment renfermée à Lilacsbush, à l'exception de quelques visites qu'elle venait nous rendre à New-York.

Nous étions très-fiers du brigadier, tant à cause de son rang que de ses glorieux services. Il ne survécut pas longtemps à la guerre, bien qu'il n'eût pas eu le bonheur de mourir sur le champ de bataille. L'ingrate postérité n'a de mémoire que pour ceux qui périssent les armes à la main; et cependant celui qui voit venir de sang-froid la mort dans un hôpital, par suite de maladies contractées au service, ne montre-t-il pas tout autant de courage que le brave dont un boulet emporte la tête? Mon père était resté au camp à soigner un grand nombre de ses soldats atteints de la petite vérole; ce fut là qu'il prit le germe de cette affreuse maladie dont il mourut lui-même; eh bien, à peine fit-on quelque attention à sa mort. Le père du major Dirck, au contraire, vieil ami de ma famille, qui avait toujours mené joyeuse vie, ayant été surpris par un détachement d'Indiens, un jour qu'il s'était éloigné de sa garnison pour aller faire une orgie dans une taverne voisine, avait été mis à mort et indignement scalpé. Il n'en fallait pas davantage pour en faire un héros, et le major ne parlait jamais du trépas de son père qu'avec un sentiment d'orgueil, tandis que la mort du brigadier semblait un événement déplorable sans doute, mais dont il n'y avait point à tirer vanité. Et cependant, à mes yeux, la fin de mon aïeul était de beaucoup la plus glorieuse; mais elle ne sera jamais regardée comme telle par l'historien ni par le pays, parce qu'il lui manque ce prestige du champ de bataille. Il viendra pourtant un jour où chaque chose sera vue sous sa véritable couleur, et où les hommes et les événements seront jugés pour ce qu'ils sont, et alors bien des arrêts de l'histoire seront cassés en dernier ressort.

J'étais bien jeune à l'époque de la guerre de la Révolution, et cependant le hasard me rendit témoin de quelques-uns des événements les plus importants. Dès l'âge de douze ans — on est précoce en Amérique,— j'avais été envoyé au collége de Nassau, à Princeton, pour y faire mes études, et n'en sortir que quand j'aurais pris tous mes grades. Mais mon éducation ne s'acheva pas sans de longues et graves interruptions. Ma famille, à cause de ses opinions bien connues, avait dû s'éloigner de New-York, dès que sir William Howe en avait pris possession. Ma mère et ma grand'mère avaient été habiter, dans le village de Fishkill, une ferme qui appartenait à miss Wallace. C'était à soixante-dix milles de la capitale, dans l'enceinte des lignes américaines. Lorsque j'y vins passer le temps des vacances, mon père allait partir à la tête de son bataillon, et il m'emmena avec lui. Je ne quittai l'armée et ne repris mes études qu'après les brillantes affaires de Trenton et de Princeton, auxquelles notre régiment prit une part glorieuse.

C'était un assez joli début pour un enfant de quatorze ans. Mais alors des garçons de mon âge portaient souvent le fusil, car si les colonies couvraient une grande étendue de pays, les habitants étaient peu nombreux. Si l'on veut se former une idée juste de la guerre de la Révolution, et en apprécier avec impartialité les phases diverses, il ne faut point oublier l'extrême disproportion qu'il y avait, sous tous les rapports, entre les deux armées : d'un côté, des paysans, aux habitudes pacifiques, sans officiers d'expérience, manquant d'armes, souvent de munitions, et dépourvus de ce qui fait le nerf de la guerre : l'argent ; de l'autre, l'élite des guerriers de l'Europe, aidés de toutes les ressources qu'une civilisation avancée pouvait leur offrir. Et cependant les Américains, abandonnés à eux-mêmes, soutinrent la lutte avec honneur, et que de combats ne pourrait-on pas citer qui, malgré le petit nombre de combattants, mériteraient une place dans l'histoire à côté des plus beaux faits d'armes !

L'année suivante, je fis presque toute la campagne dans laquelle Burgoyne fut fait prisonnier, et voici comment. Depuis ma dernière expédition, j'étais assez mal disposé pour l'étude, et à mon retour, à l'époque des vacances d'automne, ma mère m'envoya porter des effets d'habillement à mon père qui était avec l'armée dans le nord. J'arrivai au quartier général une semaine avant l'affaire de Bhemis' Heights, et je restai auprès de mon père jusqu'après la capitulation.

Ce fut par suite de ces circonstances que, tout jeune que j'étais, je fus témoin de deux ou trois des affaires les plus importantes, je pourrais même dire jusqu'à un certain point acteur ; car dans le dernier combat, j'eus l'honneur de servir en quelque sorte d'aide de camp à mon grand-père qui, deux ou trois fois, m'envoya porter des messages au milieu de la mitraille. Ce n'eût été rien de la part de tout autre, mais pour un écolier en vacances ce n'était pas trop mal employer son temps. Les Littlepage étaient en très-bonne odeur dans la colonie, et je devins le favori des officiers.

Il y avait surtout un capitaine, très-original, qui me plaisait infiniment. Il était d'origine hollandaise, comme la plupart des officiers, et il s'appelait André Coejemans, bien qu'il fût universellement connu sous le sobriquet du Porte-Chaîne. Quoique d'une famille respectable, en sa qualité de cadet il n'avait reçu qu'une éducation des plus incomplètes. Il avait joui pendant quelque temps d'une honnête aisance; mais il n'avait que vingt-trois ans quand un Yankee avait trouvé moyen, comme il le disait lui-même, de lui souffler sa fortune, et il avait cherché depuis ce moment à exercer la profession d'arpenteur. Mais André n'avait point la tête faite pour les mathématiques, et après deux ou trois bévues assez fortes, commises dans sa nouvelle profession, il se résigna au modeste emploi de porte-chaîne. On dit que chaque homme a une spécialité qui lui est propre; le tout est de la trouver et de travailler ensuite avec persévérance. André Coejemans avait trouvé la sienne. Comme porte-chaîne, il acquit une réputation sans égale. Quelque humble que fût cet état, il demandait encore des qualités précieuses. D'abord, il fallait être honnête, et c'est ce qui ne se rencontre pas encore tous les jours. Propriétaire ou fermier, on était bien tranquille quand c'était André qui tenait le bout de la chaîne; l'arpentage ne laissait rien à désirer. Et puis André avait le coup-d'œil sûr; jamais il ne se fourvoyait à droite ou à gauche; il suivait la ligne droite, ayant acquis dans sa profession une sorte d'instinct qui épargnait beaucoup de temps et de peines. En même temps il était excellent chasseur, et il avait fini par connaître les bois à merveille. Aussi était-ce à lui qu'on s'adressait directement pour les arpentages, quoiqu'il se fît une règle invariable d'employer pour la direction des travaux des hommes ayant une meilleure tête que la sienne, et que, pour lui, il se contentât toujours de porter la chaîne.

Au commencement de la révolution, André prit les armes, comme la plupart de ceux qui éprouvaient une vive sympathie pour les colonies. Quand on leva le régiment dont mon père était lieutenant-colonel, ceux qui amenaient sous les drapeaux un certain nombre d'hommes, recevaient un grade proportionné à la grandeur du service qu'ils rendaient sous ce rapport. André s'était présenté l'un des premiers avec une escouade considérable de porte-chaînes, de chasseurs, de trappeurs, de guides, de coureurs, etc.; ils étaient vingt-cinq, tous robustes, tous résolus, tous excellents tireurs. Leur chef fut fait lieutenant, et comme il se trouva être le plus âgé des officiers du même grade, il arriva bientôt au rang de capitaine; grade qu'il occupait quand je fis sa connaissance, et au-dessus duquel il ne s'éleva jamais.

Les révolutions, surtout celles qui ont un caractère populaire, ne mettent pas en évidence les hommes qui ont reçu l'éducation la plus distinguée, mais plutôt ceux qui se trouvent avoir les qualités demandées par les besoins du moment. Il n'en fut pas tout à fait ainsi dans notre grande lutte nationale. C'est un fait étrange, mais incontestable, que pas un seul de nos jeunes soldats, pendant toute la durée de la guerre, ne conquit une haute position militaire par la force de ses talents. Peut-être faut-il l'attribuer en partie à cette circonstance que, dans une lutte pareille, il fallait dans les chefs plutôt de la prudence et de la circonspection que des qualités plus brillantes, et l'on recherchait plus l'âge et l'expérience que la jeunesse et l'audace. Il est probable qu'André Coejemans, à son arrivée à l'armée, était, par sa position sociale, au-dessus du niveau de la plupart des officiers des régiments fournis par les colonies du nord. Il est vrai que son éducation n'était pas égale à sa naissance; car alors, sauf quelques exceptions bien rares, les Hollandais de New-York, même ceux qui avaient de la fortune, n'étaient rien moins que savants. A cet égard, nos voisins les Yankees avaient de beaucoup l'avantage sur nous. Ils envoyaient tous leurs enfants à l'école, et si ceux-ci ne recevaient guère qu'une instruction superficielle, c'était toujours assez pour établir leur supériorité au milieu de parfaits ignorants. André n'avait pas cherché à combler cette lacune en étudiant lui-même. Il savait lire et écrire, mais voilà tout; le calcul avait été la pierre d'achoppement contre laquelle étaient venues se briser toutes ses espérances comme arpenteur. Je lui ai souvent entendu dire que « si la terre avait pu se mesurer sans l'aide de figures, il n'aurait reconnu pour son maître aucun homme de cette profession dans toute l'Amérique, sauf toutefois Son Excellence, le meilleur et le plus honnête arpenteur que la terre eût jamais porté. »

La circonstance que Washington avait exercé un moment l'état d'arpenteur dans sa première jeunesse, était une source de juste orgueil pour André. Il sentait que c'était un bonheur d'occuper même une position secondaire dans une profession qui avait été honorée par un si grand homme. Je me rappelle que, lorsque nous étions ensemble à Saratoga, le commandant en chef étant venu à passer à cheval devant notre tente, le capitaine Coejemans me dit avec expression : — Vous voyez, Mordaunt, mon *prave* garçon, voilà Son Excellence qui passe! Eh! *pien*, ce serait le plus heureux jour de ma vie, si je pouvais porter la chaîne pendant qu'il arpenterait un tout petit *pout* de ferme dans ces environs!

André, qui parlait généralement bien anglais, du moins l'anglais des colonies, avait quelque chose de plus ou moins hollandais dans sa prononciation, suivant qu'il était plus ou moins animé. Dans le cours des différentes visites que je rendis au camp, je me pris pour lui d'une amitié toute particulière, qui me fut inspirée par l'originalité de son caractère, et qu'il me rendit par reconnaissance.

Grâce aux épisodes des vacances, mes études se prolongèrent pendant six années, et j'avais dix-neuf ans quand je pris mes grades. C'était l'année du siége de Charlestown, et je servis comme enseigne dans le bataillon de mon père. J'eus aussi le bonheur d'entrer dans la compagnie du capitaine Coejemans, circonstance qui fortifia encore l'affection que je portais au vieux militaire. Je dis vieux; car, à cette époque, André n'avait pas moins de soixante-sept ans, quoiqu'il fût aussi actif, aussi dispos, aussi bien portant que le plus jeune d'entre nous. Pour ce qui était de supporter la fatigue, quarante ans passés en grande partie dans les bois en faisaient, sous ce rapport, notre maître à tous.

J'aimais mes parents d'une affection sincère, d'abord parce que c'étaient mes parents, et ensuite parce que je n'aurais pu en désirer de meilleurs; j'aimais miss Mary Wallace, ou ma tante Mary, comme on m'avait habitué à l'appeler, parce que c'était la plus douce et la plus affectueuse des créatures; j'aimais le major Dirck Follock comme une sorte d'ami héréditaire, qui en mille occasions m'avait aidé de ses conseils et de son expérience; j'aimais le domestique nègre de mon père, Jaap, comme nous aimons un serviteur fidèle; mais André, je l'aimais sans savoir pourquoi. Il était d'une ignorance grossière; se faisant les idées les plus singulières sur cette terre et sur ce qu'elle contient; il avait des manières qui n'étaient rien moins que distinguées, quoiqu'il fût la franchise et la loyauté mêmes; il avait des préjugés si enracinés qu'il ne semblait pas y avoir place pour autre chose dans son organisation intellectuelle, et il avait hérité complétement de cet amour pour la bouteille que les Coejemans avaient importé de Hollande, et qui se répandait rapidement dans la colonie. Néanmoins j'avais pour lui un attachement réel, et quand nous fûmes tous licenciés à la paix, en 1783, — j'étais alors devenu capitaine, — je ne me séparai du vieil André que les larmes aux yeux. Mon grand-père, le général Littlepage, était mort alors, mais au licenciement général, le gouvernement donna à presque tous les officiers le brevet du rang supérieur à celui qu'ils occupaient, et mon père, qui, la dernière année, avait rempli les fonctions de colonel, porta le titre de brigadier le reste de ses jours. Ce fut ce qu'il retira de plus clair de sept années de fatigues et de dangers. Mais le pays était pauvre, et nous nous étions battus pour les principes plus que dans l'espoir de récompense. Il faut convenir que l'Amérique suppose à ses enfants un bon fonds de philosophie, puisque tout son système de récompenses, et même de châtiments, s'adresse à l'imagination ou aux qualités de l'esprit. L'Angleterre a sa chevalerie, ses titres de baronnet, sa pairie, ses ordres, ses hautes dignités, toutes ces amorces jetées à notre nature infirme; tandis que l'Américain n'a d'autre mobile que la vertu ou le patriotisme. Après tout, nous battons au moins aussi souvent que nous sommes battus, ce qui est le grand point.

Pendant que j'en suis sur ce sujet, je ferai remarquer qu'André Coejemans ne prit jamais le vain titre de major, qui lui fut gracieusement conféré par le Congrès en 1783; mais qu'il quitta l'armée avec son titre de capitaine, sans demi-paie, pour chercher une nièce qu'il avait prise à sa charge, et pour continuer son ancien métier de porte-chaîne.

CHAPITRE II.

> C'est un honnête coquin, Monsieur, qui, toutes les fois que j'ai l'âme soucieuse et mélancolique, sait me récréer par ses facéties.
>
> SHAKSPEARE.

On a vu que, si j'avais acquis quelques connaissances, ce n'était pas du moins grâce à la suite que j'avais mise dans mes études. Il est hors de doute que l'instruction eut beaucoup à souffrir pendant la révolution et les vingt années qui suivirent. Tant que nous fûmes colonies, nous recevions d'Europe d'excellents maîtres ; mais les arrivages cessèrent en grande partie, dès que les troubles commencèrent, et ils ne recommencèrent pas immédiatement au moment de la paix.

Les relations que j'avais dans l'armée contribuèrent à m'attirer hors de la maison paternelle, malgré toutes les tentations qui pouvaient m'y retenir. Sans parler de ma mère et de ma grand'-mère qui m'idolâtraient, sans parler de ma tante Mary que j'aimais presque autant ; j'avais deux sœurs, l'une plus âgée, l'autre plus jeune que moi... L'aînée, qui s'appelait Anneke comme sa mère, avait six ans de plus que moi, et, au commencement de la guerre, elle avait épousé un riche propriétaire, M. Kettletas, qui la rendait parfaitement heureuse. Ils avaient plusieurs enfants et demeuraient dans le comté de Dutchess, ce qui fut un motif de plus pour ma mère d'aller y fixer provisoirement sa résidence. J'avais pour Anneke les sentiments qu'un frère a naturellement pour une sœur beaucoup plus âgée, qui est bonne, affectueuse et dévouée ; mais la petite Catherine, ou Kate, était ma favorite. Kate était de quatre ans ma cadette ; j'avais vingt-deux ans lors du licenciement de l'armée, et elle dix-huit par conséquent. Cette chère sœur était une petite espiègle, toute sautillante, toute riante, toute frétillante, quand j'avais pris congé d'elle, en 1781, pour joindre le régiment comme enseigne, fraîche et jolie comme un bouton de rose. Je me rappelle que le vieil André et moi, nous passions des heures entières au camp à causer de nos petites favorites; lui, de sa nièce, moi de ma jeune sœur. D'abord, cela va sans dire, je ne comptais me marier jamais; nous vivrions ensemble, ma sœur et moi; elle serait ma compagne, ma femme de ménage, et moi son guide et son protecteur. Le grand bonheur de la vie, pour nous tous, était la paix avec l'indépendance; ces biens une fois obtenus, aucun de nous, au régiment, n'était assez peu patriote pour douter de l'avenir.

On aurait ri de voir avec quelle ardeur, avec quelle naïve simplicité le vieux porte-chaîne embrassait tous ces projets enfantins. Sa nièce était orpheline. Fille unique d'une sœur qu'il avait perdue, elle n'avait que lui de parent au monde. Il est vrai que cette nièce avait eu le bonheur d'être recueillie par une amie de sa mère qui l'avait prise en affection, et qui, forcée, par des revers de fortune, de fonder un pensionnat, avait donné à sa protégée une éducation bien différente de celle qu'elle eût reçue sous la direction de son oncle; mais elle perdit cette excellente amie en 1783, et André fut obligé de penser sérieusement à l'avenir de sa nièce, qui retombait entièrement à sa charge. Il est vrai que la jeune fille voulait chercher les moyens de se suffire à elle-même; mais c'était ce que ni la fierté, ni l'affection du vieux porte-chaîne n'entendaient permettre.

— Qu'est-ce que l'enfant ferait? me dit André, un jour qu'il me racontait tous ces détails. Elle ne saurait porter une chaîne, bien qu'elle ait assez de tête et qu'elle soit assez savante pour mesurer la terre. Si vous voyiez tout ce que la bonne dame m'écrivait sur les connaissances de son élève! c'était une kyrielle à n'en plus finir. Et puis elle écrit en perfection; savez-vous qu'il ne me faut pas moins d'une semaine entière pour lire une de ses lettres?

— Une semaine entière? mais, puisqu'elle écrit si bien, André, il me semble que cela devrait vous faciliter singulièrement la besogne.

— Au contraire. Quand on ne sait faire soi-même que des pattes de mouche, on se perd dans tous ces beaux jambages dont ses lettres sont remplies.

— Eh bien donc, vous songez à lui faire prendre l'état d'arpenteur? lui dis-je pour m'amuser.

— La pauvre enfant est un peu délicate pour courir les bois; mais, s'il ne s'agissait que de calculs, elle battrait sans peine le plus fort géomètre de la province.

— Nous appelons maintenant New-York un État, capitaine André, ayez la bonté de vous en souvenir.

— Oh! c'est vrai, et je fais toutes mes excuses à l'État. Après tout, on va joliment se jeter sur les terres, dès que la guerre sera complétement terminée, et le métier de porte-chaîne va redevenir excellent. Savez-vous, mon garçon, qu'on parle de nous donner à tous, officiers et soldats, une certaine quantité de terres; et que, par ainsi, je me retrouverais propriétaire, comme je l'étais à mon entrée dans le monde? Vous, qui hériterez d'écus par milliers, peu vous importe d'en avoir quelques centaines de plus ou de moins; mais j'avoue que, pour moi, l'idée me sourit infiniment.

— Allez-vous donc vous adonner de nouveau à l'agriculture?

— Non, l'agriculture et moi, nous ne nous sommes jamais bien entendus ensemble. Mais si une fois j'ai des terres, je pourrai bien les mesurer, je suppose, sans que messieurs les savants viennent se jeter à la traverse. On verra, on verra si mes calculs sont si fautifs, après tout. Si on ne veut pas se fier à moi, ce n'est pas une raison pour que je ne me fie pas à moi-même.

Je savais que le vieil André était un peu piqué de n'avoir point réussi dans la partie purement intellectuelle de sa profession; et, pour détourner la conversation d'un sujet qui pouvait lui être désagréable, je me mis à lui parler de sa nièce, et ce fut alors que j'appris quelques particularités qui m'étaient encore inconnues.

La nièce du porte-chaîne s'appelait Ursule Malbone. Ursule, bien que fille de la sœur d'André, n'était pas du sang des Coejemans. Il paraîtrait que la vieille mistress Coejemans s'était mariée deux fois, et que son second mari était le père de la mère d'Ursule. Bob Malbone, comme le porte-chaîne appelait toujours le père de l'enfant, était d'une très-bonne famille de l'Est; mais c'était un dissipateur effréné, qui n'avait épousé la mère d'Ursule que pour sa dot; aussi en moins de dix ans, avait-il mangé toute la fortune de sa femme et la sienne. Ils avaient une fille de deux ans, lorsqu'ils moururent à deux mois de distance l'un de l'autre, laissant la petite Ursule aux soins de son oncle qui passait alors sa vie dans la forêt, livré à ses occupations ordinaires, et de mistress Stratton, la maîtresse de pension dont j'ai parlé. Elle avait bien un demi-frère, Bob Malbone ayant eu deux femmes; mais il était à l'armée, et il avait une proche parente à soutenir avec sa modique paie. Cependant, grâce à mistress Stratton et au porte-chaîne, à l'aide aussi de quelques cadeaux du frère, Ursule n'avait manqué de rien jusqu'à dix-huit ans, et elle avait reçu le bienfait d'une éducation soignée, quand sa protectrice vint à mourir. Il ne lui resta dès-lors d'autre appui que son oncle. Son frère cherchait bien à faire quelque chose pour elle, mais il n'était que capitaine, et, malgré sa bonne volonté, il lui était bien difficile de faire quelques économies sur ses appointements.

Je ne tardai pas à m'apercevoir que le vieil André aimait Ursule plus que tout au monde. Quand il était un peu tendre, car jamais ses petites débauches n'allaient plus loin, il ne tarissait pas sur le compte de sa nièce; alors ses yeux se remplissaient de larmes; et, un jour même, il me proposa sérieusement de l'épouser.

— Vous êtes faits l'un pour l'autre, me dit-il d'un grand sérieux, dans cette occasion mémorable; et, quant à la fortune, je sais que vous n'y tenez pas, puisqu'à vous seul vous en avez assez pour une demi-douzaine. Je vous jure, capitaine Littlepage, — cette conversation avait lieu quelques mois seulement avant le licenciement, lorsque je venais d'obtenir une compagnie, — je vous jure que la petite fille ne fait que rire du matin au soir, et que c'est la compagne la plus gaie qu'un vieux militaire puisse souhaiter pour se distraire. Essayez-en seulement, et vous m'en direz des nouvelles.

— Un vieux militaire, c'est possible, mon ami; mais vous oubliez que, par mon âge, je ne suis guère qu'un enfant.

— Allons donc! un enfant qui se bat comme un lion! Est-ce que je ne vous ai pas vu au feu?

— Soit! mais ce n'est pas le militaire, c'est l'homme qui se marie, et l'homme est bien jeune, quoi que vous en disiez.

— Vous avez tort, mon garçon, vous avez tort; car Ursule est la gaieté incarnée, et je lui ai souvent parlé de vous de manière à vous aplanir joliment le chemin.

J'assurai à mon ami André que je ne songeais nullement à me marier, et que, dans tous les cas, j'aurais plus de goût pour une femme mélancolique et sentimentale que pour une petite rieuse. Le vieux porte-chaîne ne se fâcha pas de mon refus; mais, loin de se décourager, il revint plus de douze fois à la charge. Alors arriva le licenciement de notre régiment, et nous nous séparâmes. Si nous ne devions plus nous revoir comme soldats, j'espérais bien ne pas perdre, pour cela, de vue mon vieil ami, et s'il ne trouvait pas d'occupation d'un autre côté, j'étais bien décidé à lui en donner moi-même.

La chose ne m'était pas très-difficile. Mon aïeul paternel, Herman Mordaunt, m'avait laissé un domaine considérable dont je devais entrer en jouissance à ma majorité. Ce domaine, d'une vaste étendue, situé dans ce qui forme aujourd'hui le comté de Washington, portion de notre territoire au nord-est d'Albany, avait été divisé et affermé en partie avant sa mort; mais la plupart des baux étaient expirés, et les colons attendaient pour les renouveler des temps plus tranquilles. Jusqu'alors Ravensnest — c'était le nom de la propriété — n'avait été, pour la famille, qu'une source de tracas et de dépenses; mais la terre était bonne; des améliorations importantes avaient été opérées, et il y avait lieu d'espérer, à l'avenir, quelques produits. Auprès de ce domaine était celui de Mooscridge qui, concédé, dans le principe, au premier général Littlepage et au vieux colonel Follock, était échu pour moitié, lorsque ce dernier avait été si indignement scalpé au commencement de la guerre, à Dirck-Follock. Mon grand-père alors avait transmis à son fils unique la part qui lui appartenait. Cette propriété avait été divisée autrefois en grands lots, mais, par suite de circonstances malheureuses, puis des troubles qui avaient éclaté plus tard, elle n'avait jamais été distribuée en fermes. Aussi, tout ce qu'elle avait jamais rapporté, c'était le privilége de payer les taxes et les redevances que s'était réservées la couronne.

Puisque j'en suis sur ce chapitre, il vaut mieux achever ici mes explications préliminaires. A l'époque de la paix, nous étions loin d'être riches. Mon grand-père paternel avait pour tous biens Satanstoe, ferme peu étendue, mais dont les terres étaient excellentes; et quelques sommes placées à intérêt. Ce fut un beau jour pour lui que celui où il put reprendre possession de sa maison, lorsque sir Guy Carleton retira tous ses détachements du West-Chester. Mais, dans l'année même de son retour, il mourut de la petite vérole dont il avait rapporté le germe de l'armée. Mon père n'était revenu à Lilacsbush qu'après l'évacuation, qui eut lieu le 25 novembre 1783. Les maisons et les magasins que nous avions à New-York avaient été occupés par l'ennemi, ce qui avait interrompu le paiement des loyers, et il n'était pas facile de faire rentrer des intérêts dus par des personnes qui habitaient dans l'enceinte des lignes anglaises.

A qui voit l'état actuel du pays, il n'est pas aisé de faire comprendre ce qu'il était alors. Pour en donner une idée, je rapporterai une aventure qui m'est personnelle, et qui remonte à l'époque où j'allai rejoindre l'armée. Elle me fournira, en même temps, l'occasion de présenter au lecteur un ancien ami de la famille, qui s'est trouvé jouer un rôle important dans divers événements de ma propre vie. J'ai parlé de Jaap, un esclave de mon père, qui était à peu près de mon âge. A l'époque dont je parle, Jaap était un nègre entre deux âges, à tête grisonnante, ayant la plupart des défauts et toutes les qualités des êtres de sa race et de sa condition. Ma mère était si sûre de sa fidélité qu'elle demanda, avec instance, qu'il accompagnât son mari à la guerre; et le nègre ne se fit pas prier, d'abord parce qu'il aimait les aventures, et ensuite parce qu'il haïssait spécialement un certain Indien, mon père ayant fait dans sa première jeunesse quelques expéditions contre cette portion de nos ennemis. Quoique Jaap remplît les fonctions de domestique, il portait un fusil, et faisait même l'exercice avec les soldats. Heureusement notre livrée était bleue avec des parements rouges; de sorte que Jaap avait presque l'air d'être en uniforme; circonstance d'autant plus heureuse que jamais la mauvaise tête n'eût consenti à porter d'autre livrée que celle de la famille, à laquelle il appartenait régulièrement. De cette manière, Jaap se trouvait être moitié soldat, moitié domestique, passant assez souvent d'une fonction à l'autre ; prenant même, quelquefois, la pioche en main comme laboureur ; car nos esclaves faisaient toutes sortes d'ouvrages.

Il était de règle — et c'était ma mère qui l'avait voulu ainsi — que Jaap m'accompagnât toutes les fois que j'allais à quelque distance sans mon père. Elle supposait assez naturellement que c'était moi qui avais le plus besoin de la présence d'un serviteur fidèle, et le nègre avait fini par être attaché presque exclusivement à ma personne. Ce changement était de son goût, parce que, avec moi, il y avait souvent de longues courses à faire, par conséquent du nouveau à voir ; et puis, il avait à me raconter toutes les aventures de sa jeunesse, histoires bien usées pour mon père qui les avait entendues cent fois, mais qui, pour son jeune maître, avaient tout l'attrait de la nouveauté.

Dans l'occasion dont je parle, Jaap et moi nous revenions au camp, d'une assez longue excursion que j'avais entreprise par ordre du général de division. C'était le moment où « la monnaie continentale » comme on l'appelait, était dans un discrédit complet. C'était à peine si cent dollars en papier en valaient encore un. J'avais emporté, pour payer mes dépenses de route, un peu d'argent, ce qui était précieux, et de trente à quarante mille dollars de « monnaie continentale. » Mais mon argent était épuisé, et il ne me restait, en papier, que deux ou trois mille dollars, ce qui était à peine suffisant pour payer un dîner ; encore les aubergistes faisaient-ils une grimace effroyable quand on essayait de les payer de cette manière. Ce vide, dans ma bourse, se fit sentir, lorsque j'avais encore deux journées de marche devant moi ; et dans une partie du pays où je n'avais point de connaissances. Cependant il fallait bien trouver un gîte pour nous et pour nos bêtes, et procurer aux uns et aux autres quelque nourriture. Sans doute ce n'était pas une dépense bien forte, mais, pour qui n'avait rien, c'était encore une charge trop lourde. En appeler au patriotisme de ceux qui se trouvaient demeurer sur la route, c'était une triste ressource. Le patriotisme est une qualité qui se tient tellement près de l'entrée du cœur humain que, de même que la compassion, elle est toujours prête à prendre la fuite, dès qu'elle prévoit quelque appel direct. C'est bon dans les premiers mois d'une guerre ou d'une révolution ; mais, à la longue, elle finit par tomber tout aussi bien en discrédit que le papier-monnaie.

— Jaap, demandai-je à mon compagnon, en apercevant le hameau où je comptais passer la nuit, car il faisait un froid piquant, et mon imagination commençait à avoir besoin, pour se réchauffer un peu, de la douce perspective d'un bon souper chaud. — Jaap, combien d'argent pouvez-vous avoir sur vous?

— Moi, maître! singulière question, en vérité!

— Si je vous l'adresse, c'est que je n'ai plus qu'un seul schelling d'York, qui ne vaut que dix-huit sous dans cette partie du monde.

— C'est bien peu, en effet, pour deux estomacs vides, maître, sans parler de nos pauvres bêtes. C'est bien peu, en vérité.

— C'est tout, cependant. J'ai dû donner douze cents dollars pour le dîner et pour l'avoine, à notre dernier gîte.

— Ah! oui, en monnaie continentale, sans doute. Ce n'est pas grand' chose après tout.

— C'est de la viande creuse, Jaap, nous ne le sentons que trop. Cependant il faut boire et manger; nos montures éprouvent le même besoin. Du moins les pauvres bêtes pourront boire sans payer, j'espère.

— Oh! oui, maître, c'est vrai, c'est bien vrai. — Et Jaap éclata de rire avec sa facilité ordinaire, ce dont je n'avais nulle envie.

— Mais il me vient une idée. Laissez faire le vieux Jaap. Il saura vous faire souper, et bien souper encore. Allez seulement en avant, maître; donnez vos ordres, comme fils du général Littlepage, et le vieux Jaap se charge du reste.

Comme il n'y avait pas d'autre ressource, je piquai des deux, et bientôt je cessai d'entendre le bruit des sabots du cheval de mon nègre. J'arrivai à l'auberge une grande heure avant lui, et je savourais un excellent souper lorsqu'il entra, ne faisant aucunement mine de me connaître, et se donnant de grands airs d'indépendance. Son cheval fut mis dans l'écurie à côté du mien, et je vis bientôt qu'il se faisait servir un grand repas dans la cuisine, avec les bribes de ma table.

Un voyageur de mon apparence fut naturellement placé dans

la plus belle salle de l'auberge, et, quand j'eus apaisé mon appétit, je me mis à lire quelques papiers qui avaient trait à la mission dont j'étais chargé. Jamais on n'aurait pu s'imaginer que je n'avais qu'un schelling dans ma poche ; car mon air était celui d'une personne qui a les moyens de payer tout ce qu'elle demande. La certitude que mon hôte ne perdrait rien pour attendre un peu me donnait une dose convenable d'assurance. Je venais d'achever ma lecture, et je me demandais comment j'emploierais les quelques heures qui restaient avant que je pusse raisonnablement me mettre au lit, quand j'entendis Jaap qui accordait un violon dans la salle commune. Comme la plupart des nègres, le drôle avait du goût pour la musique ; il s'était exercé, et il ne jouait pas plus mal que la moitié des ménétriers du pays.

Le son d'un violon dans un petit hameau, par une froide soirée d'octobre, ne pouvait manquer de produire son effet. Au bout d'une demi-heure, l'hôtesse, toute souriante, vint m'inviter à me joindre à la compagnie, ajoutant très-gracieusement que je ne manquerais pas de danseuses, attendu que la plus jolie fille du village venait d'arriver, et qu'elle n'avait pas encore de cavalier. A mon entrée dans la salle, je fus accueilli par une foule de saluts et de révérences toutes plus gauches les unes que les autres, mais avec bonhomie et simplicité. Jaap aussi me salua en grande cérémonie, et de manière à écarter tout soupçon que nous nous fussions jamais vus.

La danse continua encore pendant deux heures avec beaucoup d'entrain ; mais l'horloge avertit alors les jeunes filles du village qu'il était temps de se retirer. Voyant approcher le moment de la séparation, Jaap me tendit respectueusement son chapeau, et de l'air le plus magnifique j'y jetai ostensiblement mon schelling, et je le passai à la ronde. Un autre schelling y fut déposé, puis des pièces de six sous, puis de simples sous, suivant que la bourse de chaque danseur était plus ou moins garnie. Pour couronner l'œuvre, l'hôtesse, qui avait la meilleure mine du monde, et qui aimait la danse, annonça que le joueur de violon et son cheval seraient hébergés gratis ; sur quoi Jaap se retira. Grâce à cet ingénieux expédient, je trouvai le lendemain matin, dans ma bourse, six schellings et demi en argent, et des sous en assez grand nombre pour défrayer un nègre de cidre pendant un mois.

J'ai souvent ri de bon cœur de la ruse du pauvre diable, quoique je ne lui aie jamais permis de recommencer. Étant passé devant la maison d'un homme qui semblait d'une condition supérieure aux autres, je me présentai devant lui sans le connaître, et je lui racontai mon histoire. Sans me demander d'autre preuve de ce que j'avançais que ma parole, il me prêta cinq dollars en argent, qui suffisaient largement pour toutes mes dépenses, et qui, je n'ai pas besoin de l'ajouter, lui furent fidèlement rendus.

Ce fut un heureux moment pour moi que celui où, avec le titre de major, je me trouvai par le fait mon maître, et libre d'aller où il me plairait. La guerre avait été si monotone et si triste depuis la prise de Charlestown et l'ouverture des négociations, que je commençais à m'ennuyer du métier; et, à présent que le pays avait triomphé, j'étais tout disposé à le quitter. Ma famille, je veux dire ma mère, ma grand'mère, ma tante Mary et ma plus jeune sœur, avaient repris possession de Satanstoe, dans l'automne de 1782, à temps pour savourer une partie de ses fruits délicieux; et au commencement de la saison suivante, après la signature du traité, quoique les Anglais continuassent à occuper New-York, ma mère put retourner à Lilacsbush. Aussi, lorsque je revins avec mon père, trouvâmes-nous les deux habitations en beaucoup meilleur état que nous n'aurions pu nous y attendre. La bêche et le râteau avaient passé partout; de nouvelles plantations avaient été faites; toute trace de négligence ou d'abandon avait disparu. Ma mère était si admirable pour tout ce qui tenait à la tenue d'une maison! Il semblait que son esprit d'ordre et son bon goût se communiquassent à tout ce qui l'entourait. Je n'ai jamais oublié ce que me dit le colonel Dirck Follock, un jour que nous visitions ensemble les dépendances de Lilacsbush: — Je ne sais comment cela se fait; on ne voit jamais mistress Littlepage dans sa cuisine, et cependant la présence de la maîtresse de la maison s'y fait constamment sentir; tant tout est propre, à sa place, tant on se mirerait partout.

Si c'était vrai des parties les plus humbles de l'habitation, combien cette influence n'était-elle pas encore plus sensible dans les autres appartements! Là, se trouvait ma mère en personne, entourée de tout ce qui dénote le goût et l'élégance, quoique toute trace de luxe en fût bannie.

Quoique le pays eût eu beaucoup à souffrir de sept années de luttes intérieures, l'énergie d'une nation jeune et vigoureuse ne tarda pas à réparer le mal. Sans doute le commerce ne reprit tout son développement qu'après l'adoption de la constitution; cependant, au bout d'une seule année, il s'était opéré une amélioration sensible. On put commencer à faire partir des bâtiments de commerce avec une certaine sécurité. L'année 1784 fut en quelque sorte un temps d'arrêt; mais elle n'était pas écoulée que déjà la circulation du sang s'était librement rétablie dans les veines de la nation. Ce fut alors que l'Amérique put apprécier tout l'avantage qu'il y a à traiter ses affaires soi-même, et à ne dépendre de personne. Ce fut là le grand résultat de tous nos efforts.

CHAPITRE III.

> Il lui dit quelque chose qui fait monter l'incarnat sur ses joues; sur mon âme, c'est la crème des jeunes filles.
>
> *Conte d'hiver.*

RIANTS coteaux de Lilacsbush! je n'oublierai jamais le plaisir que j'eus à vous parcourir de nouveau, et à me retrouver au milieu de sites qui me rappelaient les plus doux souvenirs de mon enfance! Ce fut dans le printemps de 1784 que je serrai ma bonne mère dans mes bras, après une séparation de près de deux ans. Catherine ne fit que rire et pleurer tour à tour, tout en me mangeant de caresses, comme elle aurait fait cinq ans plus tôt, quoique ce fût alors une grande demoiselle de dix-neuf ans. Quant à ma tante Mary, elle me serra la main, m'embrassa une ou deux fois, et me sourit affectueusement, avec son calme et sa grâce ordinaires. Toute la maison était en grande rumeur; car

Jaap était revenu avec moi, et il y avait tout un bataillon de petits Satanstoes— c'était son nom de famille— qui se cramponnaient de tous les côtés aux jambes de leur grand-papa. A dire le vrai, il s'écoula bien vingt-quatre heures avant que le calme se rétablit complétement.

Après les premiers moments donnés à ma mère, je fis seller mon cheval pour aller à Satanstoe embrasser ma grand'mère, qu'on n'avait jamais pu décider à venir habiter Lilacsbush. Le général— car c'était ainsi que tout le monde appelait mon père— ne m'accompagna pas, parce qu'il était revenu la veille même de Satanstoe; mais Catherine vint avec moi. Comme les routes avaient été mal entretenues pendant la guerre, et que Catherine était une excellente écuyère, elle monta à cheval comme moi. Jaap, qui n'était plus guère qu'un serviteur émérite, ne faisant que ce qui lui plaisait, et chargé seulement des missions de confiance, fut envoyé une heure ou deux avant nous pour annoncer à mistress Littlepage les convives qui lui arrivaient inopinément.

J'ai entendu dire qu'il y a des parties du monde où l'on est tellement sur le pied de la cérémonie, que les plus proches parents craindraient de prendre entre eux de pareilles libertés. Le fils n'oserait se permettre de se présenter chez son père au moment du dîner sans une invitation formelle! Dieu soit loué! Nous n'en sommes pas encore venus, en Amérique, à ce point de raffinement. Quel est le père ou le grand-père qui, chez nous, ne recevrait pas un de ses enfants les bras ouverts et le sourire sur les lèvres, à quelque moment qu'il se présentât? La place manque à table? on serre un peu les chaises, et tout est dit. Le dîner n'est pas convenable? on en rit, et voilà tout. Je n'entends pas faire le procès d'une civilisation avancée; les ignorants, les provinciaux n'y sont que trop portés; je sais trop bien que la plupart des usages qu'elle impose sont fondés sur la raison ; mais, après tout, la nature a aussi ses droits, et il faut savoir les maintenir hardiment, quand ils semblent attaqués.

Ce fut par une belle matinée du mois de mai, à neuf heures, que Catherine et moi nous franchîmes le seuil de Lilacsbush pour prendre la route bien connue de Kingsbridge. *Kingsbridge*, le

Pont du Roi ! Ce nom subsiste encore, comme ceux des comtés de *Kings*, de *Queens*, de *Duchess* (de Rois, de Reines, de Duchesses), sans parler d'une quantité de princes tels et tels, dans d'autres États, et j'espère qu'ils subsisteront toujours, comme autant de jalons dans notre histoire. C'est tout ce qui nous reste de la monarchie ; et cependant j'ai entendu dire cent fois à mon père que, quand il était jeune, son respect pour le trône britannique ne le cédait qu'à son respect pour l'Église. Qu'il a fallu peu de temps pour détruire ce sentiment dans toute une nation ; ou du moins, sinon pour le détruire absolument, car il en est encore qui respectent la monarchie, pour l'altérer à jamais ! Il en est ainsi de toutes les choses de ce monde qui, par essence, sont passagères et périssables. C'est ce que ne devraient jamais oublier ceux qui prennent une part active dans les grands bouleversements.

Nous nous arrêtâmes à la porte de l'auberge de Kingsbridge pour dire un petit bonjour à la vieille mistress Léger qui, depuis cinquante ans, tenait l'auberge, et qui avait connu toute ma famille de père en fils. Cette bonne commère, à la langue si bien pendue, avait ses bons et ses mauvais côtés ; mais l'habitude lui avait donné une sorte de droit à nos attentions, et je ne pouvais passer devant sa porte sans retenir un instant la bride de mon cheval. Dès qu'elle nous entendit, mistress Léger parut en personne sur le perron pour nous recevoir.

— Voilà mon rêve réalisé ! s'écria la bonne femme dès qu'elle m'aperçut. Oui, monsieur Littlepage, mon rêve de la semaine dernière. On a beau dire, les rêves disent souvent la vérité.

— Et que vous avait dit le vôtre, mistress Léger ? lui demandai-je, sachant bien qu'il faudrait tôt ou tard en subir le récit, et aimant mieux m'en débarrasser tout de suite.

— J'avais rêvé que le général reviendrait l'automne dernier, et cela n'a pas manqué. Qu'avais-je à l'appui de mon rêve ? un simple bruit, et vous savez, monsieur.... — Qu'est-ce que je dis donc ? — *Major* Littlepage, ce qu'il faut croire de ces bruits qui circulent. Eh ! bien, donc, pas plus tard que la semaine dernière, je rêvai que vous arriveriez certainement cette semaine, et vous voilà !

— Et n'y a-t-il pas encore eu quelque petit bruit pour vous aider, ma bonne hôtesse ?

— Oh! presque rien, quelques vagues rumeurs. D'ailleurs, comme je n'y crois jamais, même éveillée, il n'est pas à croire qu'elles exercent quelque influence sur moi quand je dors. Oui, Jaap s'est arrêté un instant ce matin pour faire boire son cheval, et je prévis, à dater de ce moment, que mon rêve s'accomplirait, bien que je n'aie pas échangé une seule parole avec le nègre.

— Voilà qui est très-remarquable, mistress Léger, d'autant plus que je supposais que vous aviez toujours quelques mots à échanger avec vos hôtes.

— Avec les nègres, jamais! Ils ne sont que trop portés à s'émanciper, et je suis pour les tenir toujours en respect. Eh! bien, major, j'en ai vu de belles, depuis que vous êtes parti pour l'armée; et de toutes les couleurs, j'ose le dire! Notre ministre ne prie plus pour le Roi et pour la Reine, pas plus que s'ils n'avaient jamais existé.

— Pas individuellement, peut-être; mais collectivement du moins, comme faisant partie de l'Église de Dieu. Nous prions tous pour le Congrès maintenant.

— Dieu veuille que tout cela tourne bien! Ce que je sais, major, c'est que les officiers de Sa Majesté faisaient plus de dépenses et payaient plus généreusement que nos capitaines de milices. J'ai eu les uns et les autres, et j'ai pu les apprécier, croyez-moi.

— Songez que les premiers avaient la bourse mieux garnie. Il est facile d'être généreux quand on est riche.

— Sans doute, et vous en savez quelque chose, major. Les Littlepage sont riches, et ils sont généreux en même temps. Y a-t-il longtemps que je les connais, ces bonnes chères âmes! depuis votre bisaïeul, le capitaine Hugh Roger, et le vieux général votre grand-père, jusqu'au jeune général. Et vous donc! et la famille n'en restera pas là. Comme les Bayards vont être heureux et contents, maintenant que la guerre est finie, et que le jeune major est de retour!

Je trouvai que la conversation avait duré assez longtemps, et, saluant l'hôtesse, je me remis en route avec Catherine. Cependant j'avais été frappé des dernières paroles de mistress Léger, et surtout du ton dont elle les avait prononcées. Le nom de Bayard était celui d'une famille bien connue dans le pays, et dont il y avait plusieurs branches disséminées dans les États du centre; mais je me trouvais ne pas en connaître un seul membre. En quoi donc mon retour pouvait-il être un événement heureux ou malheureux pour eux? Assez naturellement, après y avoir réfléchi une ou deux minutes, je communiquai à ma compagne les pensées qui m'occupaient. Elle me répondit :

— La pauvre mistress Léger parle assez à tort et à travers; et le plus souvent, cher frère, elle aurait grand'peine à expliquer ce qu'elle veut dire. Nous ne connaissons qu'une branche de la famille des Bayard. Ce sont ceux qui demeurent aux Hickories. Vous ne pouvez ignorer que ma mère est intime avec eux depuis longtemps.

— Je l'ignore complétement, ma chère. Tout ce que je sais, c'est qu'à quelques milles plus haut, sur le bord de la rivière, il y a une propriété qui porte ce nom, mais je n'avais jamais entendu dire que ma mère fût liée avec les personnes qui l'habitaient. Au contraire, si je me rappelle bien, il me semble qu'il y eut autrefois un procès entre mon grand-père Mordaunt et une personne du nom de Bayard.

— Oh! tout cela est oublié, et ma mère dit que ce n'était qu'un malentendu. Nous sommes des amis intimes à présent.

— Je suis charmé de l'apprendre; car, puisque nous avons la paix, il n'est pas mal qu'elle règne partout. Il est rare cependant que de vieux ennemis deviennent de bien chauds amis.

— Mais nous n'avons jamais été.... je veux dire que mon grand-père n'a jamais été l'ennemi de personne, et l'affaire avait été arrangée à l'amiable, avant son départ pour l'Europe, dans cette fatale visite qu'il voulut rendre à sir Henry Bulstrode. Non, non, ma mère vous dira que les Littlepage et les Bayard sont au mieux ensemble.

Catherine parlait avec tant de feu que je la regardai attentivement. La pauvre enfant était toute rouge; et sans doute elle s'en aperçut, car elle se détourna aussitôt comme pour éviter mon regard.

— Ces détails me font grand plaisir, repris-je un peu sèchement ; car enfin, si je rencontrais par hasard un de ces Bayard, il est bon que je sache d'avance quelle figure je dois lui faire. Et tous sont compris dans l'amnistie ?

Catherine répondit en riant qu'il n'y avait point d'exception, mais que c'était, surtout avec ceux qui demeuraient aux Hickories que nous étions liés.

— Et combien cette branche particulière a-t-elle de rameaux ? une douzaine, une vingtaine ?

— Quatre seulement. Ainsi, vous voyez que ce n'est pas un impôt trop lourd, levé sur vos affections. Je présume que votre cœur a bien encore de la place pour quatre amis.

— Pour mille, si je pouvais les trouver, ma chère. Je puis accepter tous les amis que vous voudrez ; mais je n'ai de place pour aucune autre personne. Tous les autres coins sont occupés.

— Occupés ! j'espère que vous plaisantez. Il y a du moins une petite niche vacante ?

— Il est vrai ; j'oubliais que je dois réserver une place pour le frère que vous me donnerez un de ces jours. Nommez-le, mon enfant, nommez-le, dès que vous le voudrez ; je suis tout disposé à l'aimer.

— C'est bien assez, peut-être, qu'Anneke vous ait donné un frère, et un frère excellent, tel que vous pouviez le désirer.

— Oui, oui, propos de jeune fille, et, comme dit la chanson, autant en emporte le vent. Plus vous me direz vite le nom du jeune homme, plus vite aussi je l'aimerai. — Voyons : serait-ce un de ces Bayards ? quelque chevalier sans peur et sans reproche ?

Catherine avait d'ordinaire de brillantes couleurs ; mais quand je tournai les yeux sur elle pour l'interroger, plus par malice que dans la pensée d'apprendre quelque chose de nouveau, je vis l'incarnat de ses joues s'étendre jusqu'à ses tempes. Le petit chapeau de castor qu'elle portait, et qui lui allait à ravir, ne suffisait plus pour cacher sa confusion, et je commençai à soupçonner que j'avais trouvé l'endroit sensible. Mais ma sœur n'était pas d'un caractère à se déconcerter longtemps, et elle me répondit avec assurance :

— J'espère, mon ami, que votre nouveau frère, si jamais vous en avez un, sera, sinon tout à fait sans reproche, du moins digne de votre estime. Mais si dans la famille des Bayards il y a un certain Thomas, il y a aussi une certaine Priscilla.

— Ah! ah! voilà du nouveau! Laissons M. Thomas de côté; je n'ai pas à m'en occuper, puisque je dois l'aimer par *ordre*; mais j'avoue que pour miss Priscilla, que je n'ai jamais vue, je suis plus curieux.

Je ne quittais plus Catherine des yeux; et, à part un peu d'embarras, ce genre de conversation semblait lui plaire.

— Demandez, interrogez, mon frère. Priscilla peut subir l'examen le plus minutieux.

— D'abord, et pour commencer, à qui cette vieille bavarde voulait-elle faire allusion en disant que les Bayards allaient être heureux et contents? serait-ce à miss Priscilla, par exemple?

— En vérité, je ne sais trop que répondre : c'est une si maligne personne que mistress Léger!

— Les deux familles s'aiment donc bien tendrement?

— J'en conviens.

— Et les jeunes comme les vieux?

— Les jeunes? C'est une question assez personnelle, dit Catherine en riant, puisque jusqu'à présent il n'y avait que moi de jeune à Lilacsbush. Mais, comme je ne vois pas qu'il y ait à en rougir, au contraire, je répondrai qu'il n'y a point d'exception.

— Ainsi, vous aimez le vieux M. Bayard?

— Sans doute.

— Et la vieille mistress Bayard?

— C'est une excellente personne, aussi bonne épouse que tendre mère.

— Et miss Priscilla?

— Comme la prunelle de mes yeux! dit Catherine avec ardeur.

— Et M. Thomas Bayard?

— Autant qu'il est convenable qu'une jeune personne aime le frère de sa meilleure amie.

Toutes ces réponses furent faites sans hésiter, avec beaucoup de grâce, quoique son teint fût toujours animé des plus vives couleurs.

— Mais quel rapport tout cela peut-il avoir avec cette joie

extraordinaire que cause mon retour? êtes-vous la fiancée de
M. Thomas, et n'attendez-vous que mon arrivée pour lui accorder votre main?

— Mon frère, me répondit Catherine d'un ton ferme, je ne puis
me charger d'expliquer tous les commérages de mistress Léger.
C'est par les domestiques qu'elle recueille ses nouvelles, et vous
jugez de ce qu'elle peut apprendre par une pareille source. Mais
supposer que j'eusse attendu votre retour pour vous annoncer un
semblable événement, c'est bien mal connaître l'affection que je
vous porte.

Ces paroles furent prononcées avec une sensibilité qui me
toucha. Je remerciai Catherine par un regard expressif; mais je
ne pus parler; et ce ne fut qu'au bout de quelque temps que j'essayai de reprendre la conversation sur le même ton :

— C'est un sujet sur lequel j'ai la confiance que nous nous entendrons toujours, ma chère petite Kate. Mariée ou non, vous
serez toujours ma sœur chérie, et j'avoue que je serais blessé
d'être l'un des derniers à apprendre la grande nouvelle, quand
elle existera. Mais parlons de Priscilla. Pensez-vous qu'elle me
plaise?

— Oh! du moins, combien je le désire! Ce sera l'un des plus
heureux moments de ma vie que celui où vous m'avouerez que
vous l'aimez!

Catherine parlait avec chaleur, et de manière à montrer que
la chose était sérieuse pour elle. En rapprochant cette circonstance des remarques de l'hôtesse, je commençais à soupçonner
qu'il pourrait bien y avoir quelque mystère que j'avais intérêt à
percer. Pour m'éclairer, il fallait prolonger l'entretien sur le
même sujet. Ce fut ce que je fis.

— Quel âge a miss Bayard? demandai-je.

— Deux mois de plus que moi. Age très-bien assorti, n'est-ce
pas?

— Très-bien, assurément. Et elle est aimable?

— Tout le portrait d'Anneke.

C'était beaucoup dire; car notre sœur aînée était, à nos yeux,
l'idéal de la perfection, et, en effet, rien n'égalait la sérénité de
son caractère.

— Vous en faites un brillant éloge. Elle a de l'esprit, des connaissances?

— Assez pour me faire souvent rougir de moi-même. Sa mère est la meilleure des femmes, et je vous ai souvent entendu dire que la mère aurait beaucoup d'influence dans le choix que vous feriez d'une compagne.

— C'était donc lorsque j'étais tout petit, et avant d'aller à l'armée; car, nous autres militaires, nous regardons plus volontiers les jeunes femmes que les vieilles. Ainsi donc, je le vois, tout est arrangé entre les grands parents. Il ne me reste plus qu'à faire ma déclaration à cette Priscilla Bayard. Et vous êtes du complot?

Catherine rit de tout son cœur, et son air parut me dénoncer une complice.

— Vous ne répondez pas, jeune fille? Vous me permettrez de vous rappeler qu'il y a entre nous promesse formelle de n'avoir rien de caché l'un pour l'autre. Voilà une occasion où je désire spécialement que les conditions du traité soient ponctuellement exécutées. Eh bien! existe-t-il un projet de cette sorte?

— Un projet en forme, discuté, arrêté? Non, non, mille fois non. Mais, dussé-je compromettre, par ma franchise, l'accomplissement d'un de mes vœux les plus chers, je vous dirai que vous ne sauriez faire de plus grand plaisir à ma mère, à ma tante Mary et à votre servante, qu'en devenant amoureux de Priscilla. Nous l'aimons tous tendrement, et nous voudrions bien vous voir de la partie, puisque ce serait le moyen d'amener une union qui ferait notre bonheur à tous. Vous ne vous plaindrez pas de ma franchise, et vous devez m'en savoir d'autant plus de gré que j'ai entendu répéter maintes fois qu'un désir maladroitement exprimé, indispose souvent les jeunes gens contre la personne même qu'on voudrait leur faire adorer.

— La règle peut être vraie en général; mais je puis vous assurer que, pour moi, il n'en résultera ni bon, ni mauvais effet. Mais qu'en pensent les Bayards?

— Comment voulez-vous que je le sache? aucune des personnes de la famille ne vous connaît, et il est impossible qu'aucune allusion... à moins, toutefois, que quelques remarques vagues à une seule personne...

— Faites par vous, sans doute, à votre amie Priscilla?

— Jamais! s'écria vivement Catherine. C'est un sujet qui ne pouvait être traité entre nous.

— Alors ce fut entre les deux mères?

— Je ne crois pas. Mistress Bayard est une femme d'une réserve extrême, et maman a un sens trop exquis des convenances pour s'être avancée prématurément à ce sujet.

— Ah! çà mais, c'est donc le général qui a entrepris de me marier, pendant que j'avais le dos tourné?

— Papa! il a bien le temps, vraiment! Depuis son retour, il a recommencé de plus belle à courtiser maman, comme il le répète sans cesse.

— Certes, ce n'est pas « tante Mary » qui aurait songé à faire quelque allusion de ce genre?

— Elle! Cette bonne tante vit toute renfermée en elle-même. Savez-vous, mon ami, que maman m'a raconté toute son histoire, et pourquoi elle a toujours refusé obstinément tant de si beaux partis?

— Le général me l'a dit. Mais, cependant, si cette allusion n'a été faite ni par mon père, ni par ma mère, ni par ma tante, si elle ne s'est adressée ni à M. Bayard, ni à sa femme, ni à sa fille, et que, cependant, elle ait eu lieu, faites attention, petite sœur, qu'il ne reste que deux personnes entre qui elle ait pu être échangée, M. Thomas et vous. N'êtes-vous pas de mon avis? Voyons, parlez, vous qui êtes la franchise même.

Catherine était prise au trébuchet; il n'y avait plus moyen de faire retraite, et je jouissais de son embarras qui la rendait plus charmante encore. Après n'avoir hésité que le temps strictement nécessaire pour reprendre un peu d'assurance, elle me répondit, en me regardant d'un air où se peignait la plus grande confiance :

— Je voulais laisser à ma mère le soin de vous apprendre une circonstance à laquelle je suis sûre que vous prendrez un vif intérêt. Mais, plutôt que de paraître manquer de franchise pour mon bon frère, je sortirai de la réserve qui m'est imposée.

— Allons, je vois qu'il faut que je vienne à votre aide, ma chère Kate : vous êtes promise à M. Bayard !

— Oh! non, les choses ne sont pas si avancées. Il a demandé ma main, j'en conviens; mais j'ai remis ma réponse à l'époque de votre retour. Je n'aurais jamais voulu prendre d'engagement avant d'être sûre que vous l'approuveriez.

— Je vous remercie, Kate, et soyez convaincue que je vous paierai de la même monnaie. Oui, vous apprendrez, en temps convenable, quand je compte me marier, et vous aurez voix consultative.

— Il y a une grande différence à faire entre les droits d'un frère aîné et ceux d'une petite fille sans expérience qui, avant de faire un choix, doit se laisser guider par les conseils de ses amis.

— Quand ce moment viendra, vous ne serez plus une petite fille, mais bien une femme mariée, qui sera en état de donner des avis d'après sa propre expérience. Mais revenons à Thomas. C'est donc à lui que l'allusion a été faite?

— Oui, mon frère, me répondit-on à voix basse.

— Et l'allusion a été faite par vous?

— Je n'en disconviens pas. Nous parlions de vous un jour, et j'exprimai l'espoir que vous verriez Priscilla des mêmes yeux que moi. Voilà tout.

— Et c'en était bien assez, ma chère enfant, pour décider Thomas Bayard à aller se pendre, si c'était un amant de la vieille roche.

— Se pendre! et pourquoi?

— Parce que c'était lui faire entendre, assez clairement, que vous cherchiez un autre moyen de rapprocher les deux familles que celui qui le concernait personnellement.

Catherine se mit à rire; mais, comme ma remarque ne parut pas la troubler beaucoup, j'en conclus que le jeune homme savait à quoi s'en tenir, et que, si je m'avisais de ne pas le trouver à mon goût, je ferais à la pauvre enfant une peine plus sensible qu'elle n'était disposée à en convenir.

— Eh! quand verrai-je ce jeune homme modèle, et cette jeune

personne accomplie, Kate, puisque, après tout, il faudra bien finir par là?

— Je n'ai pas dit que Thomas Bayard fût un prodige. C'est un bon garçon; voilà tout.

— Et en même temps un joli garçon, sans doute?

— Il est loin d'être aussi bien que vous, si cela peut flatter votre vanité.

— Infiniment, lorsque surtout le compliment sort d'une pareille bouche. Mais vous n'avez pas encore répondu à ma question?

— S'il faut tout vous dire, je crois que nous trouverons le frère et la sœur chez ma grand'mère. Elle m'a écrit hier qu'elle les avait invités à dîner, et qu'ils avaient accepté.

— Comment donc? ma grand'mère est donc aussi du complot, et elle veut me marier, bon gré, malgré? Moi, qui croyais avoir pris l'initiative en annonçant que j'irais la voir!

Catherine partit d'un nouvel éclat de rire, et convint que j'avais favorisé, sans m'en douter, un projet déjà formé d'avance.

Nous n'étions qu'à un mille de la porte de Satanstoe, quand je rencontrai Jaap qui revenait de Lilacsbush, où il avait été envoyé en courrier, et qui rapportait un panier de fruits pour ma mère. Catherine venait de m'apprendre que nous avions reçu une invitation dans toutes les règles, et je ne concevais plus trop où avait été la nécessité d'expédier un messager avant nous. Mais je gardai ma remarque pour moi, me promettant de faire mes observations et de juger par moi-même.

— Eh bien! Jaap, demandai-je au nègre, comment avez-vous trouvé Satanstoe, après une si longue absence?

— Pas si bien, maître, que vieille maîtresse qui a toujours une excellente mine, la bonne vieille dame! Si vous saviez tous les changements qu'on a faits! les jeunes nègres sont dans l'admiration. Mais savez-vous, maître, ce que j'ai entendu à la taverne, où je me suis arrêté un moment pour faire boire un coup à ma bête?

— Et pour en boire un vous-même. — Continuez.

— Eh bien! pendant que nous étions arrêtés, reprit Jaap sans juger à propos de relever ma remarque, qui, pourtant, le fit beaucoup rire, la nouvelle hôtesse, qui vient du Connecticut, comme vous savez, me dit comme ça : Où allez-vous, monsieur l'homme de couleur? C'était bien honnête, n'est-il pas vrai?

— Voyons, abrégeons. Nous ne pouvons pas nous arrêter ici éternellement.

— Je répondis que je retournais à Satanstoe, d'où j'étais parti il y avait bien longtemps. Vous ne devineriez jamais ce qu'elle me dit?

— Non, c'est pourquoi vous ferez mieux de me l'apprendre.

— Qu'est-ce que vous appelez de cet affreux nom? me dit-elle en allongeant la figure comme si elle voyait quelque revenant. Satanstoe! l'Orteil de Satan! c'est, sans doute, Dibbleton (ville du Diable) que vous voulez dire. Les gens comme il faut n'appellent plus le Col autrement. — Avez-vous idée de cela?

— Oh! oui, je sais que depuis trente ans on fait, de tous côtés, la guerre aux anciens noms. Avez-vous oublié, Jaap, qu'un Yankee n'est jamais content, à moins qu'il ne trouve moyen de faire quelque changement? Il emploie la moitié de son temps à changer la prononciation de ses noms, et l'autre moitié à altérer celle des nôtres. Qu'il appelle le Col comme il l'entendra; vous et moi, nous l'appellerons toujours Satanstoe.

— Oui, oui; est-ce que, d'ailleurs, tous ceux qui ont des yeux ne peuvent pas voir l'endroit où Satan a laissé l'empreinte de son orteil? Il ne faut pas être malin pour cela.

Laissant Jaap libre de continuer tout seul la conversation, s'il le jugeait convenable, je remis mon cheval au petit trot.

— N'est-il pas singulier, mon frère, me dit Catherine en me suivant, que des étrangers aient ainsi la manie de changer le nom de la propriété de ma grand'mère? Sans doute ce n'est pas un nom bien distingué; mais voilà plus d'un siècle qu'il est en usage, et il a du moins pour lui la durée.

— Oui, ma chère; mais vous ne savez pas ce que c'est que les prétentions, la vanité, la sottise des petits génies? Tout jeune que je suis, j'ai assez vécu pour savoir qu'il règne parmi nous un certain esprit, qui s'appelle ambitieusement esprit de progrès, lequel s'apprête à détruire des choses bien plus importantes que le nom de notre pauvre habitation. On met en avant je ne sais quelles prétendues idées de goût et d'élégance, et l'on substitue l'affectation et la pédanterie à la simplicité de la nature.

CHAPITRE IV.

> BEATRICE. Contre ma volonté, je suis envoyée pour vous dire d'entrer pour le dîner.
> BENEDICT. Belle Beatrice, je vous remercie de votre peine.
> BEATRICE. Je n'ai point pris de peine pour cela, plus que vous n'en prenez pour me remercier ; si c'eût été possible, je ne serais point venue.
>
> *Beaucoup de bruit pour rien.*

Sous le vestibule de la maison, à Satanstoe, ma bonne grand'-mère et le célèbre Thomas, ou, comme on l'appelait par abréviation, Tom Bayard, attendaient notre arrivée. Le premier coup d'œil jeté sur M. Tom m'apprit que j'aimerais mon futur beau-frère; le second, qu'il n'avait d'yeux que pour Catherine. C'était une découverte des plus agréables, car jamais je n'aurais pu me faire à l'idée de voir cette chère enfant unie à un homme qui n'eût pas apprécié dignement son mérite et rendu pleine justice à sa beauté. Quant à mon excellente aïeule, qui portait à merveille ses soixante-dix ans, l'accueil qu'elle nous fit fut, ce qu'il avait toujours été pour moi, plein d'affection et de chaleur. Elle n'appelait jamais mon père, le général, autrement que Corny, fût-ce au milieu d'un salon rempli de monde. Ma mère, qui avait vécu beaucoup plus dans la société, en faisait autant dans l'intimité. J'ai lu des espèces de traités écrits tout exprès pour blâmer ces sortes de familiarités; mais, pourtant, j'ai toujours remarqué que les familles les plus heureuses, et même, en général, les plus comme il faut, étaient celles où elles avaient lieu. Mon père était Corny; ma mère, Anneke; Catherine, Kate; et moi, Mordaunt, ou bien Mordy tout court.

Tom Bayard me rendit mon salut avec un air plein de franchise, quoique une légère rougeur qui se répandit sur ses joues semblât dire : je suis le prétendu de votre sœur. Néanmoins ses manières me plurent beaucoup. Il n'accourut pas pour me serrer la main à me la briser, comme le font tant d'individus qui vous voient pour la première fois ; il se tint sur une réserve convenable, tout en indiquant, par un gracieux sourire, le plaisir qu'il éprouverait à faire avec moi plus ample connaissance.

Nous trouvâmes dans le petit salon miss Priscilla Bayard, qui, je n'ai pas su pour quel motif, n'était pas venue jusqu'au vestibule au-devant de nous. C'était, en effet, une charmante personne, ayant de beaux yeux noirs, une taille fine et des manières gracieuses qui révélaient l'usage du monde. Kate et Pris, comme on l'appelait familièrement, s'embrassèrent avec effusion. Miss Bayard me fit un accueil aimable, bien que je fusse tenté de croire sur quelques légers indices, qu'elle avait pu entendre quelquefois accoler mon nom au sien. Kate, dans des moments d'abandon, avait sans doute commis cette indiscrétion, ou je me trompais bien.

Ma grand'mère annonça bientôt que tout le monde coucherait à Satanstoe. Personne n'éleva la moindre objection. Réunis ainsi, en petit comité, dans une paisible habitation, la connaissance se fit rapidement, et le dîner n'était pas achevé que je me sentais déjà aussi à l'aise que si j'avais été entouré d'anciens amis. Tom et ma sœur semblaient dans la meilleure intelligence, et je vis bien, à leurs yeux, que leur mariage était une affaire arrangée. Miss Priscilla, pendant une heure ou deux, éprouva un peu d'embarras mais ce ne fut que passager, et bientôt elle bannit toute contrainte et se montra telle qu'elle était, c'est-à-dire charmante ; je fus forcé d'en convenir, oui, forcé ; car j'avoue que je me tenais fort sur mes gardes, et que je n'avais pas envie de tomber amoureux sur parole d'une jeune personne qui, au bout du compte, pouvait être fort maussade, et qu'on semblait vouloir m'imposer, bon gré mal gré. Ma bonne grand'mère, elle-même, paraissait être du complot. Du moins la manière dont son regard allait continuellement de l'un à l'autre, et le sourire de satisfaction qui animait sa figure toutes les fois qu'elle me voyait causer librement avec Priscilla, l'annonçaient d'une manière assez claire.

J'avais entendu dire qu'elle avait appelé, de tous ses vœux, le mariage de mes parents, deux grandes années avant qu'il en fût question, et qu'elle s'était toujours imaginé que c'était elle qui avait fait cette heureuse union. Le souvenir de ce succès lui donnait, sans doute, du courage pour se mettre encore une fois en campagne, et j'ai toujours supposé que c'était pour favoriser ses vues matrimoniales qu'elle nous avait ainsi réunis tous sous le même toit.

Le soir on proposa de profiter de la fraîcheur pour faire une promenade dans les environs de Satanstoe; on n'avait que l'embarras du choix. Catherine se chargea d'être notre guide, et elle nous conduisit sur le bord de l'eau, dans un endroit où une couche épaisse de sable formait un tapis doux sous les pieds, tandis qu'une ceinture de rochers encaissait la rive. Il y avait assez d'espace pour que nous pussions, à notre choix, marcher tous de front, ou deux à deux. Miss Bayard montrant un peu de sauvagerie, et manifestant le désir de rester auprès de son amie, je renonçai à l'idée de me tenir à côté d'elle; et restant un peu en arrière, je me mis à causer avec son frère. Je n'étais pas fâché d'avoir cette occasion de connaître la personne qui, selon toute apparence, devait entrer si prochainement dans ma famille.

Au bout de quelques minutes, la conversation tomba sur la dernière révolution, et sur les conséquences probables qu'elle devait avoir sur l'avenir du pays. Je savais qu'une partie de la famille Bayard avait pris le parti de la couronne, et que ses biens avaient été confisqués; mais je savais aussi que d'autres membres avaient suivi une ligne de conduite toute différente, et je croyais que la branche à laquelle Tom appartenait était du nombre. Je ne tardai pas à découvrir que mon nouvel ami était un tory modéré, et qu'il aurait voulu que nous eussions pu obtenir le redressement de nos justes griefs, sans que la séparation des deux pays fût prononcée. Comme les Littlepages, père, fils et petit-fils, avaient pris les armes en même temps contre la couronne, et que cette circonstance était de notoriété publique, j'aimai la franchise avec laquelle Tom exprima son opinion sur ce point.

— Ne trouvez-vous pas, lui dis-je dans le cours de la conversation, que, par le fait seul de la distance entre les deux pays, une séparation devait, tôt ou tard, arriver nécessairement? Il est impossible que deux nations aient longtemps un même chef, lorsqu'elles sont divisées par l'Océan. En admettant que notre séparation ait été un peu prématurée, concession que je ne serais point très-disposé à faire, c'est un malheur qui ne peut que diminuer de jour en jour.

— Les séparations dans une famille sont toujours pénibles, major Littlepage; elles le sont doublement, quand elles sont provoquées par la discorde.

— Il est vrai, mais celle-ci était inévitable, sinon actuellement, du moins dans un avenir prochain.

— Je crois, moi, dit Tom en me jetant un regard presque suppliant, que nous aurions pu obtenir ce que nous voulions tout en restant fidèles au souverain.

— Au souverain, c'est possible; mais le parlement? Si cette assemblée emploie son pouvoir à subordonner toujours l'intérêt américain à l'intérêt anglais? Sans doute, on peut défendre l'autorité royale; mais l'asservissement d'un peuple à un autre peuple trouvera-t-il aussi des défenseurs? Toute la question est là : l'Angleterre, au moyen d'un parlement dans lequel nous ne sommes pas représentés, doit-elle nous imposer des lois? C'est là le point capital, et non de savoir si Georges III sera notre souverain, ou si nous établirons la souveraineté du peuple.

Bayard ne répondit à ma remarque qu'en inclinant poliment la tête. Il en avait dit pourtant assez pour me convaincre qu'il y aurait peu de sympathie politique entre nous. Catherine et son amie nous rejoignirent vers la fin de la discussion, et je fus un peu chagrin de voir que ma sœur partageait les opinions de son amant avec plus de chaleur qu'il ne convenait à une Littlepage, après tout ce qui s'était passé. Mais, à ma grande surprise, miss Priscilla se montra patriote ardente, et, je dois le dire, un peu aveugle; condamnant l'Angleterre, le roi, le parlement, avec une chaleur qui ne pouvait être égalée que par celle qu'elle mettait à défendre tous les actes, toutes les mesures, tous les principes purement américains.

J'avoue que je n'eus pas autant de tolérance pour le patriotisme de miss Bayard que pour la petite défection de ma sœur. Il me semblait assez naturel que Catherine se laissât influencer par les sentiments de la personne qu'elle était décidée à épouser; mais je ne jugeais pas aussi charitablement son amie, qui, quoique d'une famille tory, se rangeait si facilement à l'opinion d'un homme qu'elle ne pouvait aimer, puisque c'était la première fois de sa vie qu'elle le voyait.

— N'est-ce pas, major? dit la charmante créature, les yeux brillants et animés, comme si ses paroles partaient du fond du cœur; n'est-ce pas que l'Amérique est sortie de cette lutte avec une gloire impérissable; et que son histoire, dans mille ans, fera la surprise et l'admiration de tous ceux qui la liront?

— Cela dépendra, en grande partie, de ce que son histoire deviendra d'ici là. Les premières données historiques sur toutes les *grandes* nations nous remplissent d'admiration, tandis que des faits plus remarquables, accomplis par un peuple sans importance, sont ordinairement oubliés.

— Mais est-il une nation qui n'eût pas à s'enorgueillir d'une révolution semblable?

Ce n'était pas à moi de contester une assertion semblable; j'inclinai la tête en signe d'assentiment, et je m'éloignai un peu, sous prétexte de chercher des coquillages. Ma sœur vint bientôt me joindre.

— Eh! bien, me dit-elle, Pris est whig intrépide, n'est-ce pas?

— Intrépide, c'est le mot; et j'en suis d'autant plus surpris que je croyais les Bayard d'une opinion tout opposée.

— Vous ne vous trompiez pas, quoique Tom soit assez modéré; mais Pris est whig presque depuis que je la connais.

— Comment presque! Elle a donc été autre chose?

— Nous sommes bien jeunes l'une et l'autre, ne l'oubliez pas; et les jeunes filles pensent peu par elles-mêmes à leur début dans la vie; depuis trois ans, son opinion s'est modifiée graduellement, et elle est devenue de plus en plus whig, et de moins en moins tory. N'est-ce pas, Mordaunt, qu'elle est bien jolie?

— Jolie? dites ravissante, adorable, et whig par-dessus le marché!

— Je savais bien qu'elle vous plairait! s'écria Catherine triomphante. Je verrai mon vœu le plus cher accompli!

— Votre vœu le plus cher, ma sœur? j'aime à le croire; mais ce ne sera pas par le mariage d'*un* Littlepage avec *une* Bayard.

Catherine rit de cette saillie pour cacher son embarras; bientôt nous nous retrouvâmes tous ensemble; et, par un de ces revirements assez communs dans les promenades entre jeunes gens des deux sexes, le hasard plaça Tom auprès de Catherine, et me rapprocha de Priscilla. Je ne sais ce que les deux premiers purent se dire, quoiqu'il soit assez facile de le deviner; mais ma jolie whig revint sur le sujet de la révolution.

— Vous avez dû être un peu surpris, major, me dit-elle, de m'entendre me prononcer aussi chaudement en faveur du nouveau gouvernement, lorsque plusieurs branches de ma famille ont été si rudement traitées par lui?

— Vous voulez parler des confiscations? Je ne les ai jamais approuvées, et je voudrais qu'elles n'eussent pas eu lieu; car elles pèsent surtout sur ceux qui ont été le plus inoffensifs, tandis que la plupart de nos ennemis les plus actifs y échappent. Cependant ce n'est, après tout, que le résultat inévitable des guerres civiles, et ce qui nous serait arrivé à nous-mêmes, si nous avions eu le dessous.

— C'est ce que j'ai entendu dire; mais comme aucun de mes proches parents n'a été atteint, mon patriotisme se trouve à l'aise, et n'est point aux prises avec les affections privées. Vous avez pu remarquer que mon frère n'est pas aussi bon Américain que sa sœur?

— Je ne puis lui savoir mauvais gré de rester fidèle au parti vaincu.

— Il est du moins très-sincère dans son opinion, et j'espère que cela lui fera trouver grâce auprès de vous. Des intérêts trop chers y sont engagés pour que je ne le désire pas vivement; et, puisque je suis la seule whig de la famille, il m'a semblé que c'était à moi de prendre la défense d'un frère tendrement chéri.

Pour le coup, dis-je en moi-même, voilà, je l'espère, une tactique assez évidente ; mais je ne suis pas assez niais pour être la dupe d'un artifice aussi peu caché. Je ne comprends rien à cette jeune fille ; à la voir, elle semble l'innocence et la bonne foi même, et c'est assurément une des plus charmantes personnes que j'aie jamais vues. Il ne faut pas qu'elle aperçoive à quel point je suis sur mes gardes ; mais tenons-nous bien, et opposons la ruse à la ruse. Il serait vraiment plaisant qu'après avoir commandé une compagnie avec quelque distinction, je me laissasse mener par une petite fille, fût-elle encore plus jolie et parût-elle plus naïve que cette Priscilla Bayard, ce qui, par parenthèse, serait difficile.

Quand on se parle à soi-même, on en dit beaucoup en peu de temps ; aussi mon aparté ne me prit-il que quelques secondes, et, après un moment d'hésitation, je répondis à ma belle compagne.

— Je ne comprends pas pourquoi M. Bayard tiendrait tant à mon opinion, dis-je d'un air tout aussi innocent, selon moi, que celui qu'avait pris mon aimable interlocutrice ; et en tout cas, je suis loin de juger quelqu'un sévèrement, parce qu'il se trouve différer d'avis avec moi sur des points très-délicats qui peuvent diviser les plus honnêtes gens.

— Vous ne sauriez croire le plaisir que vous me faites en parlant ainsi, monsieur Littlepage ; Tom va être au comble de la joie ; car je ne vous cacherai pas qu'il avait grand peur de vous.

Et ces paroles furent accompagnées du plus ravissant sourire qui ait jamais animé la physionomie d'une femme. Ce sourire me poursuivit longtemps dans mes rêves, mais je luttai contre son influence avec l'obstination d'un homme qui ne veut pas se laisser prendre. Je résolus néanmoins d'aller droit au fait, pour ce qui concernait Bayard et ma sœur, et de ne pas m'amuser davantage à battre les buissons par des allusions indirectes.

— Permettez-moi de vous le demander encore, miss Bayard, dis-je, dès qu'il me fut possible de parler ; qu'est-ce que mon opinion peut faire à votre frère ?

— Vous ne pouvez ignorer ce que je veux dire, répondit Priscilla un peu surprise ; il suffit de regarder le couple qui est devant nous pour voir qu'il y a là quelqu'un qui doit tenir extrêmement à votre opinion.

— Il me semble qu'on pourrait dire la même chose de nous, miss Bayard, autant que mon peu d'expérience me permet d'en juger. Deux jeunes gens se promènent ensemble, comme nous nous promenons; le cavalier paraît admirer sa dame, et j'aurais bien mauvais goût, convenez-en, si je n'en faisais pas autant.

Attrape! dis-je en moi-même. Voyons à présent comment elle parera cette botte.

Priscilla s'en tira très-bien; elle se mit à rire, rougit un peu, de manière à paraître encore mille fois plus charmante, et déclina toute analogie, d'abord par l'expression de sa figure, et ensuite par ces paroles :

— Le cas est bien différent, monsieur, répondit-elle. Nous sommes des étrangers l'un pour l'autre, tandis que Tom et Kate se connaissent de longue date. Nous n'avons pas, nous, la plus légère affection mutuelle; non, pas la plus légère, quoique nous soyons portés à avoir l'un de l'autre une opinion favorable, moi comme l'amie intime de votre unique sœur, et vous comme le frère unique de mon intime amie. Là cesse notre intérêt commun, ajouta-t-elle avec une intention marquée; et ce sentiment qu'une connaissance plus intime de nos mérites respectifs pourra développer n'ira pourtant jamais au delà d'une bonne et franche amitié. Il en est tout autrement du couple qui est devant nous. On s'aime, on s'aime sérieusement, depuis longtemps; et mon frère ne saurait être indifférent à ce que vous pouvez penser de lui. J'espère m'être fait suffisamment comprendre.

— A merveille, et je ne serai pas moins franc. D'abord, je proteste solennellement contre tout ce que vous avez dit du « second couple, » à l'exception de l'intérêt qu'il prend au premier. En second lieu, je déclare que Kate Littlepage est sa souveraine maîtresse, du moins en ce qui concerne son frère Mordaunt; enfin, j'ajoute que je ne vois ni dans la personne, ni dans la famille, ni dans les relations de son prétendu, rien dont nous ne devions être fiers. J'espère que je m'explique aussi assez clairement?

— Oh! oui, et je vous en remercie du fond du cœur. J'avoue

que je nourrissais quelques petites appréhensions à cause des opinions politiques de Tom ; les voilà heureusement dissipées, et je n'ai plus le moindre sujet d'inquiétude.

— Comment pouviez-vous attacher tant d'importance à mon sentiment, lorsque Kate a un père, une mère, une grand'mère qui tous, si je ne me trompe, approuvent son choix ?

— Ah ! monsieur Littlepage, vous ne connaissez donc pas toute votre influence dans la famille ? Eh bien, alors, j'en sais plus que vous. Père, mère, sœur et grand'mère, tous parlent de M. Mordaunt de la même manière. A entendre le général raconter quelque incident de la guerre, on croirait que c'était lui qui commandait une compagnie, et que le capitaine Littlepage commandait le régiment. Mistress Littlepage ne voit que par les yeux de Mordaunt, ne connaît que le goût de Mordaunt, même pour tout ce qui tient au ménage. Kate a toujours le nom de son frère à la bouche : mon frère dit ceci, mon frère écrit cela...., et votre bonne grand'mère croirait que ses pêches et ses cerises auraient peine à mûrir, si Mordaunt Littlepage, le fils de son Corny, n'était pas sur la terre pour y faire luire un éternel soleil !

Tout cela fut dit sans prétention, avec enjouement. C'était à en perdre la tête.

— C'est tracer de main de maître un portrait de fantaisie sur les faibles d'une famille, miss Bayard, et je ne l'oublierai pas de si tôt. Ce qui le rend encore plus piquant, et ce qui doit faire son succès dans le monde, c'est la circonstance que Mordaunt mérite si peu l'extrême déférence qu'il semblerait qu'on a pour lui.

— Le dernier trait ne fait nullement partie de mon tableau, major, et je le désavoue. Pour ce qui est du monde, il n'en saura jamais rien. Vous et moi, nous ne sommes pas le monde ; et nous ne serons jamais le monde l'un pour l'autre ; c'est ce qui explique ma franchise, quoique notre connaissance soit si récente. Vous comprenez maintenant pourquoi Tom attache tant de prix à votre estime : c'est que votre sœur ne l'épouserait pas, si votre jugement n'était pas favorable.

— Et autrement, elle l'épouserait ?

— Ce n'est pas à moi qu'il appartient de répondre. Mais nous n'avons pas besoin de poursuivre ce sujet ; je suis tranquille, à présent que je suis certaine que vous ne nourrissez aucune animosité politique contre le pauvre Tom.

— Aucune, je vous assure. Il est facile au surplus d'être généreux quand on triomphe, et le succès doit nous rendre, nous autres whigs, indulgents. Je puis vous assurer qu'aucune objection ne sera élevée contre votre frère à raison de ses opinions. Ma chère mère elle-même a été à moitié tory pendant toute la guerre, et il me semble que Kate a hérité de toute sa charité.

Un sourire singulier, et même pénible, à ce qu'il me sembla, se montra sur les lèvres de Priscilla Bayard, pendant que je faisais cette remarque. Mais voyant qu'elle désirait ne plus revenir là-dessus, je mis la conversation sur un autre sujet.

Catherine et moi nous restâmes à Satanstoe, et Thomas venait nous voir tous les jours, l'habitation de ses parents n'étant pas très-éloignée. Je vis deux fois Priscilla dans cet intervalle; une fois en allant rendre visite à son père dans ce but exprès; la seconde fois, lorsqu'elle vint à cheval voir son amie. J'avoue que jamais caractère de femme ne m'avait paru plus inexplicable. C'était ou l'art d'une comédienne consommée, ou l'innocence et la simplicité d'une enfant. Il était aisé de voir que toute ma famille et, à ce que je croyais, les parents de la jeune personne désiraient que je fusse dans les meilleurs termes avec Pris, comme tout le monde l'appelait; mais il m'était impossible de découvrir quels étaient ses sentiments à elle. Elle était trop jolie, trop gracieuse dans toute sa manière d'être, pour qu'on pût la voir sans être frappé d'admiration; mais en même temps, je soupçonnais sa sincérité, et j'étais tenté de regarder son *naturel* comme le comble de l'art.

Il est à peine nécessaire de dire que, dans de semblables circonstances, je gardai soigneusement mon cœur, malgré les désirs évidents de mes amis, et tous les avantages extérieurs de miss Bayard. On ne tombe pas subitement amoureux quand on croit voir quelque défaut, pas plus qu'on ne voit les défauts une fois qu'on est amoureux.

CHAPITRE V.

> Ce serait un excellent homme que celui qui tiendrait le milieu entre lui et Benedict : l'un est trop comme une statue, et il ne desserre pas les dents ; et l'autre, trop comme le fils aîné de milady ; c'est un parlement perpétuel.
>
> Beatrice.

Le jour où je partis de Satanstoe avec ma sœur, j'eus avec ma grand'mère une conversation assez intéressante pour que je la rapporte. Elle eut lieu avant le déjeuner, lorsque Thomas et sa sœur, qui étaient venus dès la veille pour nous faire leurs adieux, n'étaient pas encore descendus. Ma grand'mère m'avait donné rendez-vous dans un petit pavillon moderne qui avait été ajouté à l'extrémité d'un des anciens bâtiments, et nous y arrivâmes au même moment avec une exactitude extrême. Je vis à un certain air d'importance qu'avait pris ma grand'mère qu'il s'agissait de quelque grande affaire, et je pris le siége qu'elle m'avait préparé, avec quelque curiosité d'entendre ce qu'on allait me dire. Les deux fauteuils étaient placés de manière à ce que ceux qui les occuperaient, une fois assis, fussent en face l'un de l'autre. Ma grand'mère avait mis ses lunettes, et elle me regarda fixement, en séparant les boucles de mes cheveux sur mon front, comme elle avait coutume de faire lorsque j'étais enfant. Je vis quelques larmes couler silencieusement derrière les lunettes, et je commençai à craindre d'avoir, sans le vouloir, dit ou fait quelque chose qui eût pu mécontenter l'excellente femme.

— Au nom du ciel, grand-maman, qu'y a-t-il? Avez-vous à vous plaindre de moi?

— Non, mon enfant, non ; bien au contraire. Vous êtes et vous avez toujours été pour nous tous un bon fils. Mais on aurait dû vous nommer Hugh, je le soutiendrai tant que je vivrai. Je l'ai dit à votre père au moment même de votre naissance ; mais il a toujours été entiché du nom de Mordaunt. C'est un nom respectable, je n'en disconviens pas; on dit même qu'il est en très-bonne odeur en Angleterre, mais c'est un nom de famille, plutôt qu'un nom de baptême. Enfin, il est trop tard à présent : Mordaunt vous êtes; et Mordaunt vous resterez. Vous a-t-on dit, mon enfant, à quel point vous ressemblez à votre grand-père?

— Oh! oui, ma mère me l'a répété bien souvent, les larmes aux yeux, en me disant que Mordaunt aurait dû être mon nom de famille, tant je ressemblais à son père.

— A son père! quelle idée! Je reconnais bien là Anneke! C'est la meilleure des femmes; je l'aime comme si elle était ma propre fille; mais elle a quelquefois des idées si étranges! Vous ressembler à Herman Mordaunt, vous qui êtes tout le portrait de votre grand-père Littlepage! Vous ne ressemblez pas plus à Herman Mordaunt qu'au roi!

La révolution était encore trop récente pour empêcher ces allusions continuelles à la royauté, quoique mon grand-père eût été l'un des whigs les plus prononcés, depuis le commencement de la lutte. Quant à la ressemblance alléguée, j'ai toujours entendu dire que j'avais quelque chose des traits des deux familles, ce qui permettait aux deux lignes de revendiquer sa part de ma figure, et ce qui expliquait peut-être l'espèce d'engouement qu'on avait pour moi des deux côtés. Ma bonne grand'mère était si convaincue de ma parfaite ressemblance avec le « vieux général, » comme elle appelait son défunt mari, qu'avant d'aller plus loin dans la communication qu'elle voulait me faire, elle s'essuya les yeux, et satisfit sa tendresse en attachant sur moi un long regard.

— Oh! ces yeux! murmura-t-elle; et ce front! la bouche aussi, et le nez, sans parler du sourire, qui est bien cela!

Pour peu que ma grand'mère eût continué, je ne vois pas trop ce qui serait resté de ma figure pour la branche des Mordaunt. Il est vrai que j'avais les yeux bleus, et que « le vieux général » les avait noirs comme du jais; que j'avais le nez grec, tandis que le sien était tout ce qu'il y avait de plus romain. Mais ma chère grand'mère n'y regardait pas de si près, et son affection ne s'arrêtait pas à ces légères différences.

— Eh bien, Mordaunt, reprit-elle enfin, que dites-vous du

prétendu de votre sœur? M. Bayard est un charmant jeune homme, n'est-il pas vrai?

— C'est donc bien décidément un prétendu, grand'maman? Kate y consent?

— Allons donc, enfant! dit ma grand'mère en souriant avec autant de malice que si elle n'avait eu que seize ans; il y a des siècles! Petit père a tout approuvé, petite maman aussi; moi je n'ai pas dit non, comme vous jugez bien, et Anneke est aux anges! Il ne manquait absolument que votre approbation. — Voyez-vous, grand'maman, m'a dit cette chère enfant, ce ne serait pas bien à moi de donner ma main pendant que Mordaunt est absent, et qu'il ne connaît pas même la personne. Attendons son retour. — N'était-ce pas bien aimable de sa part?

— Oh! oui, et je ne l'oublierai jamais; mais pourtant si je n'avais pas approuvé son choix que serait-il advenu?

— Méchant que vous êtes! on aurait attendu, et puis on aurait cherché à vous faire revenir de vos préventions. D'ailleurs est-ce que la chose était possible? Enfin, vous avez donné votre approbation, et il ne manque rien au bonheur de Kate. Une lettre de Lilacsbush, apportée par Jaap, contient le consentement en règle de vos parents, — et quels parents vous avez, mon garçon! — Kate a écrit aussitôt hier pour donner le sien, et si vous aviez vu comme son petit billet était gentiment tourné! Il n'y avait que votre mère, Anneke Mordaunt, qui, dans son temps, fût capable d'en écrire de semblables.

— Je suis charmé que tout soit arrangé à votre satisfaction, et certes personne ne désire plus que moi que Kate soit heureuse. C'est une si excellente fille!

— N'est-ce pas? une véritable Littlepage jusqu'à la moelle des os! Oh! elle sera heureuse. Tous les mariages de notre famille ont toujours été heureux. Eh! bien, mon garçon, quand Kate va être mariée, il ne restera plus que vous.

— Oui, bonne maman, et vous ne serez pas fâchée qu'il reste quelqu'un qui vienne vous voir, sans avoir à ses trousses un tas d'enfants et de nourrices.

— Moi, mon ami! je serais au désespoir, au contraire, maintenant que la guerre est terminée, de ne pas vous voir vous marier dès qu'il se présentera une occasion favorable. Des enfants! mais j'en raffole; et mon regret a toujours été que les Littlepage en aient eu si peu, surtout des garçons. Non, Mordaunt, mon garçon, le plus cher désir de mon cœur est de vous voir marié convenablement, et de tenir dans mes bras une nouvelle génération de petits Littlepage. J'en ai déjà tenu deux, et rien ne manquera à mon bonheur sur la terre, si je puis tenir la troisième.

— Chère bonne maman, que dois-je conclure de tout cela?

— Que je désire que vous vous mariiez, mon garçon; et que ce désir est aussi celui de votre père, de votre mère, de votre sœur, de toute la famille.

— Et toute la famille désire que j'épouse la même personne, n'est-ce pas?

Ma grand'mère sourit, mais elle ne répondit pas sur-le-champ; peut-être trouvait-elle qu'elle avait été trop vite en besogne. Mais elle avait trop de simplicité et de franchise pour reculer, après s'être tant avancée, et elle résolut sagement de bannir toute réserve.

— Je crois que vous ne vous trompez pas, Mordaunt, dit-elle enfin : notre désir à tous est que vous deveniez amoureux le plus tôt possible; que vous fassiez votre déclaration aussitôt après, et que le mariage se fasse dès que Priscilla Bayard aura donné son consentement.

— Voilà qui est clair, et il n'y a point d'équivoque possible. J'imiterai votre franchise, bonne maman, et d'abord je vous demanderai si vous ne pensez pas que ce soit bien assez d'une alliance de cette sorte entre deux familles? Si Kate épouse le frère, quel grand mal y aurait-il à ce que je restasse insensible aux attraits de la sœur?

— Savez-vous, Mordaunt, que Priscilla Bayard est une des plus jolies filles de la colonie d'York?

— C'est de l'État d'York qu'il faut dire à présent, chère grand'-mère. J'en conviens volontiers : miss Priscilla est charmante.

— Eh! bien alors, que demandez-vous donc de plus?

— Je ne dis pas qu'avec le temps je ne puisse prétendre à sa main; mais ce temps n'est pas arrivé. C'est une affaire trop sérieuse pour qu'elle ne donne pas lieu à de graves réflexions; et vouloir trop brusquer les choses, est, en pareil cas, un mauvais moyen de réussir.

Ma pauvre grand'mère parut atterrée. Elle craignit d'avoir fait une maladresse, et resta les yeux fixés à terre comme un enfant surpris en flagrant délit.

— Cependant, Mordaunt, répondit-elle après un moment de silence, je n'ai pas été pour peu de chose dans le mariage de vos chers parents, et jamais union n'a été plus heureuse.

J'avais entendu souvent des allusions de ce genre, et chaque fois j'avais surpris un léger sourire sur les lèvres de ma mère en les entendant, sourire qui semblait protester contre l'assertion de ma grand'maman. Une inclination réciproque avait amené le mariage de nos parents, et je sentais bien, connaissant leur caractère, qu'il n'avait pas pu être arrangé, presque à leur insu. J'étais bien déterminé à suivre leur exemple, et j'allais répondre dans ce sens avec plus d'énergie qu'il n'eût peut-être été convenable dans la bouche d'un petit-fils, lorsque les deux jeunes amies parurent à l'entrée du pavillon, et mirent fin à notre conférence secrète.

Jamais les jeunes personnes ne sont mieux à la campagne que dans leur fraîche et simple toilette du matin. Ma sœur était charmante; mais miss Priscilla était vraiment une beauté accomplie, et en la voyant s'avancer vers nous, le sourire sur les lèvres, d'un pas libre et dégagé, mais en même temps avec un maintien modeste et réservé, qui était des plus attrayants, peu s'en fallut que je ne me penchasse à l'oreille de ma grand'mère pour lui dire que décidément j'allais penser sérieusement à ce qu'elle m'avait dit.

— Mordaunt va nous quitter pour tout l'été, miss Bayard, dit ma grand'mère, qui ne se tenait pas encore pour battue, et je l'ai gardé ici pour avoir un moment d'entretien avec lui avant son départ. Kate viendra souvent me voir, elle; mais nous ne reverrons Mordaunt qu'à l'entrée de l'hiver.

— Monsieur Mordaunt va voyager? demanda la jeune personne avec ce degré d'intérêt que demandait la politesse, mais rien de plus; — car Lilacsbush est si près qu'autrement il lui serait facile de venir de temps en temps savoir de vos nouvelles.

— Oh! oui, il va bien loin, dans une partie du monde qui me fait trembler!

Miss Bayard, pour cette fois, manifesta quelque surprise, et ses beaux yeux parurent m'interroger, quoique sa langue restât muette.

— Je vois qu'il faut que je m'explique; autrement miss Bayard va croire que je vais pour le moins en Chine. Le fait est que je ne quitte pas l'État d'York.

— Oui, mais l'État est assez grand pour que je conçoive l'inquiétude d'une grand'maman, quand son petit-fils est à l'autre extrémité. Peut-être allez-vous au Niagara, major Littlepage? C'est une excursion que quelques jeunes Américains parlent d'entreprendre; et je serai charmée quand l'état des routes permettra aux dames de se mettre de la partie.

— C'est que miss Bayard est remplie de courage! s'écria ma grand'mère, ne voulant laisser échapper aucune occasion de faire valoir sa protégée.

— Je ne vois pas, mistress Littlepage, qu'il faille grand courage pour cela. Il est vrai qu'il y a des Indiens sur la route, et un grand désert à traverser; mais des dames l'ont déjà fait, m'a-t-on dit, et sans danger. On dit tant de merveilles des Cataractes, qu'on est bien tenté de hasarder quelque chose pour les voir.

Quand je me reporte au temps de ma jeunesse, où une excursion au Niagara semblait presque aussi périlleuse qu'un voyage en Europe, j'ai peine à concevoir qu'en aussi peu de temps de pareils changements puissent s'opérer[1].

— Rien ne pourrait m'être plus agréable, répondis-je galam-

---

[1]. Le lecteur ne doit jamais perdre de vue que ce manuscrit a été écrit il y a quarante ans. Un voyage au Niagara était, même alors, une entreprise sérieuse; aujourd'hui, grâce à la vapeur, la distance, qui est de 450 à 500 milles, peut être franchie en moins de 36 heures! c'est un des prodiges du géant encore enfant, et c'est ce qui doit rendre les politiques étrangers circonspects, lorsqu'ils parlent de régler les limites de notre république. A juger de l'avenir par le passé, on verra un jour la vapeur franchir l'espace qui sépare l'Atlantique de la Mer-Pacifique, et le pavillon américain flotter aux deux extrémités. C'est peut-être ici le lieu d'ajouter que rien n'a plus fortifié l'administration actuelle dans ses projets d'annexion, que les menaces d'intervention des gouvernements européens dans les affaires de ce continent. A quelque moment critique, lorsqu'on s'y attendra le moins, l'Amérique pourrait bien leur rendre la pareille.

ment, à la satisfaction inexprimable de ma pauvre grand'mère, que d'être, dans cette occasion, le chevalier de miss Bayard.

— Vous pensez donc réellement à entreprendre ce voyage, major?

— Pas maintenant; c'est un plaisir que je tiens en réserve pour un peu plus tard. Dans ce moment, je vais à Ravensnest, qui n'est guère qu'à cinquante milles d'Albany.

— Ravensnest, Nid des Corbeaux! Voilà un joli nom, bien que nous aimassions mieux encore, nid de rouges-gorges ou de tourterelles, n'est-ce pas Kate? Qu'est-ce que Ravensnest, monsieur Littlepage?

— Un domaine assez étendu, mais, jusqu'à présent, de peu de rapport, qui m'a été légué par mon grand-père Mordaunt. Mon père et le colonel ont tout auprès une propriété qu'on appelle Mooseridge. Je dois visiter les deux biens. Il est temps de s'en occuper; car, pendant les troubles, ils ont été complétement négligés.

— On dit que les défrichements vont être poussés très-vivement pendant l'été, dit Priscilla en paraissant prendre à cette question un intérêt qui me surprit; et qu'un grand nombre de planteurs arrivent des États de la Nouvelle-Angleterre.

— Il est rare de trouver une jeune personne qui s'occupe de ces matières, miss Bayard. On voit que je parle à une bonne whig, ce qui est synonyme de bonne patriote.

Priscilla rougit de nouveau, et parut alors vouloir se condamner au silence; mais Catherine ne laissa pas tomber la conversation.

— Quel est donc ce singulier vieillard dont je vous ai entendu parler, Mordaunt, me demanda-t-elle, et avec qui vous êtes, depuis quelque temps, en correspondance au sujet de ces terres?

— Vous voulez parler de mon ancien camarade le porte-chaine? C'est le sobriquet qu'on a donné à un capitaine de notre régiment nommé Coejemans. Maintenant, le capitaine a repris son ancien métier, et c'est à lui que je confie mes intérêts pour l'arpentage.

— Comment! un simple porte-chaine peut-il se charger d'une

mission semblable? demanda Thomas, qui venait de nous rejoindre.

— André Coejemans n'est pas un porte-chaîne ordinaire. Il se charge de toute la besogne et prend avec lui un arpenteur, sous sa responsabilité, car il convient qu'il n'entend rien aux calculs. Je vous assure que, dans la colonie, c'est à qui lui accordera sa confiance.

— Ne dites-vous pas qu'il s'appelle Coejemans, major? demanda Priscilla en affectant un air d'indifférence.

— Oui, mademoiselle, André Coejemans, et il est d'une famille respectable. Mais le vieil André a tant d'affection pour les bois, qu'il a fallu tout son patriotisme pour l'en faire sortir. Après avoir servi bravement pendant toute la durée de la guerre, il a repris son premier état, et il plaisante continuellement sur ce qu'il traine toujours sa chaîne, lui qui a combattu si longtemps pour la liberté.

Priscilla parut hésiter; il me sembla que son embarras augmentait. Cependant elle se décida à faire la question qui, évidemment, la préoccupait.

— Avez-vous jamais vu, me dit-elle, la nièce du porte-chaîne, Ursule Malbone?

Cette question me surprit beaucoup. Je n'avais jamais vu Ursule; mais son oncle m'avait parlé si souvent de sa pupille, que c'était presque pour moi une connaissance intime.

— Où donc, au nom du ciel, avez-vous pu la connaître? m'écriai-je assez inconsidérément; car, au bout du compte, le monde était assez grand pour que deux jeunes personnes eussent pu s'y rencontrer à mon insu; d'autant plus que, de ces deux personnes, il y en avait une que je n'avais jamais vue; et l'autre, je l'avais vue pour la première fois, il y avait quinze jours. — Le vieil André ne tarissait pas sur le compte de sa nièce; mais je n'aurais jamais pensé qu'elle pût être connue d'une personne de votre position dans le monde!

— Pourtant, nous sommes plus que des compagnes de pension, car nous avons été, et j'espère que nous sommes encore, très-bonnes amies. J'aime tendrement Ursule, bien qu'elle soit

4

aussi originale à sa manière que son oncle, si ce qu'on dit de lui est vrai.

— Voilà qui est étrange! Voulez-vous me permettre une seule question, qui vous surprendra peut-être après ce que vous venez de me dire; mais j'aime mieux éclaircir sur-le-champ tous mes doutes : est-ce qu'Ursule Malbone, sous le rapport de l'éducation et des manières, peut aller de pair avec miss Bayard?

— De pair? mais, à beaucoup d'égards, elle est très-supérieure à toutes les jeunes personnes de son âge. J'ai toujours entendu dire qu'elle est d'une bonne famille; mais elle est pauvre, bien pauvre, surtout aujourd'hui. — Priscilla s'arrêta un moment; sa voix tremblait, et je surpris même quelques larmes dans ses yeux. — Pauvre Ursule! elle était déjà bien gênée, lorsqu'elle était en pension; et cependant aucune de nous n'osait jamais lui faire même de petits présents. J'aurais craint de la prier d'accepter ne fût-ce qu'un ruban, tandis qu'avec Kate ou toute autre de mes amies, je n'aurais pas éprouvé la moindre gêne. Ursule a une si belle âme, quoique peu de personnes la comprennent!

— C'est comme le vieil André. Il était loin d'être riche, et je l'ai vu s'imposer les plus rudes privations pour payer la pension d'Ursule, et soutenir, en même temps, son rang de capitaine, sans que jamais, ni mon père, ni personne, ait pu lui faire accepter un seul dollar, même à titre de prêt. Il voulait bien donner, mais jamais recevoir.

— Cela ne m'étonne pas; Ursule est de même. Mais, si elle a quelques faibles, elle a, en revanche, les plus nobles qualités; et cela fait bien pardonner l'originalité de son caractère.

— Caractère qu'elle a, sans doute, hérité des Coejemans, à en juger du moins par celui du porte-chaîne.

— Les Malbone n'ont pas la moindre parcelle du sang des Coejemans, répondit vivement miss Bayard; la mère d'Ursule n'était que la demi-sœur du capitaine Coejemans, et ils n'ont pas eu le même père.

Miss Priscilla me parut un peu confuse, comme si elle était fâchée d'en avoir dit autant sur ce sujet, et de paraître si au fait de la généalogie des Malbone. Elle se baissa pour cueillir une rose, et se mit à la sentir, avec le désir évident de changer de conversation. Au surplus, dans ce moment, la cloche du déjeuner se fit entendre, et il ne fut plus question du porte-chaine, ni de sa merveilleuse nièce.

Après le déjeuner, on nous amena nos chevaux. J'embrassai tendrement ma bonne grand'mère, que je ne devais pas revoir de l'été, et je reçus, en échange, sa bénédiction. J'échangeai une cordiale poignée de main avec Thomas, qui ne pouvait guère manquer de venir à Lilacsbush avant mon départ. M'approchant ensuite de sa sœur, qui me présenta sa main de la manière la plus amicale, je lui dis en la prenant :

— J'espère que ce n'est pas la dernière fois que je vous vois avant de me mettre en route, miss Bayard? Vous devez une visite à ma sœur, et je remets au moment où vous acquitterez cette dette, de prononcer le mot si pénible d'adieu.

— Voilà une singulière manière de faire sa cour, Mordaunt! s'écria Catherine avec enjouement. Il n'y a que quinze milles de chez notre père aux Hickories; vous devez le savoir, monsieur, et vous avez reçu une invitation formelle d'aller y montrer votre bel uniforme?

— De la part de mon père et de mon frère, ajouta Priscilla assez vivement. A coup sûr, ils seront toujours charmés de voir le major Littlepage.

— Et pourquoi donc pas aussi de la vôtre, miss prude? dit Catherine, qui semblait prendre une sorte de malin plaisir à embarrasser son amie. Il me semble que nous nous connaissons assez à présent, pour que vous puissiez inviter aussi en votre nom.

— Quand je serai maîtresse de maison, si cela m'arrive jamais, je tâcherai de ne point perdre ma réputation d'hospitalité, reprit Priscilla sans se déconcerter; il me semble que, jusque-là, je puis laisser à mon père le soin de faire les honneurs.

Priscilla avait, vraiment, un air ravissant en parlant ainsi, et elle supporta les sourires de ceux qui l'entouraient avec un sang-froid qui montrait assez qu'elle savait à quoi s'en tenir. Ce caractère était pour moi indéchiffrable; l'intérêt que j'aurais mis à deviner l'énigme aurait pu devenir funeste à mes projets d'indifférence, si j'étais resté auprès d'elle un mois de plus. Mais la Providence en avait décidé autrement.

Pendant que nous nous en retournions à Lilacsbush, ma sœur m'apprit, avec l'embarras et l'hésitation convenable, qu'elle avait prononcé le oui fatal... Le mariage ne devait pourtant avoir lieu qu'à mon retour du Nord, au milieu de l'automne.

— Ainsi donc, Kate, je ne vous retrouverai que pour vous perdre de nouveau, dis-je avec une certaine tristesse.

— Pour me perdre, mon frère, non, non! je serai au milieu d'une famille où vous viendrez bientôt vous-même chercher une femme.

— Et si je me présentais, quel motif aurais-je de me flatter de réussir?

— C'est une question qui vous est interdite. Quand même j'aurais quelque raison de croire que vous ne seriez point mal accueilli, il me siérait bien, vraiment, d'aller trahir mon amie! Nous autres demoiselles, nous ne sommes pas si simples que vous le supposez, monsieur; et avec nous, il n'y a que la ligne droite pour arriver au but. Mais vous êtes joli garçon, d'une tournure agréable; âge, fortune, famille, caractère, tout est en rapport; je ne vois là que des motifs pour persévérer, mon brave major.

— Pour persévérer, petite sœur! mais je n'ai pas encore commencé. Je ne sais, vraiment, que penser de votre amie; c'est la perfection de la nature, ou la perfection de l'art.

— De l'art! Priscilla artificieuse! oh! Mordaunt, un enfant ne saurait avoir plus de candeur et de naïveté que la sœur de Tom.

— Oui, c'est cela; la sœur de Tom a nécessairement toutes les perfections; mais vous voudrez bien considérer qu'il y a des enfants très-malins. Tout ce que je puis vous dire, pour le moment, c'est que Tom me plaît, que ses parents me plaisent, mais que je n'ai pas encore d'opinion arrêtée sur votre amie.

Catherine fut un peu piquée, et ne répondit rien. Cependant sa bonne humeur ne tarda pas à revenir, et nous nous mîmes à parler de choses et d'autres. Seulement le nom de Bayard ne fut plus prononcé, mais je suis bien sûr que ma compagne n'en pensa pas moins constamment à un certain Thomas de ce nom, tandis que, de mon côté, je n'étais pas moins occupé de sa charmante et inexplicable sœur.

CHAPITRE VI.

> Ils aiment leurs terres, parce qu'elles sont à eux, et dédaignent d'en donner d'autre raison ; ils donneraient une poignée de main à un roi sur son trône, et croiraient lui faire honneur ; rudes, intraitables, ne craignant ni ne flattant personne, tels ils sont élevés, tels ils vivent et meurent ; tous, à l'exception de quelques renégats qui se livrent à toutes sortes de trafics.
>
> HALLECK.

Un jour ou deux après mon retour à Lilacsbush, on eût pu voir une de ces scènes de famille qui sont si communes, dans le beau mois de juin, sur les rives de notre vieux fleuve de l'Hudson. Je dis *vieux*, car il est aussi ancien que le Tibre, quoique le monde n'en ait parlé, ni autant, ni depuis aussi longtemps. Dans mille ans d'ici, il sera connu par toute la terre, et sa célébrité égalera celle du Danube et du Rhin. Si, sur ses bords, on ne récolte pas encore d'aussi bon vin que sur les coteaux de ce dernier fleuve, du moins le vin qu'ils produisent s'améliore-t-il de jour en jour. Tous les voyageurs de bonne foi sont d'accord sur ce point.

Sur la pelouse de Lilacsbush, non loin du bord de l'eau, s'élève un noble tilleul, planté par le père de mon aïeule maternelle, et admirablement placé pour que, dans l'après-midi, on prît plaisir à venir s'asseoir sous son ombrage. C'est là que, dans les chaleurs, nous venions manger le dessert ; c'est là que, depuis leur retour de l'armée, le général Littlepage et le colonel Dirck Follock venaient, en fumant leur pipe, repasser ensemble les divers incidents de la guerre.

Dans l'après-midi du jour en question, toute la famille était assise sous le tilleul ; chacun avait pris la place qui lui semblait la plus commode ou la mieux abritée. Sur une petite table, placée à portée, étaient quelques flacons de vin et des corbeilles de fruits. Ma mère s'était rapprochée de moi, car je ne fumais pas, tandis que la tante Mary et Catherine se trouvaient enveloppées de l'atmosphère du tabac. Sur le bord de l'eau était un grand bateau, qui contenait une ou deux malles et un portemanteau. Jaap était étendu sur l'herbe, à moitié chemin à peu près entre le tilleul et la rivière, tandis que deux ou trois de ses petits enfants se roulaient à ses pieds. Dans le bateau était son fils, tout prêt à se servir des avirons dès qu'il en recevrait l'ordre.

Ces apprêts annonçaient mon prochain départ pour le Nord. Le vent était au sud, et des sloops, de diverses grandeurs, passaient successivement sous nos yeux, à mesure qu'ils avaient pu profiter de la brise pour se mettre en route. L'Hudson ne portait pas alors la dixième partie des embarcations qu'on y voit aujourd'hui; mais cependant, si près de la ville, et à un moment où le vent et la marée étaient favorables, il y en avait assez pour former une petite flotte. Appartenant, pour la plupart, à la partie supérieure de la rivière, elles se ressentaient du goût de nos ancêtres hollandais. Excellentes marcheuses devant le vent, elles n'étaient plus bonnes à rien dès que le temps était contraire, et elles mettaient généralement de huit à quinze jours pour descendre d'Albany, pour peu que le vent soufflât du sud. Cependant presque personne ne songeait à franchir la distance entre les deux plus grandes villes de l'État, Albany et New-York, autrement qu'à bord d'un de ces sloops. J'attendais, en ce moment, l'arrivée d'un certain *Aigle*, d'Albany, commandé par le capitaine Bogert, qui devait me prendre à Lilacsbush. Ce qui m'avait décidé à choisir ce bâtiment, c'est qu'il avait, à l'arrière, une espèce de chambre, formée par un grand rideau vert, avantage que toutes les embarcations étaient loin d'offrir à cette époque.

Jaap, qui devait m'accompagner dans mon voyage à Ravensnest, devait m'avertir, dès qu'il apercevrait notre bâtiment, de sorte que je pouvais profiter sans crainte des derniers moments que j'avais à passer en famille.

— J'aurais grand plaisir à aller rendre visite à la vieille mistress Vander Heyden, à Kinderhook, Mordaunt, dit ma mère après une des pauses qui avaient souvent lieu dans la conversation ; c'est une de nos parentes, et j'ai beaucoup d'affection pour elle. En même temps son souvenir se rattache dans mon esprit à celui de cette nuit horrible passée sur la rivière, dont je vous ai parlé, mes enfants.

En disant ces mots, ma mère jeta un regard attendri sur le général, qui lui répondit par un coup d'œil non moins expressif. Il était impossible de voir un ménage plus uni. Ils semblaient n'avoir qu'un même esprit, qu'une même pensée ; et si, par hasard, il venait à se manifester entre eux la plus légère divergence d'opinion, c'était alors, non pas à qui l'emporterait, mais à qui céderait le plus vite.

— Il serait bien, Anneke, dit mon père, que le major allât visiter la tombe du pauvre Guert, et s'assurer si la pierre tumulaire a été respectée. Je n'y ai pas été depuis 1768, et des dégradations pourraient avoir été commises.

Ces paroles furent prononcées à voix basse, de manière à n'être pas entendues de ma tante Mary ; d'ailleurs, elle était un peu sourde, ce qui rendait la discrétion plus facile. Il n'en était pas de même du colonel Dirck, qui fit une question qui prouvait qu'il avait entendu l'observation de mon père.

— Et la tombe de lord Howe, Corny, qu'est-elle devenue ?

— Oh ! la colonie y a pourvu. On l'a enterré, je crois, dans la nef de Saint-Pierre, et il n'y a rien à craindre pour son tombeau. Mais pour l'autre, major, il sera bon d'y veiller.

— De grands changements ont eu lieu à Albany, depuis que nous y avons été dans notre jeunesse, dit ma mère d'un air pensif. Les Cuylers ont été frappés par la révolution, tandis que les Schuylers sont montés au pinacle. Pauvre tante Schuyler ! Elle ne vit plus pour accueillir notre fils !

— Que voulez-vous, ma chère ? Le temps a marché ; et nous devons encore être reconnaissants que notre famille soit aussi nombreuse, après une guerre si longue et si sanglante.

Je vis les lèvres de ma mère s'agiter, et je suis sûr qu'elle remerciait la Providence de lui avoir conservé son mari et son fils

— Vous nous écrirez souvent, n'est-ce pas, Mordaunt? me dit cette tendre mère après une pause plus longue que les autres. A présent que la paix est rétablie, les communications seront plus faciles.

— On dit, cousine Anneke, — c'était ainsi que le colonel Dirck appelait ma mère, toutes les fois que nous étions seuls, — on dit que les lettres vont être transmises trois fois par semaine entre Albany et New-York. On ne sait vraiment pas où s'arrêteront les conséquences de notre glorieuse révolution !

— Si je lui dois de recevoir aussi souvent des lettres de ceux que j'aime, répondit ma mère, j'avoue que mon patriotisme s'en accroîtra sensiblement. Mais, de Ravensnest à Albany, comment les lettres parviendront-elles?

— Les occasions ne manqueront pas. On dit qu'une foule de Yankees vont chercher des fermes cet été. Ils pourront me fournir des messagers.

— Ne vous y fiez pas trop ! murmura le colonel Dirck, qui conservait toujours un peu du vieux levain hollandais contre nos frères de l'Est. Voyez comment ils se sont conduits à l'égard de Schuyler !

— Oui, dit mon père en remplissant sa pipe, ils auraient pu montrer plus de justice et moins de préventions; mais qui est à l'abri des préventions ou des préjugés dans ce monde? Washington lui-même en a eu sa part.

— Voilà un grand homme! s'écria le colonel Dirck avec chaleur; voilà véritablement un grand homme!

— C'est ce que personne ne contestera, colonel; mais n'avez-vous rien à faire dire à votre vieux camarade André Coejemans? Voilà près d'un an qu'il est à Mooseridge, et la besogne doit être bien avancée de ce côté.

— Pourvu qu'il n'ait pas pris un Yankee pour arpenteur, Corny? dit le colonel en manifestant quelque alarme. Si une de ces sangsues s'attachait une fois à nos terres, elle trouverait le moyen d'en emporter la moitié dans sa boîte à instruments.

— Soyez tranquille, André s'y connaît, et nos intérêts sont en bonnes mains.

— Je le sais, je le sais. A propos, Mordaunt, n'oubliez pas

que la première chose à faire, c'est de faire mesurer cinq cents acres de bonnes terres pour votre sœur Anneke, et cinq cents autres pour ma petite Kate que voici. Dès que l'opération sera faite, le général et moi nous rédigerons un acte en conséquence.

— Merci, Dirck, dit mon père avec émotion. Je ne refuserai pas ce qui est offert de si bonne grâce.

— Ce n'est pas grand' chose à présent, Corny ; mais plus tard cela peut avoir quelque valeur. Si nous faisions présent au vieil André d'une ferme pour ses peines?

— De tout mon cœur, s'écria vivement mon père. Quelques centaines d'acres peuvent le mettre dans l'aisance pour le reste de ses jours. C'est une bonne idée, Dirck, et je vous en sais un gré infini. Mordaunt la choisira lui-même.

— Vous oubliez, général, que le porte-chaîne a eu ou va avoir une concession de terres en sa qualité de capitaine. D'ailleurs, que fera-t-il de terres, à moins qu'il ne les mesure? Je crois qu'il aimerait mieux se passer de dîner que labourer un champ de pommes de terre.

— André avait trois esclaves quand il était avec nous ; un homme, une femme et leur fille, reprit mon père. Il n'a jamais voulu les vendre à aucun prix, malgré la détresse où je l'ai vu réduit quelquefois : — Ce sont des Coejemans, disait-il toujours ; ils ne me quitteront jamais. — Je suis sûr qu'ils l'ont suivi, et vous les trouverez tous campés, près de quelque source, entourés de quelques légumes, s'ils ont trouvé un terrain convenable pour en planter.

— Voilà une nouvelle qui m'est agréable, général ; car je vois que je vais trouver là une sorte d'habitation où l'on pourra passer son temps presque aussi commodément que lorsque nous étions au camp. Je ne vais pas manquer alors d'emporter ma flûte ; car, à entendre miss Priscilla Bayard, je dois trouver une merveille dans la personne d'Ursule, cette nièce dont le vieil André nous parlait si souvent. Vous vous en souvenez, sans doute?

— Parfaitement ; c'était la santé d'Ursule que portaient presque tous les jeunes officiers de notre régiment à la fin des repas, bien qu'aucun d'eux n'eût jamais aperçu même le bout de son petit doigt.

Ayant tourné la tête par hasard dans ce moment, je vis que les yeux de ma bonne mère étaient attachés sur moi d'un air de curiosité, sans doute parce que j'avais nommé la sœur de Thomas.

— Est-ce que Priscilla connaît la nièce de ce porte-chaîne? demanda-t-elle dès qu'elle s'aperçut que son regard avait attiré mon attention.

— Beaucoup, à ce qu'il paraît; ce sont même de grandes amies, aussi grandes, à l'entendre, que Kate et miss Bayard.

— C'est difficile; car la cause première n'est pas la même, reprit ma mère avec un léger sourire. Et puis la distance qui les sépare.....

— Mais il paraît au contraire que cette distance n'existe pas. Miss Bayard va même jusqu'à dire qu'Ursule lui est supérieure à beaucoup d'égards.

— En vérité! La nièce d'un porte-chaîne!

— Oui, mais ce porte-chaîne n'est pas un homme ordinaire. Le vieil André est d'une famille respectable, quoiqu'il n'ait pas reçu d'éducation. Le temps n'est plus où l'on pouvait faire une croix pour signature, et tenir néanmoins son rang dans le monde. Mais il faut prendre André et Ursule tels qu'ils sont, et je ne serai pas moins charmé d'avoir leur société cet été. — Mais Jaap me fait le signal convenu, et il faut vous quitter. — Hélas! on est si bien sous ce bon vieux tilleul, et le toit paternel est si doux à contempler! — Allons, allons! l'automne arrivera bientôt, et je vous retrouverai tous, je l'espère, heureux et bien portants;

Ma bonne mère avait les larmes aux yeux en m'embrassant; Catherine aussi, qui, malgré toute son affection pour Thomas, m'aimait tendrement. Mon père et le colonel me conduisirent jusqu'au bateau. Mon père était ému; cette séparation lui était pénible.

— N'oubliez pas les deux grands lots pour Anneke et Catherine, dit le colonel. Qu'André choisisse pour lui les meilleures terres, les mieux arrosées; j'approuve tout d'avance.

Je lui serrai affectueusement la main, et, disant adieu à mon père, je sautai dans le bateau. Nous avions un quart de mille à faire pour rejoindre le bâtiment, M. Bogert n'ayant pas jugé prudent de s'approcher davantage. On nous jeta une corde, et nous fûmes bientôt transférés tous, corps et bagages, à bord de *l'Aigle*. Dix minutes après, Lilacsbush était derrière nous, et j'étais lancé de nouveau seul dans le monde.

C'était le moment de regarder autour de moi, et de reconnaître quels étaient mes compagnons de voyage. Les passagers étaient nombreux ; il y en avait des deux sexes. Quelques-uns semblaient appartenir à la classe supérieure de la société ; mais tous m'étaient inconnus. Sur le pont étaient sept paysans robustes, au maintien calme et grave. Leurs paquets étaient entassés près du pied du mât, et je ne manquai pas de remarquer qu'il y avait autant de haches que de paquets.

La hache américaine ! que de conquêtes elle a faites, plus réelles et plus durables que celles de tous les grands guerriers ; et ces conquêtes, au lieu de laisser sur leur passage la ruine et la désolation, ont amené à leur suite la civilisation et la richesse ! Sur plus d'un million de milles carrés, des forêts vierges ont vu tomber leur cime impénétrable pour donner passage à la chaleur du soleil, et la culture s'est propagée, ainsi que l'abondance, là où les bêtes féroces erraient, poursuivies par le sauvage. Et tous ces résultats ont été obtenus entre le jour où je partis à bord de *l'Aigle* et celui où j'écris ! Un quart de siècle à peine a suffi à ces merveilleux changements ; et qui les a opérés ? ce noble, utile et précieux instrument, la hache américaine !

Il ne serait pas facile de donner au lecteur une idée exacte de la manière dont les jeunes gens et des hommes de tout âge quittèrent les parties les plus anciennes de la nouvelle république pour se répandre dans les bois afin d'abattre les forêts, et de mettre à nu les secrets de la nature, aussitôt que la nation secoua le joug pesant de la guerre pour jouir des bienfaits de la liberté et de la paix. Cette histoire, dans l'État de New-York, qui dans cette circonstance marcha si glorieusement à l'avant-garde, position qu'il a toujours noblement conservée depuis lors, reste encore à écrire. Quand elle aura été tracée, on verra sortir de l'oubli des noms qui méritent mieux des statues et des couronnes dans le temple de la gloire nationale que ceux de ces guerriers dont les brillants exploits fascinent les yeux de la multitude, plus que des conquêtes pacifiques et véritablement utiles.

Il n'était pas ordinaire que les planteurs, nom par lequel nous désignerons ceux qui vont s'établir les premiers sur un nouveau territoire, se rendissent des environs de la mer dans l'intérieur autrement que par terre; mais quelques-uns sortaient du Connecticut en passant par New-York, et alors ils remontaient l'Hudson. C'était la route qu'avaient prise les sept paysans qui étaient à bord de *l'Aigle*. J'entrai en conversation avec eux, dès le premier jour, et je fus assez surpris de savoir qu'ils me connaissaient déjà. Sans doute c'était par le moyen de Jaap qu'ils avaient trouvé moyen de recueillir quelques renseignements sur moi.

La curiosité innée et le penchant à questionner des habitants de la Nouvelle-Angleterre sont des faits trop généralement admis pour pouvoir être un seul instant révoqués en doute; mais on n'est pas aussi d'accord sur la manière de les expliquer. On donne, entre autres, pour raison, leur disposition à émigrer, d'où résulte pour eux la nécessité de demander des nouvelles des amis qu'ils ont laissés loin d'eux. Je crois que c'est se placer à un point de vue trop étroit, et qu'il faut l'attribuer plutôt à la grande activité d'esprit d'une population qui n'est point gênée dans ses allures par les usages d'un état de société plus avancé. De cette habitude de parler ainsi de tout à tout le monde, s'est formé dans l'esprit des habitants de cette portion de l'Amérique une sorte de droit de s'immiscer dans les détails de la vie privée, protégés ailleurs par la barrière sacrée des convenances.

Quoi qu'il en soit, mes compagnons étaient parvenus à tirer de Jaap tout ce qu'il savait de Ravensnest et de Mooseridge, ainsi que les motifs qui m'avaient fait entreprendre ce voyage. Une fois ces renseignements obtenus, ils ne perdirent pas de temps pour se mettre en rapport avec moi, et m'adresser les questions qui les intéressaient le plus. Je répondis comme je le devais, et, la glace une fois rompue, nous parlâmes affaires. Je vis bientôt qu'ils cherchaient plutôt à affermer des terres qu'à en acheter. Les pauvres gens portaient dans leurs havresacs tout ce qu'ils possédaient, et le peu d'argent qu'ils avaient en réserve était destiné à fournir aux frais de leur premier établissement.

Dans les huit jours que dura la traversée, nous eûmes tout le temps de débattre nos intérêts respectifs ; et quand les clochers d'Albany parurent à l'horizon, il était décidé que mes sept compagnons me suivraient à Ravensnest.

CHAPITRE VII.

> Quelle est cette gracieuse personne auprès du chasseur de daims à peau rouge, que je vois là-bas ? à voir sa taille élégante et ses traits délicats, on la croirait destinée à embellir les salons des villes. Et cependant elle accompagne ce sauvage, comme si elle était de la même race.
>
> PINCENEY.

JE ne m'arrêtai à Albany que le temps nécessaire pour indiquer aux émigrants la route qu'ils devaient prendre, et pour louer un chariot qui devait me transporter avec mes effets à Ravensnest. Une sorte de calme plat avait succédé dans le pays aux émotions de la guerre. Un seul intérêt semblait entretenir quelque activité dans les esprits, c'était la recherche de terres, pour y former des établissements. Ainsi il était difficile de passer dans la grande rue d'Albany sans rencontrer un nombre plus ou moins grand de ces aventuriers qu'on reconnaissait à leur havre-sac et à leur hache. Neuf sur dix venaient de la Nouvelle-Angleterre, où étaient alors les États les plus peuplés, mais les moins favorisés sous le rapport du sol et du climat.

Il nous fallut deux jours pour arriver à Ravensnest, propriété qui m'appartenait depuis plusieurs années, mais que je voyais alors pour la première fois. Mon grand-père y avait laissé le soin de ses intérêts à un nommé Jason Newcome, qui était de l'âge de mon père le général, et qui avait été autrefois maître d'école dans les environs de Satanstoe. Cet agent avait lui-même pris à ferme des terres en grande quantité, et il possédait les seuls moulins de quelque importance de la concession. Je ne le connaissais que de réputation; mais certains passages de sa correspondance avec mon père m'avaient donné lieu de penser qu'il n'existerait pas beaucoup de sympathie entre nous.

Quiconque a vu en Amérique ce qu'on appelle « un pays nouveau » sait que rien n'est moins attrayant. Les amateurs du pittoresque n'ont qu'à s'enfuir au plus vite; car les travaux qu'il a fallu faire pour les défrichements ont altéré les beautés naturelles du paysage, sans que l'art ait encore eu le temps d'y remédier. On ne voit de tous côtés que des piles de morceaux de bois à demi brûlés, de bûches équarries, des barrières grossièrement formées et remplies de ronces; à chaque pas des souches et des racines qui sortent de terre, des constructions informes, des clairières désertes. Tout a un cachet de provisoire, parce qu'il a fallu pourvoir en toute hâte aux nécessités du moment. Quelquefois cependant cet état de transition se présente sous un jour plus favorable. Quand le commerce est en pleine voie de prospérité, et que les produits des nouvelles terres sont demandés, alors un établissement présente une scène active et animée, au milieu de la fumée des défrichements.

Il n'en était pas encore ainsi dans la partie que je traversais. Depuis l'endroit où je quittai la grande route du nord jusqu'aux limites de la concession, je ne trouvai guère plus de traces de culture que mon père, d'après son récit, n'en avait trouvé vingt-cinq ans auparavant. Il y avait bien dans cet intervalle une petite auberge construite en bois; mais elle n'offrait pour boisson que du rhum, et, pour nourriture, que du porc salé et des pommes de terre, le jour du moins où je m'arrêtai pour y dîner. Il y avait des saisons où, à l'aide du gibier et du poisson, on eût pu faire un repas plus succulent. Ce n'était pourtant pas l'opinion de l'hôtesse, à en juger par les remarques qu'elle fit pendant que j'étais à table.

— Vous êtes heureux, major, me dit-elle, de n'être pas venu ici dans un de ces moments que j'appelle nos époques de famine.

— De famine! Voilà en effet qui est sérieux; mais je n'aurais jamais cru que dans un pays aussi riche et aussi abondant, la famine pût se faire sentir.

— Qu'est-ce que cette richesse et cette abondance, s'il faut chasser ou pêcher toute la journée? J'ai vu des jours où, sauf une douzaine ou deux de petits oiseaux, quelques truites, et peut-être à l'occasion un daim, ou bien un saumon de l'un des lacs, on n'aurait pas trouvé une bouchée à manger dans cette maison.

— Mais voilà une disette dont je m'accommoderais assez bien pour ma part, pourvu qu'on pût y joindre seulement un peu de pain.

— Oh! le pain, je n'en parle pas. Le pain et les pommes de terre ne manquent jamais; mais je plains une famille quand la ménagère voit le fond du tonneau où l'on conserve le porc. Donnez-moi des enfants qui soient nourris avec de bon porc salé, et je vous abandonne tout le gibier de l'univers. Le gibier est bon comme friandise, ainsi que le pain; mais le porc est l'aliment de la vie. Pour avoir de bon porc, il faut avoir de bon blé, et pour avoir de bon blé, il faut retourner la terre; et une houe n'est ni une ligne, ni un fusil. Non, non, je compte bien élever mes enfants avec du porc, en leur donnant tout juste autant de pain et de beurre qu'ils en voudront.

Voilà ce qu'était la pauvreté en Amérique, en 1784 : du pain, du beurre et des pommes de terre à discrétion ; mais peu de porc et point de thé. Du gibier en abondance dans la saison; mais le pauvre homme qui n'aurait eu que du gibier pour nourriture aurait paru aussi à plaindre que l'épicurien des villes qui, trouvant le marché dépourvu, ne peut pas en offrir à ses convives. La conversation de cette femme n'étant pas sans intérêt pour moi, je poursuivis :

— J'ai lu qu'il y a des pays où le pauvre ne mange jamais de viande d'aucune espèce, pas même de gibier, d'un bout de l'année à l'autre, et, quelquefois même, pas de pain.

— Du pain, je m'en soucie peu, je vous le répète, et ce ne serait pas une grande privation pour moi, tant que j'aurais du porc. Cependant je n'aimerais pas non plus à en être entièrement privée, et les enfants surtout aiment à en manger avec du beurre. Ne se nourrir que de pommes de terre, c'est tomber dans la vie sauvage.

— Il y a cependant des peuples très-civilisés qui n'ont pas d'autre nourriture, et cela par une dure nécessité.

— Est-ce qu'il y a une loi qui leur défend l'usage de la viande et du pain?

— Pas d'autre loi que celle qui défend de se servir de ce qui appartient à autrui.

— Par ma terre! — c'est une exclamation assez ordinaire parmi les femmes du peuple en Amérique; — par ma bonne terre! pourquoi ne travaillent-ils pas pour avoir des récoltes et vivre un peu?

— Simplement parce qu'ils n'ont pas de terres à cultiver. La terre appartient aussi à d'autres.

— Mais s'ils ne peuvent pas acheter un champ, que n'en louent-ils un?

— Parce qu'il n'y a point de terres à louer. Chez nous, la terre est abondante; elle suffit et au delà à tous nos besoins; peut-être serait-il préférable pour notre civilisation qu'elle fût moins étendue; mais dans les pays dont je parle, la terre n'est pas en proportion avec les habitants.

— Quand on ne peut acheter de terres, il y a encore un moyen: il faut faire comme les *squatters* [1].

— Est-ce qu'il y a beaucoup de Squatters dans cette partie du pays?

La bonne femme parut un peu embarrassée, et elle prit son temps avant de me répondre.

— On donne souvent ce nom à tort et à travers; et croiriez-vous bien qu'on va jusqu'à nous l'appliquer à nous-mêmes, à mon mari et à moi? Nous avons acheté nos terres d'un homme qui n'avait peut-être pas de titres bien en règle; mais nous avons acheté de bonne foi, nous; et M. Tinkum — c'était le nom du mari — dit que cela suffit. Qu'en pensez-vous, major?

— Je dis que celui qui n'a rien ne peut rien vendre, et que vous avez fait là un très-mauvais marché.

---

1. On appelle *squatters* en Amérique cette race d'hommes qui mènent une vie nomade, dressent leur tente là où ils ont espoir d'être le moins inquiétés, et s'établissent sans aucun scrupule sur la propriété d'autrui, — du verbe *to squatter*, s'accroupir, parce qu'ils vivent en quelque sorte blottis sur les frontières.

— Très-mauvais, c'est difficile; car Tinkum n'a donné pour prix de la vente qu'une vieille selle qui ne valait pas deux dollars, et une paire de harnais que je défie bien qu'on ajuste jamais à aucune bête. Le loyer d'une seule année coûterait beaucoup plus, et voilà sept ans que nous sommes établis ici. Mes quatre enfants sont nés sous ce bienheureux toit, tel qu'il est.

— Alors vous n'aurez pas beaucoup à vous plaindre, quand le véritable propriétaire du sol viendra le réclamer. Il ne vous en a pas coûté beaucoup pour acquérir; il ne vous en coûtera pas plus pour céder la place.

— Mais enfin, nous avons payé quelque chose, nous, et l'on ne peut nous traiter de squatters. On dit qu'un vieux clou payé en bonne forme, établit une sorte de titre auprès du plus haut tribunal de l'État. Les lois sont faites pour les pauvres.

— Pas plus que pour les riches. La loi doit être juste et impartiale, et les pauvres doivent être les premiers à désirer qu'il en soit ainsi, puisqu'ils ne peuvent manquer de perdre à ce qu'un autre principe domine. Croyez bien, ma bonne femme, que l'homme qui est toujours prêt à proclamer les droits du peuple, n'est qu'un adroit fripon qui ne crie si haut que dans quelque intérêt personnel; car le pauvre n'a de refuge que dans une stricte justice. Si l'on s'écarte le moins du monde de la règle, c'est lui qui en pâtit; le riche, lui, a mille autres moyens d'arriver à ses fins, quand on lui laisse le chemin libre en mettant quelque chose au-dessus du droit.

— Je ne dis pas le contraire; mais je soutiens que nous ne sommes pas des squatters. Ce n'est pas qu'il en manque dans ces environs, et jusque sur vos terres, à ce qu'on m'a dit.

— Comment, sur mes terres! J'en suis fâché, car je regarderais comme un devoir de les faire déguerpir. Je sais très-bien que la grande abondance des terres, leur peu de valeur, l'éloignement de la plupart des propriétaires, font fermer davantage les yeux sur ces envahissements; mais, pour mon compte, je suis déterminé à ne pas les souffrir.

— Eh bien! vous pourrez commencer par le vieil André, le porte-chaîne. Voilà un squatter de la première classe! On dit que depuis qu'il est revenu de l'armée, il regarde tout le monde du haut de sa grandeur, et qu'il n'y a plus moyen de lui parler.

— Vous connaissez donc le porte-chaîne?

— Si je le connais! Tinkum et moi nous avons demeuré longtemps de côté et d'autre, et le vieil André passait toute sa vie dans les bois. Il a commencé un arpentage pour nous dans un autre endroit; mais il s'est conduit en fripon fieffé, avant d'avoir terminé la besogne, et certes, jamais plus nous ne l'avons employé.

— Le porte-chaîne un fripon! Voilà des mots bien étonnés de se trouver ensemble! Voyons, expliquez-vous.

— L'explication est bien simple. Tinkum l'avait chargé de tracer une ligne de démarcation entre quelques acres de terre que nous avions achetées et le bien d'un voisin. C'était longtemps avant la guerre, lorsque les titres de propriété étaient encore plus rares qu'aujourd'hui. Savez-vous bien quelle fut la conduite de cet André, major? d'abord il demanda nos titres; nous les lui montrâmes, et il était impossible de rien voir de plus en règle. Il se mit alors à l'ouvrage, à lui tout seul, et la ligne était tracée jusqu'à moitié chemin, et j'espérais que nous allions être éternellement en paix avec notre voisin, avec lequel, depuis trois grandes années, nous étions continuellement en guerre; quand, je ne sais comment, ce vieil imbécile découvrit que l'homme qui nous avait vendu par contrat n'avait pas de contrat lui-même; par conséquent pas de droit sur la terre, et il nous refusa tout net ses services. Je vous dis que le porte-chaîne est un être sur lequel on ne peut pas compter.

— Bon et honnête André! Je l'en aime et l'en estime encore davantage. Mais, dites-moi, y a-t-il longtemps que vous ne l'avez vu?

— Un an à peu près, quand il est passé avec toute sa bande pour aller s'établir comme *squatter* sur vos terres, ou je me trompe fort. Il avait avec lui deux aides, Ursule et le jeune Malbone.

— Le jeune qui? demandai-je avec un intérêt qui excita l'attention de l'hôtesse.

— Le jeune Malbone, celui qui fait tous les calculs pour le

vieil André. Vous savez sans doute que le vieil André est incapable de comprendre que deux et deux font quatre.

— Mais alors le jeune Malbone est donc le frère d'Ursule?

— Oui et non. Ils ont eu le même père, mais des mères différentes. Je connais les Coejemans depuis l'enfance, et les Malbone depuis plus longtemps que je ne voudrais.

— Est-ce que vous avez quelque chose à reprocher à la famille pour en parler ainsi?

— Moi! rien que leur orgueil incarné, qui leur fait mépriser tout le monde. Cependant on dit qu'Ursule et tous les autres sont au moins aussi pauvres que nous.

— Je crois que vous ne leur rendez pas justice, ma bonne dame; et leur pauvreté même doit les mettre à l'abri de cet orgueil que vous leur reprochez.

— S'ils ne sont pas fiers, pourquoi donc cette Ursule tient-elle une conduite si différente de celle de mes filles? Ce n'est pas elle qu'on verrait monter à cheval sans selle et courir ainsi dans tous les environs. Non, une selle n'est pas trop bonne pour elle, et une selle de dame encore! Mes filles ne font pas tant de façons, elles. Qu'on ait besoin d'emprunter quelque chose à Ravensnest, et il y a sept grands milles à travers bois, Polly va vous sauter sur un bœuf, à défaut d'autre monture, et la voilà partie, sans autre chose qu'un bout de corde pour tout licou Parlez-moi d'une fille comme Polly!

A la fin le dégoût que m'inspirait cette femme triompha de ma curiosité. Mon dîner de porc salé était terminé, et Jaap attendait patiemment pour me remplacer à table. Prenant un fusil de chasse, avec lequel nous voyagions toujours à cette époque, je payai ma dépense, je dis à mon nègre et au conducteur de me suivre avec le chariot dès qu'ils seraient prêts, et prenant congé de mistress Tinkum, je m'acheminai à pied vers Ravensnest.

Il paraît que les terres au milieu desquelles je me trouvais avaient été l'objet de discussions, et que jamais on n'avait cherché à y fonder d'établissement sérieux. Quelque *squatter* s'était arrêté dans cet endroit pour avoir l'avantage de vendre du rhum au petit nombre de voyageurs qui se rendaient de nos concessions dans l'intérieur du pays, et l'auberge, si on peut lui donner ce nom, avait changé de maître cinq à six fois, par des ventes frauduleuses, ou tout au moins sans valeur, d'un squatter à un autre. Autour de la maison, qui n'était qu'un amas de bûches mal unies entre elles, le temps, et le feu, son grand auxiliaire, avaient formé une petite clairière, et répandu un certain air de civilisation. Mais au bout de quelques minutes le voyageur rentrait dans la forêt vierge, sans rencontrer d'autres traces de la main de l'homme qu'une petite route assez peu frayée. Certes on ne s'était pas donné beaucoup de peine pour la pratiquer. Les arbres qui se trouvaient sur le chemin avaient été coupés, il est vrai ; mais les racines n'avaient pas été extirpées, et le temps avait fait plus pour les détruire que la hache ou la pioche. A tout prendre, le sentier était devenu depuis longtemps praticable, et je n'eus pas de peine à le suivre, puisqu'un chariot même pouvait y passer.

Les forêts vierges d'Amérique ne sont pas un endroit à choisir pour le chasseur. Le gibier y est rare, et c'est un fait notoire que, tandis que l'habitant des frontières abattra un écureuil ou quelque autre bête à soixante pas, il n'y a que dans les parties anciennes du pays qu'on trouve des chasseurs en état de tuer au vol des bécasses, des cailles et des pluviers. J'avais la réputation d'excellent tireur dans la plaine et au milieu des bruyères de l'île de Manhattan ; mais je ne voyais rien à faire où j'étais, entouré d'arbres séculaires. Sans doute il m'eût été facile de tirer une corneille, un corbeau, ou même un aigle, si j'avais eu de quoi charger convenablement mon fusil ; mais je n'aperçus rien qui fût digne de figurer dans ma gibecière. Faute de mieux, je me mis à réfléchir aux charmes de Priscilla Bayard et aux excentricités d'Ursule Malbone, et je ne tardai pas à laisser bien loin derrière moi mistress Tinkum et son auberge.

Je marchais seul depuis une heure, quand le silence des bois fut tout à coup interrompu par des accents qui ne provenaient du gosier d'aucun oiseau, quoique le rossignol lui-même eût eu peine à faire entendre des chants plus doux. C'était une voix de femme. Il me semblait que je connaissais l'air ; mais les sons étaient gutturaux, et les paroles étaient d'une langue étrangère.

Ce n'était ni du français, ni du hollandais; car j'avais de ces deux langues une teinture suffisante pour être sûr de ne pas me tromper. L'idée me vint que la chanson était indienne, non l'air, mais les paroles. L'air était certainement écossais; et il y avait des moments où je me figurais que quelque jeune montagnarde chantait près de moi une des chansons celtiques de son pays. Mais une attention plus soutenue ne me laissa aucun doute : les paroles étaient bien indiennes, probablement du dialecte mohawk, ou de quelque autre que j'avais souvent entendu parler.

La voix semblait partir de derrière un épais rideau de jeunes pins, qui s'étendait à peu de distance de la route, et qui sans doute masquait quelque hutte. Tant que dura la chanson, aucun arbre de la forêt ne fut plus immobile que moi; mais dès qu'elle fut terminée, j'allais m'avancer vers le taillis pour en sonder les mystères, quand j'entendis un éclat de rire qui était presque aussi mélodieux que le chant lui-même; il n'avait rien de rauque, de grossier, ni même de bruyant; il était plein de douceur et de gaieté. Je m'étais arrêté un instant pour écouter; et avant que j'eusse fait un nouveau mouvement, les branches s'entr'ouvrirent, et un homme sortit du taillis. Il ne me fallut qu'un coup d'œil pour reconnaître que c'était un Indien.

Quoique je susse déjà que je n'étais pas seul, cette apparition soudaine me causa quelque tressaillement. Il n'en fut pas de même de celui qui s'avançait de mon côté : il ne pouvait savoir qu'il y avait quelqu'un près de lui; et pourtant il ne manifesta aucune émotion, au moment où son regard calme et froid tomba sur moi. Marchant d'un pas ferme, il gagna le milieu du chemin; et comme je m'étais retourné involontairement pour continuer ma route, ne sachant s'il était prudent de rester seul dans ce voisinage, l'homme à peau rouge suivit la même direction, de ce pas silencieux ordinaire à l'Indien, chaussé du moccasin, et nous nous trouvâmes cheminer côte à côte.

L'Indien et moi nous continuâmes à marcher ainsi au milieu de la forêt, pendant deux ou trois minutes, sans parler. Je m'abstenais de prononcer un seul mot, parce que j'avais entendu dire que l'Indien respectait le plus ceux qui savaient le mieux réprimer leur curiosité; habitude qu'au surplus mon compagnon semblait avoir contractée au plus haut degré. A la fin cependant, il me fit, du ton sourd et guttural de sa nation, le salut d'usage sur la frontière :

— *Sa-a-go?*

Ce mot, qui, sans doute, a fait partie autrefois de quelque dialecte indien, passe aujourd'hui pour indien chez les blancs, et pour anglais, sans doute, chez les Indiens. C'est ainsi que se sont popularisés, entre les deux races, les mots de squaw, de moccasin, de tomahawk. *Sa-a-go* veut dire : Comment vous portez-vous?

Je répondis à la politesse de mon voisin en lui adressant la même question; après quoi, nous cheminâmes de nouveau en silence. Je profitai de l'occasion pour examiner mon frère à peau rouge, ce qui me fut d'autant plus facile qu'il ne me regarda pas une seule fois, le premier coup d'œil lui ayant suffi sans doute pour apprendre tout ce qu'il voulait savoir. En premier lieu, je fus bientôt convaincu que mon compagnon ne buvait pas, grand mérite chez un sauvage qui vivait près des blancs. On n'en pouvait douter à sa démarche, à ses manières, et, en outre, à cette circonstance, qu'il n'avait point de bouteille, ni aucun vase qui pût en tenir lieu. Ce qui me plaisait le moins, c'est qu'il était complétement armé. Il avait le couteau, le tomahawk, la carabine, le tout de première qualité. Cependant il n'était pas peint, et il portait une chemise de calicot ordinaire, suivant l'usage de sa nation dans les chaleurs. Il avait, dans la physionomie, cette expression austère qui est si habituelle au guerrier Rouge; et, comme il avait plus de cinquante ans, ses traits commençaient à paraître fatigués et flétris. Cependant il semblait encore vigoureux, avait l'air respectable, et l'on voyait qu'il avait dû demeurer longtemps au milieu d'hommes civilisés. Je n'avais pas d'inquiétude sérieuse de cette rencontre, bien que nous fussions enfoncés au milieu de la forêt; mais je ne pouvais m'empêcher de réfléchir combien mon fusil de chasse serait inférieur à sa carabine, s'il lui prenait fantaisie de tourner les talons et de tirer sur moi, de derrière un arbre, pour me dévaliser. La tradition racontait des incidents semblables, quoique, à tout prendre, en fait d'honnêteté, l'Indien l'emporte encore sur ceux qui l'ont supplanté.

— Comment va le vieux chef? demanda tout à coup l'Indien, sans même lever les yeux attachés sur la route.

— Le vieux chef? Est-ce de Washington que vous voulez parler, mon ami?

— Non, le vieux chef. — Votre père?

— Mon père? est-ce que vous connaissez le général Littlepage?

— Un peu. Tenez, votre père et vous, — et il levait deux doigts de la main, — vous voilà! qui voit l'un, voit l'autre.

— Voilà qui est étrange. Vous saviez donc que je devais venir par ici?

— Je le savais. Je parle souvent du vieux chef.

— Y a-t-il longtemps que vous avez vu mon père?

— Je l'ai vu du temps de la guerre. N'avez-vous jamais entendu parler du vieux Susquesus?

J'avais entendu les officiers de notre régiment parler d'un Indien de ce nom, qui avait rendu de grands services, surtout dans les deux grandes campagnes du Nord; mais il n'y était point lorsque j'avais rejoint le corps.

— Assurément, répondis-je en lui secouant cordialement la main. Et il me semble même que vous avez connu mon père avant la guerre?

— Oui, oui, dans l'ancienne guerre. Le général était jeune alors, — juste comme vous.

— Comment vous appelait-on alors, Oneida?

— Je ne suis pas Oneida, mais Onondago. — Tribu sobre. — Ah! j'ai beaucoup de noms, — tantôt l'un, tantôt l'autre. — Les Visages Pâles m'appellent Sans-Traces, parce qu'on ne peut retrouver ma piste; — et les guerriers m'appellent Susquesus.

CHAPITRE VIII.

> Que j'aime à voir ces ormes et ces platanes entrelacer leurs bras énormes au-dessus de ma route dans leur liberté sauvage! ces vieux géants des forêts sont tout couverts de vignes non moins vivaces. Les torrents coulent limpides, et ne trouvent rien qui ternisse leur éclat au milieu de ces frais ombrages. Les fleurs poussent vigoureuses et embaument ces lieux où jamais la pioche n'a passé.
>
> BRYANT.

Je connaissais assez les aventures de la jeunesse de mon père, pour savoir que l'homme que je venais de rencontrer y avait joué un rôle remarquable, et qu'il avait eu toute sa confiance. Cependant j'ignorais que Susquesus et Sans-Traces fussent la même personne, bien que j'eusse quelque idée vague d'en avoir entendu déjà parler. En tout cas, j'étais à présent avec un ami, et je n'avais plus besoin de me tenir sur mes gardes. C'était un grand soulagement; car il n'est pas très-agréable de voyager à côté d'un inconnu, avec cette idée, quelque faible qu'elle soit, qu'au premier détour de la route, il pourrait vous faire sauter la cervelle.

Susquesus touchait au déclin de la vie. Si c'eût été un blanc, on aurait pu dire qu'il avait une verte vieillesse; pour lui, *rouge*, vieillesse eût été une expression plus convenable. Ses traits étaient encore remarquables, quoiqu'ils portassent l'empreinte de la vie errante et laborieuse qu'il avait menée. Il se tenait aussi droit que dans ses meilleurs jours; la taille du sauvage se courbe rarement autrement que par l'excès de l'âge ou des liqueurs fortes. Susquesus n'avait jamais donné accès à l'ennemi dans sa bouche; aussi la citadelle de sa constitution était-elle à l'abri de tous ravages, excepté ceux du temps. Souple et dégagé dans sa démarche, le vieux coureur semblait encore effleurer la terre; et, lorsqu'il accélérait le pas, comme j'eus bientôt occasion de le remarquer, ses muscles semblaient doués encore de toute leur énergie, et chacun de ses mouvements était libre.

Dans le premier moment, l'Indien et moi nous parlâmes de la dernière guerre, et des scènes dans lesquelles nous avions joué tous deux un rôle. Il s'exprima, sur ce qui le concernait, avec simplicité, et sans se laisser aller à ces fanfaronnades auxquelles l'homme à peau rouge n'est que trop enclin, surtout lorsqu'il veut provoquer ses ennemis. Enfin je détournai brusquement le sujet de la conversation en disant :

— Vous n'étiez pas seul dans le bois de pins, Susquesus ; ce bois d'où vous sortiez, au moment où vous m'avez rejoint?

— Non, assurément, je n'étais pas seul. Il y a là beaucoup de monde.

— Est-ce qu'il y a un campement de votre tribu dans ce bois?

La physionomie de mon compagnon se rembrunit, et je vis que la question qui lui était faite lui causait une impression pénible. Il ne répondit pas sur-le-champ, et, quand il le fit, ce fut avec un sentiment de tristesse.

— Susquesus n'a plus de tribu. Il y a trente étés qu'il a quitté les Onondagos ; il n'aime pas les Mohawks.

— Il me semble que mon père m'en a dit quelque chose ; et il ajoutait même que le motif qui vous avait fait vous séparer des vôtres était à votre honneur. — Mais on chantait dans le bois?

— Oui, une jeune fille chantait. Les jeunes filles aiment à chanter ; les guerriers aiment à écouter.

— Et de quelle langue étaient donc les paroles qu'elle chantait?

— La langue des Onondagos, répondit l'Indien à voix basse.

— Je n'aurais jamais cru que votre musique pût être aussi douce. Il y a longtemps que je n'ai entendu des accents qui allassent plus droit à mon cœur, bien que je ne comprisse pas les paroles.

— C'est un oiseau, un joli petit oiseau, qui chante comme un roitelet.

— Et avez-vous beaucoup de chanteuses de ce genre dans votre famille, Susquesus ? S'il en est ainsi, je viendrai souvent pour écouter.

— Pourquoi ne pas venir? le chemin est sans ronces; il est court. La jeune fille chantera autant que vous voudrez.

— Eh bien! vous recevrez très-certainement ma visite un de ces jours. Où êtes-vous fixé à présent? Êtes-vous Susquesus ou Sans-Traces dans ce moment? Je vois que vous êtes armé, mais vous n'êtes point peint en guerre.

— La hache est enterrée profondément, cette fois. Personne ne la déterrera d'ici à longtemps. Les Mohawks ont fait la paix; les Oneidas ont fait la paix; les Onondagos aussi; tous ont enterré la hache.

— Tant mieux pour nous autres propriétaires. Je suis venu pour tâcher de vendre ou de louer mes terres. Peut-être sauriez-vous me dire s'il y a beaucoup de jeunes gens qui cherchent des fermes cet été?

— Les bois en sont pleins. Ils sont nombreux comme les pigeons. Comment vendez-vous la terre?

— Cela dépend de sa qualité. Est-ce que vous voudriez en acheter, Sans-Traces?

— L'Indien a toute la terre à lui, quand il en a besoin. Il établit son wigwam où il lui plaît.

— Oui, je sais que vous autres Indiens vous avez cette prétention; et tant que le pays restera dans son état sauvage, personne ne sera tenté de vous la contester. Mais vous ne pouvez faire de plantations ni de récoltes, comme la plupart des hommes de votre nation font chez eux.

— Je n'ai pas de squaw, pas de pappoose. — Il faut peu de blé pour Susquesus. — Il n'a pas de squaw, pas de pappoose, pas de tribu.

Cela fut dit à voix basse, d'un ton assuré, mais empreint d'une mâle mélancolie, que je trouvai bien touchant. L'homme qui se plaint excite peu de sympathie; celui qui pleure cesse d'inspirer du respect; mais je ne sache pas de spectacle plus imposant que celui d'une nature énergique qui maîtrise sa douleur.

— Vous avez des amis, Susquesus, répondis-je, si vous n'avez ni femme, ni enfants.

— Votre père est un ami; son fils, je l'espère, est un ami aussi. Votre grand-père l'était autrefois; mais il est parti et n'est jamais revenu. J'ai connu votre père, votre mère — tous bien bons.

— Prenez toute la terre que vous voudrez, Sans-Traces; cultivez-la, vendez-la, faites-en ce qu'il vous plaira.

L'Indien me regarda fixement, et je surpris un léger sourire de satisfaction sur ses traits durcis par le temps. Mais il n'était pas facile de lui faire perdre son sang-froid, et cet éclair ne fut que passager, comme un rayon de soleil au milieu de l'hiver. Le blanc, même le moins démonstratif, m'aurait pris la main; et il est probable que sa reconnaissance aurait trouvé quelque moyen de se manifester; mais à part ce sourire imperceptible, mon compagnon resta impassible, et rien à l'extérieur ne trahit la moindre émotion. Cependant il avait des sentiments innés de délicatesse et de courtoisie qui ne lui permirent pas de laisser sans réponse une offre qui partait si évidemment du cœur.

— Bien! dit-il après une longue pause; très-bien, de la part de jeune guerrier à vieux guerrier. Merci. — Les oiseaux sont abondants, le poisson abondant, les messages abondants; et je n'ai pas besoin de terres. Le temps peut venir, et il viendra sans doute pour tous les vieux Indiens, dans ces environs....

— Quel temps, et que voulez-vous dire, Susquesus? Dans tous les cas et en tout temps, vous avez en moi un ami.

L'Indien s'arrêta, laissa tomber à terre la crosse de sa carabine, et resta immobile, semblable à une belle statue antique.

— Oui, le temps viendra où le vieux guerrier demeurera dans un wigwam, et il parlera au jeune guerrier de chevelures, de feu du conseil, de chasse, et de sentier de guerre; maintenant, il fait des balais et des paniers.

Je ne saurais dire à quel point je prenais intérêt à cet Onondago, que je connaissais depuis si peu de temps; mais je sentais que c'était par des actes qu'il fallait le lui prouver, et non par des paroles. Me contentant pour le moment de serrer fortement la main calleuse du guerrier, je me remis en chemin, sans revenir sur un sujet qui m'était aussi pénible qu'à mon compagnon.

— N'étiez-vous pas avec mon père à Ravensnest, quand il était tout jeune, et que les Indiens du Canada essayèrent de mettre le feu à l'habitation?

— Oui, Susquesus y était. Un jeune chef hollandais fut tué alors.

— C'est vrai; il s'appelait Guert Ten Eyck; mon père et ma mère, ainsi que votre vieil ami le colonel Follock, vénèrent toujours sa mémoire.

— Sont-ils les seuls qui vénèrent sa mémoire à présent? demanda l'Indien en jetant sur moi un de ses regards les plus perçants.

Je compris qu'il voulait faire allusion à ma tante Mary, qui avait dû épouser le jeune Albanien.

— Non, il y a une dame qui le pleure toujours, comme si elle était sa veuve.

— Bien! Les squaws ne pleurent pas toujours très-longtemps; — quelquefois, pas toujours.

— Dites-moi, Susquesus, avez-vous connu un homme qu'on appelle le porte-chaîne? Il était au régiment, et vous avez dû le voir pendant la guerre.

— Si j'ai connu le porte-chaîne! Je l'ai connu sur le sentier de guerre; connu aussi après que la hache a été enterrée. J'ai demeuré dans les bois avec lui. Il est des nôtres. Le porte-chaîne est mon ami.

— Je suis charmé de l'apprendre; car il est aussi le mien. C'est l'honnêteté même; c'est un autre vous-même, Susquesus.

— Avant longtemps il fera aussi des balais, dit l'Indien avec une expression de regret.

Pauvre André! sans les amis dévoués qu'il avait en nous, il aurait couru en effet grand danger d'en être réduit à cette extrémité. Les services qu'il avait rendus dans la Révolution ne lui auraient pas été d'un grand secours, le pays étant trop pauvre pour payer ses vieux serviteurs. Je n'accuse ni le peuple, ni le gouvernement; c'était peut-être la force des choses. Pendant les deux années qui suivirent la paix, on ne saurait se figurer la gêne pécuniaire qui pesa sur le pays. Puis, comme l'enfant qui relève de maladie, la nation reprit son essor par la force de sa constitution et par la sève qu'il y avait en elle, et ce fut surtout en abandonnant l'épée pour le soc.

— Oui, repris-je, le porte-chaîne est pauvre, comme presque tous ceux de sa classe; mais il a des amis; et ni lui ni vous, Susquesus, vous n'en serez réduits à ces ouvrages de femmes, tant que j'aurai une habitation ou une ferme à vous offrir.

Un éclair, aussi passager que le premier, sillonna la figure basanée de l'Indien. Il avait été sensible à cette marque d'amitié, mais il n'en donna point d'autre signe.

— Combien y a-t-il de temps que vous ne l'avez vu? me demanda-t-il tout à coup.

— Qui? le porte-chaîne? Il y a plus d'un an; depuis notre séparation après le licenciement de l'armée.

— Je ne parle point du porte-chaîne, dit-il en étendant le doigt devant lui; mais la maison, la ferme, la terre?

— Oh! vous me demandez quand j'ai été à Ravensnest? jamais, Susquesus; c'est ma première visite.

— Voilà qui est drôle! Vous possédez des terres que vous n'avez jamais vues?

— Chez les Visages-Pâles, il y a des lois en vertu desquelles la propriété passe du père au fils. J'ai hérité de Ravensnest de mon grand-père, Herman Mordaunt.

— Qu'est-ce que cela, hériter? Comment peut-on avoir des terres qu'on ne garde pas?

— On les garde, sinon par le fait, en restant sur les lieux, au moins au moyen de titres et de contrats. C'est sur le papier que les Visages Pâles règlent toutes ces choses, Susquesus.

— C'est drôle! Pourquoi ne pas laisser chacun prendre de la terre où et quand il en a besoin? La terre ne manque pas. Il y en a plus que d'habitants. Il y en a pour tout le monde.

— C'est pour cela que nos lois sont justes. Quiconque veut avoir une ferme, peut en trouver une pour une très-faible redevance. On peut acheter à l'État, ou à des particuliers, à qui l'on veut.

— C'est assez bien; mais à quoi bon des papiers? Quand on veut rester dans une terre, qu'on y reste; quand on veut s'en aller ailleurs, un autre prend la place. A quoi bon des écrits?

— Pour établir des droits de propriété, sans lesquels personne ne chercherait à se procurer autre chose que les vêtements et la nourriture. Qui chasserait, si le premier venu pouvait venir ramasser et plumer le gibier?

— Je conçois; mais le gibier va avec le chasseur et le guerrier, tandis que la terre reste où elle est.

— C'est que vous autres Indiens, vous n'avez que des biens que vous pouvez transporter avec vous, et vos wigwans, tant que vous jugez à propos de les habiter. Jusque là vous respectez les droits de la propriété aussi bien que les Visages-Pâles; mais vous devez voir quelle grande différence il y a entre l'homme à peau rouge et le blanc?

— Sans doute, — l'un est fort, l'autre est faible; — l'un est riche, l'autre pauvre; — l'un est grand, l'autre petit; — l'un a tout, l'autre n'a rien; — l'un a de grandes armées, l'autre va par file indienne, cinquante tout au plus à la fois.

— Et d'où vient que les Visages-Pâles peuvent réunir de nombreuses armées avec des canons, des chevaux, des baïonnettes, et que l'homme rouge n'en fait pas autant?

— Parce qu'il n'a pas de guerriers, pas de canons, pas de baïonnettes; parce qu'il n'a rien.

— Oui, mais pourquoi n'a-t-il rien? Écoutez, je vais vous le faire comprendre. Vous avez vécu longtemps avec les blancs, Susquesus, et, vous le savez, il y a du bon et du mauvais chez tous les peuples. La couleur n'établit pas de différence à cet égard. Pourtant tous les peuples ne se ressemblent pas. L'homme blanc est plus fort que l'homme rouge, et il lui a pris son pays parce qu'il *sait* plus.

— Il a le nombre aussi. Comptez une armée, et comptez les pistes sur le sentier de guerre; vous verrez.

— Il est vrai; les Visages-Pâles sont les plus nombreux aujourd'hui, mais autrefois ils ne l'étaient pas. Est-ce que vos traditions ne vous apprennent pas combien les Anglais étaient peu nombreux quand ils vinrent pour la première fois à travers le lac salé?

— Ils vinrent dans deux ou trois grands canots, pas davantage.

— Comment donc si peu d'hommes blancs furent-ils assez forts pour repousser du rivage de la mer tous les guerriers rouges, et pour devenir maîtres du pays? En pouvez-vous donner une raison?

— Parce qu'ils apportèrent l'eau de feu avec eux, et que l'homme rouge eut la folie d'en boire.

— Cette eau de feu même, qui en effet a été un présent si fatal pour les Indiens, est un des fruits de la science de l'homme blanc. Non, Susquesus; les Peaux-Rouges sont aussi braves que les Visages-Pâles, aussi prêts à défendre leurs droits; mais ils ne *savent* pas autant. Ils n'avaient pas de poudre avant que l'homme blanc leur en eût donné; — pas de fusil, pas de houe, pas de couteau, pas de tomahawk, autres que ceux qu'ils faisaient avec des cailloux. Eh bien! toute la science et tous les arts de la vie dont jouissent les blancs proviennent du droit de propriété. Quel est l'homme qui voudrait construire un wigwam pour y fabriquer des fusils, s'il pensait qu'il ne pourra pas le garder tant qu'il voudra, et le laisser à son fils quand il ira dans la terre des esprits? C'est en encourageant ainsi l'amour-propre qu'on stimule à faire de grandes choses. C'est ainsi que le père transmet au fils ce qu'il a appris, aussi bien que ce qu'il a bâti ou acheté; et de cette manière, des nations deviennent avec le temps puissantes, en même temps qu'elles deviennent ce que nous appelons civilisées. Sans ce droit de propriété, aucun peuple n'arriverait à la civilisation; car personne ne ferait de grands efforts, si l'on n'était pas sûr de conserver ce qu'on peut acquérir en se soumettant aux lois qui règlent ces grands intérêts. Vous me comprenez, Sans-Traces, n'est-ce pas?

— Oui, la langue de mon jeune ami n'est pas comme le moccasin de Sans-Traces; elle laisse une piste. Mais pensez-vous que le Grand Esprit ait dit qui aura la terre, qui ne l'aura pas?

— Le Grand Esprit a créé l'homme tel qu'il est, et la terre telle qu'elle est; et il a voulu que l'un fût le maître de l'autre. Tout ne se fait que par son bon plaisir. La loi, en plaçant tous les hommes sur le même niveau, quant aux droits, a fait tout ce qu'on pouvait attendre d'elle. Mais ce niveau ne consiste pas à démolir tout périodiquement pièce à pièce, mais bien à respecter certains grands principes qui sont justes en soi; et une fois qu'ils ont été proclamés, il faut en admettre les conséquences. Ainsi du droit de propriété : une fois établi, il doit être sacré.

— Je comprends. On ne demeure pas dans une clairière pour rien. Pas de ferme, pas de tête.

— C'est bien le fond de la pensée, Susquesus, bien que je l'eusse exprimée différemment. Je veux dire que, sans la civilisation, les Visages-Pâles seraient comme l'homme rouge; et que, sans le droit de propriété, ils seraient sans civilisation. Personne ne travaille pour un autre comme il travaillerait pour lui-même. Nous en avons la preuve tous les jours en voyant que le simple artisan, quelques gages qu'on lui donne, ne fait pas autant d'ouvrage à la journée qu'à la tâche.

— Ça c'est vrai, répondit l'Indien en souriant; car il riait rarement; — et, répétant un dicton du pays, il ajouta : A la journée, à la journée! à la tâche, à la tâche! — Voilà la religion des Visages-Pâles.

— Je ne vois pas que la religion ait rien à faire là dedans; mais je conviens que telle est notre habitude, et il doit en être partout de même, quelle que soit la couleur. Pour qu'un homme fasse tout ce dont il est capable, il faut qu'il travaille pour lui, et il ne peut travailler pour lui que s'il jouit librement des fruits de son travail. C'est ainsi qu'il faut qu'il ait un droit quelconque sur la terre qu'il cultive, pour qu'il lui fasse produire tout ce qu'elle est susceptible de produire. C'est sur cette nécessité qu'est fondé le droit de propriété. On y gagne la civilisation, qui remplace l'ignorance, la pauvreté, la faiblesse. Voilà pourquoi nous vendons et nous achetons la terre, aussi bien que des vêtements, des armes, des grains de collier.

— Je comprends. Ainsi donc le Grand Esprit dit qu'il faut avoir une ferme?

— Le Grand Esprit a dit que nous aurions des besoins et des désirs que nous ne pourrions satisfaire qu'en ayant des fermes; et, pour avoir des fermes, il faut des lois qui protègent le droit qu'on a sur cette terre.

— Eh bien! puisqu'il faut qu'il en soit ainsi, nous verrons un jour. — Le jeune chef sait où il est?

— Pas précisément; mais je suppose que nous approchons de Ravensnest.

— C'est drôle! Il possède une terre, mais il ne la connaît pas. Voyez : cet arbre marqué — c'est là que votre terre commence.

— Merci, Susquesus. Un père ne reconnaîtrait pas son enfant, s'il le voyait pour la première fois. Songez, je vous le répète, que, tout propriétaire que je suis, c'est ma première visite dans ces lieux.

Tout en causant, Sans-Traces avait quitté la route pour me faire prendre un sentier de traverse, qui abrégeait au moins de deux milles. Par suite de ce changement de direction, Jaap n'aurait pu me rejoindre, quand bien même il eût fait plus de diligence; mais à cause du mauvais état de la route, nous allions plus vite à pied que les deux bêtes fatiguées qui traînaient le chariot. Mon guide connaissait le chemin à merveille; et, en gravissant une colline, il me fit remarquer, près d'une source, les restes d'un grand feu. C'était là qu'il avait l'habitude de camper, quand il voulait rester près de la concession, mais sans y entrer.

— Il y a trop de rhum dans la taverne, dit-il. Il n'est pas bon de rester près du rhum.

C'était avoir un grand empire sur soi-même pour un Indien; mais j'avais toujours compris que Susquesus était un Indien extraordinaire. Même pour un Onondago, il était d'une tempérance et d'une sobriété remarquables. Je n'ai jamais su pourquoi il avait quitté sa tribu. J'appris par la suite que le porte-chaîne en connaissait le motif. Le vieil André affirmait toujours que ce motif était honorable pour son ami; mais il ne voulut jamais trahir son secret.

Peu de temps après avoir passé devant la source, Susquesus me conduisit à une clairière sur la hauteur, d'où la vue planait sur presque toute la partie de mes possessions qui était exploitée. Nous nous y arrêtâmes, et m'asseyant sur un arbre tombé, ce que l'on rencontrait assez fréquemment, je me mis à contempler la vue avec cet intérêt que le sentiment de la propriété ne manque jamais d'exciter en nous tous tant que nous sommes. La terre est bien belle par elle-même; mais elle est plus belle encore aux yeux de ceux qui en ont la plus grande part.

Quoique la concession faite à mon grand-père de ce domaine remontât alors à plus de trente ans, on n'y voyait aucune trace de ces améliorations rapides et énergiques qui ont signalé des entreprises semblables depuis la Révolution. Avant ce grand événement, le pays était lent à se peupler, et chaque colonie semblait se regarder en quelque sorte comme un pays distinct. Ainsi à New-York, nous voyions arriver très-peu d'émigrants de la Nouvelle-Angleterre, bien que de cette ruche féconde soient sortis une foule d'essaims qui ont couvert successivement une si grande partie de la république. Si la civilisation qu'ils portent avec eux n'est pas d'un ordre très-élevé, si, sous le rapport du goût, des manières, de l'élégance, il y a beaucoup à désirer, du moins tout ce qui intéresse le bien-être ou les premiers principes d'instruction, est soigneusement prévu. En un mot, les fondements de l'édifice sont solidement jetés, mais on donne peu de soin aux ornements de détail.

Je sens qu'en parlant ainsi je fais une concession à laquelle mon père n'aurait jamais souscrit; mais les préjugés s'éteignent de jour en jour, et les Hollandais et les Yankees, en particulier, ne regardent plus comme impossible de vivre rapprochés les uns des autres. Il est possible que mon fils fasse des concessions plus larges encore. Seulement si j'avais un conseil à donner à nos amis les émigrants, ce serait de ne jamais oublier que celui qui émigre doit respecter les habitudes et les opinions de ceux auprès desquels il se transporte, et que la perfection en ce monde ne réside pas seulement dans le petit coin de terre que nous habitons. — Mais revenons à Ravensnest.

Je disais donc que, depuis trente ans, les défrichements n'y avaient pas fait de progrès considérables, surtout sous le rapport des ouvrages d'art; cependant le temps lui-même s'était mis à l'œuvre. Dans cette partie du pays, à l'exception de quelques terres montagneuses, les arbres étaient de cette nature particulière que nous appelons du bois dur, et les racines de ces arbres périssent quatre fois plus vite que les autres, après que le tronc a été coupé. Il en résultait que presque tout vestige en avait dis-

paru dans les champs ; ce qui donnait au domaine l'apparence
d'un pays vieux, suivant nos idées américaines. Il est vrai que la
forêt vierge s'élevait dans toute sa vigueur à côté de ces plaines
unies et labourées, encadrant avec une sombre majesté ce tableau
champêtre. Le contraste était frappant ; mais il offrait aussi des
images douces et agréables : de la hauteur sur laquelle l'Indien
m'avait conduit, j'avais devant moi un avant-plan de terrain
ouvert, parsemé de chaumières et de granges, coupé par des
vergers, par de riantes prairies ou par des champs où le blé in-
clinait la tête sous le souffle d'une légère brise d'été. Deux ou trois
routes serpentaient à travers l'établissement, se détournant com-
plaisamment pour passer devant chaque porte ; et, à l'extrémité
du côté sud, il y avait un hameau composé d'une douzaine de
maisons construites en bois, dont l'une, quoique d'assez mauvais goût, semblait afficher plus de prétentions que les autres ;
il y avait dans le nombre une auberge, un magasin, une bou-
tique de forgeron, une école, puis des granges, des étables, etc.
Près du hameau, qu'on appelait le Village du Nest (ou du Nid),
étaient les moulins du pays. Il y en avait quatre ; l'un pour
moudre le grain, un autre pour scier les planches, un moulin à
foulon, et un pour l'huile ; tous de dimensions modestes, et probablement d'un modeste produit. La maison, même la plus ap-
parente, n'était pas peinte, quoiqu'elle eût des ornements d'ar-
chitecture assez ambitieux, et l'on n'y comptait pas moins de
quatre portes extérieures. Il y en avait même une au second
étage, dont il n'était pas facile de deviner l'usage. Sans doute le
propriétaire avait quelque grand projet auquel il n'avait pas
donné suite. Chez nous on a toujours beaucoup aimé à être hors
de chez soi.

Une ceinture interminable de bois formait l'arrière-plan de ce
tableau. Elle s'étendait de tous les côtés, sur le sommet des
montagnes, comme dans le fond des ravins. C'était comme un
voile mystérieux qui séparait ce coin de terre habité du reste de
la création. Il y avait pourtant quelques autres établissements
formés au milieu de la forêt ; un petit nombre de routes la sillon-
naient, et de loin en loin on apercevait une cabane bâtie par le

chasseur, le quaker ou l'homme Rouge, qui demeuraient au milieu de cette sombre magnificence du désert.

CHAPITRE IX.

> Oh! si je voulais exciter vos âmes à la révolte, et vous remplir de fureur, j'outragerais Brutus et Cassius, ces hommes d'honneur s'il en fut jamais; mais, non, je n'en ferai rien. Plutôt mille fois outrager les morts, vous outrager aussi, ne pas m'épargner moi-même, que d'outrager des hommes aussi honorables.
>
> SHAKSPEARE.

— Voila donc Ravensnest! m'écriai-je après avoir contemplé quelque temps ce tableau en silence, — le domaine que m'a laissé mon grand-père, et où se sont passés des événements qui tiennent une si grande place dans l'histoire de ma famille; événements dans lesquels vous avez joué un rôle, Susquesus.

L'Indien fit entendre une sorte d'interjection étouffée; mais il est probable qu'il ne me comprit pas bien. Qu'y avait-il de si extraordinaire dans une attaque de sauvages, une maison assiégée, quelques hommes tués, des chevelures enlevées, pour qu'il s'en souvînt après un quart de siècle?

— Je ne vois pas l'habitation principale, Susquesus, ajoutai-je; la maison où mon grand-père demeurait quelquefois?

L'Onondago ne dit rien; mais il étendit le doigt dans la direction du nord-est avec un de ces gestes expressifs qui sont habituels à sa race. Je reconnus l'endroit aux descriptions qui m'en avaient été faites, quoique le temps eût déjà fait ses ravages. De simples bûches, empilées les unes sur les autres dans de semblables conditions, peuvent durer de trente à quarante ans, suivant la nature des arbres qui les ont fournies, et la manière dont elles ont été couvertes. La distance ne me permettait pas d'apprécier exactement l'état actuel du bâtiment; mais j'en voyais assez pour présumer que je ne devais pas m'attendre à trouver une habitation très-agréable. Une famille y était installée, et j'avais vu quelques fromages faits dans la belle ferme qui en dépendait. Il y avait un verger qui semblait en plein rapport, et des champs qui avaient bonne apparence ; mais la maison avait un aspect triste et sombre, et on la distinguait à peine, à sa forme et à ses cheminées, de tout autre monceau de bois.

Je fus frappé du silence solennel qui régnait partout ; à l'exception de quelques enfants à demi nus qui rôdaient autour des habitations les plus rapprochées de moi, je ne pouvais découvrir aucun être humain. Les champs étaient déserts, quant aux hommes, quoique beaucoup de bêtes à cornes y fussent à brouter.

— Je vois que mes fermiers ne sont pas dépourvus de bétail, dis-je à Susquesus ; il n'en manque pas dans les pâturages.

— Vous voyez ; tous jeunes, répondit l'Onondago ; la guerre en est cause. Les vieux ont été tués pour les soldats.

— En effet, puisque cet établissement a échappé au pillage, les colons ont dû faire d'assez bonnes affaires en vendant à l'armée. Je me rappelle que les provisions de toute espèce étaient rares et très-chères, quand nous avons rejoint Burgoyne.

— Sans doute. Ils ont vendu des deux côtés ; — c'était un bon métier : nourrir les Yankees, nourrir les Anglais.

— Je ne m'en étonne guère, car le cultivateur n'a guère d'autres pensées que de tirer le meilleur prix qu'il peut de sa récolte. Mais où sont donc tous les hommes ? je n'en vois pas un seul.

— Vous ne les voyez pas ? — Là ! répondit l'Indien en me montrant le hameau. L'Ecuyer allume aujourd'hui le feu du Conseil, et il est sans doute à pérorer.

— En effet, les voilà rassemblés près du bâtiment de l'école. Mais qui voulez-vous désigner par ce nom d'écuyer, et qui est-ce qui pérore ?

— Le vieux maître d'école, qui est venu du lac salé ; un grand ami de votre grand-père.

— Ah ! M. Newcome, mon agent. C'est vrai, je n'aurais pas dû oublier qu'il est le roi de l'établissement. Allons, Susquesus, remettons-nous en route, et quand nous arriverons à la taverne, nous apprendrons peut-être ce dont s'occupe le Grand-Conseil.

Ne dites rien du but de mon voyage : je suis assez curieux d'observer un peu ce qui se passe, avant de parler moi-même.

L'Indien se leva, et descendit la hauteur par un sentier qui lui semblait familier. En quelques minutes, nous avions rejoint la grande route, et nous n'étions pas loin du hameau. Je n'avais rien gardé de mon costume de ville ; et il n'eût pas été facile de reconnaître le propriétaire du domaine dans un voyageur qui arrivait à pied, en blouse de chasse, son fusil à la main et accompagné d'un Indien. Je n'avais donné récemment aucun avis de ma prochaine arrivée, et l'idée m'était venue en chemin d'examiner un peu les choses incognito. Pour assurer le succès de ma ruse, il n'était pas inutile de dire encore un mot à l'Indien.

— Susquesus, ajoutai-je en voyant que nous approchions, j'espère que vous m'avez compris. Il est inutile de dire qui je suis. Si l'on vous interroge, vous pouvez répondre que je suis votre ami. Vous ne mentirez pas ; car je le serai tant que je vivrai.

— Bon ! le jeune chef a des yeux, il veut s'en servir. Bon ! Susquesus entend !

Un instant après, nous étions au milieu de la foule, devant la porte de l'école. L'Indien était si connu et on le voyait si souvent, que son apparition n'excita aucune sensation. A voir les conversations particulières, les figures animées, les groupes qui se formaient, on pouvait juger que quelque affaire importante était sur le tapis. Dans cet état d'agitation, on ne fit pas grande attention à moi qui me tenais sur la lisière de cette nombreuse assemblée, où il pouvait se trouver de soixante à soixante-dix hommes, sans compter un nombre presque égal de grands garçons. Cependant j'entendis demander près de moi qui j'étais, et si j'avais droit de voter. Ma curiosité était assez vivement excitée, et j'allais demander quelques explications, quand, à la porte de l'école, parut un personnage qui se mit à exposer l'affaire. C'était un petit homme à cheveux gris, maigre, ridé, dont le regard était assez perçant, et qui était mieux mis que la plupart de ceux qui l'entouraient, bien que sa toilette ne fût remarquable ni par l'élégance, ni par la propreté. Il pouvait avoir soixante ans. Il parla avec beaucoup de sang-froid et de mesure, en homme accoutumé depuis longtemps à ces sortes de réunions, mais avec un accent connecticutien très-prononcé. Au moment où l'orateur ouvrait la bouche pour en retirer une chique de tabac avant de prendre la parole, j'entendis murmurer autour de moi : — Chut! voilà l'écuyer; nous allons savoir quelque chose. — C'était donc M. Jason Newcome, mon agent, le principal habitant de l'établissement.

— Mes concitoyens, dit-il en commençant, vous êtes assemblés aujourd'hui pour l'affaire la plus grave et la plus importante, et vous avez besoin de déployer toute votre énergie. Il s'agit de donner un nom à l'église que vous allez construire, et vous voyez ainsi que le salut de vos âmes est, jusqu'à un certain point, intéressé dans la question. Vos délibérations se sont ouvertes par la prière, et maintenant vous allez procéder au vote définitif. Il y a parmi vous des différences d'opinions; mais où n'y en a-t-il pas? c'est l'essence de la liberté, qui, sans cela, n'existerait pas. Vous savez tous le grave motif pour lequel nous devons en venir promptement à une décision. Le propriétaire du fonds est attendu cet été, et toute sa famille a une tendance déplorable vers une église idolâtre, qui répugne à la plupart d'entre vous. Il est donc de la plus haute importance qu'il trouve l'église bâtie, installée, et que son intervention ne puisse plus avoir d'effet. Toutefois, jusqu'à présent, nous avons été assez divisés entre nous, et il s'agit de nous mettre d'accord. Lors des derniers votes, il y a eu vingt-six voix pour les Congrégationistes, vingt-cinq pour les Presbytériens, quatorze pour les Méthodistes, neuf pour les Baptistes, trois pour les Universaux, et une pour les Épiscopaux. Il est clair que c'est la majorité qui doit gouverner, et que la minorité doit se soumettre. Ma première décision, comme Modérateur, a été que les Congrégationistes ont eu une majorité d'une voix; mais, quelques personnes ayant manifesté quelques scrupules, je suis prêt à entendre la raison, et à convenir que le nombre vingt-six ne forme pas une majorité, mais simplement une *pluralité*, comme on dit. Cependant comme vingt-six ou vingt-cinq sont la majorité, par rapport à neuf, à trois ou à un, de quelque manière qu'on envisage ces votes, soit isolément, soit réunis, votre comité a décidé que les Baptistes, les Universaux et les Épiscopaux devaient être mis hors du débat, et que le premier vote ne porterait que sur les trois ordres qui avaient réuni les chiffres les plus élevés, savoir : les Congrégationistes, les Presbytériens et les Méthodistes. Chacun a droit de voter pour qui il lui plaît, pourvu qu'il vote pour un des trois. Je suppose que je me suis fait suffisamment comprendre; et je vais mettre la question aux voix, à moins que quelqu'un ne demande à faire quelque observation.

— Monsieur le Modérateur, s'écria un gros cultivateur de bonne mine, du milieu de la foule, est-ce le moment de prendre la parole?

— Sans doute, monsieur. — Silence, messieurs, silence! Que le major Hosmer se lève, il a la parole:

Le major se leva, d'autant plus facilement que nous étions tous debout; mais c'était une expression parlementaire, et elle fut comprise.

— Monsieur le Modérateur, je suis de l'ordre des Baptistes, et je ne trouve pas la décision juste, puisqu'elle nous force, ou de voter pour une dénomination qui ne nous plaît pas, ou de ne pas voter du tout.

— Mais vous convenez que la majorité doit gouverner? interrompit le président.

— Sans doute, cela fait aussi partie de ma religion, répondit le vieillard avec un air de parfaite bonne foi; mais je ne vois pas que la majorité se soit prononcée en faveur des Congrégationistes plus que des Baptistes.

— Nous allons voter de nouveau, major, pour votre plus grande satisfaction, reprit M. Newcome du ton le plus modéré. Messieurs, que ceux d'entre vous qui sont d'avis que les Baptistes ne doivent pas être compris dans le prochain vote, veuillent bien lever la main.

Tout ce qui n'était pas Baptiste leva la main, et l'on en compta soixante-neuf. A la contre-épreuve, les Baptistes eurent leurs neuf voix comme la première fois. Le major Hosmer se déclara satisfait, bien qu'à son air on eût dit que l'opération ne lui paraissait pas complètement régulière. Comme les Baptistes étaient la plus nombreuse des trois sectes exclues, les deux autres firent de nécessité vertu et ne dirent rien. Elles étaient évidemment en minorité, et une minorité, comme il arrive trop souvent en Amérique, a peu de droits.

— Maintenant, reprit le Modérateur, qui était un modèle de soumission à la voix publique, il reste à voter entre les Congrégationistes, les Presbytériens et les Méthodistes. Je commencerai par les Congrégationistes. Ceux qui sont pour cet ordre, la bonne vieille secte du Connecticut, voudront bien lever la main.

Le ton mielleux de la voix, l'expression suppliante du regard, et les mots « la bonne vieille secte du Connecticut, » me firent comprendre de quel côté penchaient les désirs du Modérateur. D'abord, il ne se montra que trente-quatre mains; mais, à force de chercher, le Modérateur finit par en découvrir trois autres; après quoi il annonça, dans son impartialité, qu'il y avait trente-sept voix pour les Congrégationistes. Ainsi sur treize voix appartenant aux sectes écartées, onze avaient très-probablement voté pour le Modérateur. Ce fut ensuite le tour des Presbytériens, qui à leurs vingt-cinq voix en réunirent deux des Baptistes. Les Méthodistes restèrent avec leurs quatorze suffrages.

— Comme il est évident, messieurs, dit le Modérateur, que les Méthodistes ne gagnent point de voix, et qu'ils sont fort au-dessous des autres pour le nombre, je fais appel à leur humilité chrétienne bien connue, pour leur demander s'ils ne feraient pas bien de se désister.

— Aux voix ! aux voix ! comme pour nous ! s'écria un anabaptiste.

— Soit, messieurs.

Et l'épreuve donna soixante-quatre suffrages pour le désistement, et quatorze contre.

— Aucune religion ne saurait être florissante contre une pareille majorité, dit le Modérateur avec une grande apparence de candeur. Certes, c'est pour moi un profond sujet de regret que nous n'ayons pas les reins assez forts pour bâtir des chapelles pour toutes les sectes de l'univers; mais il faut faire ce que l'on peut, et les Méthodistes sauront se résigner. Messieurs, la question ne se trouve donc posée maintenant qu'entre les Congrégationistes et les Presbytériens. Il n'y a point de graves dissentiments entre eux, et il est mille fois à déplorer qu'il y en ait aucun. Êtes-vous prêts, messieurs? Personne ne demandant la parole, je mets la question aux voix.

Le résultat fut : trente-neuf voix pour et trente-neuf voix contre ; c'est-à-dire ce qu'on appelle partage. Je pus voir que le Modérateur était désappointé, et je crus qu'il allait invoquer sa voix prépondérante ; mais je ne connaissais pas mon homme. M. Newcome ne voulait jamais avoir l'air d'exercer une autorité personnelle ; la majorité était sa grande règle, et il en déférait, en toute occasion, à la majorité. L'exercice d'un pouvoir aussi précaire que celui de président, pouvait exciter l'envie ; mais celui qui ne marchait qu'avec la majorité, était sûr d'avoir toujours pour lui les sympathies publiques. M. Newcome n'avait jamais d'opinion que lorsque le nombre était de son côté.

Je regrette de devoir dire que des idées très-erronées sur le pouvoir des majorités commencent à prendre racine parmi nous. Il est assez ordinaire d'entendre poser en axiome politique, que la majorité doit gouverner. Cet axiome peut être sans inconvénients, quand il est appliqué avec intelligence, et seulement en tant qu'il s'agit des intérêts sur lesquels la décision est remise à la majorité. Mais à Dieu ne plaise que la majorité gouverne toujours en toutes choses, dans cette république ou ailleurs!... Un tel état de choses ne tarderait pas à devenir intolérable, et le gouvernement qui le souffrirait serait la tyrannie la plus odieuse. Au-dessus de tout dominent et doivent toujours dominer certains grands principes incontestables, qui sont justes en soi, et qui sont proclamés dans les diverses constitutions. Qu'ensuite certaines questions secondaires soient soumises à la décision de la majorité ; rien de mieux, tant que cette majorité ne s'arroge pas une puissance qui n'appartient qu'à ces principes. C'est une vérité qu'on ne saurait trop répéter, parce qu'il semble qu'elle soit plus méconnue de jour en jour.

M. Newcome évita de se prononcer comme président. Trois fois il renouvela l'épreuve, et trois fois les voix se partagèrent également. Je m'aperçus que, pour le coup, il était sérieusement inquiet. Cette persistance indiquait une détermination bien prise, et les deux partis, étant d'égale force, ne voulaient céder ni l'un ni l'autre. Il fallait user de tactique; c'était le fort de M. Newcome, et voici l'expédient qu'il imagina.

— Vous voyez ce qui arrive, chers concitoyens. Deux partis se sont formés; ils se balancent, et maintenant c'est comme question de parti que l'affaire doit être décidée. — Voisin Willis, voudriez-vous bien aller jusque chez moi, et demander à mistress Newcome le dernier volume des Lois de l'État? Peut-être y trouverons-nous quelque éclaircissement utile.

Le voisin Willis fit ce qui lui était demandé, et s'éloigna. J'appris ensuite que c'était un ardent presbytérien. Malheureusement pour sa secte, il se trouvait placé juste en face du Modérateur, de manière à ne pouvoir manquer d'appeler son attention. Je soupçonnais que l'écuyer Newcome allait mettre de nouveau la question principale aux voix. Mais la ruse eût été par trop grossière, et le Modérateur n'était pas homme à se compromettre ainsi. Il avait du temps devant lui; car il savait bien que sa femme ne pouvait trouver un volume qu'il avait prêté à un magistrat, dans un établissement situé à vingt milles de distance. Il commença donc par avoir une conférence secrète avec un ou deux de ses amis.

— Pour ne pas perdre de temps, monsieur le Modérateur, dit enfin un de ses confidents, je fais la motion que cette assemblée déclare que l'établissement d'une église presbytérienne est une mesure anti-républicaine, en opposition avec nos glorieuses institutions, et avec les plus chers intérêts de la grande famille humaine. Je soumets cette question à mes concitoyens, sans discussion, et je serai charmé de connaître leur opinion à ce sujet.

La motion fut appuyée; on alla aux voix, et le résultat fut trente-neuf voix pour et trente-huit voix contre. Il fut donc décidé que la règle presbytérienne était anti-républicaine. C'était un coup de maître : car du moment qu'il était établi que les institutions étaient contraires à l'établissement du presbytérianisme, aucune religion ne pouvant se soutenir dans ce pays du moment qu'elle était en opposition avec l'opinion politique, la question se trouvait tranchée par le fait.

Il était assez bizarre que, tandis que toutes les sectes s'accordent à dire que la religion chrétienne vient de Dieu, et que ses dogmes doivent être reçus comme les lois de la sagesse infinie, il se trouve cependant des hommes assez peu logiciens et assez présomptueux pour s'imaginer qu'un de ces préceptes puisse être affaibli ou fortifié, suivant qu'il concorde plus ou moins avec les institutions humaines. Autant vaudrait admettre de prime-abord que le christianisme n'est pas d'origine divine, ou, ce qui serait plus absurde encore, que le système établi par Dieu même, peut être modifié suivant les vues étroites et bornées de l'homme. Néanmoins, il ne faut pas se dissimuler qu'ici, comme ailleurs, on cherche à mettre l'Église en harmonie avec les institutions, au lieu de mettre les institutions en harmonie avec l'Eglise.

Sûr de ce premier succès, le confident du Modérateur n'en resta pas là.

— Monsieur le Modérateur, reprit-il, maintenant que la question a pris une nouvelle face, il est à propos que le parti qui a la majorité ne soit pas gêné dans ses opérations par la présence de la minorité. J'opine donc pour que ceux qui sont opposés au presbytérianisme se forment en comité secret, et qu'ils nomment une commission chargée de proposer la dénomination qui lui paraîtra la plus convenable. J'espère que la motion sera mise aux voix, sans discussion. Il s'agit de religion, et c'est un sujet sur lequel on ne saurait trop éviter tout débat.

Hélas! que de tort n'a-t-on point fait à la cause du christianisme en étouffant ainsi la lumière, et en forçant les gens timides à adopter les projets des fourbes et des ambitieux! Ces concessions apparentes et ces semblants de bonne foi masquent presque toujours les desseins les plus criminels.

Il n'y eut pourtant pas d'opposition; car les assemblées populaires, une fois lancées dans une certaine voie, sont aussi faciles à conduire que le bâtiment qui obéit au gouvernail. On pense bien que la majorité fut la même; c'est-à-dire que la moitié de l'assemblée déshérita de ses croyances l'autre moitié, en comptant l'homme qui avait été éloigné, et cela, d'après le principe que la majorité doit gouverner.

Les vainqueurs se réunirent alors dans le bâtiment de l'école, où un comité de vingt-six membres fut nommé. Ce comité ne fut pas longtemps à délibérer. Il émit, à l'unanimité, l'avis que c'était le congrégationisme qui était la forme de culte la plus agréable à la population de Ravensnest.

Le Modérateur soumit aussitôt la proposition à l'approbation de l'assemblée tout entière, et l'ancienne majorité, d'une voix, se prononça encore en sa faveur. Au moment où le Modérateur annonçait humblement ce résultat, son messager parut dans la foule en criant : Écuyer, mistress Newcome dit qu'elle ne peut pas trouver le volume, et qu'elle est sûre que vous l'avez prêté.

— Dieu me pardonne, c'est vrai! s'écria le magistrat. Au surplus, nous n'en avons plus besoin, à présent que la majorité s'est prononcée. Mes chers concitoyens, nous venons de régler les plus chers intérêts qui concernent l'homme. C'est une question sur laquelle l'unanimité est surtout désirable; et, comme il n'est pas à présumer que personne à présent s'oppose à la volonté populaire, je vais mettre une dernière fois la question aux voix, afin d'obtenir cette unanimité. Que ceux qui sont en faveur des Congrégationistes lèvent la main.

Les trois quarts des mains, à peu près, se levèrent en même temps. « L'unanimité! l'unanimité! » cria-t-on de tous côtés. Les autres mains se levèrent l'une après l'autre, et je finis par en compter soixante-treize. Quelques obstinés s'abstinrent de voter; mais, comme on ne fit pas de contre-épreuve, on peut dire que l'assemblée fut unanime. Le Modérateur et deux ou trois de ses amis, firent de courtes harangues pour faire ressortir l'esprit libéral d'une partie des citoyens et les remercier tous; après quoi l'assemblée se sépara.

Tels furent les incidents qui accompagnèrent l'établissement d'une église congrégationiste à Ravensnest, la question ayant été décidée, à l'unanimité, en faveur de cette dénomination, quoique, sur soixante-dix-huit votants, cinquante-deux y fussent opposés; le tout pour l'honneur des principes républicains.

Aucune réclamation n'eut lieu, du moins à l'instant. La foule se dispersa, et M. Newcome, en la traversant de l'air le plus modeste, et nullement en vainqueur, m'aperçut pour la première fois. Il m'examina avec une grande attention, et, à son air d'inquiétude, il me parut concevoir quelques soupçons. Au moment même, et avant qu'il eût eu le temps de faire une seule question, Jaap arrivait avec le chariot. Le nègre était une vieille connaissance de M. Newcome. Sa présence expliquait toute l'affaire, et mon air de ressemblance avec mes parents suffisait, au surplus, pour lever tous les doutes.

M. Newcome éprouvait un embarras évident; mais il s'efforça de le dissimuler et parvint à reprendre son sang-froid.

— C'est le major Littlepage que j'ai l'honneur de saluer? dit-il en s'approchant de moi. Vous me rappelez le général, tel que je l'ai connu quand il était jeune; et un peu aussi Herman Mordaunt, le père de votre mère. Y a-t-il longtemps que vous êtes arrivé, major?

— Quelques minutes seulement, répondis-je d'une manière évasive. Vous voyez mon chariot et mon domestique; nous venons d'Albany. J'arrive dans un bon moment; car il me semble que tous les habitants sont rassemblés ici.

— Mais, oui, à peu près tous. Nous avons eu une petite réunion pour statuer sur la nature de notre religion, si je puis m'exprimer ainsi. Vous n'êtes sans doute arrivé qu'à la fin de la séance, major?

— Oui, monsieur Newcome, à la fin, comme vous dites.

L'écuyer parut soulagé d'un grand poids, car il n'aurait pas été charmé de savoir que j'avais entendu l'allusion qu'il avait faite aux opinions religieuses de ma famille. Pour moi, je n'étais pas fâché de m'être un moment caché dans les coulisses pour connaître le vrai caractère de mon agent. Je savais déjà à peu près à quoi m'en tenir sur son compte, mais je ne pouvais pas être trop éclairé.

— Oui, monsieur, la religion est d'un intérêt très-grave pour l'homme, et voilà trop longtemps qu'elle est négligée parmi nous, continua le Modérateur. Vous voyez là bas la charpente d'un édifice religieux, le premier qui ait été commencé ici, et notre intention est de la dresser cette après-midi. Les perches à pointes de fer sont en place, et l'on n'attend plus que le signal pour commencer l'opération. Vous remarquerez, major, qu'il n'a pas été maladroit d'avancer la besogne, avant de décider le nom qu'on donnerait à l'édifice. De cette manière chacun a travaillé comme s'il travaillait pour sa propre secte. Aussi, vous le voyez, les planches, les châssis vitrés, les bancs, tout est prêt. Il ne reste qu'à assembler les pièces, puis à prêcher.

— Pourquoi n'avez-vous pas achevé le bâtiment, avant d'en venir au vote définitif?

— C'eût été dépasser le but, major. Il faut voir jusqu'où l'on peut aller, et s'arrêter à propos. Nous avons bien examiné la chose, et il a été reconnu que le moment était venu de mettre la question aux voix. Tout a réussi le mieux du monde, et nous avons décidé, à l'unanimité, que nous serions Congrégationistes. C'est une heureuse chose que l'unanimité en fait de religion.

— Ne craignez-vous pas que le zèle ne se ralentisse à présent, et que les mécontents ne se refusent à payer les charpentiers, les peintres, le ministre?

— Ils pourront bien se faire tirer l'oreille; mais ils céderont. Votre généreux exemple, major, a produit son effet et continuera à exercer de l'influence.

— Mon exemple, monsieur Newcome! je ne vous comprends pas; jamais de ma vie je n'avais entendu parler de ce temple, avant les allusions que je vous ai entendu y faire tout à l'heure.

M. Newcome toussa pour s'éclaircir la voix et se trouva enfin en état de répondre.

— Je dis votre exemple, monsieur; car vous ne faites qu'un avec votre honoré père, et la première impulsion a été donnée par le général Littlepage, longtemps même avant la révolution. Ce n'est guère en temps de guerre, major, vous le savez, qu'on peut songer à bâtir des temples; aussi avons-nous toujours différé. Mais, à présent que nous avons la paix, j'ai pensé que le moment était venu de mettre le grand projet à exécution. J'espérais que tout serait achevé avant votre arrivée, et que vous auriez eu le spectacle édifiant d'une population réunie pour prier. Voici la lettre de votre père, dont j'ai lu un passage aux habitants, il y a une demi-heure.

— Sans doute le défaut de temple n'a pas été un obstacle à la piété de la population. Mais voyons la lettre de mon père.

Elle était datée de 1770, quatorze ans avant qu'on eût commencé la construction du temple, et cinq ans avant la bataille de Lexington. Je vis, entre autres choses, que mon père accordait des remises à ses fermiers et locataires jusqu'à concurrence de 500 dollars pour aider à l'érection d'un temple; se réservant seulement d'être consulté sur la dénomination qu'il prendrait. J'ajouterai ici qu'en examinant les quittances, je m'aperçus que la totalité des 500 dollars avait été versée, l'année même, entre les mains de M. Newcome, qui avait gardé la somme pendant tout l'intervalle, ce qui n'avait sans doute pas été à son détriment.

— Et cette somme a sans doute été employée suivant les intentions de mon père? demandai-je en rendant la lettre.

— Jusqu'au dernier dollar, major; et quand vous contemplerez le nouveau temple, vous aurez la satisfaction de pouvoir vous dire que votre argent a contribué pour beaucoup à son érection. Quels sentiments délicieux cette pensée n'éveillera-t-elle pas dans votre âme? Quel bonheur pour un propriétaire de songer que sa fortune a été employée au bien-être de ses semblables!

— C'est bien vrai; car j'ai vu par les comptes transmis à mon père que jamais la plus petite somme ne lui a été envoyée; et qu'il n'est pas même rentré dans ses premiers déboursés.

— C'est possible, major, c'est même probable; mais il a fallu satisfaire l'esprit de progrès, et messieurs les propriétaires attendent naturellement leur récompense des générations futures. Oui, il viendra un temps où ces terres affermées seront d'un bon produit, et vous recueillerez alors le fruit de votre générosité.

Je me dispensai de répondre. Le chariot était alors à la porte de l'auberge, et Jaap était occupé à décharger les bagages. Le bruit de mon arrivée s'était répandu, et quelques-uns des plus vieux colons, ceux qui avaient connu Herman Mordaunt, se réunirent autour de moi, en me prodiguant des témoignages d'affection et de respect. Ils voulurent tous me serrer la main, et en leur rendant leur étreinte, je me dis que les relations de maître à fermier devraient être toujours pleines de confiance et de bonté. Je n'avais aucun besoin d'augmenter mes revenus, et j'étais assez disposé à attendre, sinon tout à fait « des générations futures, » du moins de l'avenir, les avantages que je pouvais espérer recueillir de cette propriété. Je fis entrer tous ceux qui se trouvaient là ; je commandai du punch, car c'était l'accompagnement obligé de toute bonne arrivée ; enfin je cherchai à me faire bien venir de mes nouveaux amis. Une troupe de femmes m'attendait à la porte, et il me fallut passer par la formalité de présentations sans nombre. La réception qui me fut faite fut des plus cordiales.

CHAPITRE X.

> Garde toujours, à travers toutes les peines et toutes les injustices, dans ton cœur la rosée de la jeunesse, sur tes lèvres le sourire de la vérité.
>
> LONGFELLOW.

Les présentations n'étaient pas terminées à beaucoup près qu'un cri général retentit au loin : L'érection ! l'érection ! Ce fut aussitôt un émoi général. Chacun partit au plus vite, et moi-même, après avoir donné quelques ordres pour mon logement, je suivis le torrent.

C'est un événement en Amérique que l'érection d'un bâtiment. Il n'est pas d'Américain, à l'exception peut-être de quelques badauds incarnés qui ne quittent jamais l'enceinte de leur ville, qui n'ait assisté à ce spectacle. Pour ma part, j'en avais joui déjà maintes fois. Dans cette circonstance particulière, la joie était d'autant plus grande, que les pièces de la charpente avaient été adaptées avec la plus grande facilité, et qu'elles s'emboîtaient merveilleusement les unes dans les autres. Mon collègue le major m'assura qu'il n'aurait pu parvenir à faire pénétrer la pointe de son couteau dans un seul joint. — Et ce qui est plus merveilleux, écuyer, ajouta-t-il, car major lui-même, quoique seulement dans la milice, il ne croyait pas assez respectueux de m'appeler du même titre que lui, c'est que tout cela n'a été monté que ce matin, et que rien n'avait été essayé d'avance ! Il n'y a que les charpentiers d'ici pour faire l'ouvrage vite et bien ! — On voit que « les pays nouveaux » ne se piquaient pas de modestie, et qu'ils entendaient surpasser en tout « les anciens. »

Quand j'arrivai à l'emplacement choisi pour le temple, la plupart des colons s'étaient déjà placés devant la principale pièce de charpente, prêts à la lever, tandis que des hommes de confiance étaient au pied de chacun des poteaux, armés de pinces, de haches, de tous les instruments qui pouvaient être utiles pour maintenir les pièces de bois, de la solidité desquelles dépendait la vie des personnes qui allaient élever en l'air cette masse pesante. Le danger était d'autant plus grand que l'édifice était plus vaste, et il en fallait prendre d'autant plus de précautions. Il y avait un poste, en particulier, que, pour je ne sais quelle raison, chacun semblait décliner, comme pour le laisser à un plus capable : c'était un poteau qu'il s'agissait de maintenir droit. Le charpentier en chef demandait que quelqu'un se mît à ce poste délicat, puisque c'était la seule chose qui empêchât de commencer l'opération, et l'on se regardait les uns les autres pour voir qui se présenterait, quand tout à coup un cri passa de bouche en bouche : Voici le porte-chaîne — le porte-chaîne ! C'est votre homme !

C'était bien en effet le vieil André Coejemans qui s'avançait, vigoureux, bien portant, et marchant d'un pas ferme, bien qu'il eût maintenant ses soixante-dix ans sonnés. Mon vieux camarade n'avait gardé de son ancien état que sa queue relevée en catogan, et sa démarche ; car ce n'est pas en un an, qu'après huit années de service actif, on perd complétement les allures militaires. Du reste il avait pris complétement le costume d'un habitant des forêts. Il portait une blouse de chasse, comme moi, de grandes guêtres, des moccasins, et un bonnet de peau, mais sans fourrure. Loin de lui être défavorable, ce costume allait parfaitement à sa verte vieillesse. André avait cinq pieds six pouces ; il se tenait encore aussi droit qu'à vingt ans, et le temps, au lieu d'altérer sa santé, semblait l'avoir endurci à la fatigue en lui donnant une nouvelle vigueur. Sa tête était blanche comme la neige. Son teint avait contracté cette couleur basanée que donnent les frimas. L'expression de sa figure avait toujours été agréable ; c'était un air de bienveillance et de franchise tempérant un aspect mâle et fier.

Le porte-chaîne n'avait pu me voir avant d'arriver au pied de la charpente. Alors sa physionomie s'anima ; une vive satisfaction se peignit sur son visage. Enjambant les poutres en homme accoutumé à braver le danger, il me serra la main avec une force qui prouvait que son poignet n'avait encore rien perdu de sa vigueur. Je vis une larme briller dans ses yeux ; car j'aurais été son propre fils qu'il n'aurait pu m'aimer davantage.

— Mordaunt, mon garçon, vous êtes mille fois le bienvenu, me dit mon vieux camarade. Vous êtes arrivé ici à la sourdine, comme le chat qui tombe au milieu des souris ; mais j'avais eu vent de votre voyage, et j'ai voulu aller au-devant de vous. Je ne conçois pas comment ni par où vous avez pu passer.

— Eh bien ! me voilà pourtant, mon vieil et excellent ami, et bien heureux de vous revoir, je vous assure. Si vous voulez entrer avec moi à l'auberge, nous causerons un peu plus à notre aise.

— Un moment, un moment, mon garçon. On a besoin ici de moi pour le quart d'heure, et il faut que je leur donne un coup de main. Laissez-nous dresser cette charpente, et je suis à vous pour une semaine ou pour une année.

Je m'éloignai de quelques pas, et le porte-chaîne se mit aussitôt au poste d'honneur qui lui avait été assigné comme le plus périlleux. Alors commença, sans plus de délai, l'opération sérieuse de « l'érection. » C'est un travail qui n'est pas entièrement exempt de danger ; et, dans cette occasion surtout, où le nombre des ouvriers n'était guère en proportion avec la pesanteur de la masse qu'il s'agissait de soulever, il était doublement nécessaire que chacun fît son devoir. Les femmes étaient venues se ranger autour de l'enceinte, aussi près que la prudence le permettait, pour voir leurs maris et leurs frères à l'œuvre. On s'était revêtu de ses plus beaux atours, quoiqu'il y eût encore beaucoup à désirer sous le rapport du goût et de l'élégance.

Néanmoins il y avait de jolies figures dans cette troupe bigarrée, où il y avait des yeux et des cheveux de toutes les couleurs.

Je me flatte que je n'étais pas plus mal que la plupart des jeunes gens de mon âge et de ma condition; et il est probable que, dans toute autre occasion, je ne me serais pas présenté devant un pareil groupe sans être honoré au moins de quelques coups d'œil. Mais dans ce moment personne ne fit attention à moi. Tous les yeux étaient fixés sur les travailleurs, et je partageais, je l'avoue, l'intérêt général.

Au signal donné, les hommes firent un commun effort, et ils soulevèrent l'extrémité supérieure de la charpente. Il était facile de voir que, tout vigoureux, tout ardents à l'ouvrage qu'ils étaient, c'était tout ce qu'ils pouvaient faire. De jeunes garçons avaient à la main de courts étais qu'ils se hâtèrent de placer en dessous; et les travailleurs purent respirer un moment. J'étais honteux de n'avoir rien à faire dans un pareil moment; mais craignant de gêner en cherchant à me rendre utile, je me tins à l'écart et restai simple spectateur.

— Maintenant, camarades, dit le charpentier qui s'était placé de manière à pouvoir diriger facilement la manœuvre, encore un effort. Levons bien tous ensemble; c'est le moyen d'avancer la besogne. Êtes-vous prêts? Allons!

Chacun se mit à l'œuvre avec tant d'ardeur et d'intelligence que la pesante machine fut élevée cette fois jusqu'à la hauteur des têtes. Là, elle s'arrêta, soutenue de nouveau par les étais.

— Or ça, voici l'instant décisif, camarades, s'écria le charpentier. Que chacun soit bien à son poteau. Porte-chaine, attention! Votre poteau soutient tout l'édifice; s'il fléchissait, nous serions perdus. Allons, ensemble! — Courage! nous avançons. — Vite, enfants, placez les étais. — Bien! — Nous pouvons respirer un moment.

Il était temps, car personne ne s'était ménagé, et un instant de répit était indispensable pour réparer les forces. La portion de la charpente qu'on élevait alors était parvenue à une hauteur qui ne permettait plus de s'aider des mains. Il fallut avoir recours aux perches à fer pointu, et ce n'était pas la partie la moins rude de l'opération. Jusqu'alors, tout avait été bien, et la seule pensée qui pût jeter quelque découragement, c'était la crainte que toutes les forces réunies des travailleurs ne fussent pas suffisantes pour achever de dresser une masse si pesante. Néanmoins il n'y avait pas de remède, puisque toutes les personnes présentes, moi excepté, avaient un poste assigné. Un jeune homme de bonne mine, dont le costume tenait le milieu entre celui de la ville et celui des bois, s'élança de derrière le groupe des femmes, et s'arma aussi d'une perche. Le lecteur peu familiarisé avec une « érection, » doit être prévenu que ceux qui dressent un bâtiment sont nécessairement placés sous la charpente qu'ils élèvent, et que, si elle venait à retomber, ils seraient écrasés infailliblement. En dépit du danger, les plaisanteries allaient leur train.

— Écuyer, dit l'ancien major de milice, puisque nous prêtons nos épaules, il me semble qu'on pourra bien nous prêter quelquefois l'édifice pour nos réunions, à nous qui sommes de cultes dissidents.

— Personne ne suppose, j'espère, répondit le Modérateur, que la liberté religieuse n'existe pas dans cet établissement. Sans aucun doute, les autres sectes pourront se servir de ce temple, toutes les fois qu'il ne sera pas employé par ses légitimes propriétaires.

Cette expression était malheureuse. Plus le droit est évident, moins celui qui l'a contre lui aime à se l'entendre dire. Néanmoins personne ne parut vouloir lâcher prise ni abandonner l'ouvrage. Seulement quelques dissidents se permirent quelques quolibets contre le Modérateur. Craignant que tout ce bavardage ne finît par avoir un résultat fâcheux, le charpentier crut devoir hâter la reprise de la manœuvre.

— En place, camarades! Allons, encore un coup de vigueur; nous touchons au terme. Vous voyez là-bas ce montant auprès duquel se tient Tim Trimmer; élevons assez la charpente pour que l'extrémité du montant puisse passer dessous, et nous sommes sauvés. Regardez bien au pied du montant, Trim. Est-il solidement assujetti?

Trim répondit que oui; mais comme c'était presque un enfant, deux ou trois hommes allèrent l'examiner, et ils assurèrent également qu'il n'y avait rien à craindre.

— Allons, mes amis! s'écria le charpentier; voici le dernier effort. — Ensemble!

Les pauvres diables, munis de longs bâtons, firent des efforts énergiques; cependant il me semblait que la charpente ne bougeait plus de place. Cédant à un mouvement irrésistible, et rougissant de rester plus longtemps oisif dans un pareil moment, je courus me mettre au milieu des travailleurs, à l'endroit le plus dangereux, et saisissant un bâton, je me mis à pousser de toute ma force.

— Hourra! cria le charpentier! voilà notre jeune maître qui se met de la partie. — Courage! tous ensemble!

Ce fut pour le coup à qui redoublerait d'énergie. La charpente fut encore élevée de quelques pieds; mais il s'en fallait encore de quelques pouces qu'elle pût reposer sur les nouveaux étais. Vingt voix criaient en même temps à chacun de tenir ferme, car tout le monde sentait que le moindre ralentissement dans les efforts serait fatal. Le charpentier accourut à notre aide; et Trim, s'imaginant que son montant tiendrait bien tout seul, l'abandonna pour courir prendre un des longs bâtons, et pousser comme les autres. Mais le montant vacilla, et inclina un peu d'un côté où il ne pouvait servir à rien. J'avais la tête tournée de manière à voir le danger, et je sentis que le poids que je soutenais s'alourdissait de seconde en seconde.

— Levez, mes amis! levez tous! s'écria le charpentier d'une voix déchirante, comme si le salut de tous dépendait de ce dernier effort.

Si un seul enfant eût déserté son poste, et il y en avait plus de vingt d'occupés, toute la charpente tombait sur nous! Parlez donc de monter à l'assaut, d'enlever une batterie! qu'est-ce que cela auprès de la situation dans laquelle nous étions placés? Qu'un seul de nous fît défaut, ou eût un moment de défaillance, nous étions tous perdus. Les vingt secondes qui suivirent furent terribles; et je n'avais plus d'espérance, lorsqu'une jeune fille s'élança du milieu de la foule interdite, et saisissant le montant, le remit dans la position convenable. Il ne s'en fallait que d'un pouce qu'on pût atteindre cet appui. Je pris alors la parole et je criai aux hommes épuisés de lever tous ensemble. Ils obéirent, et je vis la jeune fille, avec un coup d'œil aussi sûr que sa main était ferme, ajuster le montant. Aussitôt tous ceux qui étaient de notre côté se trouvèrent libres, et nous courûmes porter assistance à ceux qui soutenaient l'autre extrémité. Des étais furent placés successivement, et ils purent tous se retirer à leur tour, et contempler dans un morne silence le péril auquel ils venaient d'échapper.

Cet incident fit une impression profonde. J'avais entrevu la courageuse enfant dont l'intelligence et la présence d'esprit avaient été d'un si grand secours, et elle m'avait paru être ce que j'avais jamais vu de plus charmant. Elle avait les formes les plus gracieuses; ce n'était ni cette délicatesse maladive qui rappelle des idées de souffrance, ni cet embonpoint exagéré qui accuse une santé grossière; c'était le plus heureux milieu entre ces excès; et le peu que je vis d'un visage qui était presque entièrement caché sous une forêt de boucles de cheveux du plus beau blond, était en harmonie parfaite avec le reste de sa personne. Et, dans l'action qu'elle venait d'accomplir, il n'y avait rien qui fût en désaccord avec la grâce naturelle à son sexe. Ce n'était point de la force qu'il s'agissait de déployer; il ne fallait que du sang-froid et du courage.

Il est possible que le sentiment du danger que nous courions tous ait ajouté à l'effet de cette belle apparition que mon imagination me représentait comme envoyée en quelque sorte du ciel pour nous sauver. Mais tout fatigué que j'étais par suite d'efforts tels que je n'en avais jamais fait de ma vie, haletant, hors d'haleine, j'oubliais tout pour ne songer qu'à celle que ma vue troublée n'apercevait même plus, mais dont la taille gracieuse, la démarche légère, l'air animé, la belle chevelure rehaussaient encore dans ma pensée le prix de son admirable dévouement. Quand mon pouls battit plus régulièrement, je tournai la tête pour chercher cette vision étrange, mais je ne vis aucune figure qui me parût la réaliser. Toutes les femmes s'étaient blotties les unes contre les autres comme une couvée effrayée. Elles levaient les mains au ciel et faisaient de grandes exclamations ; mais aucune ne retraçait l'image gravée dans mon cœur, et il était évident que la vision s'était évanouie aussi rapidement qu'elle était apparue.

Le porte-chaîne s'avança alors et prit le commandement que le charpentier lui céda sans murmurer. Je vis qu'il était dans un état de surexcitation, quoique en même temps il conservât tout son empire sur lui-même. A partir de ce moment, ce fut lui qui dirigea les travaux, et il sut répartir les forces avec tant d'habileté, qu'on faisait plus avec moins de fatigue. Aussi bientôt la pièce de charpente fut-elle complétement dressée. Le fort de la besogne était fait, les autres pièces étaient moins lourdes, et d'ailleurs on avait maintenant un point d'appui qui manquait auparavant.

— Les congrégationistes sont enfin en place ! s'écria le vieux major de milice avec son ton légèrement caustique ; et ils le doivent au porte-chaîne et à quelqu'un que je ne veux pas nommer. Mais, patience ! notre tour viendra un jour, car Ravensnest prend trop d'accroissement pour qu'une seule religion puisse lui suffire. Malheur au pays qui n'a qu'une forme de religion ! Les prêtres s'y endorment et la congrégation aussi.

— N'en doutez pas ! répondit le porte-chaîne, qui paraissait disposé à quitter la place ; il y aura avec le temps à Ravensnest autant de religions qu'il y a de mécontents, et nous verrons bien des « érections » et encore plus de ministres.

— Est-ce que vous allez nous quitter, porte-chaîne ? Il reste encore bien des pièces à dresser et bien des poteaux à soutenir.

— Le plus fort est fait, et vous viendrez facilement à bout du reste. Il faut que je m'occupe du jeune maître. A l'ouvrage, camarades ; et rappelez-vous, si vous le pouvez, que vous avez à adorer dans cet édifice un être qui n'est ni congrégationiste, ni presbytérien, ni d'aucune de vos sectes.

Je fus surpris du sang-froid avec lequel mon vieil ami exprimait des sentiments qui ne pouvaient trouver grande faveur auprès d'une semblable réunion, et plus surpris encore de la déférence avec laquelle on l'écoutait. Mais André avait une réputation d'intégrité et de franchise qui commandait le respect ; et

son opinion avait un grand poids, parce qu'il ne disait jamais :
« Faites cela, » mais « faisons cela. » Joignant la pratique au
conseil, il était toujours le premier à donner l'exemple. Un
homme de cette trempe quand il suit son impulsion naturelle,
modérée seulement par la prudence et la raison, exerce nécessairement une grande influence sur ceux avec lesquels il se trouve
en contact.

— Venez, Mordaunt, venez, mon garçon, me dit-il dès que
nous fûmes hors de la foule ; je vais vous servir de guide, et vous
conduire dans la maison où vous avez droit de commander en
maître.

— Laquelle ?

— La vôtre donc, et aucune autre. Elle est, comme nous autres
vieux soldats, un peu décrépite. Mais nous avons tâché de la
rajeunir un peu pour vous, mon garçon, et du moins vous trouverez tout en assez bon ordre. Les meubles de votre grand-père
y sont encore, et Frank Malbone, Ursule et moi, nous y avons
établi notre quartier-général, depuis que nous sommes dans cette
partie du pays. Vous savez que vous m'y avez autorisé ?

— Sans doute ; tout ce que j'ai n'est-il pas à vous ? Mais je
croyais que vous vous étiez construit une hutte dans les bois de
Mooseridge !

— C'est également vrai ; nous sommes tantôt d'un côté, tantôt
de l'autre. Mes nègres sont à la hutte ; mais Frank, Ursule et
moi, nous sommes venus pour vous recevoir.

— J'ai un chariot ici ; je vais entrer à l'auberge pour dire
qu'on attelle.

— A quoi bon ! ne sommes-nous pas habitués, vous et moi,
à aller à pied : un chariot, c'est bon pour le bagage. Le vrai
soldat marche toujours.

— Eh bien ! donc, en avant, mon vieux camarade. Ce n'est
pas moi qui resterai en arrière. Laissez-moi seulement prévenir
mon domestique, pour qu'il nous suive avec les malles, quand il
sera prêt.

Il y eut une scène de reconnaissance entre Jaap et le porte-chaîne, qui s'étaient trouvés souvent ensemble. Jaap avait suivi le régiment pendant toute la durée de la guerre, tantôt remplissant les fonctions de domestique, tantôt portant un mousquet, parfois conduisant un attelage; et depuis qu'il était vieux, il était devenu mon homme de confiance. Il se regardait donc un peu comme militaire, et, dans plusieurs occasions, il s'était conduit de manière à faire honneur à l'armée.

— Un mot encore, André. J'ai rencontré l'Indien que vous aviez coutume d'appeler dans les bois Sans-Traces, et je voudrais l'emmener avec nous.

— Il a pris les devants pour nous annoncer. Je l'ai vu remonter la route d'un pas rapide, il y a une heure. Il doit être arrivé maintenant.

Il ne restait plus qu'à nous mettre en chemin. Ce fut ce que nous fîmes, laissant la population activement occupée à dresser le reste de la charpente. Je pus remarquer que mon arrivée dans l'établissement produisait moins de sensation qu'elle n'en eût causé dans toute autre circonstance, si l'érection d'un temple n'avait pas partagé avec moi l'attention publique. C'étaient deux événements qui avaient le même caractère de nouveauté pour les habitants. Quoique nés dans un pays chrétien, et élevés d'après les principes d'une religion chrétienne, peu de ceux qui demeuraient à Ravensnest, au-dessous de l'âge de vingt-cinq ans, avaient jamais vu un édifice consacré au culte. Les temples étaient rares en 1784, même dans l'intérieur de l'État de New-York. Albany même ne comptait que deux clochers. Aussi avais-je entendu de belles jeunes filles exprimer leur impatience d'en voir un, tandis qu'elles jetaient à peine un regard sur le nouvel arrivé.

— Eh bien! mon ami, nous voilà donc encore cheminant côte à côte, dis-je à André quand nous fûmes partis; mais, cette fois du moins, ce n'est pas pour marcher à l'ennemi.

— Pas de longtemps du moins, je l'espère, répondit froidement André, quoique tout ce qui reluit ne soit pas or. Nous nous sommes bien battus, major Littlepage; j'espère que nous ne nous en trouverons pas plus mal.

Je fus un peu surpris de cette remarque; mais André ne se

faisait jamais illusion. En véritable Hollandais, il ne voyait pas de bon œil affluer les émigrants des États de l'est, et il n'en attendait aucun bon résultat.

— Patience, porte-chaine, lui répondis-je; nous recueillerons un jour le fruit de nos travaux. Mais comment vont les choses à Mooseridge, et qui avez-vous pour arpenteur?

— Les choses vont assez bien par là, Mordaunt, attendu qu'il ne s'y trouve pas encore une âme pour troubler l'ordre. Nous vous avons dressé une carte de dix mille acres de terres, divisées en petits lots de cent acres chacun, et tout cela a été mesuré avec soin, je vous en réponds.

— Qui aviez-vous pour vous aider, mon ami?

— Frank Malbone, le demi-frère d'Ursule. C'était son coup d'essai; mais, vous pouvez être tranquille, il a fait toujours bonne mesure.

— Et c'est ce qu'on devrait toujours faire ici, où la terre ne manque point. Quand il s'agit, plus tard, de dresser un procès-verbal d'arpentage, entre deux fermes, l'opération serait bien plus facile, et l'on éviterait bien des ennuis.

— Et bien des procès, ajouta le porte-chaine en secouant la tête. A vous parler franchement, Mordaunt, j'aimerais mieux accepter de la besogne, à moitié prix, dans un établissement hollandais, que de tracer une ligne de démarcation entre deux Yankees pour deux fois la somme. Les Hollandais allument leur pipe et fument pendant que vous êtes à l'œuvre; mais les Yankees sont toujours à chercher à rogner un morceau par-ci, à prendre un morceau par-là, de sorte qu'il faut tenir sa conscience à deux mains pour que la chaine n'incline ni d'un côté ni de l'autre.

Comme je savais que les préventions d'André à l'égard des Yankees étaient le côté faible de son caractère, je détournai la conversation, et la fis tomber sur les événements politiques, sujet qui était fort de son goût. Il y avait une heure que nous causions ainsi, quand je me trouvai, sans m'en douter, tout près de mon habitation. Vue de près, la maison gagnait un peu en apparence; les vergers et les prairies qui l'entouraient étaient en bon état de culture; il n'y restait ni souches à fleur de terre, ni racines. Cependant le bâtiment avait quelque chose de l'aspect d'une prison, en ce qu'il ne s'y trouvait aucune fenêtre extérieure, ni d'autre issue qu'une seule porte.

Avant d'entrer, nous nous arrêtâmes un moment pour regarder la campagne. Quelqu'un sortit, dans ce moment, de la maison, et Susquesus se trouva à côté de moi. A peine était-il arrivé que le son de cette même voix, pleine et harmonieuse, que j'avais entendue sortir d'un petit bois de pins, se fit entendre tout à coup, chantant des paroles indiennes sur une mélodie composée évidemment dans un pays civilisé. Dès lors j'oubliai mes prairies et mes vergers, Susquesus et le porte-chaine, et je ne pensai à rien qu'à ce phénomème d'une Indienne paraissant connaitre aussi parfaitement notre musique. Susquesus ne semblait pas moins ravi, et il ne fit pas un mouvement que l'air ne fût terminé. Le vieil André sourit, attendit la fin de la chanson, prononça le nom d'Ursule avec une sorte d'orgueil, et me fit signe de le suivre dans la maison.

CHAPITRE XI.

Ce sera la faute de la musique, cousine, si l'on ne tombe pas amoureux de vous avec le temps. Si le prince est trop pressant, dites-lui qu'il y a temps pour tout, et éludez la réponse par un rigodon.
Beatrice.

— Ursule! répétai-je tout bas. Quoi! ce n'est pas une Indienne; c'est Ursule, l'Ursule du porte-chaine, l'Ursule de Priscilla Bayard; le roitelet de Susquesus!

André m'entendit sans doute; car il s'arrêta dans la cour et me dit :

— Oui, c'est Ursule, ma nièce. L'enfant est comme l'oiseau moqueur; elle retient les airs de toutes les langues et de tous les peuples. Quand elle chante une de nos romances hollandaises, Mordaunt, elle m'attendrit jusqu'au fond du cœur; et

LE PORTE-CHAINE.

elle chante aussi l'anglais, comme si elle ne connaissait pas d'autre langue.

— Mais cette chanson était indienne. — Les paroles du moins étaient du mohawk ou de l'oneida.

— De l'onondago, ce qui est à peu près la même chose. Oui, vous avez raison ; les paroles sont indiennes ; on dit que l'air est écossais. Qu'il soit d'où il voudra, mon garçon, il me remue le cœur.

— Comment votre nièce en est-elle venue à comprendre un dialecte indien?

— Ne vous ai-je pas dit que c'était un petit oiseau moqueur, et qu'elle imite tout ce qu'elle entend? Mon Dieu, il ne faudrait pas plus d'une semaine pour en faire un aussi bon arpenteur que son frère. Vous savez combien j'ai vécu longtemps au milieu des différentes peuplades avant la guerre. Ursule était avec moi. C'est de cette manière qu'elle a appris la langue ; et ce qu'elle a appris une fois, elle ne l'oublie jamais. Ursule a tant vécu dans les bois que c'est presque une petite sauvage, et il faut avoir beaucoup d'indulgence pour elle ; mais c'est une excellente fille, et l'orgueil de mon cœur.

— Dites-moi : Est-ce que personne qu'elle ne chante en indien dans ces environs? Susquesus n'a-t-il pas quelques femmes avec lui?

— Lui! il est bien homme à s'occuper de squaws! Non, je ne connais que ma nièce qui chante comme vous dites.

— Vous m'avez dit, si je ne me trompe, que vous étiez venu ce matin à ma rencontre sur la route ; étiez-vous seul ?

— Non, non, nous étions partis tous, Susquesus, Frank, Ursule et moi, pour faire honneur au jeune maître, Mordaunt, et pour être les premiers à lui souhaiter la bienvenue. Ursule avait bien rechigné un peu, en disant que, jeune maître tant qu'on voudrait, il n'était pas convenable qu'une jeune fille allât au-devant d'un jeune homme. J'aurais pensé comme elle, s'il ne s'était point agi de vous, mon garçon ; mais vous n'êtes pas un étranger pour nous, comme le serait un vagabond d'Yankee. Je voulais aller au-devant de vous avec toute la famille ; mais je ne vous cache pas qu'Ursule montra de la répugnance à nous accompagner.

— Miss Ursule était donc de la partie? Il est étrange que nous ne nous soyons pas rencontrés.

— Pas si étrange peut-être qu'on le croirait, et je commence à soupçonner le tour que nous a joué la maligne pièce. Vous saurez, Mordaunt, qu'après que nous avons eu fait un bout de chemin, elle nous a conseillé d'entrer dans un petit bois de pins pour manger une bouchée; et je ne serais pas surpris que la fine mouche ne l'eût fait exprès, dans l'espoir que vous passeriez pendant ce temps, et que par ce moyen sa dignité de femme serait sauvée.

— C'était donc bien Ursule, pardon, miss Ursule Malbone, que j'ai entendue?

— Allons! pas tant de cérémonies. Appelez-la Ursule tout court, comme Frank et moi nous l'appelons.

— Oui, mais vous êtes son oncle, et je ne suis qu'un étranger pour elle.

— Un étranger! non, non, je lui ai parlé trop souvent de vous, à elle et à son frère, pour qu'ils ne vous aiment pas l'un et l'autre presque autant que je vous aime.

Pauvre André! quel sentiment pénible il me fit éprouver en m'apprenant que les personnes que j'allais voir me connaissaient déjà par le portrait, sans doute beaucoup trop flatteur, qu'il leur avait fait de moi depuis un an! Il est si difficile de répondre à l'attente qui a été ainsi excitée; et j'avoue que je commençais à me préoccuper assez de l'opinion de cette petite Ursule à mon égard. La chanson que j'avais entendue résonnait toujours à mon oreille, et depuis qu'elle était associée dans mon esprit à la personne d'Ursule Malbone, celle-ci occupait une grande place dans mon imagination. Néanmoins il n'y avait pas moyen de battre en retraite, si je l'avais voulu, et je fis signe au porte-chaîne d'avancer. Puisqu'il fallait me trouver face à face avec la jeune fille, le plus tôt était le mieux.

L'habitation avait été, dans le principe, une sorte de forteresse, bâtie autour de trois des côtés d'un parallélogramme, toutes les fenêtres et toutes les portes donnant sur la cour. Le quatrième côté était défendu par des restes de palissades vermoulues, assez inutiles, du reste, puisque le bâtiment était construit sur une hauteur assez escarpée pour former une barrière contre les attaques ou les invasions.

L'intérieur du bâtiment offrait un aspect beaucoup plus agréable que l'extérieur. Les fenêtres donnaient à la cour un air de vie et de gaieté, et rompaient l'uniformité de cette masse de bois, accumulée sans goût et sans symétrie. Je savais que mon grand-père Mordaunt avait fait disposer quelques appartements pour son usage personnel. Je ne fus donc pas surpris, en entrant dans la maison, de trouver des pièces qui, sans être meublées avec beaucoup d'élégance, offraient du moins tout ce qui était nécessaire.

— Nous trouverons Ursule par ici, me dit le porte-chaîne en ouvrant une porte et en me faisant signe de le suivre. Allez, Mordaunt, allez serrer la main de cette chère enfant; elle vous connaît de nom et de réputation, je vous en réponds.

J'entrai, et je me trouvai à deux pas de ma belle apparition, de celle dont la présence nous avait sauvés tous. Elle avait la même robe que lorsque je l'avais vue pour la première fois, quoique la différence de son attitude lui donnât une toute autre expression. Ursule était occupée alors à ourler un de ces gros mouchoirs à carreaux dont se servait son oncle, par économie. Elle se leva à mon arrivée, en répondant par une grave révérence qui n'était pas sans grâce, à mon profond salut.

— Allons, dit André, pas tant de cérémonie, donnez-vous la main, mes enfants. Vous savez, Ursule, que Mordaunt Littlepage est comme un fils pour moi.

Ursule obéit, et j'eus le plaisir de tenir sa petite main, douce comme le velours, un moment dans la mienne. J'éprouvai une satisfaction que je ne saurais décrire en sentant qu'elle était si douce, puisque c'était la preuve qu'elle n'en était pas réduite à se livrer à des travaux pénibles et grossiers. Je savais qu'André avait quelques esclaves; c'était même tout ce qu'il possédait, outre sa boussole, ses chaînes et son épée; et c'était, sans doute, à ces esclaves, tout vieux et tout épuisés qu'ils devaient être alors, que la nièce devait d'être affranchie de tout service manuel.

Je tenais toujours la main d'Ursule, mais je ne pouvais surprendre son regard. Sa figure était détournée, quoique sans affectation; il était évident qu'elle eût désiré que la connaissance se fût faite d'une manière moins intime, et que les premiers rapports se fussent bornés à un échange de saluts. Comme c'était la première fois que je la voyais, et que je n'avais pu l'offenser en aucune manière, j'attribuai cette conduite à un peu de mauvaise honte, et à l'embarras qu'elle éprouvait d'avoir été vue si récemment dans une position si différente de celle où elle se trouvait à présent. Je m'inclinai respectueusement, et serrant doucement la main qui était dans la mienne, pour rassurer celle à qui elle appartenait, je la laissai aller.

— Eh bien! Ursule, avez-vous une tasse de thé à offrir au jeune maître, pour fêter son heureuse arrivée dans sa propre maison? demanda André, très-content des rapports d'amitié qu'il avait établis entre nous. Le major a fait une longue marche, pour un temps de paix, et il ne sera pas fâché de se rafraîchir.

— Vous m'appelez major, mon ami; et vous ne voulez plus qu'on vous donne ce titre.

— Ah! c'est bien différent. Vous êtes jeune, vous pouvez devenir général, et vous le deviendrez avant que vous ayez trente ans; mais moi j'ai fini mon temps, et je ne porterai plus d'autre uniforme que celui que j'ai endossé de nouveau. Je finirai, Mordaunt, dans le même corps où j'ai commencé ma carrière.

— Je croyais que vous aviez été arpenteur dans le principe, et que vous vous étiez rejeté sur la chaîne, parce que vous n'aviez pas de goût pour le calcul. Il me semble que vous me l'avez dit vous-même.

— C'est la pure vérité. Les chiffres et moi nous n'avons jamais pu nous accorder, et je ne les aime guère plus à soixante-dix ans que je ne les aimais à dix-sept. Frank Malbone, au contraire, le frère d'Ursule, sait manier des colonnes de chiffres comme votre père dirigeait son bataillon à travers un ravin. J'aime à porter la chaîne; cela occupe suffisamment l'esprit. C'est un métier qui demande de l'honnêteté avant tout. On dit que les chiffres ne mentent pas, Mordaunt; il n'en est pas de même de la chaîne elle ment quelquefois terriblement.

— Où est M. Frank Malbone? je serais charmé de faire sa connaissance.

— Il est resté pour aider à dresser la charpente. C'est un vigoureux garçon, comme vous; il a le poignet ferme, et il n'a pas à craindre de déroger, lui!

J'entendis derrière moi un léger soupir, et je tournai involontairement la tête. Comme si elle avait honte de sa faiblesse, Ursule rougit, et, pour la première fois de ma vie, je l'entendis parler. Un son de voix agréable, chez un homme comme chez une femme, est un des plus heureux dons du ciel. La voix d'Ursule était tout ce que l'oreille la plus délicate eût pu désirer de plus mélodieux. Aussi éloignée de ces sons aigus et perçants qui dénotent une éducation vulgaire, que de ce bredouillement inarticulé qui accuse des prétentions à une fausse élégance, elle était pleine, douce, veloutée, et il était impossible de désirer une prononciation plus nette et plus charmante.

— J'espérais, dit-elle, que ce vilain temple était enfin debout, et que Frank serait ici presque en même temps que vous. J'ai été surprise, bon oncle, de vous voir travailler avec tant d'ardeur pour les Presbytériens.

— Je pourrais vous rétorquer le compliment, miss Ursule, et vous dire que votre conduite ne m'a pas moins étonné. Au surplus, il ne s'agit pas des Presbytériens, mais des Congrégationistes. Je crois que, pour vous, vous n'en retourneriez pas la main.

— Le peu que j'ai fait, je l'ai fait pour vous, pour Frank — et pour M. Littlepage, ainsi que pour tous ceux qui étaient sous la charpente.

— Assurément, miss Ursule, dis-je en me mêlant à la conversation, nous vous devons tous une vive reconnaissance; car, sans votre secours, nous courions vraiment grand danger d'être écrasés.

— Si c'est un exploit, il sortait un peu des habitudes de mon sexe, répondit Ursule en souriant, mais, à ce qu'il me parut, avec un peu d'amertume; mais il faut bien chercher à se rendre utile quand on vit dans les bois.

— On dirait que cette vie ne vous plaît pas?

— Pourquoi ne me plairait-elle pas, puisque je suis auprès

de mon oncle et de Frank? Ils sont tout pour moi, maintenant que mon excellente protectrice n'est plus; je n'ai de demeure que la leur, de bonheur que leur bonheur, de plaisirs que leurs plaisirs.

Ces expressions pourraient paraître un peu prétentieuses, mais elles furent dites avec une simplicité qui partait du cœur. Je vis aux regards charmés d'André qu'il comprenait sa nièce, et qu'il savait quel fonds il pouvait faire sur la naïve franchise de son caractère. Pour Ursule, elle n'eut pas plutôt exprimé ce qu'elle éprouvait, qu'elle se retira en arrière, comme honteuse d'avoir dévoilé des sentiments qu'elle aurait dû tenir renfermés dans son sein. Pour venir à son aide, je donnai un autre cours à la conversation.

— M. Newcome semble très-habile à manier l'esprit public, dis-je au porte-chaîne. Il s'y est pris très-adroitement pour donner aux vingt-un congrégationistes qui étaient de son parti, l'air d'être la majorité, tandis qu'ils ne formaient guère que le tiers de l'assemblée.

— Jason est impayable pour cela! s'écria André. Il dit qu'il connaît son monde; et, à force de marches et de contre-marches, il sait si bien s'y prendre que vous croyez faire votre volonté quand vous ne faites qu'obéir à la sienne. C'est du talent, major, c'est vraiment du talent.

— Oui, c'est même un talent qu'on devrait ambitionner, pourvu qu'on l'exerçât avec honneur.

— Ah! voilà le hic! Il l'exerce, c'est incontestable; mais avec honneur, c'est une autre question. Je me dépite parfois, et parfois je me contente de rire en voyant comme ce Jason fait marcher tous ces gens-là; les poussant par-ci, les jetant par-là, sans jamais commander lui-même l'évolution. Je vous réponds qu'il entend son affaire.

— Comme vous dites, il faut du talent pour avoir tant d'influence sur ses semblables.

— Oui, mais il faut commencer par mentir et par tromper, et notre homme ne s'en fait pas faute.

— Il me paraît, André, que mon agent n'est pas de vos amis. Il faudra que j'examine cela de près.

— C'est un homme très-légalement honnête; car il jure par la loi et n'agit que par la loi. Ne craignez point pour vos dollars, mon garçon; ils sont en sûreté, à moins que la loi n'ait mis la main dessus.

Je questionnai alors le porte-chaîne sur l'état dans lequel il avait trouvé la maison et la ferme, dont je lui avais confié la surveillance exclusive. Ceux qui y étaient logés étaient des gens simples, modestes, qui s'étaient contentés d'occuper la cuisine et les pièces réservées aux domestiques; de sorte que les appartements principaux avaient été respectés, ce qui expliquait comment la plus grande partie du mobilier se trouvait encore dans un état satisfaisant. La ferme avait prospéré par la force même des choses, sans que personne s'en mêlât. Les arbres des vergers avaient grandi; si les champs n'avaient pas été améliorés par un système de culture judicieux, du moins ils n'avaient pas été épuisés par des récoltes trop fréquentes. Sans doute les choses auraient pu être mieux; mais il était très-heureux qu'elles ne fussent pas pires.

Pendant que nous causions, Ursule allait et venait sans bruit dans l'appartement, préparant elle-même la table pour le thé. Quand nous fûmes invités à nous asseoir, je fus surpris de la propreté, et même, jusqu'à un certain point, de la richesse du service. Les assiettes, les couteaux, étaient convenables; mais le plateau était couvert d'un service en argent, d'une forme antique, mais très-bien ciselé. Des armes y étaient gravées. Je regardai attentivement, m'attendant à trouver le chiffre de ma famille : il n'en était rien. Je pris le pot au lait dans ma main, et je ne pus me rappeler rien qui ressemblât aux armes qui s'y trouvaient.

— Je suis surpris de voir ici cette argenterie, dis-je à André. Je savais bien que mon grand-père en était riche, mais je ne croyais pas qu'il eût poussé la prodigalité jusqu'à en laisser dans ce domaine perdu. Et puis, ces armes ne sont celles ni des Mordaunt ni des Littlepage. Puis-je savoir à qui elles appartiennent?

— Aux Malbone. Ce service est à Ursule.

— Oui, mon oncle, et vous pouvez même ajouter que c'est tout ce qu'elle possède, dit vivement la jeune fille.

— C'est un grand honneur pour moi de m'en servir, miss Ursule. Ce service est vraiment fort beau.

— Il a bien fallu le mettre en évidence. J'ai cassé ce matin la seule théière qu'il y eût dans la maison. Frank devait en apporter une du magasin, mais il n'arrive pas. Quant aux cuillers, il n'y en a point d'autres ici. Obligée de prendre la théière, j'ai cru faire aussi bien de montrer tout d'un coup toutes mes richesses. C'est la première fois qu'elles voient le jour depuis bien, bien des années.

Malgré les efforts évidents d'Ursule pour parler d'un air d'indifférence, il y avait dans son accent quelque chose de mélancolique qui était extrêmement touchant. La joie grossière du parvenu tout enivré de ses richesses nous dégoûte et nous révolte; mais nous éprouvons naturellement une douce sympathie pour la grandeur déchue, surtout lorsqu'elle nous apparaît sous les traits de l'innocence et de la vertu. Ursule ne cédait point dans ce moment à un sentiment de vanité et d'orgueil; ces pièces d'argenterie étaient tout ce qui lui restait de sa famille; fallait-il s'étonner qu'elle y fût attachée, et que les souvenirs qu'elles lui rappelaient exerçassent sur elle, même à son insu, une influence irrésistible?

Je sus donc bon gré à Ursule de l'émotion qu'elle manifestait involontairement, et je lui sus meilleur gré encore de ne pas s'y abandonner avec complaisance. Ursule avait compris ce qu'exigeait d'elle l'état de vie qu'elle avait embrassé; elle avait une mise simple, mais pleine de goût. Ce n'était pas l'élégance recherchée des jeunes personnes du monde; mais ce n'était pas non plus le costume grossier des jeunes filles de la classe à laquelle elle semblait appartenir à présent. Il me parut qu'avec d'anciennes étoffes, qui lui venaient sans doute de sa famille, elle avait fait des robes appropriées à sa condition actuelle, mais qui lui allaient à ravir. On ne pouvait pas dire qu'elle eût cherché à s'élever au-dessus des autres; et cependant sa mise même, et surtout son maintien, laissaient deviner son origine. En tout cas, elle était charmante.

— Goûtez ces gâteaux, me dit le vieil André qui, sans la moindre malice, cherchait toutes les occasions de faire valoir sa nièce; c'est Ursule qui les a faits; madame Washington elle-même n'en ferait pas de meilleurs.

— Si mistress Washington a jamais eu des prétentions en ce genre, il y aurait en effet de quoi la faire pâlir d'envie. Je n'ai jamais mangé de meilleurs gâteaux de cette espèce.

— Vous faites bien d'ajouter de cette espèce, dit vivement Ursule. Ma protectrice m'a transmis son talent; mais les ingrédients ne se trouvent pas ici comme ils se trouvaient chez elle.

— En effet, puisque c'était une pension de demoiselles, il est certain que les douceurs ne devaient pas manquer.

Ursule rit, mais d'un rire étrange, quoique mélodieux, qui me fit tressaillir.

— On impute aux jeunes filles beaucoup de travers dont elles sont complétement innocentes, dit-elle. Les gâteaux étaient presque du fruit défendu à la pension, et on nous apprenait à en faire par pitié pour le palais des hommes.

— De vos futurs maris, petite fille, cria le porte-chaîne, qui s'était levé pour sortir.

— Pour nos pères, nos frères et nos oncles, reprit Ursule en appuyant sur ce dernier mot.

— Je crois, miss Ursule, continuai-je dès que le vieil André nous eut laissés seuls, que je sais assez bien à quoi m'en tenir sur ce qui se passait à la pension, par suite de la connaissance intime que j'ai faite d'une de vos anciennes compagnes.

Ursule ne répondit pas, mais elle attacha sur moi ses grands yeux bleus, qui semblaient me faire cent questions en même temps. Je pus remarquer qu'ils étaient remplis de larmes; toute allusion à sa pension manquait rarement de produire cet effet.

— Je veux parler de miss Priscilla Bayard, qui a dû être une de vos bonnes amies, ajoutai-je, voyant qu'elle ne semblait pas disposée à parler.

— Priscilla! répéta enfin Ursule étonnée. Et c'est pour vous une connaissance assez intime?

— Je me suis mal exprimé, et vous seriez en droit de m'accuser de fatuité. J'aurais dû dire que ce sont nos familles qui sont entre elles sur le pied de l'intimité, et qu'il y a pour cela quelques raisons particulières. Je me rétracte et je m'empresse de faire amende honorable.

— Je ne vois guère en quoi consiste la rétractation ; et vous me permettrez de dire que ce que j'apprends m'afflige, m'afflige beaucoup.

Voilà qui était étrange ! Ursule était évidemment de bonne foi : la pâleur de son visage, l'émotion extraordinaire qu'elle manifestait, l'attestaient suffisamment. Avouerai-je les folles idées qui me passèrent par la tête ? — Pourquoi pas ? J'ai promis la vérité, et je dois tout dire. — Ursule, pensai-je, est triste de découvrir que le seul homme qu'elle ait vu depuis un an, qui, par son éducation ou ses manières, pût faire impression sur elle, a le cœur déjà pris, à ce qu'elle croit ! Dans des circonstances extraordinaires, l'aveu si prématuré d'une préférence quelconque m'aurait révolté ; mais dans toutes les paroles d'Ursule comme dans sa manière d'être, il y avait tant de naturel, que je n'en éprouvai qu'un intérêt plus vif encore. C'est aux sentiments tumultueux qui s'élevèrent alors dans mon âme, que j'ai toujours attribué l'empire extraordinaire que cette étrange fille prit si vite sur mon cœur. Les passions subites peuvent paraître une chose ridicule, mais qui quelquefois n'en est pas moins réelle. Je suis convaincu qu'il suffit d'un coup d'œil, d'un sourire, d'un de ces mille moyens que la nature nous a donnés de communiquer nos sympathies, pour faire naître une passion ; mais pour qu'elle dure, il faut des qualités d'un ordre plus élevé. Dans le premier moment, l'imagination seule est excitée ; le cœur obéit ensuite à l'impulsion donnée, en cédant à une influence plus lente et plus raisonnée.

Toutefois mon illusion ne dura pas longtemps. Soit qu'Ursule eût compris les fausses interprétations auxquelles elle donnait lieu, — supposition que j'admets à peine ; elle était trop naïve pour cela : — soit plutôt qu'elle vît la nécessité de ne pas me laisser en suspens, elle s'expliqua. Ses explications furent-elles satisfaisantes, et faites avec assez d'adresse pour ne pas blesser la susceptibilité de l'amie dont elle possédait le secret, c'est ce dont jugeront ceux qui auront la patience de continuer la lecture de ces mémoires.

CHAPITRE XII.

Voici venir les amants, pleins de joie et de gaieté.
Salut! couple gracieux, salut! que de beaux jours
d'amour réjouissent vos cœurs !

Un songe d'une nuit d'été.

— Je ne dois pas vous laisser de doutes sur ma pensée, monsieur Littlepage, reprit Ursule après une courte pause. Priscilla Bayard m'est très-chère, et elle mérite votre admiration et votre amour....

— Mon admiration tant qu'il vous plaira, miss Ursule ; mais jamais, jusqu'à présent, il n'a existé entre elle et moi de sentiment plus tendre.

La physionomie d'Ursule s'éclaircit sensiblement. Sincère comme elle l'était elle-même, elle me crut au premier mot ; et je vis qu'elle était soulagée de quelque appréhension secrète. Elle sourit avec une expression de malice, et en même temps de mélancolie en disant :

— Jusqu'à présent, n'est rien moins que significatif, quand il s'agit d'une jeune personne comme Priscilla. C'est presque dire que la chose pourrait bien arriver dans un avenir très-prochain.

— Miss Bayard est charmante, j'en conviens ; mais l'allusion que j'ai faite, assez maladroitement sans doute, se rapportait à son frère qui a demandé la main de ma plus jeune sœur. Ce projet de mariage n'est pas un secret, et je n'affecterai pas de le cacher.

— Et c'est justement ce qui pourrait bien donner naissance à un projet semblable entre vous et Priscilla ! s'écria Ursule assez alarmée.

— Oui et non, cela dépend des caractères. Pour les uns ce serait une raison ; pour d'autres, c'est tout le contraire.

— Si cette question a pour moi de l'intérêt, reprit Ursule, c'est que je sais quelqu'un qui recherche miss Bayard ; et j'avoue que je fais les vœux les plus ardents pour qu'il réussisse. Je sens que vous seriez un rival très-redoutable, et les rapports qui existent entre les deux familles ne font qu'augmenter le danger.

— Ne craignez rien de mon côté; mon cœur est aussi libre que le jour où je vis pour la première fois miss Bayard.

Un nouveau rayon de lumière éclaira la physionomie d'Ursule; puis elle reprit son air pensif.

— Ce sont des sujets sur lesquels il vaut mieux ne pas insister, dit-elle après une pause. Mon sexe a ses priviléges particuliers, et ce n'est pas à moi de les enfreindre. Vous avez eu le bonheur de trouver tous vos tenanciers réunis, monsieur Littlepage, de manière à les voir d'un seul coup d'œil.

— J'ai eu du bonheur dans un sens, et certes je n'oublierai jamais de ma vie les circonstances qui ont accompagné mon arrivée.

— Vous aimez donc bien les érections? Ou peut-être aimez-vous les émotions fortes au point de désirer d'être pris au trébuchet, comme un des pauvres oiseaux que mon oncle prend quelquefois?

— Je ne veux parler ni de l'érection, ni de la charpente, bien que le courage et la présence d'esprit que vous avez montrés me permettent difficilement de les oublier jamais — Ursule baissa la tête, et la rougeur lui monta jusqu'au front; — mais je pensais à une certaine chanson, une chanson indienne sur un air écossais, que j'ai entendue à quelques milles des défrichements, et qui a été en quelque sorte ma première introduction à tout ce qu'on peut entendre et voir d'agréable, dans cette partie retirée du monde.

— Pas assez retirée encore pour que la flatterie n'y puisse pénétrer. Sans doute il y a du plaisir à entendre faire l'éloge de chansons, tout indiennes qu'elles sont; mais il y en a bien plus à apprendre des nouvelles de Priscilla. Parlons d'elle, je vous en prie.

— Je puis vous assurer que l'attachement est réciproque; car miss Bayard parlait avec enthousiasme de son amitié pour vous.

— Pour moi! elle se rappelle donc une pauvre créature comme moi, reléguée si loin du monde! Elle est si bonne que sans doute c'est une raison de plus pour elle. J'espère qu'elle ne pense pas que je regrette mon ancienne position; j'aurais peine à le lui pardonner.

— Non, elle ne croit de vous que ce qui peut inspirer la plus vive admiration.

— Il est étrange que Priscilla vous ait justement parlé de moi! Moi-même, monsieur Littlepage, je me suis conduite assez étourdiment, et je vous en ai trop dit pour ne pas achever à présent. J'ai bien quelque excuse à faire valoir si je ne vous regarde pas tout à fait comme un étranger; car mon oncle le porte-chaîne a votre nom à la bouche au moins cent fois par jour. Je suis sûre qu'hier il a trouvé moyen de parler de vous au moins douze fois en une heure.

— Excellent André! Que je suis fier d'être aimé d'un si digne homme! Mais maintenant, voyons les explications que vous voulez bien promettre à un ancien ami, puisque ce nom me semble permis.

Ursule sourit, un peu malicieusement peut-être; mais, malin ou non, ce sourire lui seyait à merveille. Elle réfléchit un moment, les yeux baissés à terre, comme quelqu'un qui pense profondément; puis relevant la tête :

— Il vaut toujours mieux être franche, dit-elle, et je ne peux que gagner à l'être avec vous. Seulement, vous voudrez bien ne pas oublier, monsieur Littlepage, que je crois causer avec le meilleur ami de mon oncle.

— C'est un titre qui m'est trop précieux pour que je ne fasse pas tout ce qui dépendra de moi pour le conserver.

— Eh! bien donc, vous saurez que Priscilla Bayard fut, pendant huit ans, ma compagne et ma plus intime amie. Notre affection commença quand nous étions encore enfants, et elle n'a fait que s'accroître avec l'âge. Un an environ avant la fin de la guerre, mon frère Frank, qui est ici maintenant pour aider mon oncle, trouva moyen de me rendre de fréquentes visites. Sa compagnie avait été envoyée à Albany, et rien ne lui était plus facile que de venir à la pension. Me voir, c'était voir Priscilla; car nous étions inséparables; et voir Priscilla, pour le pauvre Frank du moins, ce fut l'aimer. Il me fit sa confidente, et vous concevez maintenant si j'ai dû être alarmée quand j'ai pu craindre qu'il eût un rival aussi redoutable que vous.

Ces quelques mots d'explication étaient pour moi un trait de lumière, quoique je ne pusse m'empêcher d'être surpris de la simplicité extrême, ou plutôt de la force de caractère qui avait décidé Ursule à me faire une si étrange confidence. Quand je la connus mieux, tout me fut expliqué ; mais dans ce moment, je ne pus me défendre d'un mouvement de surprise.

— Soyez tranquille sur mon compte, miss Malbone.....

— Miss Malbone? Pourquoi ne pas m'appeler Ursule comme tout le monde? Dans une semaine vous le feriez ; autant vaut commencer tout de suite. Vous ne voulez pas vous singulariser?

— Je vous le promets, miss.....

— Encore? Savez-vous bien que je croirais que vous voulez vous moquer de moi, parce que je ne suis que la fille de ménage d'un pauvre porte-chaîne? Oui, monsieur Littlepage, nous sommes pauvres, très-pauvres, mon oncle, Frank et moi. Nous n'avons rien.

Ces paroles furent dites, non pas d'un ton de désespoir, mais avec un accent de sincérité on ne peut plus touchant.

— Frank, du moins, doit avoir quelque chose ; ne m'avez-vous pas dit qu'il était dans l'armée?

— Oui, il était capitaine ; mais que lui en est-il revenu ? Nous ne nous plaignons pas du gouvernement ; nous savons que le pays est comme nous : il est pauvre. Sous ce rapport, il a connu aussi de meilleurs temps. J'ai été longtemps à charge à mes amis, et il y a eu des dettes à payer. Si je l'avais su, les choses auraient pu tourner différemment. Je ne puis à présent reconnaître ce qu'ils ont fait pour moi qu'en demeurant avec eux dans cette solitude. C'est une triste chose pour une femme d'avoir des dettes !

— Mais du moins vous restez toujours dans cette maison ; vous n'avez pas été habiter la hutte à Mooseridge?

— J'ai été partout où a été mon oncle, et je l'accompagnerai tant que nous vivrons tous deux. Rien ne nous séparera jamais, son âge m'en fait un devoir, et la reconnaissance rend ce devoir plus impérieux encore. Frank trouverait sans doute facilement à s'occuper d'une manière plus fructueuse ; mais il ne veut pas nous quitter. Les pauvres sont profondément attachés les uns aux autres.

— Mais j'avais prié votre oncle de regarder cette maison comme la sienne, et je pensais que, pour vous du moins, il ne ferait pas difficulté de s'en servir?

— Oui, mais quand il fallait porter la chaîne à vingt milles d'ici? Il faut que l'ouvrage se fasse, et il ne peut se faire que sur les lieux mêmes.

— Votre rôle à vous se bornait à tenir compagnie à vos amis, et à veiller à ce qu'ils trouvassent leurs aises à leur retour d'une pénible journée de travail, n'est-ce pas?

Ursule leva les yeux sur moi; elle sourit, puis prit un air de tristesse; puis un nouveau sourire qui n'était pas sans malice, dérida de nouveau ses traits. J'épiais chacune de ces variations de sa physionomie avec un intérêt que je ne saurais décrire; car les émotions vives et ingénues qui se peignent sur la figure d'une jolie femme, sont un des plus charmants spectacles de la nature.

— Je sais porter une chaîne, dit Ursule quand elle fut sûre d'elle-même.

— Porter une chaîne, grand Dieu! Vous le savez, c'est possible; mais j'espère que vous ne l'avez jamais fait?

Ursule rougit, me regarda en face, et sourit d'une manière angélique, en inclinant la tête en signe d'affirmation.

— Par plaisanterie alors, pour pouvoir dire que vous l'aviez fait?

— Pour aider mon oncle et mon frère, qui n'ont pas les moyens de payer un autre homme.

— Juste ciel! miss Malbone — Ursule!

— Donnez-moi ce dernier nom; il convient mieux à une porte-chaîne, répondit la jeune fille en riant; et me prenant la main par un mouvement involontaire, à la vue de l'impression si pénible que j'éprouvais : Pourquoi donc, ajouta-t-elle, vous choquer autant de me voir partager des travaux qui n'ont rien que d'honorable et de salutaire à la santé? Pensez-vous donc que ce soit aller sur vos brisées à vous autres hommes? et une sœur ne peut-elle aider son frère?

Ursule abandonna ma main presque aussi vite qu'elle l'avait

prise; et elle le fit avec un léger tressaillement, comme si elle avait honte de sa témérité.

— C'est un ouvrage d'homme, et qu'un homme seul doit faire.

— Une femme peut le faire, et même le faire bien, demandez plutôt à mon oncle. Toute ma crainte, les premiers jours, était de ne pas faire assez d'ouvrage, et de retarder ainsi les travaux; mais ces chers parents ont eu tant de précaution pour moi! Je n'ai jamais été que dans des terrains secs; aussi, jamais de pieds humides; et vos bois n'ont pas plus de broussailles et d'épines qu'un verger. Je n'ai pas cherché à vous cacher ce qui est connu de tout le monde, et ce que vous ne pouviez manquer d'apprendre tôt ou tard. Et puis toute dissimulation m'est toujours pénible, surtout lorsque je vous vois traiter votre servante comme si elle était votre égale.

— Miss Malbone! au nom de Dieu, ne parlez pas ainsi! André a eu raison de ne pas m'en informer, car je ne l'aurais jamais souffert.

— Et comment l'auriez-vous empêché, monsieur Littlepage? Mon oncle s'est chargé de tout à tant par jour, et c'est à lui de fournir un arpenteur et des ouvriers. Cher Frank! il ne compte pas parmi les ouvriers, lui; et mon oncle est fier d'avoir toujours passé pour le meilleur porte-chaîne du pays. Pourquoi sa nièce rougirait-elle de partager une réputation si bien méritée?

— Mais, miss Malbone, une personne qui a reçu votre éducation, qui est l'amie de Priscilla Bayard, la sœur de Frank, est-elle dans la sphère qui lui convient, lorsqu'elle se livre à une occupation de ce genre?

— Il n'est pas très-facile de décider quelle est la sphère qui convient le mieux à une femme. Sans doute, c'est le toit domestique; mais il faut faire la part des circonstances. Ne voyons-nous pas des femmes suivre leurs maris au camp? N'y a-t-il pas des religieuses qui quittent leurs couvents pour aller soigner les malades et les blessés dans les hôpitaux? Je ne vois pas ce qu'il y a de mal à aider son père, quand c'est pour l'empêcher de sentir le besoin.

— Bonté du ciel! Et André ne m'a rien dit! Il savait que ma bourse aurait été la sienne. Et comment avez-vous pu être dans le besoin au milieu de l'abondance qui règne dans cet établissement, qui, d'après ce que m'écrivait le porte-chaîne, n'est qu'à quinze ou vingt milles de votre hutte?

— Les denrées y sont abondantes, j'en conviens, mais nous n'avions pas d'argent; et d'ailleurs est-ce une chose si dure que de travailler? Mon oncle a essayé d'employer le vieux Kilian, le nègre, pendant un jour ou deux; mais vous savez combien il est difficile de faire entrer dans leur tête quelque chose qui s'écarte de leur routine ordinaire. Alors j'ai offert mes services. J'ai quelque intelligence, je m'en flatte, ajouta la charmante fille en redressant la tête avec un petit mouvement d'orgueil, et vous ne sauriez croire, tant que vous ne m'aurez pas mis à l'épreuve, combien j'ai de force et d'agilité pour une besogne aussi simple et aussi facile. Porter une chaîne, ce n'est pas fendre du bois ou empiler des bûches.

— Ni même ériger des églises, ajoutai-je en souriant, car il n'était pas facile de résister à l'entraînement d'un caractère aussi décidé; — genre d'occupation dans lequel j'ai admiré votre dextérité. Néanmoins, tout cela va finir. J'ai heureusement les moyens d'offrir à M. Malbone une place et des émoluments qui lui permettront de placer sa sœur à la tête de cette maison et d'y demeurer avec elle.

— Merci! s'écria Ursule, faisant un mouvement pour me prendre de nouveau la main, mais s'arrêtant assez à temps pour rendre presque inutile la rougeur qui se répandit aussitôt sur ses joues. — Merci! Frank est prêt à faire tout ce qu'il peut faire avec honneur. C'est moi qui suis un grand embarras pour le pauvre garçon; car, sans moi, il aurait pu déjà bien des fois se placer avantageusement dans la ville; mais je ne puis quitter mon oncle, et Frank ne veut pas me quitter.

— C'est un bon et noble jeune homme, et son attachement pour sa sœur me le rend plus cher encore. Raison de plus pour moi de presser l'accomplissement de mes projets.

— Et je pense qu'ils sont de nature à ce que sa sœur puisse, sans indiscrétion, demander à les connaître?

Pendant qu'Ursule parlait, ses yeux bleus exprimaient un si

tendre intérêt, bien différent d'une curiosité vulgaire, que j'étais complétement sous le charme.

— Sans aucune indiscrétion, répondis-je assez promptement même pour un jeune homme qui agissait sous l'influence de tant d'ingénuité et de franchise; et j'aurai grand plaisir à vous les dire. Nous sommes depuis longtemps mécontents de notre agent, et c'est une place que j'étais déterminé à offrir à votre oncle. Mais il m'objecterait encore qu'il n'entend rien aux comptes ni aux calculs; tandis qu'avec votre frère, cette difficulté n'existe pas; et toute la famille, le porte-chaîne aussi bien que les autres, en profitera, si je donne la place à Frank.

— Ah! vous l'avez appelé Frank! s'écria Ursule en sautant de joie; c'est d'un bon présage, et quand je serai la sœur de votre agent, j'espère bien qu'alors vous ne m'appellerez plus qu'Ursule.

Je savais à peine comment expliquer le caractère d'une jeune fille qui passait de l'élan de sensibilité le plus tendre à la gaieté la plus folâtre. La perspective plus heureuse qui s'ouvrait devant son frère avait causé sa joie.

— Alors, ce sera bientôt, car, dans une heure, Frank aura ma procuration. M. Newcome a été préparé par lettre à ce qui allait arriver, et il paraît enchanté de se voir délivré de tant de peines gratuites.

— Il faut alors qu'il y ait bien peu de chose à gagner, s'il est si enchanté.

— Je n'ai pas dit qu'il le fût, mais qu'il paraissait l'être; ce qui est bien différent, quand il s'agit de certaines personnes. Quant aux émoluments, sans doute, ils ne seront pas considérables, mais ils suffiront du moins pour que la sœur de Frank ne soit plus obligée de porter une chaîne, et qu'elle puisse exercer ses talents dans la sphère qui leur convient. D'abord, tous les baux sont à renouveler, et, comme il y en a une centaine, ce sera toujours un assez joli profit. Il y aura ensuite les remises annuelles, qui vont augmenter. Enfin, je comptais abandonner à votre oncle l'usage de cette maison et de cette ferme, et je ne ferai pas moins pour Frank.

— Mais avec cette ferme et cette maison nous serons riches! s'écria Ursule en frappant de joie dans ses mains. Je pourrai monter une petite école de jeunes filles, et aucune ne restera oisive ni inutile. Vous verrez qu'à la longue, monsieur Littlepage, vous vous en trouverez bien. J'aurai fait du moins ce que j'aurai pu pour vous témoigner ma reconnaissance pour toutes vos bontés.

— Je voudrais que toutes les jeunes personnes qui m'intéressent n'eussent jamais d'autre institutrice; que, guidées par vos leçons, elles aient votre sensibilité, votre dévouement, votre naïve franchise, et je viendrai habiter cette terre, comme l'endroit qui aura le plus de rapports avec le Paradis!

Ursule parut s'alarmer un peu, comme si elle craignait d'en avoir trop dit, ou, plutôt peut-être, trop entendu. Elle se leva, me remercia précipitamment, quoique avec beaucoup de grâce, et se mit à desservir avec autant d'empressement et d'habileté que si c'eût été son état.

Telle fut ma première conversation avec Ursule Malbone, elle avec qui depuis lors j'en eus tant d'autres, et de bien différentes! Quand je me levai pour chercher le porte-chaîne, c'était sous l'impression d'un sentiment d'intérêt aussi vif que soudain pour ma jeune compagne. Sans doute sa beauté y était pour quelque chose; il ne serait pas dans la nature qu'il en eût été autrement; mais c'était surtout sa droiture, sa candeur, son ingénuité, qui m'avaient ravi. Sans doute quelques-unes de ses actions auraient pu me faire éprouver une sensation pénible, si j'en avais entendu parler; j'aurais pu trouver ses manières trop libres; mais en la voyant, toute pensée semblable disparaissait, parce qu'on restait convaincu qu'elle n'agissait que d'après les inspirations de son cœur. Ainsi, lorsqu'elle avait pris ma main, il était évident qu'elle ne songeait qu'à son frère, et ce mouvement, qui dans toute autre occasion aurait pu prêter à la critique, ainsi expliqué était aussi touchant que naturel.

Quand je compare Priscilla Bayard à Ursule Malbone! Sans doute, Priscilla avait aussi des charmes; elle avait toutes les qualités qui distinguent une jeune personne bien élevée; mais Ursule avait son caractère propre, et des principes, une décision, une énergie, qu'on ne rencontre pas au même degré une fois sur mille. Je ne dirai pas que je fusse positivement amoureux quand je quittai la chambre, car je ne voudrais point avoir l'air de me laisser aller si facilement aux premières impressions; mais j'avouerai que jamais aucune femme, l'eussé-je connue pendant bien des années, ne m'avait inspiré la dixième partie de l'intérêt que j'éprouvais pour Ursule.

Je trouvai André dans la cour, mesurant ses chaînes. Il le faisait périodiquement, et avec la même conscience que s'il eût pesé de l'or. Le vieillard ne parut pas s'être aperçu de la longueur du tête-à-tête que j'avais eu avec sa nièce, car, dès qu'il me vit :

— Pardon, me dit-il en tenant sa canne à la bouche pendant qu'il parlait, pardon de vous avoir laissé si longtemps seul; mais il faut que l'ouvrage se fasse. Je ne veux pas que, plus tard, aucun de vos colons yankees vienne crier contre l'arpentage du porte-chaîne. Qu'on vienne dans cent ans d'ici si l'on veut, et qu'on mesure la terre, on verra si le vieil André s'est trompé.

— La variation de la boussole établira toujours quelque différence, mon bon ami, à moins que les arpenteurs ne soient meilleurs que ceux qu'on trouve ordinairement.

— Oui, c'est le diable, Mordaunt. Vous avez mis le doigt sur la plaie. J'ai eu beau ruminer dans tous les sens, m'y prendre de toutes les manières; je n'y conçois rien.

— Que ne consultez-vous Ursule, la jolie porte-chaîne! Savez-vous bien que vous finirez par perdre votre nom, si chèrement acquis par tant de travaux? Il passera à miss Malbone.

— Comment! elle a été vous parler de cela? Ces femmes ne savent jamais garder un secret. Faites donc taire un perroquet!

— Vous êtes bien sévère!

— Je suis fâché qu'elle vous ait parlé de cette affaire de la chaîne. C'est bien contre mon gré, Mordaunt, si elle en a jamais porté le plus petit bout; et, si c'était à recommencer, je n'y consentirais jamais. Pourtant vous auriez eu du plaisir, mon garçon, à voir comme elle s'acquittait gentiment de sa besogne; et quelle promptitude! quelle sûreté de coup d'œil! La nature l'a faite pour être porte-chaîne.

— Jusqu'à ce que ce soit quelque pauvre diable qui la porte, cette chaîne, qu'ensuite il ne quittera plus jamais. André, ce n'est pas une femme, c'est un ange que vous avez ici avec vous !

Beaucoup de parents, à la place du porte-chaîne, auraient pris l'alarme en entendant de pareilles expressions sortir de la bouche d'un jeune homme, dans de pareilles circonstances; mais jamais André ne se serait défié de moi, ce qui tenait à son caractère plus encore qu'au mien. Au lieu de manifester de l'inquiétude ou du mécontentement, il me regarda en face d'un air rayonnant, où se peignait toute l'affection qu'il portait à sa nièce.

— Oui, Mordaunt, c'est une excellente fille, la perle de son sexe : il fallait la voir, je vous le répète, porter la chaîne. C'est que votre bourse ne s'est pas mal trouvée du mois qu'elle a travaillé, car je n'ai pas été la payer autant qu'un homme; oh! non; seulement la moitié. Et pourtant, je crois, Dieu me pardonne, que nous avons plus avancé l'ouvrage avec elle que nous ne l'aurions fait avec le meilleur ouvrier !

Que tout cela résonnait étrangement à mes oreilles! Ursule Malbone payée pour de l'ouvrage fait pour moi, et payée au rabais! Toutes mes idées se trouvaient confondues, et cependant je ne pouvais m'empêcher d'admirer la noble jeune fille, dont la conduite avait été dictée par des sentiments si honorables ; et si, dans le premier moment, j'avais pu me sentir froissé de voir celle que j'étais porté à aimer, réduite à une occupation semblable, je ne tardai pas à reconnaître qu'elle acquérait ainsi des droits plus sacrés encore à ma tendresse.

Nous fûmes interrompus par l'arrivée de Frank Malbone. C'était la première fois que je voyais le jeune arpenteur, et le porte-chaîne nous présenta l'un à l'autre avec sa rondeur et sa bonhomie ordinaires. Au bout de quelques minutes, la connaissance était faite. André demanda des nouvelles de « l'érection. »

— Je suis resté jusqu'au moment où l'on a commencé à poser les chevrons, répondit gaiement le jeune Malbone, et alors je les ai quittés. La fête doit finir par un bal, à ce qu'on m'a dit : mais j'avais hâte de revoir ma sœur et de revenir à la maison, — je devrais dire chez vous, monsieur Littlepage, car nous n'avons plus d'autre demeure que celle que nous offre votre toit hospitalier.

— Entre frères d'armes, tout ne doit-il pas être commun? Au surplus, je suis charmé que vous ayez amené la conversation sur ce chapitre, car vous me mettez sur la voie pour vous parler sur-le-champ d'une proposition que je comptais vous faire. Et, si vous l'acceptez, c'est moi qui deviendrai votre hôte.

André et Frank se regardèrent d'un air surpris; mais, les conduisant à un banc qui était dans la cour, je les priai de s'asseoir, et je m'expliquai. Je dois en passant dire un mot de ce banc. Il était placé à l'extrémité d'un plateau formé par des rochers du côté de la cour qui avait été défendu par des palissades lors de l'occupation du Canada par les Français, palissades dont on voyait encore des restes. Ursule, avec cet instinct de son sexe pour tout ce qui est joli et gracieux, y avait construit, de ses mains, un berceau, au pied duquel elle avait planté une vigne vierge. De cet endroit, la vue planait sur de vastes prairies, et sur des collines richement boisées. André me dit que sa nièce venait souvent s'asseoir sous ce berceau, depuis que la vigne commençait à l'ombrager.

Me plaçant entre le porte-chaine et Malbone, je leur dis l'intention où j'étais de nommer ce dernier mon agent. Pour les engager à accepter, j'ajoutai que je leur abandonnerais la jouissance de la maison et de la ferme, me réservant uniquement les quelques chambres que mon grand-père avait occupées, et seulement pour le temps de mes visites annuelles. Comme la ferme était considérable, et que les terres étaient d'une excellente qualité, elle suffirait abondamment pour les besoins d'une famille modeste et frugale, et permettrait même de faire des ventes à l'aide desquelles on pourrait se procurer les productions étrangères dont on aurait besoin. En un mot, je leur développai tout mon plan, qui avait pris un peu d'extension, j'en conviens, depuis que j'étais dirigé par le désir secret d'entourer Ursule de toutes les douceurs de la vie qu'il serait en mon pouvoir de lui procurer.

Le lecteur ne doit pas supposer que je montrasse une générosité extraordinaire en agissant ainsi. Il ne faut pas oublier que la terre n'avait aucune valeur dans l'État de New-York en 1784, pas plus qu'elle n'en a aujourd'hui sur les bords du Miami, de l'Ohio ou du Mississipi. Les propriétés de ce genre étaient une charge plutôt qu'un produit, et l'avenir seul pouvait indemniser les propriétaires, dans leurs enfants ou leurs petits-enfants[1].

Faut-il ajouter que ma proposition fut acceptée avec reconnaissance? Le vieil André me serra la main avec une expression qui en disait plus que tous les discours du monde; Frank Malbone cherchait à cacher son émotion : nous étions tous heureux. L'arpenteur avait son encrier dans sa poche; j'avais sur moi ma procuration en blanc, que je comptais remplir du nom du portechaine; je mis à la place celui de Malbone; André servit de témoin; nous signâmes, et, à partir de ce moment, Frank se trouva temporairement maître, et sa sœur maîtresse de la maison où nous étions. Ce fut un moment délicieux pour moi que celui où je vis Ursule, lorsqu'elle apprit cette joyeuse nouvelle, se jeter tout attendrie et les yeux baignés de larmes dans les bras de son frère.

CHAPITRE XIII.

C'est une doctrine fort consolante, et sur laquelle il y a beaucoup à dire. Où avez-vous pris votre texte?
La douzième nuit, ou Ce que vous voudrez.

Un mois s'écoula rapidement. Pendant cet intervalle, Frank Malbone fut installé dans toutes les formes, et André consentit à suspendre pour le moment ses opérations d'arpentage. C'était

---

[1]. Le manoir de Reusselaerwick a une étendue de quarante-huit milles de l'est à l'ouest, et de vingt-quatre milles du nord au sud. Il est situé au centre même de l'État de New-York, et renferme trois villes dans sa circonscription. Albany a près de quarante mille âmes; Troy en a bien vingt-huit mille. Cependant le dernier patron ou propriétaire, dans une conversation qu'il eut avec l'auteur, quelques mois seulement avant sa mort, lui dit que son grand-père était le premier qui en eût retiré quelques produits, et que son père seul avait perçu des revenus de quelque importance.
(*Note de l'éditeur américain*).

une grande besogne que le renouvellement de tous les baux qui étaient expirés. Les fermiers n'avaient conservé leurs terres que par tolérance, et seulement d'année en année en vertu de conventions verbales, suivant l'autorisation qui en avait été donnée à M. Newcome.

Il était rare, ainsi que je l'ai déjà dit, qu'un propriétaire retirât quelque revenu de ses terres dans les premières années. Le grand point était d'engager les colons à venir ; la concurrence était grande, et il fallait faire des sacrifices pour les attirer. Aussi mon grand-père avait-il affermé presque toutes ses terres pour des rentes purement nominales ; et le plus souvent, à l'exception de quelques fermes d'une qualité supérieure, aucun rendage n'avait été payé. Le colon acquittait les taxes qui n'avaient d'autre objet que de faire face à des dépenses d'un intérêt immédiat, telles que la construction de routes, de ponts et d'autres ouvrages de ce genre, et l'administration de la justice. A l'expiration de cette période qu'on pourrait appeler expectante, une petite somme devait être payée par acre, mais ne l'était jamais, ou du moins n'arrivait jamais jusqu'au propriétaire, qui devait toujours mettre son nom en tête de toutes les listes de souscription pour des entreprises utiles. C'était à cela que passait le peu d'argent qu'il pouvait recueillir. Sans doute, à force de vexations et d'importunités, il eût pu réaliser quelques sommes de peu d'importance ; mais il n'eût pas été d'une bonne politique de le tenter. En général, les propriétaires de l'État de New-York étaient riches, et n'attendaient pas après leurs revenus. Ils conservaient leurs terres et cherchaient à les améliorer. Le métier qui consiste à mettre en action le jeu de « Ote-toi de là que je m'y mette, » était peu connu avant la révolution, et celui qui aurait cherché à profiter de quelque chance favorable pour acheter à vil prix un bien patrimonial, aurait été vu de mauvais œil. Les spéculations légales n'étaient pas inventées, et le seul moyen honorable de s'enrichir était par le travail, par l'industrie, et non par des machinations plus ou moins loyales.

Pour nous, jamais nous n'avions retiré un schelling de notre propriété de Ravensnest. Tout ce qui avait été reçu, et plus encore, avait été dépensé sur les lieux ; mais le temps était venu où il était juste et raisonnable que les fermes fussent enfin de quelque produit. Guidés par la vieille expérience du porte-chaîne, Frank et moi nous passâmes une quinzaine entière à classer les fermes en trois catégories. Les premières furent estimées à un schelling l'acre, les secondes à un schelling et demi; les meilleures à deux schellings; tout cela faisait en totalité un revenu de quatorze mille schellings. C'était très-joli pour l'année 1784, et j'avoue que je fus très-satisfait du résultat de nos calculs.

Dès que notre travail préparatoire fut terminé, Frank fit venir les fermiers les uns après les autres. Ils connaissaient déjà mes intentions et les trouvaient raisonnables. Aussi n'eus-je aucune difficulté sérieuse à surmonter. Les fermes furent toutes louées sur trois vies, aux conditions que j'avais assignées. Le jour où le dernier bail fut signé fut un jour de satisfaction générale.

Il ne restait plus qu'à faire un nouvel arrangement avec M. Jason Newcome, qui était sans contredit le personnage le plus important de l'établissement. Il était tout à la fois magistrat, inspecteur, doyen des congrégationistes, meunier, garde-magasin et aubergiste par délégués, enfin conseiller général pour tout le pays environnant. Tout semblait passer par ses mains; ou, pour mieux dire, tout y restait. Cet homme était un de ces êtres avides et intéressés, qui ne vivent que pour accumuler, de tous les êtres ceux que j'ai le plus en horreur, parce que, ne faisant rien eux-mêmes, ils paralysent l'industrie. Tant qu'il y avait près de lui un homme qu'il supposait plus riche, que lui-même M. Newcome était malheureux; et cependant il ne savait que faire de son argent.

M. Newcome avait paru résigner de bonne grâce ses fonctions d'agent, du moment qu'il avait eu des raisons de croire qu'on ne les lui conserverait pas. Aussi, sous ce rapport, les choses se passèrent-elles à l'amiable, et pas une plainte ne fut proférée. Au contraire, il accueillit Frank Malbone avec la plus grande cordialité, et nous nous mîmes à parler d'affaires de la manière la plus amicale. M. Newcome n'allait jamais droit à son but; depuis l'enfance, il n'avait connu que les sentiers détournés.

—Vous avez pris à bail de mon grand-père cinq cents acres de bois et un emplacement pour construire des moulins, et le bail a été fait sur trois vies, ou, en cas de mort, pour un terme de vingt et un ans : ce sont les conventions que je trouve écrites, monsieur Newcome, lui dis-je un jour que j'avais été le trouver; et les moulins, tenus en bon état, doivent retourner au propriétaire à l'expiration du bail.

— Oui, major Littlepage, telles étaient les conditions, conditions très-onéreuses assurément. La guerre est survenue, avec elle des temps bien durs, et je suis sûr que le major aura égard à ces circonstances.

— Je ne vois pas en quoi la guerre a pu vous être si funeste. Au contraire, les denrées ont été hors de prix, et le voisinage des armées vous a été très-profitable. Vous avez recueilli les avantages de deux guerres, monsieur Newcome.

Mon ex-agent, voyant que j'avais étudié la question, se dispensa d'insister.

— Je suppose que le major reconnaît à un vieux locataire des droits légaux à un nouveau bail? C'est d'après ce principe, m'assure-t-on, qu'il a agi jusqu'à présent.

— Vous êtes mal informé, monsieur. Tout droit finit avec le bail lui-même. Il ne faut, pour s'en convaincre, que lire les articles mêmes du contrat.

— Oui, mais il faut tenir compte des circonstances; et quand les articles sont trop rigoureux, j'ai toujours été d'avis qu'on ne devait pas s'y arrêter.

— Ecoutez, ami Jason, dit le porte-chaîne, qui était une vieille connaissance de M. Newcome et qui semblait savoir à quoi s'en tenir à son égard; quand vous faites quelque profit inattendu, est-ce que vous êtes disposé à en abandonner une partie?

— On ne peut pas discuter avec vous, ami André, répondit l'écuyer en se renversant sur sa chaise, et nous n'avons pas la même manière de voir.

— Cependant ce que dit le porte-chaîne est assez sensé; et, à moins de vous contredire vous-même, il me semble que vous ne pouvez vous dispenser de répondre affirmativement à sa question. Quoi qu'il en soit, pourquoi rédigerait-on les articles d'un contrat, si ce n'était pour les observer?

— Affaire de pure forme, suivant moi. C'est comme les cours

d'eau placés sur une carte; on en met, parce qu'il en faut pour le coup d'œil. Les propriétaires aiment les contrats, et les fermiers n'y regardent pas.

— Vous ne parlez pas sérieusement, j'aime à le croire, monsieur Newcome, et vous aimez à exercer votre esprit subtil. Il n'y a dans votre bail rien de si particulier que ce soit comme un cas de conscience à décider.

— Mais il y a, major, que vous pouvez reprendre la propriété, s'il vous plaît de la réclamer.

— De la réclamer! Mais j'espère bien qu'elle n'a jamais cessé d'appartenir à ma famille, depuis qu'elle lui a été concédée par la couronne. Tous vos droits viennent de votre bail, et cessent avec lui.

— Ce n'est pas mon avis, major, ce n'est pas mon avis. J'ai bâti les moulins à mes frais, vous voudrez bien ne pas l'oublier.

— Je le sais, monsieur; avec cette réserve toutefois que vous vous êtes servi de nos matériaux, et que vous avez eu pour indemnité une jouissance à peu près gratuite de vingt-cinq ans.

— Est-ce que réellement, major, votre intention serait de me dépouiller?

— Je n'ai nullement l'intention de vous dépouiller, monsieur; et même, mes droits une fois bien établis, vous me trouverez de très-bonne composition. Vous savez très-bien que mon grand-père n'a jamais entendu vendre, et qu'il ne voulait qu'affermer. Si vous vouliez acheter, que ne vous adressiez-vous ailleurs? Même aujourd'hui, il ne manque pas de terres à acheter. J'en ai moi-même à vendre à Mooseridge, à vingt milles d'ici, et il y a, m'a-t-on dit, des positions excellentes pour établir des moulins.

— Il se peut, major, mais je préfère de beaucoup celle-ci, et je tiens à la conserver. Si la loi a pu être contre moi, il me semble que depuis la glorieuse Révolution.....

— Monsieur, la loi est toujours la loi. Les conventions sont faites pour être exécutées.

— Et elles l'ont été de ma part. J'avais promis de construire des moulins, et je l'ai fait. Deux mois après la signature du bail, le moulin à scier les planches était en pleine activité, et le moulin à moudre le grain, quatre mois après.

— Il est vrai, monsieur, vous avez montré beaucoup d'activité; mais si j'en dois croire des juges compétents, les deux moulins sont dans un triste état aujourd'hui.

— C'est à cause du bail! s'écria M. Newcome un peu trop précipitamment pour l'honneur de sa prudence; pouvais-je savoir quand il finirait? Et dire que je suis à la veille de me voir enlever ma propriété!

Je savais parfaitement que M. Newcome avait été la victime de toutes ses profondes combinaisons, et j'avais eu l'intention, dès le premier moment, d'en agir libéralement avec lui. Dans son avidité, il avait loué sur la vie de trois enfants au berceau, au lieu de louer sur la sienne propre. Qu'en était-il résulté? En moins de quatre ans, les trois enfants étaient morts, et le délai de vingt et un ans, ayant aussitôt commencé à courir, venait d'expirer. Même dans cet état de choses, le bail avait été très-avantageux pour lui; et d'ailleurs, si l'un des enfants avait vécu un siècle, comment le propriétaire aurait-il été admis à réclamer une indemnité? Ce sont des chances qu'on court chacun de son côté, et auxquelles il faut savoir se soumettre de bonne grâce.

Ne voulant pas prolonger une discussion inutile avec un homme qui, avec son caractère, ne pouvait jamais envisager qu'un côté de la question, je lui dis que j'étais disposé, par pure générosité, et sans entendre faire aucune concession de mes droits, à lui accorder un nouveau bail de vingt et un ans, pour le tiers tout au plus de la somme qu'il n'eût pas manqué d'exiger s'il eût été à ma place.

M. Newcome ne revenait pas de sa surprise. Il resta un moment comme ébahi de joie; puis, ne pouvant croire que je parlasse sérieusement, il soupçonna que j'avais une arrière-pensée, et que je me faisais un malin plaisir de jouir de sa confusion. Mais lorsque j'eus signé l'acte en question, et que je l'eus remis entre ses mains, il fallut bien qu'il se rendît à l'évidence, et il fut d'autant plus content que toutes ses manœuvres n'avaient eu pour but que d'obtenir des conditions plus favorables; car il était trop fin pour ne pas savoir que les doctrines qu'il avait émises n'étaient pas soutenables.

CHAPITRE XIV.

> Voulant mêler un jour leurs sorts, le destin le fit tout ce qu'elle n'était pas ; et leurs cœurs, attirés par cette différence même, contractèrent une étroite sympathie.
>
> PINCKNEY.

PENDANT tout ce temps je vis Ursule chaque jour et à chaque heure. Habitant la même maison, nous avions des occasions continuelles de nous voir, de nous parler. Ursule aurait été la plus grande coquette du monde, qu'elle n'eût pu employer d'expédients plus heureux pour me charmer que ceux qu'elle mettait en usage, à son insu, sans avoir la plus légère intention de produire ce résultat. C'était précisément l'absence totale d'art qui formait un de ses plus grands attraits, et qui donnait tant de piquant à son esprit et à sa beauté.

Dès qu'Ursule se vit placée à la tête du ménage, elle se mit à remplir les devoirs de sa nouvelle position sans bruit, sans fracas, mais activement et de manière à ce que rien n'échappât à sa surveillance. Je ne suis pas de ceux qui pensent qu'une femme, pour être bonne ménagère, doit mettre elle-même la main à la pâte, ou faire la lessive ; mais il faut qu'elle sache gouverner sa maison, sans qu'on la voie ni qu'on l'entende ; il faut en quelque sorte que chacun sente sa présence, et qu'attentive au bien-être de tous ceux qui l'entourent, elle sache prévenir leurs besoins ou leurs désirs, et en même temps régler les dépenses sur les ressources mises à sa disposition.

C'est ce qu'Ursule entendait à ravir. Elle évitait ces déplacements continuels, ces allées et venues incessantes qui, le plus souvent, n'aboutissent à rien. Les nègres lui épargnaient la nécessité de se livrer à des travaux purement manuels ; et tout se faisait au moment voulu, sans trouble et sans confusion. Toujours d'une humeur charmante, elle chantait souvent, non pas à gorge déployée, mais à demi-voix ; et parfois, quand elle se croyait seule, sa voix prenait un accent mélancolique, comme si les airs qu'elle fredonnait réveillaient en elle d'anciens souvenirs. Deux ou trois fois même, j'avais surpris des larmes dans ses yeux, mais je n'osai lui en demander la cause. D'ailleurs, j'aurais pu à peine en trouver l'occasion ; car, dès qu'elle me voyait, elle essuyait ses yeux, et me recevait le sourire sur les lèvres.

Ai-je besoin d'ajouter que le temps passait pour moi d'une manière charmante et avec une surprenante rapidité? Le porte-chaine resta auprès de nous par ordre, car une simple prière n'eût pas suffi ; et je ne me rappelle pas avoir jamais passé un mois plus délicieux. Je fis connaissance avec mes fermiers, et je les trouvai, pour la plupart, bons travailleurs, honnêtes, industrieux. Mon frère d'armes, le vieux major de milice, entre autres, était un excellent homme ; et comme il occupait la ferme attenante à la mienne, il venait souvent me voir. Il murmurait un peu entre ses dents contre la secte qui avait pris possession du nouveau temple, mais on voyait qu'il n'avait pas de fiel dans le cœur.

— Je ne comprends pas grand'chose à ces affaires de majorité, me disait-il un jour ; mais ce que je sais très-bien, c'est que Newcome sait toujours s'arranger de manière à en avoir une. Un jour, il n'avait pas pour lui le quart des membres présents ; eh! bien, c'est égal ; il s'est retourné si bien qu'il a fini par avoir raison.

— J'en ai vu un échantillon à mon arrivée, et certes on n'est pas plus adroit!

— Oui, mais moi j'avoue que cela me passe : on a raison ou on ne l'a pas. Après tout, pour ce qui est de telle ou telle dénomination à donner à l'église, je ne m'en mêle pas. Que l'homme prie où il veut, pourvu qu'il prie ; qu'on prêche de telle ou telle manière, pourvu que les autres écoutent ; peu m'importe.

Je crois que cette tolérance en matières religieuses fait de rapides progrès parmi nous, quoique peut-être elle touche de bien près à l'indifférence. Quant aux épiscopaux, je m'étonne qu'il en existe encore dans le pays, bien que notre nombre augmente rapidement. Une église, fondée sur le principe de l'administration épiscopale, est laissée pendant un siècle sans évêque, dans l'impossibilité, par conséquent, d'observer des pratiques qu'elle regarde comme essentielles ; et cela parce qu'il ne convient pas à la politique de la métropole de nous accorder des prélats à nous, ni même de nous en envoyer un des siens ! Que la politique humaine paraît étroite et mesquine, quand on la pèse dans la balance du bon sens ! Et ce reproche, je ne l'adresse pas à tel système de religion en particulier ! Partout je retrouve le même vice, lorsque l'Église tient à l'État par des nœuds intimes.

Mais, hélas ! quand ce nœud est brisé, les choses en vont-elles beaucoup mieux ? Qu'arrive-t-il parmi nous ? Ne voyons-nous pas des sectes, et souvent des simulacres de sectes, surgir de tous les côtés, à tel point que les ministres se disputent et s'arrachent les fidèles, et ce n'est point entre eux à qui fera le plus grand nombre de chrétiens, mais à qui fera entrer le plus grand nombre d'adhérents dans son petit troupeau. Quant au peuple, au lieu de ne considérer qu'une église, souvent établie par lui-même, il ne considère que ses goûts, ses inimitiés ou ses prédilections ; il respecte le prêtre beaucoup plus que l'autel, et se croit le droit d'être représenté directement dans le gouvernement des serviteurs de Dieu sur cette terre. La moitié d'une paroisse, au moindre mécontentement, se sépare et forme une autre secte. Il semblerait vraiment qu'on cherche à façonner la religion à son gré, et que ce n'est plus Dieu qui dicte ses lois, mais la créature qui veut bien prêter son appui au créateur.

Mais je n'écris pas des homélies, et je m'empresse de retourner auprès de mes amis. Un jour ou deux après la signature du nouveau bail de M. Newcome, André, Frank, Ursule et moi, nous étions assis sous le petit berceau d'où la vue planait sur les prairies, quand nous vîmes Susquesus s'avançant, du pas léger de l'Indien, le long d'un sentier qui conduisait, à travers la forêt, à Mooseridge. Il portait, comme toujours, sa carabine, et avait sur le dos un gros paquet de ce qui nous parut être du gibier, quoique l'éloignement ne nous permît pas d'en être certains. Au bout d'une minute, il disparut derrière une pointe avancée des rochers, se dirigeant vers la maison.

— Notre ami Sans-Traces a prolongé son absence plus qu'à l'ordinaire, dit Ursule, qui avait observé tous ses mouvements tant qu'il avait été en vue; mais, à la manière dont il est chargé, je vois qu'il a pensé à nous.

— Il quitte peu votre oncle, je crois, depuis assez longtemps, répondis-je les yeux attachés sur ceux d'Ursule, ce qui me plaisait bien plus que les plus belles vues du monde. Je l'ai écrit à mon père, qui sera charmé de recevoir des nouvelles de son vieil ami

— Oui, il est très-attaché à mon oncle. Ah! comme il est chargé! C'est chose rare que de voir un Indien porter ainsi un fardeau quelconque; mais un chef même fait cependant une exception pour le gibier.

Comme Ursule disait ces mots, Susquesus jeta à ses pieds deux ou trois douzaines d'oiseaux, et des pigeons en quantité, puis il se retira doucement à l'écart, comme quelqu'un qui avait accompli sa part de la tâche et qui laissait le reste aux squaws.

— Merci, Sans-Traces, dit la gentille ménagère, merci. Voilà de charmants oiseaux, et voyez donc comme ils sont gras! Nous allons les faire apprêter de toutes sortes de manières.

— Ils sont tout jeunes; à peine commençaient-ils à voler. Je les ai tous pris au nid, répondit l'Indien.

— Il doit y avoir des nids en quantité, et je serais très-curieux de les voir, m'écriai-je, me rappelant avoir entendu raconter des merveilles de la multitude de pigeons qu'on trouvait souvent dans leurs « perchoirs, » pour me servir du mot par lequel on désignait leurs campements dans les bois. Ne pourrions-nous tous ensemble leur rendre une visite?

— Sans doute, répondit le porte-chaîne; d'autant plus qu'il est grand temps que nous allions de ce côté, pour continuer nos opérations d'arpentage. Si ces oiseaux viennent de la colline que je suppose, Mooseridge ne manquera pas de pigeons cette saison.

— Vous pouvez le dire, il y en a par millions, par milliers, par centaines, et plus encore, dit Susquesus, qui, comme tous les Indiens, n'avait pas une grande idée de la valeur des nombres, et qui les employait au hasard, sans observer la gradation, — jamais je n'en ai vu plus, jamais autant. Le Grand Esprit n'oublie pas le pauvre Indien. Tantôt il lui donne du daim, tantôt du saumon, tantôt des pigeons. Il y en a pour tout le monde.

— Oui, Susquesus, il y en a pour tout le monde. Dieu est bien bon pour nous ; mais nous ne savons pas toujours faire un bon usage de ses bienfaits, répondit le porte-chaîne, qui s'était mis à examiner attentivement les oiseaux. Voilà vraiment des pigeons comme on en rencontre rarement, et j'aimerais aussi infiniment à voir encore un perchoir avant d'entreprendre le grand voyage. Je n'ai pas de temps à perdre.

— Que dites-vous donc, André ! Quand on est sorti sain et sauf d'une guerre comme la dernière, et qu'on jouit à présent des douceurs de la paix, est-ce qu'on doit parler de sa fin ? Vous êtes vieux par les années, mais vous êtes jeune de corps et d'esprit.

— Tout cela est bien usé, je le sens. Vous avez raison de dire le contraire, mais moi, je sais à quoi m'en tenir. Quand on a vécu soixante-dix ans, il est temps de céder la place à d'autres, et j'ai rempli la mesure de mes jours. Dieu me rappellera à lui quand ce sera son bon plaisir ; je suis prêt, je mourrai content maintenant, bien plus content que je ne l'aurais été il y a un mois.

— Vous m'étonnez, mon cher ami ! Pourquoi donc cette différence ?

— Parce que je suis tranquille sur le sort d'Ursule ; à présent que Frank a une bonne place, mon enfant ne sera pas abandonnée.

— Abandonnée ! Ursule, miss Malbone abandonnée ! C'est ce qui ne serait jamais arrivé, André, jamais !

— Allons, allons, c'est possible. Mais ne parlons plus de cela ; car voilà que les larmes de cette chère petite commencent à couler. — Écoutez, Susquesus : pouvez-vous nous conduire à ce perchoir ?

— Je le puis ! le sentier est large, il est facile comme une rivière.

— Eh bien donc, nous nous mettrons en route demain matin.

Il est grand temps que Frank et moi nous retournions dans les bois.

J'entendis faire cet arrangement, quoique mes yeux suivissent Ursule, qui s'était levée précipitamment, et qui rentrait dans la maison pour cacher son émotion. L'instant d'après je la vis qui souriait, à la fenêtre de sa chambre, bien que le nuage ne fût pas encore entièrement dissipé.

Le lendemain, de très-bonne heure, nous partîmes pour Mooseridge, et pour voir les perchoirs. Ursule et la vieille négresse voyageaient à cheval; nous, nous allions à pied; mais nous avions trois bêtes de somme pour porter nos vivres, nos instruments, nos effets, etc. Chaque homme était armé, ce qui allait presque sans dire à cette époque; j'avais même un fusil de chasse à deux coups. Susquesus remplissait les fonctions de guide.

Au bout d'une grande heure, nous avions franchi les limites des fermes exploitées sur mes terres, et nous entrions dans la forêt vierge. Par suite de la dernière guerre, qui avait paralysé toutes les opérations de défrichement, on ne voyait guère encore, autour des établissements, de ces clairières formées graduellement qui en sont comme les faubourgs. Au contraire, à peine étions-nous sortis de l'enceinte de la dernière ferme qui fût défendue par des palissades, et passablement cultivée, que nous nous enfonçâmes dans des bois interminables, et que nous prîmes complétement congé de presque tous les signes de la vie civilisée, comme on se trouve dans la campagne en sortant d'une ville de France. Il y avait bien un sentier qui suivait une ligne d'arbres calcinés, mais à peine était-il frayé; il n'était guère mieux tracé que les caractères que griffonne un enfant à sa première leçon d'écriture. Cependant, pour un habitant des forêts, il n'était pas difficile de le suivre, et, n'eût-il pas existé, Susquesus n'aurait eu aucune peine à trouver son chemin. Quant au porte-chaîne, il allait en avant du pas le plus sûr et le plus délibéré; l'habitude de tracer des lignes droites, au milieu des arbres, lui avait donné une justesse de coup d'œil qui ne le cédait guère à l'espèce d'instinct d'après lequel Sans-Traces semblait se diriger.

Cette excursion était d'autant plus agréable, que les branches touffues des arbres tempéraient délicieusement la chaleur de la saison. Nous fûmes quatre heures à atteindre le pied de la petite montagne, où les oiseaux avaient bâti leurs nids, et nous nous y arrêtâmes pour faire une légère collation.

Les repas ne prennent pas beaucoup de temps dans les forêts, et nous fûmes bientôt prêts à commencer notre ascension. Les chevaux furent laissés avec les nègres, et Ursule nous accompagna à pied. En quittant la source près de laquelle nous avions fait notre station, je lui offris mon bras pour l'aider à monter; mais elle me remercia, paraissant trouver très-amusant qu'il lui eût été offert.

— Comment, moi, une porte-chaine! dit-elle en riant, moi qui ai fait demander grâce à Frank, et qui ai bien fatigué mon bon oncle, quoiqu'il n'ait jamais voulu en convenir, j'irais prendre un bras pour gravir une colline! Vous oubliez, major Littlepage, que les dix premières années de ma vie se sont passées dans une forêt; que l'année qui vient de s'écouler m'a rendue à toutes mes anciennes habitudes, et que je suis, de nouveau, à présent une enfant des bois.

— Je ne sais vraiment que penser de vous, car vous semblez toujours faite pour la situation dans laquelle vous vous trouvez placée, répondis-je, profitant d'un instant où nos compagnons avaient pris les devants, pour m'exprimer avec plus de liberté; je suis tenté de croire, tantôt que vous êtes la fille d'un de mes fermiers, tantôt l'héritière de l'une de nos plus anciennes familles.

Ursule se mit à rire; l'instant d'après elle rougit, et, pendant le reste de la montée, elle garda le silence. Loin d'avoir besoin de mon aide, Ursule m'eut vite dépassé, et elle marchait avec une si grande agilité qu'elle eut bientôt rejoint Sans-Traces, qui marchait en éclaireur. Etait-ce pour montrer à quel point elle était habituée à ce genre d'exercice, ou plutôt pour échapper aux sensations diverses que mes dernières paroles avaient éveillées dans son âme, je ne saurais trop le décider; mais je soupçonnai, dans le temps, que la seconde conjecture était la plus vraisemblable. J'eus soin, toutefois, de ne pas rester trop en arrière, et lorsque nous arrivâmes au « perchoir, » Ursule, Sans-Traces et moi, nous marchions de front.

Je suis embarrassé pour décrire cette scène remarquable. A mesure que nous approchions du sommet de la colline, des pigeons commençaient à se montrer, voltigeant au milieu des branches au-dessus de nos têtes, comme on rencontre des passants le long des routes qui conduisent aux faubourgs d'une grande ville. Nous avions pu voir mille de ces oiseaux errer ainsi çà et là, avant d'arriver au perchoir même. Plus nous avancions, plus le nombre augmentait; enfin la forêt parut s'animer tout entière. C'étaient des battements d'ailes continuels et presque assourdissants, notre passage occasionnant un mouvement général dans cette innombrable population. Chaque arbre était littéralement couvert de nids; il y en avait où, à l'ombre des feuilles et sur les branches, se cachaient des myriades de ces fragiles demeures. Elles se touchaient presque l'une l'autre, et cependant un ordre admirable semblait régner parmi ces centaines de milliers de familles ainsi rassemblées. C'était partout une odeur de poulailler, et des pigeonneaux, ayant tout juste assez de plumes pour faire l'essai de leurs forces, sautillaient autour de nous dans tous les sens, par bandes nombreuses. On voyait s'agiter, près d'eux, les pigeons plus âgés qui s'efforçaient de les protéger et de les préserver de tout accident. Les oiseaux se levaient à notre approche, ce qui les faisait paraître encore plus nombreux; mais pourtant notre présence ne semblait pas produire un émoi général, ils étaient trop affairés pour faire grande attention aux étrangers qui arrivaient, quoique ceux-ci fussent d'une race ordinairement si hostile à la leur. Les masses se retiraient devant nous, comme une foule composée d'êtres humains fuit une presse ou un danger sur un point donné, le vide créé se remplissant l'instant d'après, de même que l'eau de l'Océan se précipite dans le sillage tracé par la quille d'un bâtiment.

L'effet produit sur la plupart d'entre nous fut des plus saisissants; et je ne puis comparer la sensation que j'éprouvai qu'à cet enivrement que nous ressentons en nous trouvant tout à coup au milieu d'une multitude dont les passions sont excitées au plus haut degré. Le peu d'attention que ces oiseaux semblaient faire à nos personnes n'était pas la moindre cause de ma surprise, et l'on eût dit que quelque influence extraordinaire se faisait sentir dans ce lieu. Il était étrange en effet de se voir entouré d'une semblable population, et qu'elle parût à peine s'apercevoir de notre présence. On eût dit que les pigeons étaient là dans un monde à eux, et que rien ne pouvait les troubler dans la possession de leur royaume.

Aucun de nous n'ouvrit la bouche dans les premières minutes. L'étonnement avait paralysé nos langues, et nous avancions lentement, à travers ces bataillons ailés, absorbés dans l'admiration des œuvres du Créateur. Nous aurions voulu parler, qu'il nous eût été très-difficile de nous entendre. Ce n'est pas que le pigeon soit un oiseau bruyant; mais lorsqu'il y en avait un million, rassemblés sur le haut d'une colline, dans un espace de moins d'un mille carré, la forêt ne pouvait conserver son calme ordinaire, si solennel et si imposant. En avançant, j'offris de nouveau mon bras à Ursule, presque machinalement, et elle le prit avec la même distraction qui m'avait fait le lui offrir. Nous continuâmes à suivre ainsi le grave Onondago, qui s'enfonçait de plus en plus au milieu de cet essaim bourdonnant.

Dans cet instant il se fit un bruit qui, je ne le cacherai pas, fit refluer tout mon sang jusqu'à mon cœur. Ursule se cramponna à mon bras, avec cet abandon d'une femme qui sent qu'elle est incapable de se soutenir, et qu'elle a près d'elle quelqu'un qui possède sa confiance. Ses deux mains pressaient mon bras, et elle se serrait involontairement contre moi, ce qu'elle n'eût jamais fait si elle eût eu sa présence d'esprit. Ce n'était pas qu'elle fût effrayée. Son teint était animé, ses yeux charmants étaient pleins d'une surprise qui n'était pas sans mélange de curiosité; mais elle était vivement excitée par la vue d'une scène qui eût mis à l'épreuve le courage le plus intrépide. Seuls, Susquesus et le porte-chaîne ne manifestaient aucune émotion : ils avaient déjà vu des perchoirs, et ils savaient à quoi ils devaient s'attendre. Pour eux, les merveilles de la forêt n'étaient point nouvelles. Appuyés sur leur carabine, ils souriaient de notre étonnement manifeste. Je me trompe, l'Indien n'alla pas même jusqu'à sourire, car ç'aurait été laisser voir sur sa figure une impression quelconque ; cependant on pouvait deviner qu'il s'attendait à notre surprise. Mais il faut que je m'efforce d'expliquer ce qui ajouta si prodigieusement à l'effet premier de notre visite.

Pendant que nous admirions la scène extraordinaire qui nous entourait, un bruit retentit qui couvrit celui du battement continuel de tant de millions d'ailes, et que je ne saurais comparer qu'au piétinement d'une troupe innombrable de chevaux sur une route battue. Ce bruit d'abord se fit entendre dans le lointain; mais à mesure qu'il s'approcha, il augmenta d'intensité, et finit par fondre sur nous, à travers la cime des arbres, comme un coup de tonnerre. L'air s'obscurcit tout à coup, et la place où nous étions devint aussi sombre que si nous eussions été à l'entrée de la nuit. Au même instant, tous les pigeons près de nous, qui étaient dans leurs nids, parurent en tomber, et l'espace immédiatement au-dessus de nos têtes fut complétement couvert de ces oiseaux. Le chaos lui-même n'aurait pu présenter ni une plus grande confusion, ni un plus affreux tumulte. Quant aux oiseaux, ils ne semblaient plus faire aucune attention à notre présence; peut-être même leur nombre les empêchait-il de nous voir, car ils se pressaient entre Ursule et moi, nous frappant de leurs ailes, et semblant quelquefois sur le point de nous ensevelir sous une avalanche. Chacun de nous en prit dans ses mains plusieurs, qui furent rendus l'un après l'autre à la liberté. En un mot, nous paraissions littéralement être transportés dans un univers de pigeons. Cette partie de la scène avait pu durer une minute, quand l'espace autour de nous s'éclaircit tout à coup, tous les oiseaux prenant leur volée et disparaissant au milieu du feuillage. Cet effet fut produit par le retour des femelles, qui avaient été à une assez grande distance, vingt milles pour le moins, se nourrir de faînes, et qui revenaient alors prendre la place des mâles dans leurs nids, ceux-ci allant à leur tour chercher leur nourriture.

J'ai eu depuis la curiosité de calculer à peu près le nombre des oiseaux qui avaient pu se trouver rassemblés en même temps à ce perchoir dans cette minute si mémorable. Sans qu'un pareil calcul puisse être bien exact, il y a cependant des moyens d'arriver à une évaluation approximative, et je me rappelle que Frank et moi nous estimions à un million le nombre des oiseaux revenus, et au même nombre autant celui des oiseaux partis. Comme le pigeon est très-vorace de sa nature, on se demande naturellement où il se trouve assez de nourriture pour tant de becs. En admettant que la colonie que je visitai contînt plusieurs millions d'oiseaux, et je suis sûr que tout compté, grands et petits, il ne pouvait pas y en avoir moins, il y avait probablement pour chacun d'eux un arbre portant fruit, qu'ils pouvaient gagner à tire d'aile en moins d'une heure.

Telle est l'échelle sur laquelle la nature travaille dans le désert! J'ai vu des insectes flotter dans l'air, dans de certaines saisons et à certains endroits, en si grande quantité qu'ils formaient de petits nuages; il n'est personne qui n'ait dû maintes fois en voir autant; eh! bien, c'est en diminutif l'effet que produisaient les pigeons au perchoir de Mooseridge. Nous passâmes une heure dans la ville des oiseaux, retrouvant nos langues et nos facultés à mesure que nous nous accoutumions à notre situation. Bientôt Ursule recouvra assez de sang-froid pour jouir sans contrainte du spectacle que nous avions sous les yeux. Nous nous mîmes à observer ensemble les habitudes de ce peuple intéressant, et cette étude acquit un nouveau charme à mes yeux à cause de celle avec qui je la faisais. Après avoir passé ainsi une grande heure, nous descendîmes la colline, et notre départ ne produisit pas plus de sensation que notre arrivée.

— N'est-il pas remarquable, me dit Ursule, que ces pigeons qui, isolés ou par petites troupes, ne nous auraient pas laissés approcher sans prendre aussitôt la fuite, soient si familiers ici? Est-ce le nombre qui leur donne du courage?

— Il leur donne du moins de la confiance. Nous autres hommes, nous sommes de même. Les dangers qui nous effraieraient quand nous sommes presque seuls, nous deviennent indifférents dès que nous nous trouvons en grand nombre.

— D'où vient donc que la panique se met dans une armée?

— D'après la même loi qui fait que l'homme obéit à l'impression de ceux qui l'entourent. Si l'impulsion est en avant, nous nous précipitons dans la mêlée; si elle est en sens contraire, nous

nous enfuyons à qui mieux mieux. Les masses exercent une influence irrésistible sur les individus.

— Suivant ce principe, notre nouvelle forme de gouvernement devrait être bien forte, et pourtant j'ai entendu exprimer des opinions tout à fait contraires.

— A moins qu'un miracle ne s'opère en notre faveur, notre gouvernement, si fort à certains égards, est d'une faiblesse déplorable sous d'autres rapports. Ainsi, il renferme en soi un principe de conservation qui manque à d'autres systèmes, puisqu'il faut que le peuple se révolte contre lui-même pour le renverser; mais, d'un autre côté, il lui manque ce principe actif d'une justice toujours ferme, toujours conséquente avec elle-même, parce qu'il n'y a pas de pouvoir indépendant dont ce soit le devoir et l'intérêt de la faire administrer. C'est là notre côté faible, parce que c'est ainsi que rien n'est plus en sûreté, ni la personne, ni le caractère, ni la fortune des particuliers ; et c'est ainsi que les institutions deviennent odieuses à ceux mêmes qui dans l'origine les ont le plus aimées.

— Les nôtres du moins, j'espère, ne courent pas ce danger ?

— Rien de ce qui tombe sous le contrôle de l'homme n'est à l'abri de ces variations. Il n'y a qu'un gouvernement parfait : celui de l'univers, et cela parce qu'il émane d'une seule volonté, et d'une volonté impeccable.

— On dit pourtant que les gouvernements despotiques sont les pires de tous.

— Tout dépend de la manière dont ils sont administrés. La nécessité pour eux d'employer la force pour se maintenir les rend souvent oppresseurs; mais le gouvernement des masses peut devenir plus tyrannique encore que celui des individus ; car l'opprimé trouve au besoin un appui dans le peuple contre le despote ; mais où en trouvera-t-il contre le peuple lui-même ? Vous avez vu que ces pigeons avaient perdu leur instinct par suite de l'impulsion qui leur avait été imprimée par la masse. Dieu nous préserve toujours de la tyrannie des masses !

Je continuai à causer ainsi avec Ursule jusqu'au moment où elle remonta à cheval. Le lecteur trouvera sans doute que c'était un genre de conversation bien sérieux et bien abstrait pour une jeune personne; on est si habitué à entendre les femmes ne parler que de frivolités! mais je fus charmé du bon sens et du tact exquis qu'elle montra. Sans être positivement au courant de ces graves questions, elle les comprenait parfaitement, et y prenait un intérêt réel. Elle me semblait comprendre et apprécier les événements publics avec une rare sagacité. Il ne serait pas impossible que la jolie bouche, les yeux éloquents, l'air animé de ma jolie interlocutrice ne fussent pour quelque chose dans la persuasion où j'étais que jamais je n'avais pris part à une discussion politique plus intéressante.

CHAPITRE XV.

> Amour, amour! tu es aussi craintif que le malheureux qui, accroupi près de son trésor, voit approcher les voleurs. D'un rien, qui échappe même à l'œil et à l'oreille, ton lâche cœur se forge des peines chimériques.
> *Vénus et Adonis.*

La hutte, ou plutôt les huttes du porte-chaîne, étaient plus commodes et mieux distribuées que je ne m'étais attendu à les trouver. Elles étaient au nombre de trois : l'une contenait la cuisine et une pièce pour les esclaves mâles; une autre était pour Ursule et pour la négresse; la troisième pour les hommes. Une salle à manger était auprès de la cuisine; et toutes ces constructions, qui remontaient alors à plus d'une année, étaient en bois et recouvertes d'écorces. Elles étaient grossièrement faites, comme d'ordinaire; mais celle d'Ursule était très-supérieure aux autres, tant à l'intérieur qu'à l'extérieur, et l'on devinait d'avance sa destination par le soin qui avait évidemment présidé à son arrangement. Une courte description des lieux ne sera peut-être pas sans intérêt.

Une source est toujours la première, l'indispensable condition, et celle qui avait fait adopter cet emplacement sortait du flanc d'une colline qui s'élevait graduellement pendant l'espace d'un mille environ et qui était couverte d'ormes, de hêtres, d'érables et de bouleaux, les plus beaux que j'eusse jamais vus. Le porte-chaîne l'avait choisi parce qu'il était au centre de la propriété de Mooseridge, en même temps qu'il était sans broussailles et qu'il n'y avait point d'eau stagnante dans les environs. Comme tous les autres points de la forêt, la plus riche végétation l'entourait et formait un épais rideau qui l'abritait de tous côtés.

Les constructions du porte-chaîne, toute grossières qu'elles étaient, puisque elles ne se composaient que de bûches assemblées, avaient un aspect pittoresque non dépourvu de charmes. Elles étaient placées irrégulièrement, quoique toujours à proximité de la source. La cuisine et la salle à manger étaient les plus rapprochées de l'eau; venait ensuite l'habitation des hommes; tandis que le petit bâtiment que Frank Malbone appelait en riant le Harem était placé sur une petite éminence, un peu à l'écart, mais cependant à moins de cinquante pas du logement d'André. Des planches avaient été taillées pour les planchers et pour les portes de ces huttes; mais « le Harem » seul avait des fenêtres vitrées. Frank avait même eu pour sa sœur l'attention d'y mettre des contrevents grossiers, mais solides.

Le temps n'était plus où l'on croyait nécessaire de se fortifier contre les attaques. Ces précautions étaient bonnes quand les Français occupaient le Canada, ou bien lorsque ensuite la guerre de la révolution amena de nouveau les sauvages autour des établissements situés sur la frontière, — frontière de la civilisation, sinon du territoire; — mais avec la guerre avait cessé toute appréhension de ce genre.

Néanmoins ces huttes étaient solides. Les bûches qui les composaient étaient à l'épreuve des balles, et elles n'avaient pas souffert la plus légère altération. C'était une protection suffisante contre les bêtes féroces, seuls ennemis qu'on pût avoir encore à redouter. Il n'y avait aucun sentier couvert qui communiquât de l'une à l'autre; elles étaient isolées, et n'avaient même autour d'elles aucun enclos qui fût environné de palissades. Il n'y avait même d'autre clairière qu'un espace d'une demi-acre tout au plus sur lequel avaient été coupés les pins qui avaient servi à la construction. Quelques légumes y avaient été plantés, et, malgré le peu d'étendue du terrain, ils suffisaient à la consommation d'une table frugale.

Tel était l'endroit qui était connu dans toute cette région sous le nom de « Huttes du Porte-Chaîne. » Ce nom s'est conservé, et les huttes subsistent encore, parce qu'elles se lient à certaines circonstances de mon histoire, ce qui m'a fait tenir à leur conservation. Comme cette demeure avait été habitée une grande partie du printemps et de l'été, elle portait quelques autres traces de la présence de l'homme ; mais dans l'ensemble, c'était bien l'isolement profond d'une retraite au milieu des forêts. Ensevelie dans les bois, à quinze grands milles de toute habitation, elle semblait privée de toute communication avec le monde civilisé. Néanmoins ces demeures isolées ne sont nullement rares dans l'État de New-York, même à l'époque actuelle ; il y a au nord un district montagneux que j'ai traversé dernièrement, et que j'ai trouvé très-pittoresque. Il convient au chasseur, qui y trouve en quantité des daims et du gibier de toute espèce ; mais il n'est pas aussi bien approprié aux besoins du cultivateur. Aussi, à moins que des squatters, dans leurs courses désordonnées, ne s'abattent sur cette partie du territoire, je suis convaincu que pendant un siècle encore, pour le moins, ce sera un désert, fréquenté seulement dans la saison par les chasseurs, qui sont menacés de perdre bientôt leurs terrains de chasse favoris dans les autres parties de l'État.

Jaap, qui avait escorté un petit convoi de provisions, resta avec nous en qualité d'aide général, et aussi à titre de chasseur. Il tirait avec assez d'adresse, et, comme il avait servi, il avait le droit de brûler autant de poudre qu'il voulait. Par suite d'un de ses exploits guerriers, il était devenu possesseur d'un excellent fusil de chasse, dépouille sans doute de quelque officier anglais ; et c'est un trophée dont il se séparait rarement.

Jaap et Susquesus étaient d'anciennes connaissances. Ils avaient l'un et l'autre joué un rôle dans certains événements qui s'étaient passés dans ces lieux mêmes, quelque temps avant ma naissance, et ils s'étaient souvent rencontrés et avaient servi ensemble dans la dernière guerre. L'antipathie ordinaire entre les Peaux Rouges et les Peaux Noires n'existait pas entre eux, bien que le nègre semblât se regarder comme supérieur à l'habitant sauvage de la forêt, par suite de son frottement accidentel avec la civilisation; tandis que, dans sa farouche indépendance, l'Onondago prenait en pitié celui qui était content de vivre dans l'esclavage. Leur amitié adoucissait ces sentiments sans les éteindre; mais ils vivaient, je le répète, en bonne intelligence, et nous arrivions à peine que je les vis à l'écart causant tranquillement ensemble.

Un sac rempli de pigeons avait été apporté du perchoir, et Jaap l'avait vidé sur la terre près de la cuisine, pour commencer l'opération préliminaire de les plumer, avant de les passer à la négresse chargée de la direction de la cuisine. Quant à l'Onondago, il s'assit tranquillement sur un arbre renversé, spectateur passif du travail de son compagnon, mais dédaignant de partager une occupation qui n'était bonne à ses yeux que pour les squaws, à présent qu'il n'était ni en mission ni sur le sentier de guerre. La nécessité seule pouvait le décider à se livrer à un travail manuel, et je doute qu'il eût offert son assistance, quand même il eût vu Ursule elle-même obligée de faire cette besogne. Un guerrier, selon lui, devait toujours rester dans sa grave et noble indolence. L'industrie active et systématique ne vient qu'à la suite de la civilisation dont les besoins ne peuvent être satisfaits que par les efforts constants de ceux qu'ils font vivre.

— Eh bien, mon vieux, s'écria le nègre en tirant du sac le dernier des oiseaux, comment appelez-vous cela? Du gibier, n'est-ce pas?

— Oui, comme vous, sans doute? dit l'Onondago en regardant le nègre d'un air malin.

— Moi! pas du tout! Du gibier, voyez-vous, c'est ce qu'un chien fait lever ou tient en arrêt. Maître Mordaunt en a, des chiens, à Satanstoe et à Lilacsbush, de quoi traquer des pigeons.

— Oui, mais des daims?

— Des daims, je ne sais pas. Peut-être oui, peut-être non. Nous n'en avons pas dans le Westchester pour exercer nos chiens. — Mais, à propos, Susquesus, vous rappelez-vous le jour où vous vous frottâtes avec les Peaux Rouges ici même, il y a bien longtemps, avec maître Corny et maître Ten Eyck, et le vieux maître Herman Mordaunt, et miss Anneke et miss Mary ; et votre ami le Sauteur ? Vous vous en souvenez, Onondago ?

— L'Indien n'oublie jamais. Il n'oublie pas un ami, il n'oublie pas un ennemi.

— Oui, oui, témoin Musquerusque, qui n'a eu que trop de mémoire pour son intérêt. Vous vous rappelez ce vieux scélérat de Musquerusque, Sans-Traces ? — Le nègre n'aimait rien tant qu'à épuiser le vocabulaire des noms de l'Indien. — Mal lui en a pris de n'avoir pas su oublier quelques coups de fouet.

— Le fouet fait mal au dos, répondit l'Onondago avec une certaine gravité.

— A vous autres Peaux Rouges, c'est possible ; un homme de couleur n'y fait pas plus d'attention qu'à ce pigeonneau. Il s'y habitue en peu de temps, et ce n'est plus la peine d'en parler.

Susquesus ne répondit rien, mais il prenait évidemment en pitié l'ignorance et l'abjection de son ami.

— Que pensez-vous de ce monde, Susquesus ? demanda tout à coup le nègre qui, une fois en train de bavarder, aimait beaucoup à dire tout ce qui lui passait par la tête ; d'où vient qu'il y a des blancs, qu'il y a des rouges, puis des *messieurs* de couleur ?

— Le Grand Esprit dit, et ils viennent tous. Il remplit l'Indien de sang, ce qui le rend rouge ; l'Africain d'encre, ce qui fait qu'il est noir. Les Visages Pâles sont pâles parce qu'ils vivent au soleil, et que la couleur s'efface.

Jaap éclata de rire si bruyamment, avec sa bonhomie toute indienne, que les nègres du porte-chaîne sortirent tous et se mirent à rire aussi par pure imitation, sans en savoir la cause. Ces nègres ! il est possible qu'ils soient misérables comme esclaves ; mais, à voir leurs fréquents accès de gaieté, on ne s'en douterait pas.

— Dites-moi, Indien, reprit Jaap quand il eut ri tout son saoul, dites-moi : à votre idée, la terre est-elle ronde ou plate ?

— Que voulez-vous dire ? La terre va en haut, elle va en bas ; elle n'est ni ronde, ni plate.

— Vous ne me comprenez pas. Eh bien, maître dit comme ça que la terre est ronde comme une pomme, et qu'on est d'un côté pendant le jour et de l'autre côté pendant la nuit. Qu'en dites-vous, Onondago?

Susquesus écouta gravement; mais il n'exprima ni adhésion ni dissentiment. Il avait un grand respect pour mon père et pour moi; mais c'était lui demander beaucoup que de vouloir qu'il crût une chose qu'il ne comprenait pas.

— S'il en était ainsi, dit-il après un moment de réflexion, l'homme marcherait donc la tête en bas? Il marche sur les pieds, et non sur la tête.

— Maître Corny me l'a dit, Susquesus, il y a bien longtemps, quand j'étais tout petit. J'ai interrogé un jour maître Mordaunt, et il m'a raconté la même histoire.

— Que dit le porte-chaîne? demanda tout à coup l'Indien, comme s'il était décidé à prendre pour guide dans une question si délicate un homme qu'il aimait tant. Le porte-chaîne ne ment jamais.

— Et mes maîtres non plus, j'espère! s'écria Jaap avec une certaine indignation.

— Non, mais il y a beaucoup de langues fourchues. Qui les écoute peut se fourvoyer. Le porte-chaîne se bouche les oreilles; il n'écoute jamais une langue fourchue.

— Eh bien, le voici justement qui vient, Susquesus. C'est un très-honnête homme, le porte-chaîne, et je ne serai pas fâché moi-même de savoir son avis; car il n'est pas facile de comprendre comment on peut marcher la tête en bas.

Après quelques remarques échangées sur les pigeons, Jaap ne se fit pas scrupule d'entamer le sujet avec André.

—Vous savez ce qu'il en est du pauvre Indien des bois, maître porte-chaine, dit-il; cette pauvre créature sans éducation ne sait rien de rien. Voilà Sans-Traces qui ne peut se mettre dans la tête que ce monde soit rond, et qu'il tourne; et il me charge de vous demander ce que vous en pensez.

Le porte-chaîne n'était pas un savant. Il avait entendu parler des vérités conquises par la science, ou il les avait lues dans des livres; mais il ne se les était pas appropriées au point de les bien comprendre, et il n'avait guère que son gros bon sens pour se diriger.

— Vous savez, Jaap, que tout le monde est de cet avis, répondit-il; je n'ai jamais entendu personne varier sur ce point.

— Et vous pensez que c'est vrai, porte-chaine? demanda l'Onondago d'une manière assez brusque.

— Cela doit être vrai, puisque tout le monde le dit. Vous savez que les Visages Pâles lisent un grand nombre de livres, ce qui les rend plus savants que les Peaux Rouges.

— Comment faites-vous tenir un homme sur la tête, hein !

Le porte-chaine regarda derrière lui à droite, puis à gauche, et voyant qu'il n'y avait personne à portée de l'entendre, il se montra un peu plus communicatif qu'il ne l'eût été sans doute autrement. Se rapprochant, comme quelqu'un qui va révéler un secret :

— Pour vous parler franchement, Susquesus, dit-il, c'est une question à laquelle il n'est pas facile de répondre. On dit qu'il en est ainsi, et il faut bien que cela soit; mais je me suis souvent demandé à moi-même, si le monde était véritablement renversé pendant la nuit, comment il se faisait que je n'étais pas précipité à bas de mon lit. Il y a dans la nature des choses incompréhensibles, Susquesus, tout à fait incompréhensibles.

Cette dernière explication parut sans doute la plus satisfaisante à l'Indien, car il cessa ses questions. Quant au porte-chaine, il changea brusquement de discours, comme s'il ne voulait pas laisser à ses compagnons le temps de réfléchir s'ils étaient sur leur tête ou sur leurs pieds.

— Ne dit-on pas, Jaap, que l'Onondago et vous, vous étiez présents à un massacre qui eut lieu dans ces environs, avant la révolution, dans l'ancienne guerre contre les Français? Je veux parler du temps où un arpenteur, nommé Traverse, fut tué avec tous ses ouvriers?

— C'est vrai comme l'Évangile, maître André, répondit le nègre en branlant la tête d'un air grave. J'étais ici avec Susquesus. C'était la première fois que nous sentions ensemble l'odeur de la poudre. Les Indiens français étaient à rôder par bandes nombreuses, et ils surprirent maître Traverse et tous ses hommes, sans laisser la moitié d'une chevelure sur une seule tête. Allez! je m'en souviens comme si c'était hier.

—Et les corps, qu'en fit-on? Vous fut-il possible de les ensevelir?

— Certainement. Peter, le domestique de maître Ten Eyck, fut mis dans un trou, près de la hutte de maître Corny, qui doit être à quatre ou cinq milles par là ; tandis que maître l'arpenteur et ses gens furent ensevelis à côté d'une source, un peu plus loin de ce côté. Je ne me trompe pas, Indien?

L'Onondago secoua la tête, puis il montra du doigt la véritable direction, d'un tout autre côté, indiquant ainsi à quel point Jaap se trompait. J'avais bien entendu parler de certaines aventures tragiques auxquelles mon père dans sa jeunesse et même ma mère s'étaient trouvés mêlés ; mais je n'étais pas assez au courant des faits pour bien comprendre la conversation qui suivit. Il paraît que le porte-chaîne ne les connaissait que par ouï-dire ; mais il avait un vif désir de visiter la tombe des victimes. Il n'avait pas encore été voir la hutte de M. Traverse, l'arpenteur qui avait été tué ; car la besogne qui l'occupait étant surtout de détails, puisqu'elle consistait à subdiviser les grands lots formés avant la révolution, en un certain nombre de lots plus petits, afin d'en faciliter la vente, il ne s'était pas encore éloigné du point central où il avait commencé ses opérations. Le nouvel aide qu'il attendait ne devait pas arriver avant un jour ou deux ; et après en avoir conféré avec ses deux compagnons, il résolut d'aller le lendemain matin à la recherche de tous les tombeaux, dans l'intention d'y faire placer des inscriptions convenables.

La soirée fut calme et délicieuse. Au moment du coucher du soleil, je rendis visite à Ursule, et je la trouvai seule dans le salon de son « harem. » Par bonheur il n'y avait point de muets pour m'empêcher d'entrer, et la vieille négresse, destinée à les remplacer, était encore occupée à la cuisine. Je fus reçu sans embarras, et m'asseyant sur le seuil, je me mis à converser avec la maîtresse du logis qui, assise sur une petite chaise, travaillait à l'aiguille dans l'intérieur. La conversation commença par rouler sur les pigeons et sur notre petit voyage dans les bois ; puis elle tomba insensiblement sur notre situation actuelle, sur le passé et sur l'avenir. En parlant du projet d'André d'aller visiter les tombeaux, j'ajoutai :

— J'ai entendu faire allusion à ces événements mélancoliques, mais je ne les ai jamais entendu raconter. Mes parents, sans que jamais j'en aie su la raison, n'aimaient pas à en parler.

— C'est une histoire très-connue à Ravensnest, répondit Ursule; et on la raconte souvent, comme tout ce qui est merveilleux se raconte dans les établissements éloignés; c'est-à-dire que quelques parcelles de vérité se trouvent mêlées à une foule d'erreurs.

Nous nous racontâmes alors ce que nous savions chacun de notre côté des faits principaux, et nos versions s'accordèrent assez bien. Seulement, il paraîtrait que j'avais mieux retenu les traits les plus sombres du tableau, tandis qu'Ursule, s'abandonnant à la pente naturelle de son caractère angélique, se plaisait à retracer les incidents qui se rapportaient à des sentiments plus tendres.

— Votre récit diffère peu du mien, dit-elle, et ils doivent être vrais tous les deux, puisque vous tenez le vôtre des acteurs principaux; mais nos commérages parlent de certains détails d'amour et de mariage, dont vous n'avez rien dit.

— Apprenez-les moi donc, m'écriai-je, car jamais je n'ai été en meilleure disposition pour parler amour et mariage! Et j'appuyai avec force sur ce dernier mot.

Ursule rougit, se pinça les lèvres, et garda un instant le silence. Je remarquai que sa main tremblait, mais elle était trop accoutumée aux situations extraordinaires pour ne pas se remettre promptement. Le jour commençait aussi à baisser, et l'obscurité, dans laquelle elle était assise dans l'intérieur de la hutte, ombragée elle-même par des arbres épais, l'aidait à cacher son émotion. Cependant j'avais parlé avec trop de chaleur, quoique sans plan concerté d'avance, et sous la seule impulsion du moment, pour pouvoir en rester là. Je sentais qu'une explication plus complète était devenue nécessaire, seulement j'attendis le moment favorable de la donner.

— Tout ce que je voulais dire, reprit Ursule, c'est qu'une tradition circule parmi vos colons, d'après laquelle ce qui aurait amené le mariage de vos parents, ce serait la manière dont votre père aurait défendu l'habitation d'Herman Mordaunt, qui, jusque-là, avait eu l'intention de marier sa fille à un lord anglais. Mais à quoi bon vous répéter toutes ces sottes histoires?

— Elles ne sauraient m'être indifférentes, puisqu'elles concernent mes parents.

— Je suis sûre que ce sont autant d'inventions, comme tous les bruits qui circulent sur ce qui se passe dans l'intérieur des familles. Au surplus, puisque vous le voulez, ma tradition ajoute que votre mère s'était d'abord laissé captiver par les brillantes qualités du jeune lord, mais qu'elle finit par donner la préférence au général Littlepage, et que cette union a été des plus fortunées.

— Votre tradition ne rend pas justice à ma mère, et altère la vérité sur un point très-important. Je tiens de ma grand'mère que l'attachement de sa fille pour mon père remonte à leur plus tendre enfance, et qu'il fut inspiré par la manière dont, la voyant insultée par un autre petit garçon, il prit généreusement sa défense.

— Ah! tant mieux! s'écria Ursule avec une énergie qui me frappa. Je ne conçois pas qu'une femme aime deux fois. Aussi, il y a une autre partie de la tradition que j'aime beaucoup, d'après laquelle une amie de votre mère qui avait perdu son fiancé dans la nuit de l'attaque dirigée contre Ravensnest, n'aurait jamais voulu se marier, pour rester fidèle à sa mémoire.

— Ne s'appelait-elle pas Wallace? demandai-je vivement.

— Oui, Mary Wallace; c'est un nom qui me sera toujours cher. A mes yeux, monsieur Littlepage, il n'y a rien de plus digne de respect et de vénération que la femme qui reste fidèle à ses premières affections, dans toutes les circonstances, dans la vie comme dans la mort.

— Et aux miens également, chère Ursule! m'écriai-je avec transport.

Mais je n'aurai pas la niaiserie de chercher à rapporter tout ce que je lui dis alors. Ursule, en quelques semaines, avait tellement pris racine dans mon cœur que tous mes efforts pour l'en arracher eussent été inutiles, lors même que j'en aurais eu le désir. Mais déjà je m'étais interrogé froidement, et je ne voyais aucun motif pour vouloir m'affranchir de l'empire qu'Ursule Malbone avait pris sur moi. Elle me semblait réunir tout ce qu'un homme pouvait désirer dans la compagne de sa vie, et sa pauvreté ne me paraissait pas un obstacle à notre mariage. Par son éducation, par sa famille, elle était à mon niveau, et j'avais assez de fortune pour deux. Il était essentiel pour le bonheur d'un ménage que l'on eût les mêmes habitudes, les mêmes opinions, les mêmes préjugés, si vous voulez ; mais, au delà, toute considération d'intérêt ne devait, suivant moi, exercer aucune influence.

D'après cette manière de voir, et sous l'impulsion d'un attachement aussi vif que profond, j'ouvris toute mon âme à Ursule. Je crois que je parlai bien un quart d'heure sans être interrompu une seule fois. Je ne souhaitais pas d'entendre la voix d'Ursule ; car j'avais la défiance qui est, dit-on, la compagne inséparable du véritable amour, et je tremblais que la réponse ne fût pas conforme à mes désirs. Je pus m'apercevoir, malgré l'obscurité croissante, qu'elle était fortement agitée ; et j'avoue que cette circonstance me parut favorable. Voyant qu'on gardait le silence, je pressai Ursule de s'expliquer, et voici ce qu'elle me répondit enfin d'une voix tremblante :

— Je vous remercie du fond du cœur, monsieur Littlepage, de cette déclaration inattendue, et, j'aime à le croire, sincère. Venant de vous, et s'adressant à une pauvre orpheline, elle indique une honorable franchise, une noble générosité, que je n'oublierai jamais. Mais je ne suis plus maîtresse de ma foi ; elle est engagée à un autre ; c'est un engagement sacré, que mon cœur a ratifié, et je dois d'autant plus ne vous laisser aucun doute sur mes sentiments, que votre offre est plus délicate et plus généreuse.

Je ne pus en entendre davantage ; car, me levant précipitamment, je m'éloignai à grands pas et je m'enfonçai dans la forêt.

CHAPITRE XVI.

> Vous, enfants, qui arrachez les fleurs et qui troublez la limpidité de l'eau, craignez le dard perfide du serpent.
>
> DRYDEN.

PENDANT la première demi-heure, je marchai sans savoir littéralement ce que je faisais ni où j'allais. Tout ce que je me rappelle, c'est que je passai près de l'Onondago, qui semblait vouloir me parler, mais que j'évitai par une sorte d'instinct, plutôt que de propos délibéré. Ce ne fut que la fatigue qui me rendit l'usage de mes sens. J'allais toujours devant moi, m'enfonçant de plus en plus dans les profondeurs de la forêt. La nuit était venue étendre son voile sur la terre. Enfin, après avoir parcouru ainsi plusieurs milles, harassé, respirant à peine, je me laissai tomber sur le tronc d'un arbre renversé, pour prendre quelque repos.

D'abord, je ne pus penser à rien qu'à cette terrible révélation qui venait de m'être faite, que la foi d'Ursule était engagée à un autre. De la part de Priscilla Bayard, une pareille annonce ne m'eût pas autant surpris; vivant dans le monde, entourée des personnes de la même condition, il n'eût pas été étonnant qu'elle eût rencontré des sympathies et des attentions qui eussent éveillé dans son cœur un tendre intérêt. Mais Ursule qui n'avait quitté les forêts que pour aller en pension, et qui, de la pension, était revenue au milieu des bois, comment son cœur avait-il pu se laisser prendre? Son frère, pendant le temps qu'il était au service, avait-il quelque compagnon d'armes qui fût devenu amoureux d'elle, et qu'elle eût payé de retour? C'était une conjecture peut-être bien gratuite, et mon esprit torturé ne savait à quelle idée s'arrêter.

— En tout cas, il doit être pauvre, dis-je en moi-même dès que je fus capable d'une réflexion suivie; autrement il n'aurait pas laissé Ursule dans cette hutte, n'ayant d'autre société que celle de porte-chaînes ou de grossiers habitants des frontières. Si je ne puis obtenir son cœur, je pourrai du moins employer à assurer son bonheur une partie de la fortune qu'une gracieuse Providence a mise à ma disposition, et hâter ainsi son mariage. Pendant quelque temps, je m'imaginais que je serais moins malheureux si je voyais Ursule établie et heureuse dans son ménage. Mais ces sentiments furent de courte durée, et je sentis qu'il me faudrait encore de longs efforts pour m'habituer à cette idée de la savoir heureuse avec un autre. Néanmoins le premier moment de tranquillité, la première sensation de bien-être que j'éprouvai, fut dans cette conviction que je pouvais faciliter l'union d'Ursule avec l'homme de son choix. Cette pensée finit même par me causer un moment de plaisir véritable, et je restai pendant des heures entières à rêver aux moyens de la réaliser. J'étais dans cette situation d'esprit, lorsque la lassitude qui m'accablait produisit son effet ordinaire, et je m'assoupis profondément au milieu du feuillage épais qui tenait encore aux branches de l'arbre sur lequel je m'étais étendu.

Quand je m'éveillai, l'aube commençait à paraître. D'abord il me sembla que mes membres étaient raides et tout mon corps brisé par suite de la dureté de mon lit; mais, en changeant d'attitude et en me mettant sur mon séant, je sentis ces impressions se dissiper, et je me trouvai plus calme. A ma grande surprise, je m'aperçus qu'une de ces petites couvertures légères dont les habitants des bois se servent dans l'été avait été jetée sur moi, attention qui m'avait été sans doute plus utile que je ne m'en doutais alors. Cette circonstance m'alarma dans le premier moment; il était évident que la couverture n'avait pu venir là toute seule; mais il me suffit d'un instant de réflexion pour me convaincre qu'elle n'avait pu être placée que par une main amie. Néanmoins, je sortis de mon lit de feuillage, et sautant à terre, je me mis à regarder autour de moi avec un vif désir de découvrir quel pouvait être cet ami secret.

Cet endroit n'avait rien qui le distinguât du reste de la forêt. C'étaient toujours ces interminables allées d'arbres gigantesques, cette voûte épaisse de feuillage, cette surface brune et inégale de la terre, cette fraîcheur humide des bois. Une belle source descendait d'une hauteur tout près de moi, et j'allais m'en approcher pour boire de son eau, quand le mystère de la couverture me fut révélé tout à coup. Je vis l'Onondago, au pied de la colline, aussi immobile que les arbres qui l'entouraient, appuyé sur sa carabine, et semblant regarder un objet étendu à ses pieds. En un instant je fus à ses côtés, et je vis qu'il considérait un squelette humain! C'était un spectacle étrange et saisissant à rencontrer dans la solitude de la forêt. L'homme tenait si peu de place, était vu si rarement dans les déserts de l'Amérique, que cette trace de son passage dans un pareil lieu était de nature à faire plus d'impression encore que si elle se fût rencontrée au milieu de districts populeux. Quant à l'Indien, il contemplait les os si attentivement qu'il ne s'aperçut pas, ou du moins qu'il ne tint aucun compte de mon approche. Je dus même le toucher du doigt pour qu'il levât les yeux. Charmé d'avoir une excuse pour éviter d'entrer en explication sur ma propre conduite, je saisis avidement l'occasion qui m'était offerte si naturellement de parler d'autre chose.

— Il faut qu'il y ait eu ici une mort violente, Susquesus, lui dis-je; autrement le corps n'aurait pas été laissé sans sépulture. Sans doute quelque querelle entre les guerriers rouges.

— Il y a eu sépulture, répondit l'Indien sans manifester la moindre surprise de ma présence. Voyez! voilà le trou! la terre a été balayée par l'eau, et les os ont reparu; voilà tout. Je sais que l'homme a été enseveli; j'y ai aidé moi-même.

— Comment? Vous connaissez donc cet infortuné, et la cause de sa mort?

— Oui, je sais tout. Il a été tué dans la vieille guerre contre les Français. Votre père était ici, Jaap aussi. Ce sont les Hurons qui les ont tous tués. Nous avons, nous, *fouetté* les Hurons. Oui, oui; c'est une vieille histoire aujourd'hui!

— J'en ai entendu quelque chose. C'est sans doute l'endroit où un arpenteur, nommé Traverse, fut surpris par l'ennemi et massacré avec ses ouvriers. Mon père et ses amis trouvèrent les corps et les ensevelirent.

— C'est cela! mais ils ne s'y prirent pas bien; autrement les os ne seraient pas sortis de terre. Oui, je reconnais bien le squelette de l'arpenteur. Il s'était cassé la jambe autrefois. Tenez ! voici la marque !

— Si nous creusions une nouvelle fosse, Susquesus, pour ensevelir de nouveau ces restes ?

— Pas à présent. Le porte-chaîne compte le faire. Il sera bientôt ici. Il y a autre chose à faire en attendant : toutes les terres ici à l'entour vous appartiennent; ainsi rien ne presse.

— Oui, elles appartiennent du moins à mon père et au colonel Follock. Ces malheureux ont été tués sur leur propriété, pendant qu'ils la divisaient en grands lots. Il me semble avoir entendu dire qu'ils étaient loin d'avoir fini quand on fut obligé d'abandonner les travaux à cause des troubles qui éclataient à cette époque.

— Juste. A qui donc est le moulin ici ?

— Il n'y a point de moulin près de nous, Susquesus, il ne saurait y en avoir, puisque aucune parcelle de la propriété de Mooseridge n'a jamais été ni louée ni vendue.

— C'est possible; mais il existe un moulin pas loin d'ici. On reconnaît un moulin quand on l'entend; la scie parle haut.

— Est-ce que par hasard vous entendriez le bruit d'un moulin dans ce moment? J'avoue que pour moi je n'entends rien du tout.

— Pas à présent, c'est vrai; mais je l'ai entendu la nuit. L'oreille est bonne la nuit; elle entend loin.

— J'en conviens, Susquesus. Ainsi donc vous croyez avoir entendu le mouvement d'une scie pendant les heures calmes et silencieuses de la nuit dernière ?

— A coup sûr. Il n'y avait pas à s'y méprendre. Ce n'était pas à un mille de distance. — Là! de ce côté.

Voilà qui était plus sérieux encore que la découverte du squelette. J'avais dans ma poche un plan grossier de la totalité de la concession; et en l'examinant avec attention, j'y trouvai marqué un cours d'eau, propre en effet à l'établissement d'un moulin, très-près de l'endroit où nous nous trouvions. L'emplacement était d'autant plus convenable que les pins étaient abondants, et que les collines commençaient à prendre presque les proportions de montagnes.

Le jeûne et l'exercice que j'avais subis avaient aiguisé mon appétit; et, dans un sens du moins, je n'étais pas fâché de penser que j'étais près d'habitations humaines. Si quelqu'un demeurait dans cette forêt, ce devaient être des squatters. Sans doute l'établissement d'un moulin était une démonstration assez significative, et un peu de réflexion aurait pu me convaincre que ceux qui l'occupaient ne seraient pas flattés de recevoir la visite des propriétaires du sol; mais, d'un autre côté, nous étions très-éloignés des huttes du porte-chaîne, et la faim nous pressait. Ce n'était pas que l'Onondago s'en plaignît : jamais une souffrance, de quelque genre qu'elle fût, ne se peignait sur son visage; encore moins s'exhalait-elle en paroles; mais je pouvais juger par ma propre expérience de ce qu'il devait ressentir. J'avais en même temps un vif désir d'éclaircir ce mystère, et enfin j'éprouvais le besoin de m'arracher à mes propres pensées, d'exciter dans mon âme quelque intérêt nouveau, afin de faire diversion au sentiment qu'il me fallait travailler à étouffer.

Si je n'avais pas connu aussi bien mon compagnon, si je n'avais pas su quelle est la finesse et la subtilité des organes de l'Indien, j'aurais pu hésiter à aller plus loin sur des indices en apparence aussi vagues. Mais des circonstances récentes donnaient une nouvelle force aux assertions de Susquesus. Dans le principe, le Connecticut formait une partie des limites de la colonie de New-York du côté de l'est; mais des troupes nombreuses de planteurs avaient émigré, surtout de la colonie adjacente de New-Hampshire, et ils étaient devenus formidables par leur position et par leur nombre, quelque temps avant la Révolution. Pendant la lutte, ces fiers montagnards, tout en manifestant des dispositions assez patriotiques, témoignaient le désir de rester neutres, toutes les fois qu'il était question de régulariser leurs droits. Leur patriotisme consistait en grande partie à être libres de faire ce qu'ils voudraient des terres dont ils avaient pris possession, mais il n'allait pas jusqu'à se soumettre à l'action régulière de la loi. Vers la fin de la guerre, les chefs de cette colonie, qui s'était organisée elle-même, furent plus que soupçonnés de faire des avances aux représentants de l'autorité royale, non qu'ils préférassent le gouvernement de la couronne,

— en fait de contrôle, ils ne reconnaissaient que le leur propre ; — mais c'était un moyen de gagner du temps, et de rester en possession éventuelle de terres sur lesquelles ils n'avaient que des droits très-contestables. La paix de 83 fut loin de résoudre la difficulté. Les comtés qui alors étaient également connus sous les noms de Vermont et de Hampshire-Grants, existaient dans un sens, mais ils faisaient classe à part. Ils ne reconnaissaient point le pouvoir de la confédération ; ils n'entrèrent dans l'union, sous la constitution de 89, que lorsque tous les autres comtés leur eurent donné l'exemple, et qu'il ne resta plus la moindre trace d'opposition au nouveau système.

La contagion du mauvais exemple est funeste, et les enfants suivent d'ordinaire les errements de leurs pères. De nombreux squatters s'étaient établis sur nos terres trouvées vacantes ; Vermont en avait fourni deux fois plus qu'aucun des États voisins. Je savais que le comté de Charlotte, comme on appelait alors Washington, était particulièrement exposé à des invasions de ce genre, et j'en éprouvai moins de surprise de voir que j'allais sans doute trouver quelques fruits de la semence qui avait été répandue avec tant de profusion le long des flancs des Montagnes Vertes. Quoi qu'il en fût, j'étais décidé à en avoir le cœur net, car j'avais deux besoins également impérieux à satisfaire : la faim et la curiosité. Pour l'Indien, il restait impassible, attendant ma décision.

— Puisque vous pensez qu'il y a un moulin de ce côté, Susquesus, lui dis-je après un moment de réflexion, je vais aller à sa recherche, si vous voulez me tenir compagnie. Vous croyez pouvoir le trouver sans doute, sachant la direction à suivre ?

— C'est chose facile — trouver d'abord l'eau, ensuite le moulin. J'ai des yeux, j'ai des oreilles. J'ai entendu déjà la scie bien des fois.

Je fis signe à mon compagnon de se mettre en marche. Susquesus était un homme d'action et non de paroles. Il se dirigea sans hésiter du côté où son instinct lui disait que devait être la petite rivière. Il ne tarda pas en effet à la découvrir, et nous en suivions les bords depuis cinq minutes, quand il s'arrêta tout court, comme quelqu'un qui rencontre un obstacle imprévu. Je fus bientôt à côté de lui, curieux de connaître la raison de cette halte soudaine.

— Nous allons bientôt voir le moulin à présent, dit Susquesus en réponse à la question que je lui adressai. Voilà des planches en quantité; elles descendent le courant rapidement.

En effet la rivière était couverte de planches qui suivaient le cours de l'eau avec une rapidité qui n'était rien moins qu'agréable pour les yeux d'un propriétaire, surtout lorsqu'il savait qu'il n'aurait aucune part au produit de la vente. Elles n'étaient point arrangées sur des radeaux; mais elles flottaient isolées, ou attachées deux ou trois ensemble, comme si quelques dispositions avaient été prises pour les arrêter plus bas, avant qu'elles arrivassent à quelques bas-fonds ou à quelque écueil. Cela avait tout l'air d'une fabrique de bois régulière, établie pour fournir les marchés des villes bordant l'Hudson. La petite rivière que nous suivions était une des tributaires de ce beau fleuve; et, une fois arrivés là, il n'y avait plus d'obstacles physiques qui s'opposassent à ce que les produits de nos forêts fussent transportés dans toute l'étendue du globe.

— Ceci a vraiment tout l'air d'un commerce organisé, Susquesus, dis-je dès que je fus certain que mes yeux ne me trompaient pas. Quand on voit des planches toutes faites, il doit y avoir des hommes à peu de distance. Le bois ainsi travaillé ne pousse pas dans le désert.

— Le moulin le façonne. Vous l'entendrez bientôt : il parle assez haut. Le Visage Pâle fait des moulins; mais l'homme rouge a des oreilles pour entendre.

Tout cela était assez vrai; restait à voir ce qui en résulterait. J'avouerai que, quand je vis flotter ces planches à travers les sinuosités de la petite rivière, j'éprouvai un certain saisissement, sentant bien que c'était le prélude d'incidents d'un grand intérêt pour moi. Je savais que ces hommes des forêts, sans foi ni loi, n'hésiteraient pas à recourir à la violence, s'ils le croyaient nécessaire, pour se maintenir dans leur usurpation. Quand le crime, au lieu d'être isolé, s'infiltre dans les masses, il semble perdre de son caractère odieux ; mais il porte sa punition avec lui, en ce qu'il gangrène complétement la société qui a eu la faiblesse de l'admettre même partiellement.

Toutefois je n'eus pas beaucoup de temps pour les réflexions ni pour les conjectures; car bientôt, arrivés à un nouveau coude que faisait la rivière, nous découvrîmes l'endroit où une demi-douzaines d'hommes de tout âge étaient occupés à placer les planches par petites piles de deux ou de trois, et à les lancer dans le courant. Il y avait un amas considérable de bois entassé sur le bord, au pied d'une colline où s'élevait le moulin en question. C'était une preuve évidente que les squatters étaient systématiquement à l'ouvrage, dépouillant de leurs plus beaux arbres les forêts qui nous appartenaient et jetant le plus audacieux défi au droit de propriété. Les circonstances demandaient une grande énergie, jointe à une extrême prudence. Ce que je devais à mon père et au colonel Follock, dont j'étais le représentant, et le sentiment même de ma dignité, ne m'eussent pas permis de me retirer, quand même j'aurais pu être un moment tenté de le faire par prudence.

J'éprouvais aussi de plus en plus le besoin de faire une diversion violente aux sentiments d'angoisse qui m'oppressaient depuis qu'Ursule Malbone avait repoussé si positivement l'offre de mon cœur, et je n'en étais que plus disposé à me lancer dans les aventures les plus hasardeuses. Nous étions encore cachés, et Susquesus profita de cette circonstance pour tenir conseil avant de nous remettre entre les mains de gens qui pouvaient trouver leur intérêt à se défaire de nous plutôt qu'à nous laisser retourner au milieu de nos amis. Cette précaution n'était nullement dictée à Susquesus par son intérêt personnel, mais seulement par cette prudence qui doit caractériser le guerrier expérimenté, lorsqu'il se trouve engagé sur un sentier de guerre difficile.

— Vous les connaissez, me dit-il. Ce sont des squatters de Vermont — méchantes gens. — Vous croyez la terre à vous; ils la croient à eux. Ayez votre carabine, et servez-vous en au besin. Ayez l'œil sur eux.

— Je crois vous comprendre, Susquesus, et je me tiendrai

sur mes gardes. Avez-vous jamais vu quelqu'un de ces gens-là?

— Je le crois. On rencontre toutes sortes de gens, quand on va et vient dans les bois. C'est un squatter déterminé, ce vieux qui est là-bas. Il s'appelle Mille-Acres. — Il dit qu'il a toujours mille acres en sa possession, quand il lui prend fantaisie de les avoir.

— Voilà qui indiquerait un riche propriétaire. — Mille acres! c'est un très-joli morceau pour un vagabond, surtout quand il peut l'emporter avec lui, partout où il va. Le vieillard dont vous me parlez, c'est cet homme aux cheveux gris, n'est-ce pas? Celui qui est à moitié vêtu de peau de daim?

— Oui, c'est le vieux Mille-Acres. Il ne manque jamais de terres; il en prend où il en trouve. Il a traversé, dit-il, le grand lac salé, et il a voyagé vers le soleil couchant, quand il était enfant. Il s'aide toujours lui-même. C'est un habitant du Hampshire-Grant. Mais, major, pourquoi son droit ne serait-il pas aussi bon que le vôtre?

— Parce que nos lois ne lui en confèrent aucun. C'est une des conditions de la société dans laquelle nous vivons, que le respect qu'on doit avoir pour la propriété des autres; et ces terres sont notre propriété, et non la sienne.

— Le mieux est de n'en rien dire. Pas besoin de dire tout. Ne parlez pas de vos terres. S'il vous prend pour un espion, il pourrait bien tirer sur vous. Les Visages Pâles tirent sur les espions; pourquoi l'homme rouge n'en ferait-il pas autant?

— On ne tire sur les espions qu'en temps de guerre; mais, guerre ou paix, vous ne pensez pas que ces gens en viennent à de pareilles extrémités? Ils craindront les rigueurs de la loi.

— La loi! Que leur fait la loi? Ils n'ont jamais vu la loi; ils n'en approchent pas; ils ne la connaissent pas.

— En tout cas, j'en courrai le risque; car en ce moment la faim est pour moi un stimulant aussi actif que la curiosité et l'intérêt. Mais il n'est nullement nécessaire que vous vous exposiez, Susquesus; restez en arrière et attendez le résultat. Si l'on m'arrête, vous pourrez en porter la nouvelle au porte-chaîne, qui saura où me chercher. Restez ici, et laissez-moi approcher seul. — Adieu.

Susquesus n'était pas d'un caractère à battre ainsi en retraite. Il ne dit rien, mais au premier pas que je fis, il reprit tranquillement sa place accoutuméé en avant, et me conduisit vers les squatters. Ils étaient quatre à l'ouvrage, enfoncés dans l'eau, indépendamment du vieux chef qui était généralement connu sous le sobriquet de Mille-Acres, et qui, avec deux jeunes gaillards pleins de vigueur, était resté sur la terre sèche, présumant sans doute que son âge et les longs services qu'il avait rendus à la cause de la désorganisation sociale lui donnaient droit à ce léger avantage.

La première nouvelle qu'ils eurent de cette visite inattendue, fut par le craquement d'une branche sèche sur laquelle je marchai par mégarde. A ce bruit le vieux squatter tourna la tête par un mouvement aussi rapide que la pensée, et il vit l'Onondago debout à quelques pas de lui. J'étais immédiatement derrière. Mille-Acres ne manifesta ni surprise ni inquiétude. Il connaissait Susquesus, et quoique ce fût la première visite qu'il reçût de lui dans cet endroit spécial, ils s'étaient souvent rencontrés de la même manière, et toujours sans autre avertissement préalable. Loin donc qu'aucun sentiment fâcheux se peignît sur la figure du squatter, Susquesus fut accueilli par un sourire amical, où se mêlait seulement une légère teinte de malice.

— Ah! ce n'est que vous, Sans-Traces? Je pensais que ce pouvait être le shérif. On voit quelquefois venir dans les bois de ces sortes de créatures; mais elles n'en sortent pas toujours. Comment avez-vous fait pour nous dénicher dans cette retraite assez isolée, Onondago?

— J'ai entendu le moulin la nuit; la scie a une langue bien pendue. J'avais faim; je suis venu pour avoir quelque chose à manger.

— Eh! bien, cela tombe assez bien, car nous n'avons jamais été mieux montés en provisions. Les pigeons sont presque aussi nombreux que les feuilles des arbres, et la loi n'en est pas encore venue au point de défendre de prendre des pigeons dans la forêt. Il faudra pourtant que j'aie soin de mieux graisser cette scie. C'est une bavarde qui pourrait nous trahir : mais venez, suivez-moi ; nous allons voir ce que mistress Mille-Acres peut faire pour nous. Le déjeuner doit être prêt maintenant, et, quel qu'il soit, vous et votre ami, vous serez les bienvenus à en prendre votre part. — Eh bien, ajouta le squatter dès qu'il se fut mis en marche, dites-moi un peu les nouvelles, Sans-Traces. Nous vivons très-retirés, comme vous voyez, et nous n'apprenons quelque chose que par les garçons quand ils descendent le courant pour accompagner nos trains de bois. Nous sommes en bonne veine ici, et j'espère que les choses vont assez bien à Albany pour que les planches nous rapportent quelque chose. Il est grand temps que le travail reçoive sa récompense.

— Je ne sais pas, — je n'ai jamais vendu de planches, répondit l'Indien ; je n'en ai jamais acheté. Les planches ne m'intéressent guère. La poudre est à bon marché, à présent que le sentier de guerre est fermé. Voilà qui est bon, hein ?

— Moi, Sans-Traces, je m'inquiète beaucoup plus des planches que de la poudre, quoique la poudre ait aussi son utilité. Oui, oui, la poudre a du bon. De la venaison, du sanglier, c'est une nourriture saine et qui ne coûte pas cher. La poudre peut être employée de beaucoup de manières. — Quel est votre ami, Sans-Traces ?

— C'est un *ancien* jeune ami, — je connais son père. Il vit dans les bois comme nous, cet été. Il chasse le daim.

— Il est le bienvenu, mille fois le bienvenu. Tout le monde est le bienvenu ici, sauf le propriétaire. Vous me connaissez, Sans-Traces ; vous connaissez le vieux Mille-Acres, et peu de mots suffisent entre amis d'ancienne date. Mais, dites-moi, Onondago : avez-vous vu le porte-chaîne, et sa légion d'arpenteurs du diable, dans les bois cet été ? Les garçons semblent croire qu'il est à l'œuvre, quelque part dans ces environs, et qu'il recommence ses anciens tours !

— Je l'ai vu. C'est aussi un vieil ami, le porte-chaîne. J'ai vécu avec lui avant l'ancienne guerre contre les Français. J'aime à vivre avec lui quand je le peux. C'est un brave homme le porte-chaîne, entendez-vous, Mille-Acres. Quels tours fait-il ?

L'Indien parlait avec une certaine chaleur, car il aimait trop André pour ne pas prendre sa défense, dès qu'on paraissait l'attaquer. Mais ces deux hommes étaient trop accoutumés à bannir toute réserve dans leurs relations habituelles, pour s'offenser de si peu; et ce nuage passager ne troubla en aucune façon leur bonne harmonie.

— Quels tours, Sans-Traces? de damnés tours, avec ses maudites chaînes! S'il n'y avait ni chaînes ni porte-chaînes, il n'y aurait point d'arpenteurs, et sans arpenteurs il n'y aurait d'autres limites marquées pour les fermes que la carabine, qui est la loi, par excellence, après tout. Les Indiens n'ont pas besoin d'arpenteurs, Sans-Traces.

— Non, sans doute. C'est mauvais de mesurer la terre, j'en conviens, répondit le consciencieux Susquesus, qui ne pouvait renier ses principes, tout en méprisant l'homme qui les professait en ce moment. Je n'ai jamais vu qu'il pût en résulter du bien.

— Ah! je savais bien que vous étiez du pur sang indien! s'écria Mille-Acres enchanté: et c'est pour cela que nous squatters, et vous Peaux-Rouges, nous sommes si bons amis. Mais le porte-chaîne est à travailler près d'ici, n'est-ce pas, Sans-Traces?

— Sans doute. Il arpente la ferme du général Littlepage. Qui est votre propriétaire, hein?

— Ce même Littlepage, à ce que je suppose, et tout le monde s'accorde à dire que c'est un fieffé coquin.

Je tressaillis en entendant traiter ainsi mon vénérable père, et j'allais éclater, lorsqu'un regard de l'Indien me recommanda la prudence. J'étais jeune alors, et j'avais encore à apprendre avec quel acharnement la calomnie s'exerce sur ceux qui font obstacle à l'intérêt privé. Je sais maintenant que c'est une coutume presque générale de vilipender les propriétaires et de contester leurs titres, et elle prend sa source dans les usurpations continuelles que des aventuriers font sur leurs terres. Que le voyageur qui traverse l'État de New-York écoute, même aujourd'hui, les propos qui se débitent dans les tavernes, et il entendra que tous les propriétaires sont des scélérats, et tous les fermiers des victimes. C'est une règle sans exception. Les titres les plus anciens et les plus authentiques ne sont pas plus respectés que les plus récents. La tactique est uniforme, et part du même principe. On est un scélérat dès qu'on possède une terre que d'autres voudraient posséder eux-mêmes sans avoir la peine de l'acheter et d'en payer le prix.

Je me contins cependant, et je laissai à l'honnête et loyal Susquesus le soin de défendre mon père.

— C'est faux, répondit l'Indien d'un ton ferme. C'est un gros mensonge; des langues fourchues disent cela. Je connais le général, j'ai servi avec lui, c'est un bon guerrier, un honnête homme. Qui dit le contraire en a menti, et je le lui dirais en face.

— Je ne sais pas, marmotta M. Mille-Acres d'une voix traînante, comme quelqu'un qui se voit acculé dans une position qu'il ne peut plus défendre ; je ne fais que répéter ce que j'ai entendu dire. Mais nous voici à la hutte, Sans-Traces, et je vois par la fumée que la vieille Prudence et ses filles ne sont pas restées oisives ce matin, et que nous trouverons quelque chose à mettre sous la dent.

En disant ces mots, M. Mille-Acres s'arrêta à un endroit favorable sur le bord de l'eau, et il se mit à se laver les mains et la figure ; opération qu'il remplissait alors pour la première fois de la journée.

CHAPITRE XVII.

> Il s'approcha du fauteuil du monarque, puis, avec une simplicité rustique, sans incliner ni la tête ni le corps, il dit à peu près ces paroles.
> *Marmion.*

Tandis que le squatter était ainsi occupé à faire sa toilette avant de prendre son repas du matin, j'eus un moment de loisir pour regarder autour de moi. Nous étions montés sur la hauteur où s'élevait le moulin, et il s'y trouvait un espace d'une soixantaine d'acres, qui avait été déblayé en partie et qui offrait quelques traces de culture. On voyait que l'occupation devait être d'une date assez récente; et, en effet, je sus plus tard qu'elle ne remontait pas à plus de quatre ans. C'était alors que Mille-Acres, avec sa nombreuse famille, qui se composait de vingt membres, était venu s'établir dans cet endroit. L'emplacement était admirablement choisi pour un moulin ; la nature semblait avoir tout disposé pour une semblable destination ; mais l'art avait fait très-peu de chose pour seconder la nature, et la construction était des plus grossières. L'agriculture n'était évidemment pour la famille qu'une occupation tout à fait accessoire ; la terre n'était cultivée que tout juste ce qu'il fallait pour donner la nourriture strictement nécessaire ; tandis que tout ce qui tenait au commerce des bois était l'objet des soins les plus empressés. Un grand nombre de pins magnifiques avaient été abattus, et l'on voyait, de tous côtés, des monceaux de planches. On n'en expédiait, pour le moment, qu'une petite quantité, pour fournir le marché ; mais l'intention était d'attendre la prochaine crue des eaux pour faire les grands envois, et recueillir alors le fruit de toutes les peines qu'on s'était données pendant l'année.

Je vis aussi que la famille devait s'être successivement accrue par des mariages, car je ne comptai pas moins de cinq huttes, toutes de construction récente, et ayant une apparence de solidité qu'on ne se serait pas attendu à trouver, lorsque les titres de propriété étaient si précaires. C'était du moins un indice qu'on n'avait pas l'intention de s'éloigner de sitôt. Il était probable que les plus âgés des fils et des filles étaient mariés, et que le patriarche voyait déjà une nouvelle génération de petits squatters s'élever autour de lui ; on apercevait quelques jeunes garçons qui rôdaient à l'entrée des habitations, et le moulin faisait ce bruit particulier qui avait attiré si particulièrement l'attention de Susquesus.

— Entrez, Sans-Traces, s'écria Mille-Acres avec une cordialité qui prouvait que s'il était prêt à prendre, il n'était pas moins prêt à donner ; — entrez aussi, vous son ami — je ne sais pas votre nom, mais peu importe. Il y a assez pour tous, et vous serez toujours le bienvenu. Tenez, voilà la mère, qui vous servira de bon cœur, et qui est aussi avenante qu'une fille de quinze ans.

Cette dernière assertion était au moins contestable. Mistress Mille-Acres ne nous reçut nullement avec le sourire sur les lèvres. Ses yeux gris, son air sec et grave, n'annonçaient pas des dispositions très-bienveillantes. Elle avait été la mère de quatorze enfants, dont douze vivaient encore. Tous avaient été élevés au milieu des privations et des périls d'une existence passée dans la solitude des forêts, sous des toits toujours précaires. Cette femme avait éprouvé des souffrances de nature à briser vingt tempéraments ordinaires; mais elle avait résisté à toutes les épreuves, toujours aussi patiente, aussi laborieuse, aussi résignée, que dans les jours de sa beauté. Ce dernier mot aurait pu paraître une dérision à qui aurait vu la vieille Prudence, ridée, amaigrie, les joues creuses, les yeux éteints, la bouche pendante, telle qu'elle me parut alors; et cependant il était certain qu'elle avait passé pour la belle des belles dans ses montagnes natales. Dans tous les rapports que j'eus par la suite avec sa famille, cette femme me parut toujours ombrageuse, défiante, aux aguets, comme la lice qui veille sur ses petits. Quant à la réception qu'elle nous fit, elle n'eut rien de remarquable; c'était une chose toute simple pour un Américain qu'un étranger vînt s'asseoir à sa table; il n'y avait là matière ni à beaucoup de réflexions, ni à beaucoup de paroles.

Malgré l'accroissement de la famille de Mille-Acres, la hutte où il demeurait n'était pas encombrée. Les enfants, de l'âge de quatre à douze ans, semblaient répartis au hasard dans toutes les habitations, allant prendre leur nourriture indifféremment là où ils trouvaient moyen d'allonger la main jusqu'au plat. Le repas commença simultanément dans toute l'étendue de l'établissement, Prudence ayant donné le signal en soufflant dans une conque marine. J'étais trop affamé pour perdre le temps en paroles, et je me mis aussitôt à faire honneur au grossier repas qui nous était servi. Mon exemple fut imité par ceux qui m'entouraient. C'est une habitude d'un état de civilisation plus avancé de causer en mangeant. Les squatters étaient encore trop plongés dans la vie purement animale pour songer à autre chose qu'à satisfaire leur appétit.

Mais, la faim une fois assouvie, je remarquai que ceux qui étaient assis auprès de moi commençaient à m'examiner avec un peu plus de curiosité qu'ils n'en avaient manifesté jusqu'alors.

Il n'y avait rien dans mon habillement qui fût de nature à exciter de grands soupçons. A cette époque, le costume établissait une ligne de démarcation très-prononcée entre les diverses classes de la société ; et jamais on ne se serait permis aucun empiétement pour la franchir. Cependant l'usage était de déposer toute prétention quand on voyageait dans les bois, et je portais, comme je l'ai déjà dit, une blouse de chasse. Les vêtements qui auraient pu trahir ma position sociale étaient donc cachés, et pouvaient échapper à l'observation. Les convives de notre petite table n'étaient pas nombreux. Ils se composaient du père et de la mère, de nous deux, d'un garçon de vingt-deux ans et d'une jeune fille de seize ans, qui portaient les noms ambitieux, l'un de Zéphane, l'autre de Laviny. Les deux jeunes gens se comportèrent à table avec une grande modestie. Le vieux Mille-Acres et sa femme, malgré leur vie vagabonde, avaient toujours maintenu parmi leurs enfants quelque chose de l'ancienne discipline puritaine. J'étais frappé du contraste singulier qu'offrait cette déférence tacite et de certaines habitudes sociales, avec la vie en opposition constante, non-seulement avec les lois du pays, mais avec les principes éternels du droit, que ces gens avaient toujours menée.

— Vous êtes-vous informé du porte-chaîne ? demanda Prudence brusquement, dès que les couteaux et les fourchettes furent déposés, mais pendant que nous étions encore assis à table. Cet homme me tourmente plus qu'aucun autre ne l'a jamais fait.

— Ne craignez point le porte-chaîne, femme, répondit son mari, il a de la besogne pour tout l'été, sans venir près de nous. D'après les dernières nouvelles, ce jeune Littlepage, que son vieux coquin de père vient d'envoyer par ici, l'occupe sur sa propriété personnelle, et je calcule qu'il y restera jusqu'aux froids. Que j'aie le temps de me défaire de tout le bois que nous avons coupé, et je me moque du porte-chaîne et de son maître.

— Vous en parlez bien à votre aise, Aaron. Songez donc que nous n'en sommes pas à notre début. Calculez combien de fois nous nous sommes établis dans un lieu, pour en déguerpir ensuite. Je présume que je parle devant des amis ?

— Soyez tranquille, femme. Sans-Traces est une vieille connaissance qui n'a pas plus de goût que nous pour les titres légaux; et son ami est notre ami.

J'avoue que cette remarque me mit assez mal à l'aise; mais le squatter ne me permit pas de prendre la parole, si j'en avais été tenté, car il reprit aussitôt : — Pour ce qui est de déguerpir, je n'ai jamais déguerpi que deux fois sans m'être fait payer mes constructions. Je dis que ce n'est pas mal pour un homme qui a fait déjà dix-sept déménagements. Mettons les choses au pis; eh bien! je suis encore assez jeune pour faire le dix-huitième. Je le répète, le bois une fois vendu, je me soucie fort peu de tous les Littlepage, grands ou petits. Le moulin n'est pas grand'chose sans la roue; et celle-ci a déjà voyagé depuis qu'elle a quitté Vermont avec nous; elle est habituée au mouvement; elle peut aller plus loin.

— Oui, mais le bois, Aaron! L'eau est basse à présent, et il faut trois grands mois avant que nous puissions espérer de l'avoir transporté entièrement. Pensez combien il nous a fallu à tous de journées de travail pour le préparer, et dire que toutes ces peines seraient en pure perte!

— Qui dit cela, femme? répondit Mille-Acres en serrant les lèvres, et en fermant le poing de manière à montrer à quel point il avait le sentiment de la propriété, quelque contestable qu'en fût l'origine; — ces planches ont été arrosées de nos sueurs, et c'est assez pour qu'elles m'appartiennent.

C'était une morale assez relâchée, sans doute; car un homme pourrait très-bien arroser de ses sueurs des objets qu'il emporterait après les avoir volés; mais, que de gens se font ainsi des principes de circonstance, qu'ils invoquent ensuite avec un aplomb imperturbable!

— C'est que je ne voudrais pas vous voir perdre le fruit de vos travaux, non, non! reprit la femme. Vous avez travaillé, vous et les garçons, rudement et honnêtement, depuis que vous êtes ici; et il serait par trop dur — Prudence me jeta en ce moment un regard expressif — d'avoir abattu les arbres, de les avoir portés au moulin, et d'avoir scié les planches, pour qu'un autre homme vînt se présenter et nous dire : Tout cela est à moi! Voilà ce qui ne peut jamais être juste, pas plus à New-York qu'à

Vermont. — Mais, dites-nous, jeune homme, je suppose qu'il n'y a pas grand mal à vous demander votre nom?

— Aucun, madame, répondis-je avec un sang-froid qui me valut l'approbation de l'Onondago; je me nomme Mordaunt.

— Mordaunt! répéta vivement la femme; connaissons-nous quelqu'un de ce nom? Qu'en dites-vous, mon homme?

— C'est la première fois que je l'entends prononcer. Au surplus, pourvu que ce ne soit pas Littlepage, le reste m'est indifférent.

Je me sentis soulagé par cette réponse; car j'avoue que l'idée de tomber au pouvoir de ces hommes sans foi ni loi était loin de m'être agréable. C'étaient tous des gaillards qui avaient près de six pieds, aux épaules carrées, aux formes athlétiques. Il ne pouvait être question d'employer la force pour se défendre. J'étais sans armes; l'Indien était mieux pourvu; mais dans la hutte seule où nous étions, il n'y avait pas moins de quatre carabines accrochées à la muraille, et je ne faisais aucun doute que chaque membre de la famille n'eût son arme particulière. La carabine était une chose de première nécessité pour des hommes de cette trempe, puisqu'elle leur servait pour se procurer de la nourriture, en même temps que pour se défendre contre leurs ennemis.

Dans ce moment Prudence se leva de table pour reprendre ses travaux domestiques. Laviny l'aida en silence, et les hommes sortirent à la porte de la hutte, ce qui me permit d'examiner plus attentivement la nature de l'établissement que Mille-Acres avait fondé, ou plutôt l'étendue des déprédations qu'il avait commises. Ces déprédations n'étaient pas peu de chose; et, plus tard, elles furent estimées, par des juges compétents, à mille dollars. C'étaient donc mille dollars bien définitivement perdus; car il n'y avait point d'indemnité pécuniaire à attendre d'hommes tels que Mille-Acres et ses fils. Cette sorte de gens sont toujours prêts à dire : je réponds de tout, je garantis tout. En effet, ce sont ceux qui n'ont rien, qui sont le plus prodigues de semblables promesses.

— C'est un joli morceau, dit Mille-Acres, dont le véritable nom était Aaron Timberman, un joli morceau, monsieur Mordaunt, et il serait vraiment dommage de le voir prendre par un homme qui ne l'a pas seulement vu. Entendez-vous quelque chose à la loi ?

— Pas grand'chose, — ce qu'on en apprend en traversant la vie.

— C'est un voyage dans lequel vous n'êtes pas encore très-avancé, jeune homme, on le voit à votre figure. Mais on reconnait à votre langage, à votre manière de vous exprimer, que vous avez été *éduqué* d'une certaine manière, et vous devez en savoir plus que nous autres habitants des bois.

— Si j'ai reçu quelque instruction, répondis-je d'un ton modeste, cela ne m'a pas empêché, comme vous voyez, de mener la vie des forêts.

— Quand l'inclination y est, il faut bien la satisfaire. Essayez donc de clouer dans un établissement ceux qui ont besoin du grand air! Mais, dites-moi, pourriez-vous me dire ce que le bois de construction pourra se vendre cet automne ?

— Tout est à la hausse depuis la paix, et il est probable que le commerce des bois se ressentira de cette heureuse influence.

— Ma foi, il est grand temps! Pendant toute la guerre, une belle et bonne planche n'avait pas plus de valeur qu'un morceau d'écorce. Nous avons eu huit dures années à passer, et j'ai été tenté plus d'une fois de laisser tout là, et d'aller m'établir dans quelque clairière comme tous vos gens pacifiques. Mais je me suis dit que puisque tout doit prendre fin dans ce monde, la guerre finirait aussi quelque jour.

— C'était bien raisonner. En effet la guerre a dû être un mauvais temps pour vous ?

— Détestable; et cependant la guerre a aussi son bon côté, comme la paix. Un jour l'ennemi n'avait-il pas fait main basse sur un nombreux convoi d'approvisionnements, du porc, du blé, du rhum de la Nouvelle-Angleterre, que sais-je ? — Pour emporter son butin, il mit en réquisition tous les attelages qu'il put trouver; mes chevaux et ma charrette durent marcher comme les autres. Je me résignai, et je vous assure que mes pauvres bêtes en avaient bien leur charge. C'était un assortiment de denrées qui faisait plaisir à voir. Nous étions dans un pays de bois, car autrement vous pensez bien que je n'aurais pas été là. Comme je connaissais tous les sentiers détournés, j'épiai le bon moment, je m'esquivai sans être vu, et je regagnai ma hutte aussi tranquillement que si je revenais du marché le plus voisin. Jamais je n'ai fait de voyage plus profitable, et il ne dura pas longtemps.

Le vieux squatter s'interrompit pour rire, et il le fit aussi franchement et d'aussi bon cœur que si sa conscience ne lui eût jamais rien reproché. C'était une anecdote qui lui semblait charmante, et je la lui entendis raconter trois fois pendant le peu de temps que je passai avec lui. Je surpris pour la première fois un léger sourire sur la figure de Zéphane ; mais je n'avais pu m'empêcher de remarquer que ce jeune homme, qui avait un aspect mâle et rude, avait constamment les yeux fixés sur moi, de manière à m'embarrasser.

— Voilà une corvée qui fut très-heureuse pour vous, lui dis-je quand sa gaieté se fut modérée, surtout si vous ne vous crûtes pas obligé à restitution.

— Et pourquoi donc? le congrès était assez pauvre, j'en conviens ; mais, après tout, il était plus riche que je n'étais et que je ne serai jamais. Quand un objet change de mains, le titre passe avec la chose, et il y en a qui prétendent que ces terres, venant du roi, doivent à présent retourner au peuple, suivant que chacun en a besoin. Cela me semble assez juste, et je ne serais pas étonné qu'un jour ou l'autre, la loi elle-même en jugeât ainsi.

Hélas! pauvre nature humaine, on te retrouve toujours! L'homme qui a mal agi s'ingénie toujours à trouver quelque excuse. Lorsque son esprit est perverti par l'influence de ses passions, et surtout de la rapacité, il ne manque jamais d'invoquer des principes nouveaux pour sa défense, et il en inventerait au besoin qui pourraient être très-bons, s'ils étaient appliqués avec vérité et de bonne foi. C'est précisément là le côté faible de nos institutions. Tant que la loi représente l'autorité d'un individu, elle est active, elle est vigilante, à cause même de l'intérêt particulier qu'elle protége ; mais quand elle représente l'autorité du peuple, la responsabilité se partageant à l'infini, il ne faut rien moins que des abus criants pour l'exciter à se mettre sur la défensive. Nouvelle preuve que, dans la conduite des affaires ordinaires de la vie, l'intérêt est plus fort que les principes.

— Avez-vous jamais eu l'occasion de soutenir vos prétentions devant quelque tribunal? me hasardai-je à lui demander après un moment de réflexion.

Mille-Acres réfléchit aussi avant de me répondre. — Oui, me dit-il enfin, on a voulu me persuader qu'ayant le bon droit pour moi, je pouvais très-bien me défendre contre un propriétaire régulier. Je me présentai donc en justice; mais, monsieur Mordaunt, je fus plumé comme un poulet, et l'on ne m'y reprendra plus. Il y a pourtant longtemps de cela, puisque c'était avant la guerre contre les Français. La justice peut être une bonne chose pour ceux qui sont riches, et qui s'inquiètent peu de perdre ou de gagner; mais c'est une chose détestable pour ceux qui n'ont pas d'argent, et qui ne peuvent pas entamer l'affaire par le bon bout.

— Et si M. Littlepage découvre que vous êtes ici, et qu'il se montre disposé à entrer en arrangement avec vous, quelles seraient vos conditions?

— Oh! j'aime beaucoup les marchés. C'est l'âme de la vie, et comme le général Littlepage peut avoir quelques droits, je ne me montrerais pas rigoureux avec lui. S'il voulait ne pas faire de bruit, et s'entendre tout doucement avec nous, comme on le doit entre hommes, je ne serais pas difficile. Je n'aime pas la justice, je suis payé pour cela; aussi, je n'y vais pas par quatre chemins, et il n'aurait jamais trouvé d'homme plus accommodant.

— Mais quelles seraient vos conditions? vous ne me l'avez pas dit.

— Mes conditions? elles seraient très-douces. On n'a jamais vu le vieux Mille-Acres se montrer récalcitrant, quand il a le droit et la raison pour lui; ce n'est pas dans sa nature. Voici où en sont les choses entre ce Littlepage et moi. Il a un titre sur du papier, à ce qu'on dit, moi j'ai la possession, ce qui a toujours constitué le droit du squatter, et cette possession n'est pas à dédaigner, quand on y trouve des pins en quantité, l'emplacement d'un moulin, et qu'on a des débouchés sous la main.

Mille-Acres s'arrêta pour rire de nouveau, car lorsqu'il s'abandonnait à sa bonne humeur, c'était d'une manière si franche et si bruyante qu'il était forcé de s'interrompre. L'accès passé, il reprit :

— Quiconque entend quelque chose aux forêts ne niera pas que ce ne soient de grands avantages, et ces avantages, j'en jouis maintenant. Voilà soixante-trois ares de terres, nues comme la main, telles qu'on n'en trouverait pas de mieux défrichées dans tout le canton.

— Pensez-vous que le général Littlepage regarde comme une grande amélioration que tous les pins aient été coupés? Vous savez aussi bien que moi que les pins ajoutent beaucoup à la valeur des terres de ce côté, à cause de la facilité qu'offre l'Hudson pour les transports.

— Mon Dieu! jeune adolescent, pensez-vous que je n'y aie pas bien réfléchi, quand j'ai dressé ici ma tente? Ce n'est pas vous qui apprendrez à une vieille cervelle comme moi où il convient mieux de donner le premier coup de hache. J'ai à présent sur la rivière, ou empilés sur le bord, ou dans la cour du moulin, cent vingt mille des plus belles planches qui aient été sciées, et il y a des bois tout prêts en assez grand nombre pour en faire au moins autant. Je suis tenté de croire, à votre langage, que vous n'êtes pas sans connaître ce Littlepage, et comme je n'y vais pas, moi, par quatre chemins, et que d'homme à homme j'aime ce qui est juste, je vais vous dire mes intentions, afin que, si vous venez à le rencontrer, il puisse savoir que le vieux Mille-Acres est un homme raisonnable. Mais, par exemple, je n'en démordrai pas. Si le général veut me laisser porter tranquillement au marché tous nos bois, faire ma récolte, emporter les portes, les fenêtres, toutes les ferrures, ainsi que tout ce qui peut se détacher du moulin, je consens à me retirer au commencement du printemps, assez à temps pour que celui qu'il lui plaira d'envoyer puisse faire ses semences. Voilà! ce sont mes conditions; je n'en rabattrai rien. Mais j'irai jusque-là par amour de la paix. Car c'est étonnant, dit ma femme, à quel point j'aime la paix et la tranquillité!

J'allais répondre à cette communication caractéristique, lorsque Zéphane, l'aîné des fils du squatter, prit tout à coup son père par le bras et l'emmena à l'écart. Ce jeune homme, pendant notre conversation à l'entrée de la hutte, n'avait pas cessé de m'examiner. Je l'attribuai d'abord à un mouvement de curiosité assez naturel, lorsqu'il voyait pour la première fois quelqu'un qui pouvait lui donner une idée des modes les plus nouvelles. C'est un sentiment général dans la basse classe en Amérique, et il n'était pas déraisonnable de supposer que ce jeune squatter en ressentait l'influence. Mais je m'aperçus bientôt que je m'étais complétement trompé. C'était par suite d'impressions toutes différentes que l'attention du frère et de la sœur se dirigeait si opiniâtrément sur moi.

Ce qui me mit d'abord sur la voie, et me fit comprendre ma méprise, ce fut le changement immédiat qui se fit dans les manières de Mille-Acres, dès que son fils lui eut parlé. Il se retourna tout à coup et se mit à m'observer d'un air de défiance et de menace en même temps. Puis il donna toute son attention à son fils; après quoi je subis un nouvel examen. Une pareille scène ne pouvait se prolonger longtemps, et je me retrouvai face à face avec l'homme que je ne pouvais plus considérer que comme un ennemi.

— Écoutez, jeune homme, reprit Mille-Acres, dès qu'il fut revenu près de moi; mon garçon, Zéphane, a conçu sur vous des soupçons qu'il vaut mieux éclaircir avant que nous nous quittions. Je vous l'ai déjà dit, j'aime la franchise, et je méprise du fond du cœur toutes les cachoteries. Zéphane a une idée que vous êtes le fils de ce Littlepage, et que vous êtes venu nous espionner et nous tirer les vers du nez avant d'exécuter vos mauvaises intentions! Est-ce vrai, oui ou non?

— D'où peuvent naître les soupçons de Zéphane? répondis-je avec tout le sang-froid que je pus appeler à mon aide. Il ne me connaît pas, et c'est, je crois, la première fois que nous nous trouvons ensemble.

— Rien de plus juste; mais on peut voir quelquefois certaines choses, sans qu'il soit besoin qu'elles vous crèvent les yeux. Mon fils va et vient souvent entre l'établissement de Ravensnest et le nôtre, et il est resté deux grands mois de suite par là-bas à travailler. Je me sers de lui de temps en temps pour faire un brin de commerce avec l'écuyer Newcome.

— M. Jason Newcome?

— Oui, l'écuyer Newcome, comme il a droit d'être appelé. Il faut donner au diable ce qui lui revient; c'est mon principe. Zéphane est donc resté longtemps à Ravensnest cet été, et je lui disais qu'il fallait que quelque jeune fille lui eût donné dans l'œil ; il ne veut pas en convenir ; mais enfin il a lanterné par là, et il m'a dit que le fils de ce Littlepage était attendu au moment où il est parti.

— Vous connaissez l'écuyer Newcome ? dis-je pour maintenir la conversation sur un terrain moins embarrassant ; et vous avez fait quelques affaires avec lui ?

— Beaucoup d'affaires. L'écuyer a pris tous les bois que nous avons coupés le printemps dernier, nous donnant en échange des étoffes, du rhum, des objets d'épicerie, et il les a vendus pour son propre compte. Il n'a pas fait un mauvais marché, à ce que j'ai entendu dire, et il voudrait bien s'arranger aussi pour ce qui reste, mais je crois que j'enverrai les garçons accompagner le train. Au surplus, peu importe, et ce n'est pas ce qui doit nous occuper à présent. Ne m'avez-vous pas dit, jeune homme, que vous vous appeliez Mordaunt ?

— Oui, et je n'ai fait que dire la vérité.

— Et votre nom *donné*, quel est-il ? — Après tout, femme, dit-il en se tournant vers Prudence, qui s'était rapprochée de nous pour écouter, ayant été sans doute instruite par son fils des soupçons qu'il avait conçus, — après tout, il peut y avoir eu méprise, et ce garçon peut être aussi innocent que ceux de votre chair et de votre sang.

— Mordaunt est ce que vous appelez mon nom donné, répondis-je dédaignant tout subterfuge, et Littlepage...

La main de l'Indien, placée tout à coup sur ma bouche, m'empêcha d'en dire davantage. Mais il était trop tard ; les squatters avaient compris ce que j'allais dire. Prudence se retira à l'écart ; et je l'entendis appeler ses enfants l'un après l'autre, comme une poule qui rassemble ses poussins sous son aile. Mille-Acres prit la chose tout autrement. Sa figure se rembrunit ; il dit un mot tout bas à Laviny, qui partit pour quelque message secret d'un air de répugnance, et en regardant souvent dans une direction autre que celle qu'elle suivait.

— Je vois ce que c'est ! je vois ce que c'est ! s'écria le squatter en laissant percer dans sa voix et dans ses manières autant d'indignation que si sa cause eût été celle de l'innocence offensée ;

nous avons un espion au milieu de nous, et il n'y a pas assez longtemps que la guerre est finie pour que nous ayons oublié comment se traitent les espions. Jeune homme, qu'êtes-vous venu faire ici dans mes défrichements et sous mon propre toit?

— Je viens surveiller la propriété qui m'est confiée. Je suis le fils du général Littlepage, j'ai la procuration des propriétaires de ces terres, et je suis chargé de leurs affaires.

— Oui, quelque homme d'affaires, quelque procureur? Toute cette engeance se vaut, s'écria le squatter avec violence. Si vous pensez qu'Aaron Mille-Acres soit homme à laisser envahir ses terres par l'ennemi, et à rester tranquillement les bras croisés, vous vous trompez d'étrange sorte. Rassemble les garçons, Laviny, rassemble-les, et nous verrons si nous ne pourrons pas coffrer quelque part monsieur l'homme d'affaires.

Décidément l'horizon s'assombrissait. Les hostilités avaient commencé en quelque sorte, et il était temps de me mettre sur mes gardes. Je savais que l'Indien était armé; et, décidé à vendre chèrement ma vie, j'étendis la main pour prendre sa carabine, dans le cas où je serais obligé de m'en servir. Mais, à mon grand étonnement, je m'aperçus que Susquesus avait disparu.

CHAPITRE XVIII.

>La horde implacable, dans sa fureur aveugle, l'a cruellement traité. Les fleurs sont flétries; mais nous trouvons encore le miel sur ses lèvres.
>
>COWPER.

Je me trouvais donc seul et désarmé au milieu de six hommes d'une force athlétique; car Laviny avait été envoyée pour rassembler ses frères, et Prudence avait fait en même temps un appel énergique en soufflant dans sa conque d'une manière particulière. Engager une lutte si disproportionnée, c'était me compromettre sans aucun avantage; je me décidai donc à attendre patiemment ce qui serait résolu à mon égard. Dans le premier moment, rien n'annonça qu'on voulût se porter à des actes de violence. Toute la couvée du squatter, jeunes et âgés, mâles et femelles, était groupée autour de moi. Les uns me jetaient des regards de défi, d'autres avaient un air indécis, tous semblaient inquiets. Pour moi, j'avouerai franchement que mes sensations étaient loin d'être agréables. Je savais que j'étais entre les mains des Philistins, dans la profondeur des forêts, à vingt milles de tout établissement, n'ayant d'autre ami dans les environs que le porte-chaîne, qui était au moins à deux lieues de distance, et qui ignorait complétement ma position. Je conviens cependant qu'à cet égard je n'étais pas sans un rayon d'espoir.

Je ne pouvais croire un instant que l'Onondago, ce compagnon si dévoué de mon père et du porte-chaîne, fût un traître. Cette supposition ne se présenta même pas à mon esprit. S'il s'était échappé, c'était sans doute parce qu'il avait présumé que plus tard on le retiendrait de force, et qu'il avait voulu prévenir ses amis de la situation critique dans laquelle je me trouvais, et les amener à mon secours. Une idée semblable frappa probablement Mille-Acres dans le même instant ; car ayant jeté un coup d'œil autour de lui, il s'écria tout à coup :

— Qu'est devenue la Peau-Rouge ? La vermine a décampé, comme je suis un honnête homme ! Nathaniel, Moïse, Daniel, prenez vos carabines et lancez-vous à sa poursuite ! Ramenez-le, si vous le pouvez « avec toute sa peau ; » mais autrement, un Indien de plus ou de moins ne fera pas grande sensation dans les bois.

J'eus bientôt occasion de remarquer que le gouvernement patriarcal de Mille-Acres était des plus absolus et des plus expéditifs. Quelques mots suffisaient pour produire un grand effet, car à peine Aaron avait-il promulgué son ordre suprême que les trois homonymes des anciens prophètes, Nathaniel, Moïse et Daniel, quittaient la clairière par trois points différents, portant chacun à la main une longue et formidable carabine de chasse. Cette arme, si différente pour le degré de puissance de celle qui est employée dans nos armées, se trouvait certainement placée dans des mains dangereuses ; car chacun de ces jeunes gens en connaissait le maniement depuis l'enfance ; la poudre, le rhum, un peu de plomb, c'étaient à peu près les seules dépenses qu'ils se permissent pour leur amusement. Je tremblai pour Susquesus. Sans doute il devait s'attendre à être poursuivi, et il savait si bien faire perdre sa piste que son habileté en ce genre lui avait valu le surnom de Sans-Traces. Cependant les chances étaient contre lui ; l'expérience a démontré que le Blanc surpasse l'Indien même dans les choses qui semblent être spéciales à celui-ci, toutes les fois qu'il a eu occasion de les apprendre. Néanmoins je ne pouvais que prier intérieurement pour mon ami.

— Faites entrer cet homme, ajouta le vieux Mille-Acres d'un ton ferme, dès que ses trois fils furent partis — il en restait encore assez pour exécuter tel ordre qu'il lui plairait de donner. — Menez-le dans cette salle, et jugeons-le dans toutes les formes, puisqu'il aime tant la loi. Il en veut, il en aura. Ah ! vous êtes un procureur ! je voudrais bien savoir ce que nous avons à faire d'un procureur ici dans les bois.

Tout en parlant, le squatter avait pris le chemin de sa hutte, où il s'assit d'un air d'autorité, tandis que les femmes et les plus jeunes garçons se rangeaient en cercle derrière lui. Voyant que toute idée de résistance serait une folie, sur un signe de Zéphane je suivis, et trois des enfants se placèrent près de la porte, formant comme une espèce de garde. C'était une sorte de tribunal dans lequel le vieux Mille-Acres jouait le rôle de juge instructeur, et moi celui d'accusé.

— Ah ! vous êtes un procureur ! murmura le magistrat improvisé qui semblait encore plus furieux de ce qu'il me croyait être que de ce que j'étais réellement. Silence, enfants, devant la cour ! nous allons lui donner de la loi, plus qu'il n'en voudrait, puisqu'il aime tant la loi. Tout sera fait suivant les règles. Tobit, ajouta-t-il en s'adressant à son fils aîné, colosse de vingt-six ans, vous en savez plus qu'aucun de nous au sujet de la justice, et vous pouvez nous diriger. Qu'ont-ils commencé par vous faire, quand ils mirent la main sur vous dans la colonie de Hampshire, le jour où, avec votre jeune camarade, vous étiez parti des établissements de Vermont pour chercher des brebis ? Vous aviez fait une bonne rafle à vous deux, quand vous fûtes arrêtés et dépouillés du fruit de vos rudes travaux, avant que vous eussiez pu regagner les montagnes. Ils vous traitèrent suivant la loi, à ce qu'ils prétendirent. Voyons, comment s'y prirent-ils ?

— Je fus conduit devant l'Ecuyer qui se fit rendre compte de l'affaire, me demanda ce que j'avais à dire pour ma défense, et m'envoya en prison jusqu'au jour du jugement. Vous n'avez pas oublié ce qui arriva ensuite, ni moi non plus.

Je devinai que ce qui était arrivé ensuite était loin d'être agréable, ce qui faisait que Tobit n'aimait pas même à en parler. A cette époque il était assez d'usage que les voleurs de moutons fussent attachés au poteau fatal où l'on donnait les étrivières, et qu'ils en reçussent « quarante coups moins un. » Nous voyons surgir parmi nous une secte de soi-disant philanthropes qui, dans leur grand désir de réformer et d'amender les fripons, s'inquiètent peu de livrer les honnêtes gens complétement à leur merci, le tout pour l'avantage spécial de leurs *élèves*. Quelques-uns de ces réformateurs ont déjà réussi à abattre tous ces poteaux, supprimant ainsi le mode de châtiment le plus prompt et le plus efficace pour un certain genre de délits. Nos enfants sentiront les conséquences de cette fausse philanthropie. Alors, que ceux qui auront des poulaillers, des étables, des basses-cours, des vergers, tout ce qui peut tenter des maraudeurs qui n'en sont qu'à leur début, se tiennent sur leurs gardes, car je crains bien que les déprédations continuelles qu'ils auront à subir ne soient une protestation tardive contre ces belles théories. Un seul de ces poteaux redoutés ferait plus pour réformer tout un quartier que cent prisons avec leurs vingt et trente jours d'emprisonnement. Je suis tout aussi porté que qui que ce soit à travailler à la réforme des criminels, mais à la condition que les garanties dont la société a besoin seront maintenues avant tout. C'est là le grand but de la législation; et la sûreté publique ne doit pas être sacrifiée à l'intérêt des coupables. Que les personnes, le caractère privé et les propriétés soient d'abord garantis par des mesures de répression suffisantes; et alors libre à vous de faire toutes les expériences que votre philantropie pourra vous suggérer[1]. Mais rentrons dans la salle d'audience, et écoutons le juge.

---

1. M. Mordaunt Littlepage écrit ici avec une vérité prophétique. Les petites déprédations

— Oui, oui, il est inutile de revenir sur ces détails, reprit Mille-Acres, nous savons ce que nous savons. Ainsi donc, vous fûtes conduit devant un magistrat, n'est-ce pas? lequel vous envoya en prison; mais il commença par vous demander ce que vous aviez à dire. C'était de toute justice, et j'agirai de la même manière, comme le veut la loi. Voyons, jeune procureur, qu'avez-vous à dire, vous?

Seul comme je l'étais, au pouvoir de gens qui n'étaient rien moins que scrupuleux en fait de légalité, il me sembla du moins que je ne devais pas laisser planer sur moi des inculpations qui n'étaient point méritées.

— D'abord, permettez-moi de vous faire observer, répondis-je, que vous êtes dans l'erreur sur mon caractère. Je ne vous ai point parlé de procureur, mais de procuration que je tenais de mon père. Je ne suis ni homme de loi ni procureur.

Il me parut que cette déclaration produisait un effet assez sensible sur l'auditoire, et que l'indignation que j'avais excitée se calmait en partie. Je crus même entendre Laviny dire à demi-voix avec une expression de joie : Je savais bien que ce n'était pas un procureur! Quant à Tobit, son air farouche et menaçant s'adoucit, du moins pour le moment. En un mot, ma situation était évidemment améliorée.

— Ah! vous n'êtes pas procureur! s'écria Mille-Acres; bien vrai?

— Je vous ai dit que j'étais le fils du général Littlepage et que j'avais sa procuration et celle du colonel Follock qui possèdent ces terres en commun, pour les vendre ou les affermer, et faire toute espèce de transactions en leur nom.

Cette explication me fit perdre autant de terrain que je venais d'en gagner; mais j'étais bien décidé à ne point trahir la vérité.

— Il avait bien besoin de parler de tout cela! murmura Laviny.

Un regard sévère de Prudence gourmanda la jeune fille, qui garda le silence.

---

de cette nature sont devenues si fréquentes, que c'est à peine si l'on songe maintenant à recourir à la justice. Au lieu de ce châtiment prompt et efficace qu'administraient nos pères, la loi, pour les plus simples délits, est entourée de tant de lenteurs, de tant de formalités, qu'il faut souvent des années pour que le plus petit maraudeur soit jugé, s'il a pu se procurer quelque argent pour payer un avocat.

— Procuration, procureur, tout cela se ressemble! reprit le squatter. Je vous demande un peu ce que ferait un procureur sans procuration! Et puis, vous dites que vous êtes le fils du général Littlepage; le fils, et le père, c'est tout un. Si mon fils aîné, Tobit, tombait entre les mains de certaines gens que je ne nommerai pas, il passerait, j'en suis sûr, un aussi mauvais quart d'heure que si c'était moi. Qu'est-ce que vous parlez aussi de terres en commun? Si elles sont en commun, pourquoi donc ce général s'en prétend-il le propriétaire?

Voyant bien que le squatter ne cherchait qu'à faire une mauvaise chicane, et persuadé qu'il m'avait très-bien compris, je ne répondis rien.

— Eh bien! parlerez-vous? s'écria Mille-Acres avec une énergie toujours croissante.

— J'ai dit que mon père n'était pas seul propriétaire; que le colonel Follock l'était également, et que par conséquent ces terres étaient indivises entre eux.

— Indivises! Hein, Tobit, comme il sait bien les termes! et il ira dire qu'il n'est pas procureur!

— Il m'en a tout l'air à moi, père, répondit le fils aîné, qui semblait le digne descendant du squatter par son naturel farouche et indomptable.

— Eh bien! il trouvera à qui parler. La justice et moi nous nous connaissons de vieille date. Quand elle me tient dans ses griffes, elle sait me les faire sentir; mais quand je la tiens dans les miennes, elle ou un de ses suppôts, je serais bien bête de lâcher prise facilement. — Eh bien! nous connaissons maintenant toute l'affaire. Je lui ai demandé ce qu'il avait à dire, et il a parlé tant qu'il a voulu. Il nous a dit qu'il est le fils de son père, et que le général a ces terres en commun, c'est-à-dire à peu près comme nous. L'affaire est instruite, comme on dit, Tobit, n'est-ce pas? et il ne reste plus qu'à l'envoyer en prison. Le juge dut griffonner quelque chose sur un papier, Tobit, pour la régularité de la chose, n'est-ce pas?

— Oui, père; le juge remit au délégué du shérif un mandat d'arrêt, en vertu duquel je fus conduit en prison.

— Oui, oui, je connais toutes leurs simagrées et tous leurs tripotages. J'ai été traduit plus d'une fois, dans mon temps, devant des magistrats, et je les ai presque toujours enfoncés. C'est là le vrai moyen de se tirer d'affaire. Mais, voyons, avant de coffrer ce jeune homme, rédigeons un bout d'écrit. Prudence, ouvrez ce tiroir.

— Avant que vous alliez plus loin, dis-je en l'interrompant, je dois déclarer de nouveau que vous êtes dans l'erreur. Je vous répète que je ne suis point procureur, que je suis complétement étranger à la justice. Je suis militaire, j'ai commandé une compagnie dans le régiment du général Littlepage, et je suis entré au service dès l'âge le plus tendre. J'ai vu Burgoyne se rendre, et sa troupe déposer les armes.

— Eh bien! qui s'en serait douté! s'écria la compatissante Laviny. Il est si jeune qu'on croirait à peine qu'il ait jamais pu résister au souffle du vent!

Cette déclaration ne manqua pas son effet. Se battre était ce que la famille du squatter comprenait et appréciait le mieux. Il y avait quelque chose de guerrier dans le maintien et dans les allures du vieux Mille-Acres, et je ne m'étais pas trompé en supposant qu'il éprouverait quelque sympathie pour un soldat. Il me regarda fixement, et ses dispositions parurent se radoucir.

— Vous avez servi contre Burgoyne? me dit-il; moi aussi, avec Tobit, Moïse, Nathaniel, tous ceux des miens en un mot qui avaient la force de porter un mousquet. Ce sont mes plus beaux jours, bien qu'ils soient venus tard, et lorsque la vieillesse avait déjà alourdi mes bras. Mais quelle preuve pouvez-vous donner que vous dites vrai?

— Ici, dans la position où je me trouve, la chose serait assez difficile; mais fournissez-m'en l'occasion, et je vous en convaincrai de manière à lever tous vos doutes.

— Voyons un peu. Quel régiment était à droite, celui de Hazen ou celui de Brooke, quand on marcha contre Jarmans? Répondez, et je verrai bientôt si je dois vous croire.

— Je ne saurais trop le dire, car j'étais avec mon bataillon, et la fumée ne nous permettait guère de rien distinguer.

— Il n'y était pas! vociféra Tobit en fureur, montrant les dents comme un chien irrité.

— Il y était; je suis sûre qu'il y était! s'écria Laviny du ton le plus positif.

Une bonne tape que lui donna sa mère lui apprit à ne pas intervenir ainsi, et les hommes étaient trop occupés pour faire attention à une interruption aussi peu importante.

— Dans tous les cas, ajouta Mille-Acres, mon devoir est de l'envoyer en prison. Mais comme, après tout, il ne serait pas absolument impossible qu'il eût servi contre Burgoyne, nous le dispenserons de la formalité d'un mandat écrit, et il ne sera pas garrotté. Tobit, emmenez votre prisonnier, et enfermez-le dans le magasin. Quand vos frères seront revenus de la poursuite de l'Indien, nous déterminerons ce que nous devons faire de lui.

Mille-Acres intima ses ordres avec dignité, et ils furent exécutés à la lettre. Je ne fis pas de résistance, c'eût été m'exposer à de nouveaux affronts. Tobit se contenta de me faire signe de le suivre, et ses deux robustes frères marchèrent après moi. J'avoue qu'en me rendant à ma prison, j'eus un moment la pensée de fuir; mais j'étais trop certain d'être poursuivi et d'être ramené immédiatement, pour persister dans ce projet; c'eût été m'exposer de gaieté de cœur à un châtiment rigoureux. Je ne pouvais, pour le moment, que me soumettre, et m'abandonner à la Providence. M'abaisser aux remontrances ou aux prières, c'est ce que ma fierté ne m'eût jamais permis. Je n'en étais pas encore réduit à implorer un squatter.

La prison où je fus conduit était un magasin construit en bois d'une manière assez solide pour défier les tentatives d'évasion que pourrait faire un captif dénué de toute espèce d'outils et d'instruments. Il n'y avait point de fenêtres; les jours qui se trouvaient entre les différentes bûches, laissaient pénétrer assez d'air et de lumière, et il n'y avait d'autre ouverture artificielle que la porte. Celle-ci était faite en planches solides et fortement assujetties entre elles par de grosses barres de fer et des verrous. Cette salle était assez vaste; elle avait au moins vingt pieds de long. Un tas de blé en garnissait l'extrémité. Avant d'entrer on m'ôta le grand couteau que je portais sur moi comme la plupart de ceux qui vivent dans les bois, et l'on me fouilla avec soin pour voir si je n'avais pas quelque instrument dont je pusse me servir pour chercher à me sauver.

Il n'y avait pas alors de papier-monnaie en Amérique, depuis la baie d'Hudson jusqu'au cap Horn. On ne connaissait que l'or et l'argent, et mes poches en étaient assez bien garnies. On ne m'en prit pas une seule pièce. Ces squatters n'étaient point des voleurs dans l'acception ordinaire du mot, mais simplement des citoyens abusés qui s'appropriaient le bien d'autrui en vertu de certains grands principes qu'ils avaient établis eux-mêmes. Je pose en fait qu'il n'était pas un membre de la famille de Mille-Acres qui ne se fût révolté à l'idée de passer pour un simple voleur ; seulement ils s'étaient constitués en état d'hostilité contre la société, et c'était, suivant eux, une guerre loyale qu'ils lui faisaient.

Je ne fus pas plus tôt sous les verrous, que je me mis à examiner ma prison et ses alentours. La chose n'était pas difficile, les différentes couches de bûches, posées les unes sur les autres, laissant entre elles assez d'intervalle pour permettre de faire des reconnaissances de tous les côtés. Dans la vue sans doute de pouvoir être gardé plus facilement, le magasin était placé au centre de l'établissement, ce qui rendait tout projet d'évasion plus difficile, mais ce qui facilitait simplement l'examen que j'avais entrepris, et dont je vais faire connaître le résultat. Naturellement, la découverte de mon nom, mon interrogatoire, mon arrestation, étaient des circonstances de nature à causer une certaine agitation dans la famille du squatter. Toutes les femmes s'étaient groupées autour de Prudence, près de la porte de la hutte, et les petites filles se sentirent attirées de ce côté, comme les particules de substances obéissent aux lois de l'affinité. La partie mâle, à l'exception d'un petit garçon de huit à dix ans, était rassemblée près du moulin, où Mille-Acres semblait tenir un conseil avec ses fils dont aucun ne paraissait animé de dispositions pacifiques. Tout en écoutant Prudence, les femmes regardaient presque toutes le groupe de leurs protecteurs naturels, comme pour chercher à deviner ce qu'ils allaient décider.

Le petit garçon qui n'était pas avec les autres, s'était étendu nonchalamment sur un arbre renversé, dans une position qui lui permettait de voir en même temps des deux côtés de ma prison. A la manière dont ses yeux étaient constamment braqués sur le magasin, je me convainquis qu'il remplissait les fonctions de sentinelle. Ainsi donc j'étais bien gardé, ma forteresse étant déjà par elle-même assez solide pour que, sans outils d'aucun genre, il fût impossible d'en sortir.

Après ce coup d'œil général jeté sur l'extérieur, je me mis à réfléchir à ma position et aux conséquences probables de mon emprisonnement. Je n'avais pas de grandes craintes pour ma vie, peut-être même pas autant que je l'aurais dû. L'Américain n'aime pas en général à verser le sang; et l'habitant de la Nouvelle-Angleterre, moins que tout autre. Mais la rapacité de celui-ci était proverbiale, et j'en vins à cette conclusion qu'ils chercheraient à me retenir jusqu'à ce que tout le bois fût vendu, puisque c'était le seul moyen de recueillir le fruit de toutes leurs peines passées. Je n'avais d'espoir qu'en Susquesus. S'il était repris, Mille-Acres et sa famille étaient plus en sûreté que jamais dans leur désert; mais, d'un autre côté, s'il parvenait à s'évader, je pouvais m'attendre à recevoir dans la journée des nouvelles de mes amis. En s'adressant à l'écuyer Newcome, qui était magistrat, il obtiendrait qu'on réunît mes fermiers pour venir à mon secours, et je n'aurais plus d'autres sujets de crainte que le résultat de la lutte qui pouvait s'engager. Les squatters étaient parfois dangereux quand ils s'étaient monté la tête, et qu'ils se soutenaient les uns les autres pour défendre ce qu'ils regardaient comme des priviléges chèrement acquis. Une fois sur ce terrain, il n'y a point d'illusions que l'homme ne soit porté à se faire, son intérêt propre effaçant en lui tout sentiment du droit. Une première transgression semble excuser toutes les autres; ou plutôt il semble que les travaux auxquels on s'est livré sur des possessions usurpées légitiment en quelque sorte l'usurpation, et alors on est prêt à mourir pour les défendre. Il va sans dire que ces sortes de gens ne pensent qu'à eux, et ne s'occupent en aucune façon du droit des autres. On se demande quel est donc le fruit de l'instruction religieuse quand on voit une morale si relâchée et des actes si coupables pratiqués au milieu de nous ?

Tout en me livrant à ces pensées, j'avais jeté de nouveau les yeux à travers les ouvertures de ma prison, et je fus surpris de voir un cavalier entrer dans la clairière du côté de l'est. Il semblait connaître parfaitement les lieux ; car il était tout à fait à son aise, quoiqu'il n'eût pas même un sentier frayé pour se diriger. Comme cet homme avait une sacoche sur son cheval, je le pris d'abord pour un de ces esculapes ambulants qu'on rencontre continuellement dans les nouveaux établissements, se faufilant à travers les souches, les arbres renversés, les marais et les fondrières. Ordinairement les familles comme celles de Mille-Acres se traitaient elles-mêmes ; mais il se pouvait qu'un cas spécial demandât les lumières d'un docteur patenté ; et je venais de décider dans ma sagesse que c'était bien cela, quand, à mon grand étonnement, lorsque l'étranger fut plus près de moi, je reconnus mon ex-agent, M. Jason Newcome, le *factotum* de Ravensnest !

Comme entre le moulin que l'écuyer Newcome m'avait loué et celui que Mille-Acres avait établi à Mooseridge, il n'y avait pas moins de vingt-cinq milles, il était évident que, pour arriver de si bonne heure, il avait dû partir avant le jour. Il avait sans doute trouvé à propos de profiter de l'obscurité pour traverser incognito les habitations de Ravensnest ; et combinant son retour de la même manière, il pouvait regagner son logis, sans que personne eût pu soupçonner une excursion que sans doute il avait intérêt à cacher.

Les conversations entre les divers membres de la famille de Mille-Acres cessèrent dès qu'on aperçut l'écuyer Newcome, quoique son arrivée ne parût causer ni surprise ni inquiétude. Ce devait être cependant un assez grand sujet d'alarme pour des squatters de voir approcher de leurs huttes le magistrat le plus voisin. Si donc il ne se manifestait aucune crainte parmi ceux qui étaient rassemblés, c'était, sans doute, parce que l'écuyer Newcome n'était pas un étranger pour eux.

Newcome fut encore quelque temps à atteindre le petit hameau, si l'on peut donner ce nom aux quelques huttes qui s'élevaient dans cet endroit, et, quand il mit pied à terre, ce fut à la porte d'une écurie, vers laquelle un des petits garçons courut aussitôt pour tenir la bride du cheval : l'écuyer s'avança alors vers le moulin où Mille-Acres l'attendait avec les plus âgés de ses fils pour le recevoir. L'accueil cordial qu'on se fit réciproquement, l'empressement de Prudence et de ses filles à venir aussi saluer le nouvel arrivé, me prouvèrent qu'on se connaissait antérieurement et qu'on devait même être sur le pied de l'intimité.

Jason Newcome resta huit ou dix minutes au milieu du groupe de famille; et lorsque les compliments réciproques et les questions d'usage eurent été échangés, le magistrat et le squatter se retirèrent à l'écart, comme des hommes qui ont à débattre ensemble des intérêts importants.

CHAPITRE XIX.

>Voyez la pousse vigoureuse de nos arbres, et la trempe énergique de nos âmes ! ne dirait-on pas que le ciel a façonné nos cœurs et nos chênes pour donner un maître au genre humain ?
>
>Young.

Mille-Acres et le magistrat se dirigèrent vers le magasin ; et comme l'arbre renversé, sur lequel la sentinelle s'était installée, offrait un siége convenable, on la congédia, et les deux diplomates s'assirent, le dos tourné à ma prison. Était-ce par suite d'une profonde combinaison de la part du squatter que cette place avait été choisie? c'est ce que je ne sus jamais; mais quelle qu'eût été la cause, l'effet fut de me permettre d'entendre presque toute la conversation qui s'établit entre eux. C'eût été porter un peu loin la délicatesse, dans la position où je me trouvais, de me boucher les oreilles. J'avoue que je ne poussai pas la vertu jusque-là, et que je ne me fis nul scrupule d'écouter de mon mieux.

— Comme je vous le disais, Mille-Acres, dit Newcome qui continuait, sans doute, un entretien déjà commencé, avec la familiarité d'un homme qui connaissait bien son compagnon, le jeune homme est dans cette partie du pays, et il doit être très-près d'ici dans ce moment. — J'en étais plus près que l'écuyer ne le croyait lui-même. — Oui, il est à parcourir les bois avec le porte-chaîne et sa clique ; et, si je ne me trompe, il mesure des fermes à un mille ou deux tout au plus de l'endroit où nous sommes.

— Combien sont-ils? demanda le squatter avec intérêt ; s'ils ne sont pas plus nombreux qu'à l'ordinaire, je les plains s'ils viennent à s'engager dans ma clairière.

— Qui sait ce qu'ils feront? quand on est à arpenter, on va de ci, on va de là, sans trop savoir où vous conduira la ligne qu'on est en train de tracer. C'est pour cela que j'ai cherché à les éloigner de mon établissement ; car, entre nous, Mille-Acres, — on peut se parler librement entre voisins, — il y a des pins magnifiques sur les hauteurs qui entourent mon lot ; et, s'il est quelquefois utile d'avoir une ligne de démarcation bien tracée, dans d'autres moments ce peut être extrêmement gênant.

— Laissez-moi donc là toutes vos lignes de démarcation dans un pays libre! s'écria Mille-Acres. C'est une invention du diable. J'ai vécu sept grandes années dans l'État de Vermont, entre deux familles, l'une au sud, l'autre au nord ; nous étions continuellement à mordre les uns sur les autres en pleine liberté ; mais jamais il n'en est résulté un seul mot d'aigreur ou de plainte entre nous.

— Je présume que vous possédiez tous en vertu du même titre? dit le magistrat en jetant un regard malin sur son compagnon. Alors il y aurait eu folie à se disputer.

— Oui, j'avoue que les titres étaient à peu de chose près les mêmes : la possession et nos haches. C'était contre les propriétaires de la colonie d'York que le temps courait. Voyons un peu : quelle est votre opinion sincère au sujet de la loi sur ce point, écuyer Newcome? On dit que vous avez fait vos études dans un collége. Je ne vois pas trop à quoi importe qu'on ait appris de telle ou telle manière, pourvu qu'on sache; mais c'est égal. Quel est votre avis à l'égard de la possession? devient-elle définitive au bout de vingt et un ans, qu'il y ait un écrit ou non?

— Non, sans doute. La loi est formelle; il faut un titre quelconque, ou la possession ne compte pour rien.

— J'ai entendu soutenir le contraire, et il y a de très-bonnes raisons à donner pour que la possession compte au contraire pour tout. Mais, entendons-nous bien ; par possession, je n'entends pas suspendre à un arbre une sacoche, comme on le fait quelquefois, mais s'établir honnêtement et loyalement sur la terre, abattre les arbres, construire des moulins, des granges, des maisons, faire des semences, des récoltes; enfin agir comme j'agis toujours; voilà ce que j'appelle prendre possession ; et voilà ce qui devrait être respectable aux yeux de la loi comme de l'Évangile. Car je ne suis pas de ceux qui reculent devant la religion.

— En cela, vous avez parfaitement raison. Ayez toujours l'Évangile de votre côté dans toutes vos actions, voisin Mille-Acres. Nos ancêtres puritains n'ont pas traversé l'Océan, affronté les horreurs du désert, souffert tout ce qu'il est possible de se figurer, et tout cela pour rien.

— Les horreurs du désert! ce n'est pas ce qui me ferait les plaindre beaucoup; mais traverser l'Océan, c'est autre chose. Voilà ce qui doit mettre furieusement la patience à l'épreuve. Je n'ai jamais pu me faire à l'eau. On dit qu'il n'y a pas un seul arbre qui croisse entre l'Amérique et l'Angleterre. On peut bien rencontrer par-ci par-là, quelques planches flottantes, mais pas une seule *créature* d'arbre depuis la baie de Massachussetts jusqu'à la ville de Londres.

— C'est tout eau, et, par conséquent, les arbres sont rares, Mille-Acres; mais venons à notre affaire. Je vous disais donc que l'ourson est dehors, et qu'il montrera les dents tout aussi bien que le vieil ours lui-même, s'il vient à savoir tous les trains de bois qui sont sur l'eau, sans parler des planches qui sont empilées ici.

— Qu'il les montre! s'écria le vieux squatter en jetant un regard de défi du côté de ma prison. Ce ne sera pas le premier que j'aurai rencontré qui sache mieux aboyer que mordre.

— Je ne sais pas trop, voisin. Le major Littlepage ne manque ni de courage, ni de résolution. Il m'a retiré sa procuration, que j'avais depuis si longtemps, pour la donner à un jeune étourdi, qui n'a d'autre titre que d'être un passable arpenteur, et qui n'est dans l'établissement que depuis un an.

— Un arpenteur ! c'est donc un de ces infernaux mesureurs du porte-chaine ?

— Précisément ; c'est ce jeune drôle qui est toujours avec lui à tirer des lignes et à mesurer des terres.

— Eh bien ! le vieux drôle ferait mieux de songer à lui ! voilà la troisième fois qu'il me contrecarre dans le cours de sa vie, et il me semble qu'il se fait bien vieux. Je crains qu'il ne vive plus longtemps !

Je crus remarquer que cette observation ne plaisait pas infiniment à l'écuyer Newcome, et qu'il était mal à l'aise. Tout prêt à fraterniser avec le squatter dans des actes qu'on n'est que trop porté à regarder comme des peccadilles dans un pays nouveau, tels que celui de dérober du bois, la chose lui paraissait mériter une attention sérieuse quand on proférait des menaces indirectes contre les jours de quelqu'un. Autre chose était de favoriser des larcins commis clandestinement contre la propriété, en achetant, à vil prix, le bois dérobé ; autre chose d'être de connivence, non plus pour de simples délits, mais pour des crimes véritables. Newcome avait encore une sorte de probité légale qui lui permettait de conserver au moins les apparences. Jamais il n'eût voulu se mettre en contradiction directe avec la loi ; mais il avait recours aux moyens les plus adroits pour l'éluder. Le but de sa visite à Mille-Acres était de l'effrayer en lui faisant connaître mon arrivée, et d'obtenir ainsi qu'il lui vendît des bois à des conditions qui lui assurassent des bénéfices encore plus considérables qu'à l'ordinaire. Malheureusement pour la réussite de ce beau projet, le vieux squatter en savait encore plus long que M. Newcome à mon sujet, et le digne magistrat était loin de soupçonner que j'étais alors à dix pas de lui, et que j'entendais tout ce qui se passait.

— Le porte-chaîne peut avoir soixante-dix ans, répondit Newcome après avoir réfléchi un moment à la portée de la dernière remarque de son compagnon ; — oui, soixante-dix ans, c'est bien ce qu'il paraît, et, au surplus, ce que j'ai entendu dire. C'est un grand âge, mais on peut aller beaucoup plus loin encore. Vous-même, Mille-Acres, vous ne devez pas en être loin ?

— J'ai soixante-treize ans bien comptés ; il n'y a rien à ajouter ni à rabattre. Mais je ne suis pas porte-chaîne. Personne ne peut m'accuser d'avoir jeté le trouble parmi des voisins, — non, ni d'avoir été chicaner quelqu'un sur les limites de son champ. Est-ce qu'on m'a jamais vu aller déposer en justice que tel lot était plus ou moins long, pour entretenir des querelles ? Non, mes fils et moi, nous nous mêlons de nos affaires, et nous laissons les autres tranquilles. Me voici, tel que vous me voyez, dans ma soixante-quatorzième année, père de douze enfants vivants ; eh bien, jamais on ne m'a vu aller m'établir sur une terre dont un autre homme fût en possession. Ah ! c'est que, voyez-vous, je respecte la possession autant et plus que qui que ce soit ; et c'est elle qui devrait toujours être le vrai titre de propriété dans un pays libre. Quand un homme a besoin d'un bout de terre, ma doctrine est qu'il doit chercher autour de lui, pour s'établir dans le premier coin qu'il trouve libre. Il veut changer plus tard ? il vend sa clairière, s'il trouve un acheteur ; autrement il la laisse à qui viendra l'occuper par la suite.

Il est probable que Jason Newcome n'allait pas tout à fait aussi loin que Mille-Acres dans ses idées sur les droits des squatters, et sur le caractère sacré de la possession. Il était extrêmement intéressé, mais il évitait toujours avec grand soin de se compromettre, quoiqu'il fût quelquefois entraîné à se permettre certaines déviations de la ligne droite qui ne laissaient pas de lui inspirer quelques inquiétudes. Il était assez amusant de voir quelles peines il se donnait pour amener le squatter par la crainte à lui vendre son bois à vil prix, tandis que Mille-Acres, qui, dans le moment même, me tenait prisonnier dans son magasin, était bien tranquille.

Avec des dispositions semblables de part et d'autre, il était difficile de s'entendre sur les conditions du marché. Aussi la conférence se termina-t-elle sans qu'aucun arrangement eût été conclu.

— En vérité, Mille-Acres, dit le magistrat, je désire que vous n'ayez pas sujet de vous repentir de n'avoir pas accepté mon offre, mais je vous assure que je le crains.

— Tant pis pour moi alors! répondit le squatter; je sais que tous mes transports seront achevés avant que le jeune Littlepage puisse me nuire.

— Réfléchissez bien! Si le major Littlepage vient à découvrir votre cachette, il ne vous laissera pas une seule planche.

— C'est ce que nous verrons. Au surplus, je suis prêt à vendre; mais je vous ai dit mes conditions, et je n'en rabattrai rien.

— Vous n'êtes pas raisonnable, et je vois qu'il n'y a plus moyen de traiter avec vous.

— Eh bien donc, tout est dit. Je présume, écuyer, que vous avez toujours la même répugnance à être vu dans ma clairière?

— Sans doute, sans doute, dit précipitamment Newcome. J'espère qu'il n'y a rien à craindre à cet égard? Vous n'avez pas d'étrangers avec vous?

— Qui sait? Voilà les garçons qui reviennent de la forêt, et ils ont l'air de ramener quelqu'un. Je ne me trompe pas! C'est Susquesus, l'Onondago. Il est d'une grande discrétion, comme la plupart des Peaux-Rouges. C'est à vous de juger si vous désirez qu'il vous voie ou non. On dit qu'il est grand ami du porte-chaîne.

La décision fut bientôt prise. Avec toute la hâte qu'il put se permettre décemment, le magistrat se faufila derrière un tas de bois, et je ne le revis que sur la lisière de la forêt, à l'endroit d'où il était sorti pour entrer dans la clairière, deux heures auparavant. Il y reçut son cheval des mains du plus jeune des fils de Mille-Acres, et dès qu'il fut en possession de sa monture, il s'enfonça dans la profondeur des bois. Cette retraite fut opérée si habilement, qu'elle eût échappé à tout spectateur dont l'attention n'eût pas été particulièrement appelée sur ce point.

Je ne sais ce qui se passa entre Mille-Acres et lui pendant les dernières minutes qu'ils restèrent ensemble. Lorsque le squatter reparut, toute son attention parut se concentrer sur le groupe qui approchait, et qui se composait de trois de ses fils et de Susquesus. Ces jeunes braves avaient en effet atteint l'Onondago, et ils le ramenaient désarmé pour recevoir les ordres de leur père. Malgré tout ce que je savais de cet homme et de son caractère, il y avait quelque chose d'imposant dans la manière dont il attendait l'arrivée de ses fils et de leur prisonnier. Accoutumé à exercer une autorité presque absolue dans sa famille, le vieillard avait acquis quelque chose de cette dignité que donne l'habitude du commandement; et toute sa progéniture, grande et petite, mâle et femelle, n'avait pas beaucoup gagné sous le rapport de l'indépendance, en secouant le joug régulier de la société pour vivre sous la règle de ce patriarche. A cet égard ils ressemblaient assez aux masses qui, dans leur amour aveugle de la liberté, rejettent impatiemment le frein salutaire des lois pour se soumettre à la dictature injuste et intéressée de démagogues. S'il y avait quelque différence entre les deux gouvernements, c'était en faveur de celui du squatter, dont l'absolutisme était du moins tempéré par la bienveillance du père de famille.

Il est si difficile de juger à l'extérieur de ce qui se passe dans l'esprit d'un Indien, que je ne fus pas surpris de ne voir aucune trace d'émotion sur la figure de l'Onondago quand il approcha de nous. Il était aussi calme, aussi tranquille que s'il était venu visiter des amis. On l'avait garrotté, dans la crainte qu'il ne cherchât à s'échapper à la faveur de quelques taillis épais par lesquels il fallait passer; mais ses liens ne semblaient lui faire éprouver aucune souffrance, ni morale, ni physique. Le vieux Mille-Acres avait un aspect rude; mais il connaissait trop bien le caractère indien, et cette mémoire tenace qui n'oublie jamais ni un service ni un outrage, pour se porter à des rigueurs inutiles qui n'auraient eu d'autre effet que d'aigrir encore davantage son prisonnier.

— Sans-Traces, dit-il avec calme, vous êtes un vieux guerrier, et vous devez savoir que dans les moments de troubles chacun doit songer à sa sûreté. Je suis charmé que les garçons n'aient pas été obligés de recourir à des moyens extrêmes; mais vous devez sentir que nous ne pouvons vous permettre d'aller instruire le porte-chaîne et sa bande de ce qui s'est passé ici ce matin. Je ne sais pas encore moi-même combien de temps vous resterez avec nous ; mais ce que je puis vous promettre, ce sont les meilleurs procédés et un accueil des plus bienveillants, tant que vous vous tiendrez tranquille. Je sais ce que vaut la parole d'une Peau-Rouge, et il est très-possible qu'après y avoir réfléchi un peu, je vous laisse vous promener en liberté dans la clairière, pourvu que vous me donniez votre parole de ne pas vous en aller. J'y songerai, et nous en reparlerons demain matin. Pour aujourd'hui, vous allez tenir compagnie dans le magasin au jeune imprudent que vous avez amené ici.

En effet la porte de ma prison s'ouvrit, et je vis entrer l'Onondago à qui l'on avait ôté ses liens, et qui était toujours aussi impassible ; après quoi la porte fut barricadée de nouveau, et je fus laissé seul avec Susquesus. Cette fois ce fut une des jeunes filles qui resta en sentinelle près du bâtiment. J'attendis un moment pour être certain qu'on ne pouvait plus nous entendre, et alors je me mis à causer avec mon ami.

— Je suis bien fâché de ce qui arrive, Susquesus, dis-je en commençant ; car j'avais espéré qu'avec votre connaissance des bois, et grâce à la légèreté de votre marche, vous dépisteriez ceux qui vous poursuivaient, et que vous pourriez porter à mes amis la nouvelle de mon emprisonnement. C'est une cruelle déception pour moi, qui me croyais certain que le porte-chaîne allait apprendre où j'étais.

— Eh bien, pourquoi penser autrement à présent? Vous supposez que, parce que l'Indien est prisonnier, il n'est plus bon à rien?

— Vous ne voulez pas dire que vous êtes ici de votre propre consentement !

— Pourquoi non? Si je n'avais pas eu besoin de venir, je ne serais pas venu. Vous pensez que les enfants de Mille-Acres atteindraient Susquesus dans les bois, quand il ne le veut pas? Oui, l'hiver vient et l'été vient. Oui, les cheveux gris viennent aussi. Oui, Sans-Traces se fait vieux petit à petit ; mais le moccasin ne laisse pas encore de traces.

— Comme je ne puis comprendre pourquoi, après vous être

échappé, vous auriez voulu revenir, j'attends vos explications. Dites-moi tout ce qui s'est passé, Susquesus; dites-le-moi à votre manière, comme vous l'entendrez; mais dites-moi tout.

— Sans doute, pourquoi pas tout dire? — Rien de mal, tout est bon, tout est très-bon, — jamais Susquesus n'a eu tant de bonheur.

— Vous excitez ma curiosité. Voyons, racontez-moi tout, depuis l'instant où vous avez disparu jusqu'au moment où vous avez été ramené.

Susquesus me lança un regard significatif, il tira sa pipe de sa ceinture, la remplit, l'alluma et se mit à fumer avec un sang-froid imperturbable. Après ces préliminaires, il commença tranquillement son récit.

— Écoutez, vous allez savoir, dit-il. Je me suis enfui, parce qu'il n'était pas bon de rester ici et d'être prisonnier; voilà pourquoi.

— Oui, mais en quoi est-ce meilleur à présent? Vous voilà prisonnier aussi bien que moi, et, si j'ai bien compris, parce que vous l'avez bien voulu.

— Sans doute. L'Indien ne se laisse pas prendre quand il ne le veut pas. On peut le tuer; pour cela, il n'y peut rien; mais, dans les bois, jamais il n'est fait prisonnier, à moins qu'il ne soit paresseux ou ivre. Le rhum fait beaucoup de prisonniers.

— Je crois tout cela. Mais venons au fait. Pourquoi avez-vous commencé par vous sauver?

— Est-ce qu'il ne fallait pas que le porte-chaîne sût où vous étiez, hein? Vous pensez que Mille-Acres vous laisserait aller, tant qu'il lui resterait une planche à mettre à l'eau? Quand la dernière planche sera partie, vous partirez. Vous resterez tout l'été. Vous aimeriez à rester tout l'été dans ce magasin, hein?

— Certainement non. Ainsi, vous m'avez quitté pour apprendre à mes amis où j'étais, afin qu'ils pussent venir à mon secours. Ensuite?

— Ensuite, je me suis enfui dans les bois. Il est facile de s'échapper lorsque Mille-Acres ne regarde pas. Eh bien! je courus deux milles, sans laisser de traces; l'oiseau en laisse autant dans l'air. Qui supposez-vous que j'aie rencontré, hein?

— J'attends que vous me l'appreniez.

— J'ai rencontré Jaap, — oui, le nègre. Il cherchait son jeune maître. Tout le monde était inquiet, et ne pouvait concevoir où était le jeune chef. Les uns regardent ici, d'autres là-bas, tous quelque part. Jaap justement cherchait par ici.

— Et vous avez raconté à Jaap toute l'histoire pour qu'il aille instruire le porte-chaîne?

— Justement. Vous avez bien deviné cette fois. Alors Susquesus a réfléchi à ce qu'il devait faire. Il voulait revenir pour aider le jeune Visage-Pâle son ami; il a eu l'idée de se laisser faire prisonnier pour une fois. Il n'était pas fâché de savoir comment il se trouverait en prison. Pas si mal qu'il le supposait. Le squatter n'est pas un maître dur pour les prisonniers.

— Mais comment vous y êtes-vous pris?

— Rien de plus simple. Quand Jaap a eu son message et a été parti, j'ai laissé une piste assez claire pour qu'une squaw la remarquât. J'ai été à une source, je me suis assis, j'ai mis ma carabine par terre. Ainsi les fils du squatter n'avaient pas besoin de tirer sur moi, et ils m'ont saisi, par surprise, à ce qu'ils ont cru ; oui les Visages-Pâles ont pris une Peau-Rouge cette fois ! vont-ils **être contents!**

Tout était expliqué. Susquesus s'était esquivé pour instruire mes amis de ma position; il avait rencontré Jaap qui s'était mis à la recherche de son maître; puis, certain que le porte-chaîne apprendrait ainsi ma détention, il s'était laissé prendre. De cette manière le squatter se croirait sûr que notre histoire n'était connue de personne; et en même temps l'Onondago serait près de moi pour m'aider de ses conseils et de son bras, si les circonstances l'exigeaient.

On voit qu'en un moment l'Onondago avait envisagé la situation sous toutes ses faces, et qu'avec une sagacité admirable il avait exécuté son plan aussi rapidement qu'il l'avait conçu.

Si j'étais ravi de l'adresse de Susquesus, je n'étais pas moins touché de sa fidélité. Dans le cours de la conversation, il me répéta que ma disparition et mon absence pendant une nuit entière avaient répandu l'alarme dans les huttes, et que tout le monde était à ma recherche, lorsqu'il avait rencontré Jaap si à propos.

— La jeune fille aussi, ajouta l'Onondago d'un ton significatif. Je suppose qu'elle a de bonnes raisons pour cela.

Cette remarque confirma le soupçon vague que j'avais toujours eu que Susquesus avait assisté, sans être aperçu, à mon entrevue avec Ursule Malbone; et que c'était la précipitation avec laquelle il m'avait vu m'éloigner de sa hutte, qui l'avait décidé à me suivre, ainsi que je l'ai raconté. Qu'on ne suppose pas que les aventures qui venaient de m'arriver eussent banni Ursule de mon esprit. Au contraire, elle était toujours présente à ma pensée; et la nouvelle qu'elle prenait assez d'intérêt à moi pour courir à travers les bois à ma recherche n'était pas de nature à calmer mon imagination. Et cependant Ursule ne faisait que céder à un simple mouvement d'humanité; n'avais-je pas appris de sa propre bouche que sa foi était engagée à un autre?

Après que l'Indien m'eut donné tous ces détails, je le consultai sur ce que nous devions faire. Il fut d'avis que nous devions attendre des nouvelles de nos amis dont nous ne pouvions manquer d'entendre parler, d'une manière ou d'une autre, soit dans la nuit, soit dans le jour suivant. Nous avions beau nous perdre en conjectures; nous ne savions trop à quel parti le porte-chaine s'arrêterait, mais ce dont nous étions certains l'un et l'autre, c'est qu'il ne resterait pas tranquille en apprenant que ses deux meilleurs amis étaient dans l'embarras. Ma grande inquiétude était qu'il n'eût recours à la force ouverte; car le vieil André, quoique très-juste, était d'un caractère ardent, et il était accoutumé depuis son enfance à brûler de la poudre. D'un autre côté, s'il avait recours aux voies légales, et qu'il s'adressât à M. Newcome pour en obtenir des mandats d'arrêt contre le squatter et ses fils, coupables de détention arbitraire, que n'avais-je pas à craindre de la collusion du magistrat, de ses fraudes et de ses machinations secrètes? Il n'était que trop probable qu'avant d'agir, l'écuyer Newcome trouverait moyen de prévenir, sous main, ses amis de la clairière de ce qui se tramait contre eux, et que ceux-ci auraient tout le temps de me conduire dans quelque autre lieu de refuge, et ils devaient en connaître par centaines dans ces forêts sans limites.

Les squatters ne manquèrent point de certains égards envers

leurs prisonniers. Sans doute j'avais à me plaindre amèrement de leur conduite en général, puisqu'ils n'avaient aucun droit de me détenir, mais du reste il y eut une certaine délicatesse dans leurs procédés pendant toute la journée. Notre nourriture fut la leur. Laviny nous apporta jusqu'à cinq fois de l'eau fraîche; et cette jeune fille montrait tant d'empressement à aller au-devant de tous les désirs qu'elle croyait que je pouvais former, qu'elle m'apporta tous les livres qu'elle put trouver dans la bibliothèque de la famille. Ils étaient au nombre de trois : un Fragment de Bible, le Voyage du Pèlerin, et un Almanach qui avait quatre ans de date.

CHAPITRE XX.

> Je remarquai ses pas précipités, ses gestes étranges, son visage changeant, avec des sons inarticulés qu'il proférait; et trop tard, hélas! je vis la lame fumante, la main teinte de sang; il tomba, et poussant un profond gémissement, il mordit la terre dans sa dernière agonie.
>
> WARTON.

Ainsi se passa cette longue et pénible journée. Je fis de l'exercice en me promenant en long et en large dans la salle; mais l'Indien ne bougea pas de la place qu'il avait prise en entrant. Quant au squatter, il n'approcha plus du magasin; seulement, deux ou trois fois dans le cours de la journée, je le vis en conférence secrète avec les plus âgés de ses fils. Ils semblaient se consulter, et il y avait des moments où je croyais distinguer sur leurs figures une expression de menace.

On jeta un certain nombre de bottes de paille dans notre prison, de sorte que nous pûmes nous faire chacun un assez bon lit. Un soldat n'est pas effrayé de dormir sur de la paille; et pour Susquesus, tout ce qu'il lui fallait, c'était une place suffisante pour s'étendre, fût-ce sur un roc. Un Indien aime ses aises, et il les prend quand il les trouve sur son chemin; mais on ne saurait croire à quel point il sait supporter toute espèce de privations, dès que la nécessité l'exige.

J'eus d'abord quelque peine à m'endormir. J'avoue que je n'étais pas complétement rassuré sur les intentions du vieux squatter et de ses fils. Il pouvait bien leur passer par la tête de profiter des ténèbres pour se défaire de leurs deux prisonniers; c'était le plus sûr moyen, après tout, de prévenir les conséquences fâcheuses qu'ils pouvaient attendre de leurs déprédations passées, et de s'assurer l'impunité pour celles qu'ils méditaient encore. Nous étions complétement à leur merci, et Mille-Acres devait croire que le secret de notre visite mourrait avec nous. Ces pensées me trottaient malgré moi dans la tête, et ne laissaient pas de me causer quelques inquiétudes; mais la fatigue finit par l'emporter, et je tombai dans un profond assoupissement, qui dura jusqu'à trois heures du matin.

Je ne suis pas bien certain si alors je m'éveillai naturellement, ou si quelque cause extérieure me tira de mon sommeil. Ce que je me rappelle, c'est que j'étais à réfléchir depuis quelque temps, les yeux à demi fermés, quand je crus entendre la douce voix d'Ursule murmurer mon nom à mon oreille. L'illusion dura quelques instants, et lorsque j'eus repris graduellement toutes mes facultés, je finis par me convaincre qu'on m'appelait en effet par mon nom. Je ne pouvais m'y tromper : la voix était distincte et c'était une voix de femme. Je me levai précipitamment sur mon séant, et je demandai :

— Qui est là? au nom du ciel! se peut-il que ce soit Ursule, miss Malbone?

— Je m'appelle Laviny, me répondit-on, et je suis fille de Mille-Acres. Mais ne parlez pas si haut; car l'un des garçons est en sentinelle à l'autre extrémité du bâtiment, et vous le réveillerez, si vous ne prenez garde.

— Laviny, est-ce vous, ma chère enfant? Non contente de nous bien soigner pendant le jour, vous avez encore une pensée pour nous pendant la nuit!

Il me parut que Laviny éprouvait quelque embarras; car elle sentait qu'elle avait un peu dérogé aux habitudes de réserve de son sexe. Il est rare, en effet, qu'une mère, surtout en Amérique, ne se respecte pas assez elle-même pour ne point inspirer à sa fille ces sentiments de délicatesse qui sont le premier charme de la femme. Malgré la vie errante que la vieille Prudence avait menée, et les exemples de dépravation dont elle avait été entourée, elle n'avait pas manqué d'élever ses filles dans ce sentiment des convenances que nous venons de signaler.

Laviny, indépendamment du charme inhérent à la jeunesse, était loin d'être dépourvue d'attraits. Dès le premier moment, elle m'avait manifesté un intérêt qui ne m'avait pas échappé, et, dans le moment même, elle cherchait évidemment encore à m'être utile. Néanmoins ma remarque l'embarrassa, et quelques instants s'écoulèrent avant qu'elle eût pu surmonter cette impression.

— Je ne vois pas ce que j'ai fait de remarquable, dit-elle enfin, en vous apportant un peu d'eau à vous et à l'Indien, et tout mon regret c'est de n'avoir eu ni bière ni cidre; mais nos provisions sont épuisées, et notre père ne veut plus qu'on fasse de cidre, parce qu'il dit qu'on prend tous ses aubiers pour le sucrer. J'espère que vous n'avez pas été mécontent de votre souper, monsieur Littlepage; mais dans la crainte que vous ne l'ayez pas trouvé suffisant, je vous apporte une cruche de lait, et une tranche de gâteau. La Peau-Rouge pourra manger quand vous aurez fini.

Je remerciai cette excellente amie, et je reçus son présent par une ouverture qu'elle me fit remarquer. Ce surcroît de provisions vint d'autant plus à propos que, comme on le verra bientôt, nous n'eûmes guère le temps de songer à notre déjeuner. J'avais un vif désir d'apprendre d'elle ce qu'on disait de moi, et quels étaient les projets qui se tramaient; mais j'éprouvais une répugnance presque invincible à chercher à pénétrer ces secrets de famille en lui adressant des questions directes. Heureusement Laviny vint à mon secours; elle était très-communicative de sa nature; et après m'avoir passé ses provisions, elle resta à la même place, cherchant évidemment à prolonger la conversation.

— Je voudrais bien que mon père ne fût plus squatter, dit la jeune fille avec un accent pénétré qui prouvait combien elle était sincère. Il est affreux d'être toujours en révolte contre la loi !

— Il vaudrait beaucoup mieux qu'il prît une ferme régulièrement. La terre est si abondante dans ce pays que, soit qu'on veuille louer soit qu'on veuille acheter une centaine d'acres, ce n'est pas une grande affaire, pour peu qu'on soit sobre et actif.

— Jamais mon père ne boit, si ce n'est le 4 de juillet; et pour des garçons, mes frères sont aussi d'une grande sobriété. Si ma mère n'a pas dit cent fois à mon père, monsieur Littlepage, qu'elle voudrait lui voir cesser ce genre de vie, et prendre un bout d'écrit pour quelque pièce de terre, elle ne le lui a pas dit une ; mais mon père répond qu'il n'a pas été fait pour l'écriture, ni l'écriture pour lui. Il est bien en peine de savoir ce qu'il va faire de vous, à présent qu'il vous tient.

— M. Newcome a-t-il donné son avis à ce sujet, pendant qu'il était avec vous ?

— M. Newcome ? Mon père n'a pas ouvert la bouche sur ce que vous étiez ici. Il connaît trop bien son affaire pour se mettre à la discrétion de l'Écuyer, qui alors aurait voulu avoir tout le bois pour rien. Que pensez-vous, monsieur Littlepage, de notre droit sur les planches, une fois que nous les avons coupées et sciées nous-mêmes ? Cela ne fait-il pas quelque différence ?

— Quel droit croiriez-vous avoir sur une robe qu'une autre jeune fille aurait faite avec une étoffe qu'elle aurait prise dans votre armoire, quand vous aviez le dos tourné, et qu'elle aurait ensuite taillée, façonnée et cousue de ses propres mains ?

— Tous les droits du monde, assurément. Mais les planches sont faites avec des arbres.

— Et les arbres ont un maître, comme les étoffes. Les couper et les tailler ne constitue en rien un droit de propriété.

— C'est ce que je craignais, reprit Laviny en soupirant assez haut pour être entendue. J'ai lu dans cette vieille Bible que je vous ai prêtée quelque chose qui me semblait avoir ce sens, bien que Tobit et les autres garçons m'assurent le contraire. Ils disent que nulle part il n'est question de planches dans la Bible.

— Et que dit votre mère ?

— Ma mère ne s'explique pas. Elle voudrait que mon père

louât ou achetât; mais vous savez ce que c'est que les femmes, monsieur Littlepage; ce que font leurs maris, il faut qu'elles s'efforcent de le trouver bien. Ma mère ne nous dit pas que son mari se met en contravention avec la loi ; mais elle répète sans cesse qu'il devrait se munir d'un écrit. Elle voudrait qu'il cherchât à en obtenir un de vous, pendant que vous êtes ici et entre ses mains. N'est-ce pas que vous le lui donneriez, monsieur Littlepage, s'il promettait de vous payer quelque chose en retour ?

— Cet écrit serait nul, parce que je n'aurais pas été libre en le signant. Tout acte qui émane de personnes qui sont, comme vous dites, entre les mains de ceux qui en profitent, n'a point de valeur.

— Tant pis, répondit Laviny avec un nouveau soupir; non pas que je voulusse vous voir contraint à faire une chose qui ne vous plairait pas ; mais je pensais que si vous vouliez consentir à donner par écrit à mon père la jouissance de cette clairière, l'occasion est si favorable aujourd'hui que ce serait vraiment dommage de la laisser échapper. Si c'est impossible, eh bien, n'en parlons plus. Mon père dit qu'il vous retiendra jusqu'à ce que les eaux soient hautes, à l'automne, et que les garçons aient eu le temps de transporter tout le bois à Albany; après quoi, il ne tiendra pas beaucoup à vous garder plus longtemps, et il se pourra qu'il vous laisse aller.

— Me retenir jusqu'à la crue des eaux! mais elle n'aura pas lieu avant trois mois !

— Eh bien, monsieur Littlepage, est-ce que trois mois sont si longs à passer, quand on est au milieu d'amis? Nous vous traiterons de notre mieux, soyez-en sûr, et nous ne vous laisserons manquer de rien de ce qu'il sera en notre pouvoir de vous donner.

— En vérité, ma chère enfant, je serais désolé d'embarrasser si longtemps votre famille de ma personne. Quant aux planches, elles appartiennent aux propriétaires du sol, et je ne suis pas libre d'en disposer. Tous mes pouvoirs se bornent à vendre des parcelles de terrain.

— Voilà ce qui m'afflige, répondit Laviny avec un ton de douceur qui attestait sa sincérité; car mon père et les garçons sont vraiment terribles pour tout ce qui touche aux profits qu'ils espèrent retirer de la besogne qu'ils ont faite. Ils disent que leur chair et leur sang sont dans ces planches, et que leur chair et leur sang partiront avant qu'ils laissent partir ces planches pour d'autres que pour eux. Mon sang se glace dans mes veines quand je les entends parler comme ils font! Ce n'est pas que je sois poltronne au moins. L'hiver dernier, quand je tuai l'ours qui venait attaquer notre parc aux cochons, ma mère me dit qu'elle n'aurait pas mieux fait; et pourtant, elle a tué quatre ours et près de vingt loups dans son temps. Oui, ma mère dit que je m'étais conduite comme sa véritable fille, et qu'elle m'en aimait deux fois plus encore.

— Vous êtes brave, Laviny, et qui plus est, vous êtes une excellente fille, je n'en doute pas. Quoi qu'il arrive, je n'oublierai pas votre bonté pour moi. Toutefois, ce sera une grande responsabilité qu'assumeront vos amis de me retenir ici trois ou quatre mois, car les miens ne manqueront pas de me chercher; ils découvriront cette clairière, et je n'ai pas besoin de vous dire quelles en seront les conséquences.

— Et mon père, et les garçons, que feront-ils? Je tremble d'y songer. Oh! ils n'auront pas le cœur de se défaire de vous!

— Je l'espère dans leur intérêt, et pour l'honneur du nom américain. Nous ne sommes pas un peuple sanguinaire, et nous n'irons pas rétrograder à ce point. Mais nous n'avons rien à craindre de ce genre, ma bonne Laviny.

— Je l'espère, répondit la jeune fille d'une voix basse et tremblante, quoique Tobit soit quelquefois d'un caractère farouche. C'est lui qui rend son père pire qu'il ne le serait s'il était abandonné à lui-même. Mais il faut que je me retire. Le jour va paraître, et j'entends bouger dans la maison de Tobit. Il m'en coûterait cher si l'on venait à soupçonner que je suis sortie de mon lit pour vous parler.

En disant ces mots, et avant que j'eusse pu trouver une ouverture pour épier ses mouvements, Laviny avait disparu. Susquesus ne tarda pas à se lever, mais il ne fit aucune allusion à la visite de la jeune fille. Il se renferma à cet égard dans la réserve la plus scrupuleuse, ne me faisant jamais entendre, ni par insinuation, ni par un regard, ni par un sourire, qu'il eût eu le moindre soupçon de sa présence.

Le jour vint, mais il ne trouva pas les squatters dans leurs lits. La plupart étaient à l'ouvrage avant que le soleil eût doré la cime de la forêt. Ils couraient à la rivière, pour travailler sans doute, car nous ne pouvions les voir, à ce qui était pour eux la prunelle de leurs yeux, leur commerce de bois. Toutefois, le vieux Mille-Acres resta près de son habitation, conservant avec lui deux ou trois de ses fils, pour leur répéter probablement combien il importait à leur sûreté de bien s'assurer de nos personnes. Il était facile de voir à l'air pensif du vieux squatter, en se promenant autour de son moulin et au milieu de ses pommes de terre, qu'il était dans une grande perplexité, et qu'il ne savait à quel parti s'arrêter. On ne sait quel aurait été en dernière analyse le résultat de ces réflexions, si un incident inattendu n'était venu les interrompre brusquement, et demander une prompte et énergique décision. Je dois ici entrer dans quelques détails.

Le jour était très-avancé, et, à l'exception de Mille-Acres et de la jeune enfant qui gardait alors à son tour le magasin, tout le monde était occupé. Susquesus, lui-même, avait ramassé une branche de bouleau, et, avec un air mélancolique où semblait se refléter, en quelque sorte, la vie future d'un homme rouge à demi civilisé, il essayait de faire un balai avec un fragment de couteau qu'il avait trouvé par terre; tandis que j'esquissais, sur une feuille de mon agenda, le moulin et une petite colline qui lui servait d'arrière-plan. Mille-Acres, pour la première fois de la matinée, s'approcha de notre prison pour me parler. Il avait un aspect sévère, mais, en même temps, je pouvais voir qu'il était très-agité. Je sus plus tard que Tobit venait d'insister auprès de lui sur la nécessité de me mettre à mort ainsi que l'Indien, comme le seul moyen qu'il y eût de sauver leurs provisions de bois.

— Jeune homme, dit Mille-Acres, vous vous êtes glissé auprès de moi, la nuit, comme un voleur, et vous devez vous attendre à être traité comme tel. Comment voulez-vous que des hommes se décident à abandonner le fruit de leurs sueurs, sans le disputer avec acharnement? La tentation est trop forte pour qu'il soit possible d'y résister.

Je compris ce que ces paroles avaient de sinistre; mais toute ma fierté se révoltait à l'idée d'accepter des conditions qui me seraient imposées. J'allais faire une réponse conforme à ces sentiments, lorsque, en regardant à travers les ouvertures de ma prison pour voir la physionomie de mon vieux tyran, j'aperçus le porte-chaîne qui venait droit au magasin, et qui n'était plus qu'à cent pas de nous. La direction qu'avaient prise mes regards attira l'attention du squatter, qui se retourna et s'aperçut, à son tour, de la visite inattendue qu'il recevait. L'instant d'après, André était à ses côtés.

— Ainsi donc, Mille-Acres, je vous trouve ici, s'écria le porte-chaîne. Voilà bien des années que nous ne nous sommes rencontrés, et je regrette que nous nous retrouvions dans des circonstances pareilles!

— Ce n'est pas moi qui ai cherché cette rencontre, porte-chaîne, et je ne vous ai pas prié de venir.

— Je le sais, je le sais parfaitement. Non, non, vous ne désirez ni chaînes, ni porte-chaînes, ni arpenteurs, ni boussoles, ni fermes, ni fermages. Nous n'en sommes pas aujourd'hui à faire connaissance ensemble, lorsqu'il y a cinquante ans que nous nous sommes vus pour la première fois.

— Oui, cinquante ans; et, puisque ce temps n'a pas suffi pour nous mettre d'accord sur un seul point, nous aurions mieux fait de rester chacun de notre côté.

— Je suis venu pour mon ami, squatter, pour mon noble ami, que vous avez arrêté et que vous retenez prisonnier, au mépris de toute loi et de toute justice. Rendez-moi Mordaunt Littlepage, et je vous aurai bientôt délivré de ma présence.

— Comment voulez-vous que j'aie vu votre Mordaunt Littlepage? qu'ai-je de commun avec votre ami, pour que vous veniez me le demander? Passez, passez votre chemin, vieux porte-chaîne, et laissez-moi tranquille, moi et les miens. Le monde est assez grand pour nous deux, ce me semble; pourquoi vous attirer de mauvaises affaires en venant troubler une couvée comme celle qui provient d'Aaron et de Prudence Timberman?

— Je m'inquiète peu de vous et de votre couvée, répondit le vieil André avec chaleur. Vous avez osé arrêter mon ami, contre tout droit, et je viens réclamer sa liberté, ou vous avertir de prendre garde à vous.

— Ne me poussez pas à bout, porte-chaîne, ne me poussez pas à bout! il y a dans cette clairière des bras qui sont capables de se porter à quelque coup de désespoir, et qui ne se laisseront pas ravir le fruit légitime de leurs travaux par des gens qui portent des chaînes ou consultent une boussole. Passez votre chemin, vous dis-je, et laissez-nous recueillir la moisson que nous avons semée de nos propres mains.

— Vous la recueillerez, Mille-Acres, vous la recueillerez, vous et les vôtres. Vous avez semé le vent, et vous recueillerez la tempête, comme ma nièce, Ursule Malbone, me l'a lu bien des fois. Oui, oui, vous ferez la récolte complète, et plus tôt que vous ne pensez!

— Je voudrais n'avoir jamais vu la figure de cet homme! Retirez-vous, je vous le répète, porte-chaîne. Ne venez pas nous disputer ce que nous avons si bien gagné à la sueur de notre front.

— Si bien gagné! En pillant, n'est-ce pas? et en dévastant les terres d'un autre, en faisant de ses arbres des planches, et en les vendant à des spéculateurs, sans rendre compte du produit au légitime propriétaire? C'est un pareil brigandage que vous appelez un gain honnête?

— Brigand vous-même, vieux mesureur de terres! Comptez-vous pour rien tant de journées passées dans un travail pénible, tant de sueurs répandues, tant de fatigues endurées? Tout cela ne nous donne-t-il pas quelques droits sur le fruit de nos travaux?

— C'est toujours là ce qui vous a perdu, Mille-Acres; vous vous êtes fait dès le principe une morale à vous, au lieu d'adopter celle de tous les honnêtes gens. Coupez, taillez, sciez tant que vous voudrez, fût-ce jusqu'à la fin des siècles, vous n'en aurez pas un pouce de droit de plus. Celui qui part pour son voyage la face tournée du mauvais côté, vieux Mille-Acres, n'arrivera jamais au terme, quand il marcherait jusqu'à ce que la sueur ruisselle de son front comme l'eau qui tombe d'une gouttière. Vous avez mal commencé, vous finirez mal.

Je vis le nuage se former sur la figure du squatter, et je prévis que la tempête allait éclater. Deux caractères également ardents se trouvaient en présence, et, divisés comme ils l'étaient par l'abîme qui sépare le bien du mal, la droiture de la malice, et des principes fermes, inébranlables, de cette morale flexible toujours subordonnée à l'intérêt, une collision semblait inévitable. Ne pouvant répondre au raisonnement du porte-chaîne, le squatter eut recours à l'argument de la force. Il saisit mon vieil ami à la gorge et fit un violent effort pour le précipiter à terre. Je dois rendre à cet homme brutal et vindicatif la justice de dire que je ne crois pas que, dans ce moment, son intention fût d'appeler à son secours; mais, à l'instant où la lutte commença, la conque se fit entendre, et il était facile de prévoir que ses fils ne tarderaient pas à accourir. J'aurais donné tout au monde pour pouvoir renverser les murs de ma prison, et voler au secours de mon excellent ami. Quant à Susquesus, il prenait, sans doute, un vif intérêt à ce qui se passait, mais il demeurait ferme et immobile comme un roc.

André Coejemans, tout âgé qu'il était, — il avait aussi ses soixante-dix ans sonnés, — n'était pas homme à se laisser prendre impunément à la gorge. Mille-Acres trouva à qui parler à l'instant même, et la lutte qui s'engagea fut des plus acharnées, surtout si l'on considère que les deux combattants avaient dépassé les limites ordinaires de la vie. Le squatter avait obtenu un léger avantage qu'il devait à ce que son attaque avait été aussi vive qu'imprévue; mais le porte-chaîne était encore d'une vigueur extraordinaire. Dans son temps il avait eu peu d'égaux, et Mille-Acres ne tarda pas à éprouver qu'il avait trouvé son maître. Si un instant le porte-chaîne avait paru fléchir, il se redressa tout à coup, fit un effort désespéré, et son adversaire fut lancé à terre avec une violence qui le priva un moment du sentiment. Le vieil André resta aussi droit que le plus élancé des pins qui l'environnaient, le teint animé, le front plissé, l'air plus menaçant que je ne l'avais jamais vu, même un jour de bataille.

Au lieu de poursuivre son avantage, le porte-chaîne ne bougea pas de place, du moment qu'il eut terrassé son ennemi. Il ne pouvait soupçonner qu'il eût eu un témoin de sa victoire; mais je voyais néanmoins qu'il en était fier. Je crus alors devoir lui faire connaître que j'étais près de lui.

— Fuyez, mon ami, gagnez vite les bois! lui criai-je à travers les fentes. Cette conque va amener ici toute la bande des squatters avant deux minutes. Les fils sont tout près, sur le bord de la rivière, où ils travaillent; ils n'ont que la berge à gravir.

— Dieu soit loué! Mordaunt, mon cher enfant, vous êtes sain et sauf! Je vais ouvrir la porte de votre prison, et nous partirons ensemble.

Mes remontrances furent inutiles. André vint à la porte du magasin et fit un effort pour l'enfoncer. La chose n'était pas facile; car elle était solidement barricadée, et fermée en outre par une forte serrure. Le porte-chaîne ne voulut rien écouter, et il chercha autour de lui, dans l'espoir de trouver quelque instrument à l'aide duquel il pût briser la serrure ou faire sauter un panneau. Comme le moulin n'était pas à une grande distance, il s'éloigna dans cette direction, pour chercher ce dont il avait besoin. J'eus beau lui crier de m'abandonner, il ne m'écoutait pas, et je fus forcé d'attendre en silence le résultat de ses efforts.

Le porte-chaîne était encore plein d'activité et d'énergie. Une bonne constitution, une vie sobre, des habitudes régulières, avaient entretenu chez lui la force et la santé. Je le vis bientôt revenir une pince à la main, et il s'apprêtait à appliquer contre la porte ce puissant levier, quand Tobit parut, suivi de tous ses frères qui accouraient comme une meute de chiens lancée après le gibier. Je criai de nouveau à mon ami de fuir, mais il ne songeait qu'à me rendre libre. Il devait voir les six jeunes forcenés qui allaient fondre sur lui, mais il n'y faisait pas la moindre attention, occupé qu'il était à s'efforcer de faire entrer la pince entre la gâche et le montant, quand ses bras furent saisis par derrière, et il fut fait prisonnier.

Dès que le porte-chaîne vit que toute résistance serait inutile, il ne tenta pas de se défendre. Comme il me le dit lui-même plus tard, il était décidé à partager ma captivité, s'il ne pouvait réussir à me rendre libre. Tobit fut le premier qui porta la main sur lui ; et comme il avait la clé de la prison, en un instant la porte fut ouverte, et le vieil André mis en cage avec nous. Ce mouvement fut exécuté avec d'autant plus de promptitude que le porte-chaîne se laissa faire.

Dès que ce nouveau prisonnier fut placé en lieu de sûreté, les fils de Mille-Acres relevèrent le corps de leur père qui était resté étendu sans connaissance, la tête ayant porté contre l'angle du bâtiment, et ils le portèrent dans sa maison, qui n'était pas éloignée. Toute la famille, grands et petits, vieux et jeunes, s'y réunit aussitôt, et il s'écoula une heure pendant laquelle tout autre intérêt sembla oublié. La sentinelle, qui était un fils de Tobit, déserta son poste ; et Laviny elle-même, qui avait rôdé toute la matinée en vue du magasin, paraissait ne plus songer à nous. J'étais trop occupé avec mon vieil ami, j'avais trop de questions à lui adresser, pour faire grande attention à cette désertion, qui, du reste, était assez naturelle dans ces circonstances.

— Je suis ravi que vous ne soyez pas dans les pattes de ces loups furieux, mon bon ami ! m'écriai-je en serrant la main d'André avec effusion. Ils sont capables de tout ; et je tremblais que la vue de leur père, étendu devant eux sans connaissance, ne les portât à quelque acte soudain de violence. A présent ils auront le temps de la réflexion, et heureusement j'ai été témoin de tout ce qui s'est passé.

— Ne craignez rien du vieux Mille-Acres, dit le porte-chaîne avec son bon cœur ordinaire. Il est brusque, entêté, mais il revient vite ; et, dans une demi-heure, il sera doux comme un mouton. Mais, Mordaunt, mon garçon, comment vous trouvez-vous ici ? Pourquoi rôder ainsi dans les bois la nuit avec Sans-Traces, qui m'a toujours paru plein de sens, et qui aurait dû cette fois vous donner un meilleur exemple ?

— J'avais la tête en feu, et, ne pouvant dormir, je voulus faire un tour dans la forêt ; je me suis perdu. Par bonheur Susquesus avait l'œil sur moi, et il ne m'a pas quitté. Je fus obligé de m'étendre sur un arbre tombé pour dormir quelques heures, car j'étais harassé, et le lendemain matin, quand je me réveillai, l'Onondago m'amena ici dans l'espoir d'y trouver quelque nourriture, car j'étais affamé comme un loup.

— Susquesus savait donc que des squatters s'étaient établis sur cette propriété? demanda André d'un air de surprise, et même, à ce qu'il me parut, de mécontentement.

— Non. Il avait entendu la scie du moulin pendant le silence de la nuit, et c'est en suivant la direction de ce bruit que nous avons été conduits ici. Dès que Mille-Acres sut qui j'étais, il eut soin de m'enfermer; quant à Susquesus, Jaap vous a sans doute rapporté ce qu'il était chargé de vous dire.

— Oui, certainement; mais il n'en est pas moins vrai que je ne comprends pas pourquoi vous nous avez quittés ainsi, après que vous veniez d'avoir une longue conversation avec Ursule. La pauvre enfant a le cœur bien gros, Mordaunt, comme il est facile de le voir; mais il est impossible de tirer d'elle un seul mot en guise d'explication raisonnable. Il faudra bien que je vous demande de me mettre au courant; car j'ai voulu faire parler Ursule en venant; mais, ah bien oui! une fille est aussi impénétrable que....

— Ursule! m'écriai-je en l'interrompant; comment? est-ce qu'elle serait avec vous?

— Chut! chut! parlez plus bas. Je ne voudrais pas que ces démons de squatters sussent que la chère enfant est si près; mais le fait est qu'elle est ici; ou, ce qui revient au même, elle est là-bas, à l'entrée du bois, en éclaireur; et je crains que la pauvre petite ne soit inquiète, en voyant que je suis aussi prisonnier.

— Comment, André, avez-vous pu exposer ainsi votre nièce, et l'amener au milieu de forcenés pareils?

— Rassurez-vous, Mordaunt, elle n'a à craindre ni insulte ni outrage d'aucun genre. La femme est respectée partout en Amérique. Aucun de ces jeunes vauriens ne se permettrait un seul mot inconvenant en présence d'Ursule, s'il se trouvait avec elle, ce qui n'arrivera pas, puisque personne ne sait qu'elle est près d'ici. D'ailleurs, elle a voulu venir, et il n'y avait aucun moyen de s'y opposer. Ursule est une excellente fille; mais il serait aussi facile de faire remonter l'eau du moulin, que de lui faire tourner le dos une fois qu'elle aime.

Me voilà bien! pensai-je en moi-même. Puisqu'elle est si constante dans ses affections, aucun espoir qu'elle soit jamais à moi! Néanmoins je ne lui en étais pas moins vivement attaché, et l'idée qu'elle était seule dans les bois à attendre le retour de son oncle me désolait; mais j'eus assez d'empire sur moi-même pour interroger le porte-chaîne, et j'en appris les détails suivants :

Jaap avait transmis le message de Susquesus avec une grande fidélité. Aussitôt André avait réuni un conseil composé d'Ursule, de Frank Malbone et de lui-même; et, pendant la nuit, Malbone s'était rendu à Ravensnest pour obtenir des mandats d'arrêt contre Mille-Acres et sa bande, et pour se faire prêter main-forte, afin de pouvoir les ramener tous en prison. Comme le mandat ne pouvait être délivré que par M. Newcome, il m'était facile de prévoir que le messager serait retenu longtemps, puisque le digne magistrat ne pouvait être de retour chez lui que très-tard; circonstance que, pour le moment, je ne crus pas devoir apprendre à mon ami.

De grand matin, le porte-chaîne s'était mis en route avec Ursule et Jaap, se dirigeant par le chemin le plus court vers l'endroit où ils supposaient que devait se trouver la clairière de Mille-Acres. A l'aide d'une boussole, et de leur longue habitude des bois, ils atteignirent facilement le lieu où l'Onondago et le Nègre s'étaient rencontrés; mais ensuite il leur avait fallu marcher un peu au hasard. Néanmoins, après quelques recherches, ils aperçurent une trouée qui annonçait l'approche de la clairière. Le porte-chaîne se détacha alors en avant pour aller pousser une reconnaissance. Quand il revint, avant de s'éloigner de nouveau, il donna ses instructions à sa nièce. Elle devait épier de loin ses mouvements, et, s'il était retenu lui-même par le squatter, aller rejoindre son frère. Ce qui me rassura un peu, ce fut de savoir Jaap auprès d'elle, car je connaissais trop bien sa fidélité pour supposer qu'il pût jamais l'abandonner; mais ma prison m'était devenue deux fois plus insupportable encore depuis que le porte-chaîne m'avait donné tous ces détails.

CHAPITRE XXI.

> N'était-elle pas tout ce que nos vœux les plus ardents pouvaient désirer? jamais âme eut-elle une plus grande part du ciel? ne m'aimait-elle pas de la flamme la plus pure? pour moi n'abandonna-t-elle pas ses amis et sa fortune? Douce comme l'étoile du soir, elle soutint néanmoins leurs regards courroucés, sourde à leurs brutales menaces, et toujours fidèle à son serment.
>
> SHAW.

Ursule était donc près de moi, peut-être en vue du magasin ! mais c'était par affection pour son oncle, et non par intérêt pour moi qu'elle était venue. Tout en déplorant de n'avoir été pour rien dans sa détermination, je n'en admirai pas moins le courage et la résolution qu'elle avait montrés, par dévouement pour son vieux tuteur.

— L'enfant a voulu venir, Mordaunt, je vous le répète, continua le porte-chaîne quand il eut achevé son récit, et si vous connaissiez Ursule, vous sauriez que, quand elle aime, rien ne l'arrêterait. Bon Dieu! quelle femme ce serait pour celui qui saurait la mériter! A propos, voici un bout de billet que la chère fille écrit à un des fils de Mille-Acres, qui est venu souvent chez nous, quoique je fusse loin de soupçonner que son vieux scélérat de père se fût installé par ici. Zéphane, c'est son nom, travaillait dans les champs, et nous l'avons quelquefois occupé pour nous. Entre nous, mon garçon, je crois qu'il en tient un peu pour Ursule, et qu'il ne serait pas fâché de l'épouser.

— Qui, lui? un Zéphane Mille-Acres se permettre d'aimer Ursule Malbone! oser songer à en faire sa femme! quelle indignité!

— Ta, ta, ta, ta... et pourquoi donc ce garçon n'aurait-il pas un cœur aussi bien qu'un autre? parce qu'il est squatter? cela n'empêche pas les sentiments, Mordaunt.

— Et vous dites qu'Ursule a écrit à ce jeune homme? demandai-je, dès que je fus assez maître de moi pour adresser une question aussi révoltante.

— Oui, sans doute; voilà la lettre, et elle est bien gentille, comme tout ce que fait la chère enfant. Mais je le vois justement; je vais l'appeler pour la lui donner.

A la voix du vieillard, Zéphane s'approcha aussitôt du magasin.

— Vous conviendrez, Zéphane, que, lorsque vous étiez parmi nous, nous ne vous avons pas emprisonné comme une bête sauvage, ou comme un misérable qui se mêle de ce qui ne le regarde pas. Voilà tout ce que j'ai à vous dire à ce sujet; c'est à vous à apprécier la différence qu'il y a entre nous; mais n'importe. Voici une lettre pour vous, et grand bien vous fasse! Elle vient d'une personne qui vous donne sans doute de bons avis, et, si vous les suivez, vous ne vous en trouverez pas plus mal. Je ne sais pas le premier mot de ce qu'elle contient; mais ce doit être une bien bonne lettre; car Ursule écrit comme un ange, presque aussi bien que Son Excellence, quoique pas tout à fait aussi gros.

Je pouvais à peine en croire mes sens! Il était donc vrai : Ursule Malbone écrivait à un des fils de Mille-Acres le squatter, et ce fils était son amant déclaré! Dévoré de jalousie, et de mille sentiments qui jusqu'alors n'avaient pas trouvé accès dans mon cœur, je regardai d'un œil d'envie l'heureux mortel qui était si étrangement favorisé. Quoique, à dire vrai, le jeune squatter fût un garçon bien fait et de bonne mine, il me semblait la grossièreté en personne. Sans doute j'aurais pu concevoir qu'il eût réussi à plaire à une fille de sa condition. Mais Ursule qui, malgré l'état de pauvreté où elle était réduite, appartenait par sa naissance ainsi que par son éducation à une tout autre sphère, que pouvait-il y avoir de commun entre elle et son singulier amant? J'avais entendu dire que les femmes se laissaient séduire par l'extérieur aussi bien que les hommes; mais ce garçon avait un extérieur vulgaire, et rien de remarquable. Était-ce le besoin d'être aimée? Je ne connaissais Ursule que depuis bien peu de temps, et peut-être n'avais-je pas encore bien pénétré le secret de son véritable caractère. Ensuite c'était dans les forêts que sa vie avait commencé, et nous revenons souvent à nos premières inclinations avec un entraînement qu'il serait impossible d'expliquer.

Peut-être cette fille étrange s'était-elle fait, pour l'avenir, des idées de bonheur et de jouissances sauvages qu'il serait plus facile de réaliser au milieu des bois et des ravins de clairières dues à d'heureux larcins, qu'au milieu des cités. En un mot il n'y avait pas de pensées bizarres qui ne se pressassent dans mon cerveau malade en ce moment de jalousie intense et de profond découragement.

Quant à Zéphane, l'amant privilégié d'Ursule, il reçut sa lettre, à ce qu'il me sembla, avec une gauche surprise, et s'établit à l'un des angles du bâtiment, sans doute pour avoir le plaisir de la lire tout seul. Il se trouva ainsi plus près de moi, car un sentiment de dégoût que je ne pouvais vaincre m'avait fait me retirer d'un autre côté.

Ouvrir une lettre, bien qu'elle eût été pliée par les mains délicates d'Ursule, et la lire, étaient deux opérations bien différentes, comme Zéphane le découvrit alors. L'éducation du jeune squatter était très-bornée ; et après un effort ou deux, il lui fut impossible de continuer. La lettre ouverte à la main, il n'en était pas plus avancé. A force d'épeler, Zéphane venait à bout de lire une écriture grossière, telle que celle de ses sœurs ; mais il lui était beaucoup plus difficile de déchiffrer les jolis petits caractères qu'il avait sous les yeux. Pendant qu'il cherchait si quelqu'un pourrait l'aider, ses regards rencontrèrent les miens, qui épiaient tous ses mouvements avec une vigilance toute féline. Pour l'Indien il semblait ne pas plus penser à ce qui se passait, que des amants ne pensent au temps dans un rendez-vous secret, quoique ensuite j'aie eu des raisons de croire que rien n'avait échappé à son observation. André était dans un autre coin de la prison, occupé à reconnaître la clairière et le moulin avec un intérêt qui absorbait toute son attention. Zéphane, après s'être assuré de ces différents faits par les fentes des murs, s'approcha tout près de moi, et me dit à voix basse :

— Je ne sais comment cela se fait ; mais, à vous parler franchement, major Littlepage, il y a tant de différence entre la manière d'enseigner d'York et celle de Vermont, que je ne trouve pas aussi facile que je le voudrais de lire cette lettre.

D'après cette insinuation, je saisis l'épître, et je me mis à la lire à voix basse ; car Zéphane m'en pria lui-même, avec une délicatesse de sentiment qui, du moins, lui faisait honneur. Comme le lecteur pourrait partager jusqu'à un certain point la curiosité que j'éprouvais moi-même, de savoir ce qu'Ursule Malbone pouvait avoir à écrire à Zéphane Mille-Acres, je vais transcrire en entier cette lettre étrange. Voici ce qu'elle contenait :

Monsieur,

« Vous avez souvent témoigné une vive estime pour moi, et je vais mettre aujourd'hui à l'épreuve la sincérité de vos protestations. Mon bon oncle se rend auprès de votre père, que je ne connais que de réputation, pour demander la délivrance du major Littlepage, qui, à ce que nous apprenons, est retenu prisonnier par votre famille contre tout droit et toute équité. Comme il se pourrait que l'entremise de mon oncle ne fût pas agréable à Mille-Acres, et que des paroles un peu vives fussent échangées entre eux, je réclame de votre amitié quelques efforts pour maintenir la paix ; et surtout, si quelque obstacle s'opposait au retour du porte-chaîne, je vous prierais de venir me trouver dans le bois, car je l'accompagnerai jusqu'à l'entrée de la clairière, — afin de m'en prévenir. Vous ne pouvez manquer de me rencontrer en suivant la direction de l'orient, d'autant plus que j'aurai soin d'envoyer au-devant de vous le Nègre qui sera avec moi.

« J'ai encore une demande à vous adresser, Zéphane ; c'est de vous intéresser au sort du major Littlepage. S'il venait à lui arriver quelque malheur, ce serait la perte de toute votre famille. La loi a le bras long, et elle atteint au milieu des déserts aussi bien que dans un établissement. Il n'en est pas d'un être humain comme de quelques acres de terre, et le général Littlepage, qui a pu ne pas s'occuper de quelques arbres coupés sur ses terres, ne restera pas aussi tranquille quand il s'agira de son fils unique. Encore une fois donc, je vous en supplie du fond du cœur, protégez ce jeune homme, je ne dis pas si vous tenez à mon estime, mais si vous tenez à votre tranquillité d'esprit. Je n'ai pas été complétement étrangère aux motifs qui ont jeté M. Littlepage en votre pouvoir, et je n'aurais jamais plus un seul instant de bonheur, s'il lui arrivait quelque accident. Ne l'oubliez pas, Zéphane, et agissez en conséquence. Je vous dois, je me dois à moi-même d'ajouter que la réponse que je vous ai faite à Ravensnest, le jour de « l'érection, » est ma réponse définitive à tout jamais ; mais, si vous avez réellement pour moi les sentiments que vous m'avez manifestés alors, vous ferez tout ce qui dépendra de vous pour servir le major Littlepage, qui est un ancien ami de mon oncle, et dont la sûreté, par suite de circonstances que vous apprécieriez pleinement si vous les connaissiez, est absolument nécessaire à ma tranquillité.

Votre amie,

Ursule Malbone. »

Quelle fille étrange était cette Ursule ! Je n'ai pas besoin de dire combien je fus honteux de mon accès de jalousie qui me semblait alors aussi absurde, aussi déraisonnable, que je l'avais trouvé juste et légitime un instant auparavant. Dans quel excès d'aveuglement ne nous précipite pas cette funeste passion ! J'en offrais, moi-même, un déplorable exemple, puisque j'avais pu croire, un moment, qu'Ursule Malbone aimait un Zéphane Mille-Acres. Je me serais battu, depuis, de bon cœur, en pensant à cet instant de vertige et de faiblesse.

— Comme elle écrit bien ! s'écria le jeune squatter en se secouant, comme pour reprendre l'usage de ses membres que l'excès de l'émotion avait, en quelque sorte, paralysés. Je ne crois pas, major, que cette fille ait sa pareille dans toute la colonie d'York. Je l'aime furieusement !

Il y avait quelque chose de comique, mais cependant de touchant en même temps dans cette explosion de tendresse. Il n'était pas aussi extraordinaire qu'il le semblerait au premier coup d'œil, que Zéphane crût pouvoir prétendre à la main d'Ursule. Hors des grandes cités, il n'y avait guère de distinctions de classes dans la Nouvelle-Angleterre, et l'on y voyait souvent contracter des unions qui, partout ailleurs, auraient passé pour des mésalliances. Au surplus, un pareil choix faisait honneur au goût du jeune squatter, et j'étais d'autant plus disposé à lui en tenir compte, qu'il ne me semblait plus redoutable.

— Puisque vous avez tant d'attachement pour Ursule, lui dis-je, sans doute vous aurez égard à sa demande ?

— En quoi puis-je vous servir, major ? Je jure que je donnerais tout au monde pour faire ce qu'Ursule désire, mais je ne vois pas quel moyen employer.

— Vous pouvez nous ouvrir la porte de notre prison, et nous laisser gagner les bois, où nous saurons bien défier toute poursuite. Rendez-nous ce service, et je vous promets de vous donner cinquante acres de terres, sur lesquelles vous pourrez vous établir et vivre en honnête homme. Rappelez-vous que ce sera quelque chose d'honorable de posséder légitimement cinquante acres de bonnes terres.

Cette offre était séduisante; aussi Zéphane réfléchit-il un moment; il était évident qu'il était combattu, mais la décision fut contraire à mes désirs. Il secoua la tête, tourna tristement les yeux du côté des bois où il pensait qu'Ursule pouvait être; puis il me dit :

— Si un père ne peut pas se fier à son propre fils, à qui se fiera-t-il dans la nature ?

— Personne ne doit être aidé à faire le mal, et votre père n'a aucun droit de nous retenir ici en prison. C'est un acte contraire aux lois, et, tôt ou tard, les lois lui en demanderont un compte rigoureux.

— Oh ! les lois, il s'en inquiète peu. Toute notre vie, nous avons été en hostilité contre la loi, et la loi en hostilité contre nous. Quand on en vient à passer par toute la kyrielle des jurés, des témoins, de ces pauvres avocats, de ces procureurs généraux si négligents, il y a bien des chances d'échapper à la loi. Il peut y avoir des pays où la justice compte pour quelque chose; mais, par ici et dans tout le Vermont, nous ne nous en soucions guère.

— C'est ce qu'il faudra voir. Mais, dites-moi, votre père est-il sérieusement blessé ?

— Ce ne sera rien, répondit froidement Zéphane, les yeux toujours fixés sur le bois ; quelques meurtrissures ; mais il se remet vite, et il est habitué à ces accidents. Le père a la tête diablement solide, et il n'est pas facile de l'ébranler. Tobit ne l'a pas molle non plus, et bien lui en prend; car les coups ont plu souvent autour de son front et de ses yeux.

— Et, depuis que votre père revient à lui, quelles semblent être ses dispositions à notre égard?

— N'en parlons pas, ce sera le mieux. Quand le vieillard est une fois monté, il n'y a ni juge ni gouverneur qui l'empêcherait d'en faire à sa tête.

— Pensez-vous qu'il médite quelque projet sinistre contre ses prisonniers?

— Il est difficile qu'on médite beaucoup, ce me semble, quand on a le crâne aussi endommagé. Ce qui complique furieusement votre affaire, c'est tout le bois qu'il faut transporter par la rivière. Les eaux sont basses, et avant la fin de novembre il n'y a rien à faire qui vaille. Il est chanceux de vous tenir ici renfermés trois à quatre mois, vous et le porte-chaîne; et il ne nous irait pas davantage de vous lâcher, puisque bientôt nous aurions la justice à nos trousses. Et puis encore, si nous vous gardons, on va faire des recherches et offrir une récompense. Or, beaucoup de vos fermiers connaissent cette clairière, et la nature humaine ne tient pas longtemps contre l'appât d'une récompense. Nous nous moquons de tout, sauf cela.

Je m'amusai de la simplicité et de la franchise du jeune squatter, et j'aurais volontiers continué à causer avec lui, si Laviny n'était venue le prévenir que le conseil de famille allait se rassembler; le vieux Mille-Acres se sentait assez bien pour réunir ses fils. Le frère me quitta à l'instant; mais la sœur tardait à se retirer.

— J'espère que le gâteau n'était pas mauvais? demanda-t-elle en jetant un regard timide de mon côté à travers les fentes.

— Il était excellent, ma chère enfant, et je vous en remercie de tout mon cœur. Êtes-vous très-occupée maintenant? Ne pourriez-vous m'accorder quelques minutes? J'aurais une prière à vous adresser.

— Oh! je n'ai rien à faire à présent dans la maison, puisque mon père a convoqué ses fils. Nous nous retirons toutes alors, toutes, même ma mère.

— Tant mieux, car vous êtes si bonne, si compatissante, que je crois pouvoir me fier à vous pour une chose assez importante. Ai-je tort, ma bonne Laviny?

— Les filles de squatters peuvent donc être bonnes après tout, même aux yeux de grands propriétaires?

— Sans aucun doute, et même excellentes, et c'est ce que je crois que vous êtes toute la première.

Laviny parut très-contente; et je me fis d'autant moins de scrupule de risquer ce compliment, qu'elle m'avait prouvé que, du moins à mon égard, il était mérité.

— Oui, repris-je, et vous n'êtes pas faite pour la vie que vous menez. Mais il faut que je vous dise sur-le-champ ce que je désire, car nos moments sont courts.

— Parlez! dit la jeune fille en me regardant avidement, tandis qu'une légère rougeur répandue sur ses joues annonçait la candeur de son âme; parlez; je brûle de vous entendre, et je suis sûre d'avance que je serai prête à faire ce que vous me direz. Je ne sais comment cela se fait; quand mon père ou ma mère me commandent quelque chose, il me semble quelquefois que je ne pourrai jamais le faire; mais je n'éprouve rien de semblable en ce moment.

— Mes demandes ne sont pas assez fréquentes pour vous fatiguer. Promettez-moi, avant tout, de me garder le secret.

— Oui, je vous le promets, répondit Laviny, vivement et d'un ton solennel. Jamais mortel ne saura un mot de ce que vous allez me dire, et je ferai même tous mes efforts pour ne point parler pendant mon sommeil, comme je fais quelquefois.

— Le porte-chaîne a une nièce qui lui est très-chère, et qui lui rend toute son affection. Elle se nomme.....

— Ursule Malbone, interrompit la jeune fille avec un faible sourire. Zéphane me parle toujours d'elle; car Zéphane et moi, nous sommes grands amis. Il me dit tout, et je lui dis tout. C'est une si grande consolation, n'est-ce pas, d'avoir quelqu'un à qui l'on puisse confier ses secrets? — Eh bien! qu'allez-vous dire d'Ursule?

— Elle est ici.

— Ici? Je ne la vois pas, — et Laviny regarda vivement autour d'elle, et, à ce qu'il me parut, avec une certaine alarme. — Zéphane dit qu'elle est terriblement belle ?

— C'est, je crois, l'opinion générale; bien qu'à cet égard elle soit loin d'être la seule ; il ne manque pas de jolies filles en Amérique. Oui, Ursule est ici ; je ne veux pas dire dans le magasin, mais tout près, dans les bois. Elle a accompagné son oncle jusqu'à l'entrée de la clairière. Regardez — de ce côté, — plus à l'est. Voyez-vous un tronc d'arbre noirci, dans le champ de blé, derrière l'habitation de votre père ?

— Parfaitement. — Il est assez visible. Je voudrais bien voir Albany aussi distinctement.

— Maintenant, un peu à gauche de ce tronc, vous apercevez un grand châtaignier, tout à fait sur la lisière du bois ? On dirait qu'il sort de la forêt pour regarder la clairière.

— Je le vois aussi, et je le connais à merveille. Il y a au pied une source d'eau.

— Eh bien, c'est là que le porte-chaîne a laissé sa nièce, et elle ne doit pas en être loin. Oseriez-vous bien aller jusque-là, non pas en droite ligne, mais en vous promenant de côté et d'autre, et remettre une lettre ?

— Rien de plus facile. Nous autres jeunes filles, nous prenons nos ébats dans les champs, et c'est justement le temps des mûres. Je cours chercher un panier, et pendant ce temps vous n'avez qu'à écrire votre lettre. Personne ne songera nullement à moi, en voyant que je vais faire ma petite récolte. J'ai un terrible désir de voir Ursule ! Croyez-vous qu'elle se décidera pour Zéphane ?

— Les jeunes filles sont si légères que je n'oserais trop me prononcer. S'il s'agissait de quelqu'un de mon sexe, je serais plus hardi.

— Moi, je vous dis, s'écria Laviny en s'enfuyant pour aller prendre son panier, qu'une jeune fille est tout aussi fidèle et tout aussi sincère qu'aucune créature vivante.

Il me fallait alors songer à écrire ma lettre. Mon porte-feuille me fournit ce qui m'était nécessaire, et je m'approchai du porte-chaîne, pour lui dire ce que j'allais faire, et lui demander s'il voulait que j'ajoutasse quelque chose pour lui.

— Donnez ma bénédiction à la chère enfant, Mordaunt. Dites-lui que le vieux porte-chaîne prie Dieu pour elle. Vous vous chargerez du reste.

J'expliquai en peu de mots à Ursule notre position, en la lui peignant sous l'aspect le plus favorable que je pouvais le faire en conscience. Ensuite je la suppliais de retourner auprès de son frère et de ne plus le quitter. Je finissais par lui laisser entrevoir que mes sentiments pour elle étaient aussi vifs que jamais ; et je crois que l'amour me suggéra quelques expressions assez énergiques. Au moment où je traçais les derniers mots, Laviny reparut, nous apportant un pot de lait, afin d'avoir un prétexte pour s'approcher de nouveau du magasin ; elle reçut le billet en échange, et s'enfuit aussitôt du côté des champs. Je l'entendis qui criait en passant à une de ses sœurs qu'elle allait cueillir des mûres pour en donner aux prisonniers.

Je guettai les mouvements de la jeune fille avec un intérêt profond. Le porte-chaîne, qui avait peu dormi depuis ma disparition, réparait le temps perdu ; et quant à l'Indien, manger et dormir sont les occupations ordinaires de sa race, quand on n'est ni à la chasse, ni sur le sentier de guerre.

Laviny se dirigea vers un champ dont les broussailles avaient pris complétement possession. Elle y disparut bientôt, cueillant en passant des mûres d'un doigt agile, comme si elle voulait avoir quelques fruits à montrer à son retour. J'avais les yeux fixés sur l'entrée de la forêt, épiant le moment où je verrais reparaître la jeune fille. Je crus voir un moment se dessiner une robe au milieu des arbres ; ce ne pouvait être encore Laviny ; c'était donc Ursule, et j'avais la confiance que mon message lui parviendrait. Au bout d'une demi-heure, je vis distinctement Laviny au pied du châtaignier. Elle s'arrêta un moment, comme pour reconnaître les lieux, puis elle entra tout à coup dans la forêt, où sans doute elle avait entrevu Ursule. Une heure entière s'écoula et je ne la revis plus.

Cependant Zéphane venait de prendre le chemin du magasin. Cette fois il était accompagné de deux de ses frères, et il tenait la clé à la main. D'abord, je crus que j'allais être appelé à comparaître devant le tribunal de Mille-Acres ; mais j'étais dans l'erreur. A peine fut-il arrivé à la porte de notre prison qu'il cria à l'Onondago de s'approcher, parce qu'il avait quelque chose à lui dire.

— Ce doit être bien ennuyeux pour une Peau-Rouge d'être enfermé comme un porc avant qu'on le tue, dit le jeune homme, empruntant ses images à des objets familiers, et je soupçonne que vous ne seriez pas fâché de sortir et de vous promener çà et là, comme une créature libre et raisonnable. Dites, Indien, n'ai-je pas raison?

— Oui, répondit tranquillement Susquesus. L'Indien aime beaucoup mieux être dehors que dedans.

— C'est ce que je supposais naturellement. Eh bien, le vieillard dit que vous pouvez sortir sous conditions. Vous voyez donc que la chose dépend de vous.

— Quelles conditions? Qu'ai-je à faire? Qu'ai-je à dire, hein?

— Pas grand'chose, après tout. D'abord vous devez donner votre parole de ne pas vous en aller, mais de rester dans la clairière, et de revenir de vous-même dès que la conque se sera fait entendre trois fois. Le promettez-vous, Susquesus?

— Certainement, rien de plus facile : ne pas s'en aller, revenir quand j'entendrai la conque; par conséquent, rester à portée de l'entendre.

— Très-bien, voilà qui est convenu. Ensuite il ne faudra pas aller rôder du côté du moulin et de la grange, pour voir ce que vous pouvez y trouver, ni chercher des armes ou des instruments d'aucun genre.

— Bon! facile encore.

— Vous ne ferez la guerre ni directement ni indirectement à aucun de nous, tant que vous n'aurez pas été relevé de votre parole, tant que vous ne serez pas redevenu votre maître. Vous y engagez-vous, Sans-Traces?

— Bon! c'est convenu.

— Eh bien, voilà à peu près tout ce que le vieillard vous demande; mais ma mère ajoute une ou deux conditions qu'elle a fort à cœur. Si les choses venaient au pis, et qu'il y eût des coups échangés, il faut que vous promettiez de ne scalper ni femmes ni enfants, ni aucun homme que vous n'auriez pas terrassé en bataille ouverte.

— Bien ! l'Onondago ne scalpera personne, répondit l'Indien avec une émotion qu'il ne put maîtriser entièrement. Il n'a point de tribu, point de jeunes guerriers, qu'a-t-il besoin de chevelures ? Personne ne s'inquiète du nombre de chevelures que Susquesus pourrait rapporter. Il a oublié tout cela depuis longtemps.

— Comme il vous plaira ; cela vous regarde. Mais puisque nous voilà d'accord sur tous les points, vous pouvez sortir, et aller où bon vous semblera. Rappelez-vous seulement qu'au troisième son de la conque, vous devez revenir aussitôt.

Ce fut à ces étranges conditions que Susquesus fut mis en liberté. J'avais peine à y rien comprendre ; mais d'après l'air calme et grave des hautes parties contractantes, il était facile de voir que cet arrangement n'avait rien d'extraordinaire. J'avais entendu dire que la parole d'un guerrier indien, en pareil cas, était regardée comme sacrée, et je ne pus m'empêcher de me demander, en voyant Susquesus sortir tranquillement de prison, combien il y avait de potentats et de puissances dans la chrétienté, qui, dans des circonstances semblables, lorsque leurs plus grands intérêts seraient engagés, croiraient pouvoir accorder une pareille confiance à leurs sujets. Curieux de connaître l'opinion de mes maîtres actuels à cet égard, je dis à Zéphane :

— Vous donnez à l'Indien sa liberté sur parole ; est-ce que, nous autres blancs, nous n'obtiendrions pas la même faveur ?

— Un Indien est un Indien. Il a sa nature, et nous avons la nôtre. On a parlé aussi de vous relâcher, major ; mais le vieillard n'a pas voulu y consentir. Il connaît les hommes, dit-il, et il sait qu'il s'en trouverait mal. — Le major dira : J'ai été mis en prison en dépit de la loi, et maintenant que je suis dehors, j'y resterai en dépit de ma promesse. — Mettez un blanc en liberté, il grattera la terre jusqu'à ce qu'il ait trouvé quelque issue pour vous échapper complétement. — Puisque nous l'avons en notre pouvoir, le mieux est de l'y garder. — Voilà en substance l'opinion de mon père ; et vous avez déjà pu voir, major, s'il vous paraissait homme à en changer facilement.

Il n'y avait rien à répondre à ce raisonnement, dont je ne pouvais secrètement méconnaître la justesse, et je me résignai à ma captivité. Il paraît néanmoins que Mille-Acres avait été un moment tenté de faire en faveur du porte-chaîne une concession semblable à celle qu'il avait accordée à l'Indien. La chose me parut singulière, surtout après la lutte acharnée qui avait eu lieu entre ces deux hommes. Mais chaque condition dans la vie a ses notions d'honneur particulières qu'elle tient à faire respecter, en même temps qu'elle les respecte dans les autres.

— Mon père avait quelque velléité de prendre aussi votre parole, porte-chaîne, ajouta Zéphane, et il l'aurait fait sans cette considération que vous avez trop vécu au milieu des établissements, dans ces dernières années, pour qu'il soit possible de se fier à vous autant que par le passé. Celui qui emploie tant de temps à tracer des limites, pourrait se croire autorisé à les franchir.

— Votre père est libre, répondit froidement André. Il n'aura point ma parole, et je ne lui demande pas de faveur. Nous sommes à couteaux tirés, jeune homme; qu'il prenne garde à lui et à son bois, je le lui conseille.

— Ah ! répondit Zéphane en se redressant, et répondant avec énergie quoiqu'il sût bien qu'il parlait à l'oncle d'Ursule et qu'il pouvait compromettre les intérêts de son amour, — c'est ce qu'il faudra voir. Nous avons des bras robustes, et il n'est pas facile de nous effrayer !

— Retire-toi ! retire-toi, jeune fou ! tu es le fils de ton père, et c'est tout dire. Je n'attends point de faveurs de la part de squatters, race que je méprise et que j'abhorre !

Je fus assez surpris de cette sortie violente, d'autant plus que le porte-chaîne était d'ordinaire un homme calme, et toujours poli. Après réflexion, je reconnus cependant qu'il pouvait avoir raison. Un échange même de simples civilités entre nos maîtres et nous, pouvait créer en leur faveur une sorte de privilége; au lieu qu'en nous tenant dans le droit strict, nous conservions du moins sur eux l'avantage, moralement parlant. Zéphane et ses frères s'éloignèrent après cette rebuffade; mais Susquesus resta à rôder dans les environs du magasin, aussi peu à son aise au grand air qu'il pouvait l'être dans sa prison. Il n'avait rien à faire ; et l'Indien si énergique, quand la nécessité, la guerre ou le plaisir le demandent, est toujours oisif dans toute autre occasion, et ne sait pas l'être.

Les choses étaient dans cet état, lorsque, quelque temps après l'entrevue que je viens de raconter, nous eûmes une autre visite. Cette fois le détachement était conduit par Tobit. On venait nous chercher pour nous conduire à la hutte de Mille-Acres, où tous les hommes de la famille étaient assemblés. Il semblait que nous allions être soumis à une sorte de jugement d'où devait dépendre notre sort. Je consultai le porte-chaîne sur la convenance de nous prêter à une semblable mesure. André ne demandait pas mieux que de se trouver face à face avec les squatters, pour leur dire ce qu'il avait sur le cœur, n'importe où ni comment. Le voyant dans cette disposition d'esprit, et n'ayant, pour ma part, aucune objection à faire, je quittai le magasin avec lui, escorté par quatre des fils de Mille-Acres, bien armés, pour me diriger vers le siége de la justice, dans cet étrange gouvernement patriarcal.

CHAPITRE XXII.

> Quand Adam bêchait et qu'Ève filait, où était alors le gentleman ?
>
> *Vieux dicton.*

MILLE-ACRES, tout en s'insurgeant contre la loi, n'avait pas négligé les formalités. Nous trouvâmes une sorte de cour de justice établie devant la porte de la maison. Lui-même siégeait au milieu, tandis que la pièce principale ne contenait que Prudence et deux ou trois de ses filles. Je fus surpris d'y apercevoir Laviny, car je ne l'avais pas vue revenir de la forêt, quoique mes yeux n'eussent presque pas quitté cette direction, dans l'espérance d'entrevoir Ursule.

Tobit nous fit entrer dans la maison, et nous plaça près de la porte, en face de son père; arrangement qui dispensait d'une grande surveillance à notre égard, puisque, pour nous échapper, il nous eût fallu percer la foule qui était en dehors, ce qui était matériellement impossible. Mais le porte-chaîne ne semblait songer en aucune manière à la fuite. Il entra dans le cercle de ces jeunes hercules avec une complète indifférence, et il me parut en ce moment tel que j'avais coutume de le voir quand notre régiment était sur le point de donner. Alors le vieil André avait un maintien vraiment imposant; il unissait le sang-froid et la dignité à un courage remarquable.

On le fit asseoir ainsi que moi près de la porte, tandis que Mille-Acres avait un siège en face sur la pelouse; il était entouré de ses fils, qui tous étaient debout. Comme cet arrangement se fit au milieu d'un grave silence, les apprêts ne manquaient pas d'une certaine solennité, qui rappelait jusqu'à un certain point les séances ordinaires d'un tribunal. Je fus frappé du sentiment de curiosité inquiète qui se peignait sur le visage des femmes; car pour elles la décision que Mille-Acres allait rendre, aurait toute l'autorité d'un jugement de Salomon.

Je ne sais si le long intervalle qui s'écoula dans une muette attente après notre arrivée, provenait du désir d'ajouter à l'effet de cette scène étrange, ou si Mille-Acres voulait réellement avoir le temps de rassembler ses pensées et de mûrir ses projets. Une chose me frappa! Malgré la scène violente qui avait eu lieu si récemment entre le porte-chaîne et lui, il n'y avait aucune trace de ressentiment sur les traits rudes et ridés de ce vieil habitant des forêts; car il était trop accoutumé à ces rixes soudaines, pour en conserver longtemps le souvenir.

Il m'était facile de m'apercevoir que je ne jouais que le second rôle dans cette occasion; le vieil André était pour le moment le personnage le plus important. On le regardait comme une puissance ennemie, puisque, par la nature même de sa profession, il était en hostilité continuelle avec les squatters.

— Porte-chaîne, commença Mille-Acres, après une pause qui avait duré plusieurs minutes, et parlant avec une certaine dignité que lui donnait sa position de juge; porte-chaîne, vous êtes toujours à me contrecarrer, moi et les miens, depuis le jour où nous nous sommes rencontrés pour la première fois. Vous êtes notre ennemi par votre cruel métier, et pourtant vous êtes assez osé pour vous jeter vous-même entre nos mains.

— Je suis l'ennemi de tous les fripons, Mille-Acres, et je ne crains pas de le proclamer, répondit avec force le vieil André. Je suis votre ennemi par mon métier ? c'est moi qui puis dire cela de vous qui ne laisseriez rien à faire aux arpenteurs et aux porte-chaînes, avec votre habitude de prendre les terres qui vous conviennent, comme vous l'avez fait toute votre vie, sans même crier : gare ! aux propriétaires.

— Ne nous fâchons pas, porte-chaîne. Maintenant que vous êtes en mon pouvoir, je suis disposé à discuter paisiblement la chose avec vous, afin de n'avoir plus à y revenir. Nous nous faisons vieux, voyez-vous, et, quand on approche du terme, il est bon d'y songer quelquefois. Je ne viens pas d'une colonie hollandaise, moi, mais d'une partie du monde où l'on craint Dieu et où l'on se dit tout bas que tout ne finit pas à la mort.

— Ne parlons point de cela, Mille-Acres, dit André d'un ton d'impatience. Laissez de côté la religion, qui est une bonne chose, une chose qu'on doit honorer et vénérer, mais qui n'est pas à sa place dans la bouche d'un squatter. Pourriez-vous me dire, Mille-Acres, pourquoi vous autres Yankees, qui parlez tant de Dieu, et qui priez si fort le dimanche, vous allez ensuite vous installer sur les terres d'un Hollandais? J'ai vécu assez longtemps pour n'être pas plus bouché qu'un autre, mais j'avoue que je n'ai jamais pu comprendre cela. Il faut que la religion des Yankees et celle des Hollandais ne soient pas tirées de la même Bible.

— C'est ce que je crois en effet, porte-chaîne ; et, je dirai plus, c'est ce que j'espère. Votre religion n'est nullement mon fait, et je ne vous l'envie pas. Mais laissons la religion...

— Oui, vous ne ferez pas mal, grommela le porte-chaîne, car vous ne paraissez pas y entendre grand' chose.

— Écoutons ce que Mille-Acres peut dire pour excuser sa conduite, porte-chaîne, dis-je en intervenant dans le débat; vous lui répondrez ensuite; car je ne connais personne plus en état que vous, mon vieil ami, de défendre une cause juste.

André se rendit à mon désir; mais il était évident qu'il se faisait violence. Le squatter, qui eût bien voulu, non-seulement rester en possession de ses terres usurpées, mais encore nous convaincre que la raison et le bon droit étaient de son côté, reprit aussitôt :

— Jeune homme, je ne demande pas mieux que de discuter paisiblement avec vous. Il faut que je commence à l'origine des choses, car si vous accordez quelque valeur aux titres, aux concessions du roi, et à toutes ces chimères, je conçois que mes droits vous semblent peu évidents. Mais remontons au principe, comme je vous disais. Vous ne contesterez pas, je suppose, que le Seigneur a créé le ciel et la terre, et qu'il a créé l'homme pour être le maître de tout le reste?

— Bah! répliqua vivement le porte-chaine. Ainsi donc parce que le Seigneur a créé l'aigle qui vole si fort au-dessus de votre tête, est-ce un signe que vous deviez le tuer ou qu'il doive vous tuer?

— Écoutez la raison, porte-chaine, et laissez-moi parler. Je veux bien vous écouter ensuite. Je commence par le commencement, au moment où l'homme fut mis pour la première fois en possession de la terre, pour la bêcher, la retourner dans tous les sens, couper du bois, le travailler, selon ses besoins et ses caprices. Eh bien! Adam fut notre père à tous, et la terre lui fut donnée à lui et à sa postérité par Celui dont les titres valent bien ceux de tous les rois, de tous les gouverneurs et de toutes les assemblées du monde. Adam vécut son temps, et il laissa toutes choses à ses descendants; et il en fut ainsi de père en fils jusqu'à nous, suivant la loi de Dieu, sinon suivant les lois de l'homme.

— En admettant ce que vous dites, squatter, comment votre droit ici serait-il meilleur que celui de tout autre homme? demanda André d'un ton de dédain.

— C'est la raison qui nous dit où commence le droit de tel ou tel homme; suivez mon raisonnement, porte-chaine. Voilà la terre, n'est-ce pas, donnée à l'homme afin qu'il s'en serve pour ses besoins. Quand vous et moi nous sommes nés, quelques parties de la terre étaient employées, d'autres ne l'étaient pas. Nous avons besoin de terres, quand nos bras sont assez robustes pour travailler ; et j'ai dressé une tente ici dans les bois, là où aucun homme n'avait dressé la sienne avant moi. Eh bien ! à mon avis, c'est ce qui constitue le meilleur des titres, le titre du Seigneur[1].

— Soit, c'est du Seigneur que vous tenez votre titre et vos terres. Mais la ligne de démarcation qu'il vous faudra nécessairement tracer entre vous et votre plus proche voisin, où l'établirez-vous ?

— Chaque homme prend ce qui est nécessaire pour ses besoins, tantôt plus, tantôt moins, suivant l'accroissement de sa famille. Quand il est las d'être dans un lieu, et qu'il veut changer de place, il va s'établir ailleurs, en cédant son établissement aux meilleures conditions qu'il peut trouver.

— Ah ! il cède son établissement ! Comment ! vous vendriez le titre du Seigneur, Mille-Acres, et cela pour quelques misérables pièces d'argent ?

— Vous ne comprenez pas Aaron, dit Prudence qui crut devoir intervenir, toujours prête qu'elle était à voler au secours de son mari, et à mettre à son service, sa langue, ses dents, ses ongles ou sa carabine. Il veut dire que le Seigneur a créé la terre pour ses créatures ; que chacun a droit d'en prendre ce qu'il lui en faut, de s'en servir tant qu'il lui plaît, et de céder ensuite ce qu'il a pu y construire, au prix dont on convient.

— J'entends ; mais voilà deux hommes qui commencent en même temps le voyage de la vie. Il leur faut des fermes à tous deux. Ils s'enfoncent dans le désert, et ils ont envie de la même colline. Que feront-ils ?

— Le premier venu est le premier servi, c'est ma maxime. C'est la possession qui fait le droit.

— Eh bien ! volontiers, Mille-Acres ; le premier venu sera le possesseur ; mais jusqu'où s'étendra sa possession ?

— Je vous l'ai déjà dit ; cela dépendra de ses besoins.

— Mais quand son ami, plus lent, arrivera, et qu'il voudra s'établir à côté de lui, où sera placée la limite entre eux ?

---

1. Le lecteur trouvera sans doute que M. Mordaunt Littlepage ne devrait pas se donner la peine de réfuter de semblables doctrines ; mais n'en voit-on pas tous les jours soutenir d'analogues, quoique sur des points différents, dans des journaux de New-York dévoués à la cause de l'*anti-rentisme* ; et n'en a-t-on point poussé les conséquences jusqu'à l'effusion du sang ?

— C'est ce dont ils conviendront à l'amiable, cria Tobit dont la patience commençait à se lasser; ce seraient de bien tristes voisins, s'ils ne pouvaient tomber d'accord sur une pareille vétille.

— Enfin, si nos deux squatters voulaient avoir le même coin de terre, qui l'emporterait?

— Faudra-t-il vous le répéter sans cesse? le premier venu.

— Ah! voilà où je vous attendais! Êtes-vous donc le premier qui soyez venu ici? Est-ce que longtemps avant vous, un certain général Littlepage et son ami le colonel Follock n'avaient pas pris possession de cette terre? Est-ce qu'ils ne l'avaient pas fait mesurer et diviser en plusieurs lots? Ils ont la possession pour eux depuis plus d'un quart de siècle, ils veulent la conserver, et, d'après vos principes mêmes, ils en ont le droit.

Il y eut un long intervalle de silence, pendant lequel les différents membres de la famille se regardèrent les uns les autres comme pour voir lequel d'entre eux se chargerait de réfuter le porte-chaîne; mais, comme ils avaient été accoutumés à ne jamais envisager qu'un seul côté de la question, ils se sentaient déconcertés.

— Je ne m'étonne plus qu'on vous ait surnommé Mille-Acres, continua le porte-chaîne, poursuivant ses avantages; vous avez même été modeste; car avec un titre tel que celui que vous invoquez, vous auriez pu vous faire appeler tout aussi bien Dix-Mille-Acres. Vous vous êtes vraiment arrêté en beau chemin.

Mais le squatter n'était plus d'humeur à supporter cette ironie; et il interrompit brusquement une conférence dont il avait attendu de tout autres résultats.

— Qu'on le remmène! dit-il à ses enfants en se levant et en se plaçant un peu de côté pour laisser un passage. J'aurais peine à me contenir plus longtemps. Il est né le serviteur des riches, et il mourra leur serviteur. Puisqu'il aime tant les chaînes, tout ce que je lui souhaite, c'est d'en porter tout le reste de sa vie.

— Voyez donc ces enfants de la liberté! cria André pendant qu'il se laissait reconduire tranquillement en prison. Tout va bien, quand tout est pour eux, rien pour les autres. La loi du Seigneur est admirable, tant qu'ils pensent pouvoir s'en prévaloir ; mais que les Littlepage l'invoquent à leur tour, vous verrez comme ces squatters en feront fi !

Une escorte s'était formée pour accompagner mon vieil ami, et elle partit sans qu'on fût venu me chercher. Prudence était sortie, suivie de toute sa jeune couvée, et, pendant un moment, je me crus oublié. Cependant un mouvement qui se fit dans un coin de la salle attira mon attention, et je vis Laviny, suspendue sur la pointe des pieds, et un doigt sur les lèvres pour me recommander le silence, tandis que, de l'autre main, elle me faisait vivement signe d'entrer dans un petit corridor qui communiquait avec le toit par le moyen d'une échelle. Mes moccasins me furent alors d'une grande utilité. Sans m'amuser à réfléchir aux conséquences ou à regarder autour de moi, je fis ce qui m'était ordonné ; et, dès que je fus dans le corridor seul avec la jeune fille, mon premier mouvement fut de me précipiter à la fenêtre qui n'avait pas de vitre, et j'allais passer à travers, quand Laviny me saisit par le bras :

— Que Dieu nous protége ! dit tout bas la jeune fille, vous ne pourriez manquer d'être vu. Vous seriez pris et tué à l'instant. De grâce, n'essayez pas de sortir à présent. Tenez, il y a ici un trou qui sert de cave. Voilà la trappe ; descendez, et attendez là que je vous donne de mes nouvelles.

Il n'y avait pas de temps à perdre en réflexions ; la vue du détachement qui conduisait le porte-chaîne, me convainquit d'ailleurs que la jeune fille disait vrai. Elle leva la trappe, et je me laissai glisser dans la cave. J'entendis Laviny qui tirait une caisse sur la trappe, et je crus distinguer le craquement des bâtons de l'échelle, pendant qu'elle montait au grenier, qui était sa chambre à coucher ordinaire.

Tout cela fut l'affaire d'une minute. Une autre minute pouvait s'être écoulée encore, lorsque j'entendis le pas pesant de Mille-Acres sur le plancher qui était au-dessus de moi, et le bruit confus de plusieurs voix qui parlaient toutes en même temps. Il était évident qu'on s'était aperçu de ma disparition, et qu'on était occupé à me chercher. Pendant quelques secondes, tout bruit parut cesser, puis j'entendis la voix aigre de Prudence, qui criait :

— Laviny ! Laviny ! où êtes-vous donc passée ?

— Je suis ici, ma mère, répondit la jeune fille ; vous m'avez dit de monter pour chercher votre nouvelle Bible.

C'était la vérité, et cette circonstance suffisait pour écarter tout soupçon de connivence de sa part. De nouveaux piétinements se firent entendre au-dessus de ma tête ; et, dans la confusion des voix, je distinguai celle de Laviny qui était sans doute descendue et qui prenait part à la recherche.

— Il ne faut à aucun prix le laisser échapper, s'écria Mille-Acres, ou nous sommes tous perdus. Nous n'aurions pas le temps de mettre la moindre chose de côté.

— Il est en haut ! cria une voix : — à la cave ! dit un autre. Les uns grimpèrent à l'échelle, pendant que d'autres retiraient le coffre qui recouvrait la trappe, et un rayon de jour qui pénétra dans mon gîte me convainquit qu'elle venait d'être levée. Le trou où j'étais pouvait avoir vingt pieds carrés ; il ne s'y trouvait que deux tonneaux remplis de porc et quelques vieilles futailles. Dans l'hiver, on y serrait sans doute les légumes. Il n'y avait point d'endroit où se cacher. Je me blottis dans un coin complétement obscur ; mais je me crus perdu quand je vis paraître deux jambes, puis deux autres, jusqu'à ce qu'enfin cinq personnes, dont trois femmes, fussent descendues dans la cave. Une quatrième femme, que je reconnus ensuite pour Laviny, se tenait à l'entrée de la trappe de manière à intercepter la lumière le plus possible. Le premier homme qui descendit commença par bouleverser les futailles, et par regarder dans les coins. L'heureuse idée me vint d'en faire autant, et de me mettre à ma recherche avec autant d'ardeur que qui que ce fût. L'obscurité m'empêcha d'être reconnu, et Tobit courut bientôt à l'échelle en criant : La fenêtre ! la fenêtre ! Il n'est pas ici, — voyons la fenêtre ! — En moins d'une demi-minute, la cave était vide de nouveau, ou plutôt j'y restais seul.

D'abord j'eus peine à croire à ma bonne fortune ; mais la trappe retomba, et le profond silence qui régnait me convainquit que j'avais échappé au danger, du moins pour le moment. Tous ces incidents s'étaient succédé avec une telle rapidité, que j'en avais une sorte de vertige, et lorsque j'eus la conviction que le péril était passé, je fus pris d'un accès de rire, qui était de la folie, et je m'assis sur un tonneau pour y donner un libre cours. Il paraît que je n'étais pas le seul à éprouver cette singulière impression; Laviny s'abandonnait de son côté aux éclats de sa gaieté, tandis que ses frères trébuchaient à chaque pas au milieu des tonneaux, des barils et des ustensiles qui encombraient la partie supérieure de la maison, où ils continuaient leurs recherches. Cet accès de gaieté ne resta pas impuni, car Prudence détacha à sa fille un soufflet dont le bruit arriva jusqu'à mes oreilles; mais cet air d'insouciance et de bonne humeur était encore de nature à éloigner tout soupçon. Deux ou trois minutes après que la trappe s'était refermée, tout bruit de pas et de voix cessa de se faire entendre, et la hutte parut abandonnée.

Ma position était loin d'être agréable. Confiné dans une cave obscure, sans possibilité de m'échapper autrement que par la trappe, et avec la presque entière certitude de retomber entre les mains des squatters, si j'en faisais la tentative, je commençai à regretter de m'être prêté si facilement au projet de Laviny. Il y aurait eu tout à la fois danger et ridicule à être repris; car on ne pouvait pas prévoir à quelles extrémités se porteraient des hommes aussi exaltés que Mille-Acres et son fils aîné. Enseveli dans mon trou, j'étais aussi complétement en leur pouvoir que dans le magasin.

Telles étaient les réflexions auxquelles je me livrais, quand le jour pénétra de nouveau dans la cave. La trappe se leva, et j'entendis prononcer tout bas mon nom. J'approchai de l'échelle, et j'aperçus Laviny qui me faisait signe de monter. Je suivis aveuglément ses instructions, et je fus bientôt à côté d'elle. La jeune fille semblait partagée presque également entre les angoisses de la frayeur et une envie de rire qu'excitait le souvenir de toutes les circonstances burlesques qui avaient accompagné la dernière recherche.

— N'est-ce pas drôle qu'aucun d'eux ne vous ait reconnu? me dit-elle à l'oreille; puis m'ordonnant de me taire par un geste précipité : chut! ajouta-t-elle; ne parlez pas; ils sont à vous chercher tout près, et ils pourraient bien me suivre ici. Je veux vous faire sortir de la cave, car quelques-uns des plus jeunes vont venir chercher ici du porc, et ils ont des yeux de lynx. Ne pensez-vous pas que vous pourriez vous glisser jusqu'au moulin ? Il est arrêté maintenant, et il n'y a pas à craindre qu'on le remette en mouvement, tant que tout ce tumulte ne sera pas calmé.

— On ne pourrait manquer de me voir, ma chère enfant, si vos frères sont près d'ici à me chercher.

— Qui sait ? Approchez de la porte, et vous verrez qu'il y a moyen. Tous les regards sont dirigés de l'autre côté de la maison, et si vous parvenez à vous glisser jusqu'à cet amas de bois, vous êtes sauvé. Une fois arrivé au moulin, grimpez vite jusqu'au comble.

Je pris un moment pour calculer les chances. A cent pieds de la maison étaient couchés des bois de construction, de deux à quatre pieds de diamètre, qui se succédaient sans interruption jusqu'à l'entrée du moulin. Toute la difficulté était donc d'arriver jusque-là en franchissant un espace qui était complétement découvert. La maison masquait bien un peu, puisque la plupart des squatters cherchaient activement de l'autre côté, personne ne supposant un moment que je pusse être près du moulin qui se trouvait exactement en face de l'endroit où la foule était rassemblée au moment de ma soudaine disparition. Mais les enfants étaient continuellement à courir dans toutes les directions, et l'un d'eux pouvait tourner la tête de mon côté au moment où je m'y attendrais le moins.

Il fallait pourtant faire quelque chose, et je me décidai à tenter l'aventure. Me jetant à terre, je rampai tout doucement le long de cet espace terrible, et j'arrivai sans encombre derrière les arbres coupés. Aucun cri ne fut poussé, ce qui indiquait que je n'avais pas été vu. Il était alors comparativement facile de gagner le moulin. Mais ensuite il fallait arriver au comble, et je ne pouvais le faire sans me mettre en évidence. Il était donc nécessaire de prendre les plus grandes précautions. Je commençai par lever la tête assez pour examiner l'état des choses. Heureusement la maison était toujours entre moi et la plupart de mes ennemis ; le jeune fretin seul s'agitait dans tous les sens et ne faisait que paraître et disparaître. J'aperçus Laviny à la porte, les mains serrées l'une contre l'autre, dans une vive anxiété. Je lui fis un signe d'encouragement, et mettant le pied sur une poutre qui faisait saillie, je me trouvai bientôt huché sur le moulin. A peine restai-je en vue quelques secondes. Aucun cri ne fut poussé. Pour le coup j'avais quelques chances d'opérer mon évasion, et je sentis quelques lueurs d'espérance se glisser dans mon cœur.

CHAPITRE XXIII.

> Seuls, au milieu des ombrages, ils vivaient de la vie des champs et parlaient le langage du cœur; ou bien ils soupiraient, et leurs regards disaient ce que leur bouche était impuissante à exprimer.
>
> THOMSON.

Ma situation, pour n'être pas tout à fait désespérée, n'en était pas moins critique. L'anxiété avec laquelle j'écoutais le moindre son qui eût pu indiquer que j'étais découvert, était vraiment pénible. Je crus un moment que j'entendais crier. Je me sentis perdu, et il me semblait même qu'on approchait du moulin pour me saisir. Le bruit des pas retentissait déjà à mes oreilles. C'était l'effet de mon imagination malade. Le seul bruit qui troublât le calme de la nature était celui des eaux qui se précipitaient au-dessous de moi. J'eus le temps de respirer et de me reconnaître.

On pense bien que le moulin était d'une construction grossière. Ce qu'on appelait le comble ne consistait qu'en quelques planches de rebut jetées çà et là sur les poutres, de manière à former une espèce de plancher; et mon premier soin fut de rapprocher plusieurs de ces planches et d'en placer deux ou trois les unes sur les autres, de manière à me former une espèce d'abri qui me dérobât à la vue de ceux qui pourraient entrer dans le moulin. Tout en prenant ces dispositions, j'eus soin de faire le moins de dérangement possible, afin d'éviter tout ce qui aurait pu attirer l'attention.

A peine avais-je terminé mes arrangements à ma satisfaction, que je regardai autour de moi pour voir s'il y avait quelque moyen d'observer ce qui se passait au dehors. A l'aide de mon couteau, je parvins à faire entre deux des ais grossiers qui formaient la toiture, un trou grand comme l'œil; c'était tout ce qu'il me fallait pour pouvoir découvrir à quelque distance.

Les recherches se poursuivaient toujours activement. Les squatters savaient bien que je n'avais pas eu le temps de gagner les bois; ils étaient donc certains que j'étais caché quelque part. Toutes les huttes avaient été visitées avec le plus grand soin; mais personne n'avait eu l'idée d'entrer dans le moulin, parce qu'il semblait évident que je n'avais pu prendre qu'une direction tout opposée. On continua à chercher partout, dans les plus petits coins, derrière les moindres haies; puis enfin, lorsque tout eut été exploré, mes ennemis s'arrêtèrent, ne sachant plus de quel côté tourner leurs pas.

Ils étaient trop accoutumés à leur situation et à tout ce qu'elle avait de précaire pour ne pas savoir quels expédients ils devaient adopter dans des circonstances semblables. Ils commencèrent à placer les plus jeunes enfants en observation sur les points qui semblaient les plus favorables pour ma retraite; puis le père, rassemblant autour de lui ses grands fils, au nombre de sept, se dirigea lentement avec eux vers le moulin. Dès qu'ils furent entrés, ils se formèrent en cercle immédiatement au-dessous de moi, ce qui me permit d'entendre, sans être vu, tout ce qu'ils dirent.

— Ici, du moins, nous serons hors de la portée des longues oreilles de nos petits curieux, dit Mille-Acres en s'asseyant sur l'arbre qui devait être scié le premier. Voilà qui est vraiment inexplicable, Tobit, et je n'aurais jamais cru qu'un de ces jeunes citadins sût si bien faire usage de ses jambes. Où donc peut-il s'être caché?

— C'est que s'il nous échappe, c'en est fait de tout notre avoir, vociféra Tobit. A peine arrivé à Ravensnest, il n'aura rien de plus pressé que de nous faire arrêter, et Newcome n'est pas homme à soutenir des squatters quand il les verra dans l'embarras.

— Allons, vous êtes trop sévère pour l'Écuyer, reprit Mille-

Acres. Je suis sûr que du moins il nous dépêcherait un messager, afin que nous eussions tout le temps de déguerpir.

— Et alors, adieu les planches qui sont déjà sur l'eau! adieu tous les bois qui sont préparés! Songez donc qu'il n'y en a pas un morceau que je n'aie arrosé de mes sueurs! Ah! on ne me les enlèvera pas impunément, et je saurai bien les défendre!

Il était étonnant qu'un homme qui attachait tant de prix à ce qu'il regardait comme sa propriété fît si bon marché de celle des autres. En cela, Tobit ne faisait qu'obéir aux mauvais instincts de notre nature, qui nous font envisager la même question sous des points de vue tout différents, suivant notre intérêt.

— Et moi, rien au monde ne me fera abandonner mes bois et ma clairière! s'écria Mille-Acres avec énergie. Nous avons combattu contre le roi George pour la liberté; pourquoi ne nous batterions-nous pas pour notre bien? Et que nous servirait la liberté après tout, si nous nous laissions dépouiller ainsi?

Tous les fils témoignèrent hautement qu'ils partageaient ces sentiments, et une sorte d'ardeur guerrière se peignit sur tous les visages.

— Mais, père, si nous reprenons ce jeune insolent, qu'en ferons-nous? demanda Zéphane. — Je redoublai d'attention; car la question était d'un certain intérêt pour moi. — Nous ne pourrons le retenir longtemps sans que sa disparition fasse du bruit, et tôt ou tard nous en pâtirons. Nous avons beau avoir un droit incontestable sur l'ouvrage de nos mains; nous ne pouvons nous dissimuler que le pays n'est pas favorablement disposé pour les squatters.

— Je me soucie bien du pays! répondit fièrement Mille-Acres. S'il a besoin du jeune Littlepage, qu'il vienne le chercher, et il trouvera à qui parler. Pour moi, je déclare que si cet écervelé retombe entre mes mains, il n'en sortira vivant qu'à la condition de me faire la cession en bonne forme de deux cents acres de terres et du moulin, et de me donner quittance de tout le passé. Voilà mes deux conditions, et je n'en démordrai pas.

A cette déclaration positive succéda une longue pause, et je craignis que le bruit étouffé de ma respiration ne finît par se faire entendre. Heureusement Zéphane reprit la parole, et je me convainquis que ce silence n'avait pas eu pour but d'écouter quelque bruit étrange qui aurait pu parvenir jusqu'à eux, mais bien de réfléchir à ce que leur père venait de dire.

— J'ai entendu dire, répondit-il, que des actes faits dans des circonstances semblables n'ont aucune valeur aux yeux de la loi. L'écuyer Newcome l'a expliqué lui-même devant moi la dernière fois que j'allai à Ravensnest.

— Ah! ça, mais qu'ils s'entendent donc une bonne fois avec leurs lois! hurla le vieux squatter. Ils font des lois, et tiennent la main à ce qu'on les observe; puis, si l'on se présente en justice avec un acte en bonne forme à la main, voilà que ce n'est plus ça! la loi n'est plus la loi. J'avais pensé justement à soutirer un bout d'écrit à ce jeune Littlepage, et au moment où j'étais décidé à le faire, dès que nous serions parvenus à remettre la main sur lui, vous venez me dire que cet écrit ne serait bon à rien! Zéphane, Zéphane! vous allez trop souvent dans leurs établissements, et vous laissez pervertir votre esprit par leurs inventions et par leurs propos.

— J'espère que non, père, quoique j'avoue que j'y vais avec plaisir. Je suis arrivé à une époque de la vie où un homme songe à se marier; et comme il n'y a point ici d'autres filles que mes sœurs, il est naturel que je cherche dans le voisinage. Je ne cacherai pas que tel est l'objet de mes fréquentes visites à Ravensnest.

— Et vous avez trouvé cet objet charmant? parlez franchement. Vous savez que j'ai le mensonge en horreur, et que je me suis toujours efforcé de vous apprendre à tous à dire la vérité. Voyons, quel est-il? Notre famille est du nombre de celles où l'on peut entrer en le demandant.

— Bon Dieu, mon père! il s'agit bien qu'Ursule demande à y entrer! Voilà trois fois que je me propose, et trois fois qu'elle me répond, dans les termes les plus clairs du monde, qu'elle ne donnera jamais son consentement, et que je ne dois plus songer à elle.

— Quelle est donc la jeune fille, dans cette partie du pays, qui croit pouvoir lever la tête plus haut qu'aucun des fils de

Mille-Acres? demanda le vieux squatter de l'air d'un Bourbon qui verrait refuser son alliance parce qu'on ne trouverait pas son sang assez noble ; je voudrais la voir et causer avec elle ! Comment l'appelez-vous, Zéphane?

— Ursule Malbone, mon père, c'est la nièce du porte-chaîne.

— La nièce du porte-chaîne ! Et vous lui avez offert par trois fois de l'épouser ; l'ai-je bien entendu, Zéphane?

— Oui, père, par trois fois ; et chaque fois elle m'a répondu par un non très-positif.

— Eh bien ! la quatrième fois, elle changera d'idée. Ne pourrait-on pas la surprendre et l'amener ici ? Est-ce qu'elle est venue demeurer dans la forêt avec le vieil André?

— Oui, mon père.

— Et savez-vous si elle est très-attachée à son oncle ; ou bien est-ce une de ces jeunes évaporées qui ne pensent qu'à leur toilette?

— Je sais qu'elle aime le vieil André comme un père.

— Alors, Zéphane, pourquoi n'iriez-vous pas la prévenir que son oncle est dans la peine, que vous ne savez pas ce qui pourra lui arriver, et qu'elle devrait venir le voir ? Quand nous la tiendrons ici, vous mettrez vos plus beaux habits, nous enverrons chercher l'écuyer Newcome, et, qui sait ! vous vous trouverez peut-être marié beaucoup plus vite que vous n'auriez jamais osé l'espérer.

Cette proposition reçut l'accueil le plus favorable, surtout de la part du jeune Zéphane qu'elle intéressait particulièrement.

— Père, dit-il, appelez Laviny, et parlez-lui un peu d'Ursule Malbone. Tenez ! elle est là bas avec la femme de Tobit et avec notre mère, qui furète au milieu des choux, comme si elle pensait qu'un homme pût s'y trouver caché.

Mille-Acres appela sa fille d'un ton d'autorité, et j'entendis bientôt le pas tremblant de la pauvre enfant. Elle pensait naturellement qu'on ne la faisait venir que parce qu'on la supposait de complicité dans mon évasion, et c'était la cause de ses angoisses.

— Venez, Laviny, commença Mille-Acres avec ce ton austère qu'il avait d'ordinaire en parlant à ses enfants. Savez-vous quelque chose sur une certaine Ursule Malbone, qui est nièce du porte-chaine?

— Merci du ciel, père, quelle peur vous m'avez faite! je pensais que vous aviez trouvé le jeune homme, et que vous pensiez que j'avais pu aider à le cacher.

Quelque singulier que cela puisse paraître, cette parole imprudente échappée à la conscience n'éveilla aucun soupçon. Quand Laviny se trahit ainsi elle-même, je crus qu'on la soumettrait à un interrogatoire sévère, et que la vérité allait se découvrir. Mais ni le père ni aucun des fils n'attacha d'importance à une remarque qui ne parut provoquée que par l'impression générale que mon inexplicable évasion avait produite sur tous les esprits.

— Qui parle à présent du jeune Littlepage? répondit Mille-Acres avec une certaine aigreur. Je vous demande ce que vous savez de la nièce du porte-chaine?

— Ce que j'en sais, père? répondit Laviny, assez disposée à révéler un des secrets qui lui pesaient sur le cœur, afin de mieux cacher l'autre qui était de beaucoup le plus important; — je vais vous le dire, quoique je ne l'eusse jamais vue avant aujourd'hui. Zéphane m'a parlé bien des fois de la jeune fille qui porta la chaine avec le vieil André pendant un mois entier, et il voudrait bien l'épouser.

— Vous ne l'aviez jamais vue avant aujourd'hui! Qu'est-ce à dire? où donc l'avez-vous vue aujourd'hui, enfant? Est-ce que toute la création s'est donné rendez-vous dans ma clairière? où donc l'avez-vous vue, encore une fois?

— A l'entrée de la clairière avec son oncle, et je...
— Eh bien, je... Pourquoi n'achevez-vous pas, Laviny?

J'aurais pu dire aisément à Mille-Acres pourquoi sa fille hésitait; mais elle sut se tirer d'affaire par sa présence d'esprit et par son adresse. Je crois que la maligne pièce n'en était pas à son début en ce genre.

— C'est que, voyez-vous, j'ai été cueillir des mûres dans l'après-midi, et en entrant dans le champ aux mûriers, juste sur la limite du bois, je vis une jeune fille qui n'était autre que Ursule en personne. Nous causâmes ensemble et elle me raconta toute son histoire. Elle attend son oncle pour s'en retourner.

— Vraiment! Voilà une nouvelle, mes garçons! Et savez-vous où elle est à présent, Laviny?

— Pas précisément; car elle m'a dit qu'elle allait s'enfoncer dans la forêt, de peur d'être vue; mais une heure avant le coucher du soleil, elle doit revenir au pied du grand châtaignier qui est dans le champ aux mûriers, et j'ai promis d'aller l'y rejoindre, ou pour la ramener avec moi coucher dans une de nos maisons, ou pour lui porter de quoi souper et se faire un lit.

Ces paroles dites avec franchise, et empreintes de cette sympathie que les jeunes personnes ne manquent jamais d'éprouver l'une pour l'autre, inspirèrent une confiance entière, et le vieux squatter se détermina aussitôt à agir en conséquence. Je l'entendis se lever, et dire en s'en allant:

— Tobit, et vous tous, mes fils, venez avec moi. Nous allons faire encore une recherche dans les huttes et derrière toutes les piles de bois, pour voir si ce Littlepage n'aurait pas trouvé moyen de s'y glisser, pendant que nous avions les yeux tournés d'un autre côté. Vous, Laviny, vous n'avez pas besoin de venir avec nous. Vous autres filles, vous avez une manière de chercher, en courant toujours comme des effarées, qui fait plus de mal que de bien.

J'attendis que tout bruit de pas, même lointain, eût cessé de se faire entendre, et alors je me hasardai à bouger une main pour trouver une ouverture que j'avais laissée à dessein, et à travers laquelle je pouvais voir au-dessous de moi. Sur la pièce de bois que son père venait de quitter, Laviny s'était assise, et son regard inquiet semblait me chercher. Enfin, elle dit à voix basse:

— Êtes-vous toujours là? Mon père et les garçons ne sauraient nous entendre à présent, si vous avez soin de ne pas parler trop haut.

— Je suis ici, ma bonne Laviny, grâce à votre bienveillante amitié, et j'ai entendu tout ce qui s'est passé. Vous avez vu Ursule Malbone, et vous lui avez remis mon billet?

— Aussi vrai que je vous vois; et elle l'a lu tant de fois que je suis sûr qu'elle doit le savoir par cœur.

— Mais qu'a-t-elle dit? ne vous a-t-elle chargé d'aucun message pour son oncle, d'aucune réponse à ce que j'avais écrit?

— Oh! elle m'en a dit long, car vous savez que les jeunes filles aiment à babiller lorsqu'elles se trouvent ensemble; et nous sommes restées, Ursule et moi, une grande demi-heure à causer. Mais je ne saurais rester ici à vous répéter tout ce qu'elle a dit; on pourrait s'étonner que je sois si longtemps dans le moulin.

— Vous pouvez me dire si elle vous a chargée de quelque réponse à mon billet?

— Elle n'a pas soufflé le mot sur votre lettre. Oh! c'est une fille qui est très-réservée quand elle reçoit un billet d'un jeune homme. La trouvez-vous aussi étonnamment belle que le dit Zéphane?

Cette question n'annonçait rien de bon, mais il était politique d'y répondre, et de manière à ne pas effaroucher Laviny; car je n'avais d'espoir qu'en elle.

— Elle n'est pas mal; pourtant j'ai vu récemment des personnes tout aussi jolies. Mais jolie ou non, elle est de votre sexe, et il ne serait pas bien de l'abandonner quand elle est dans la peine.

— Et, dût mon père me chasser, je ne l'abandonnerai pas non plus, répondit Laviny avec une expression qui prouvait que tous les bons sentiments de son cœur avaient repris le dessus; je suis fatiguée de toute cette vie de squatter, et je ne vois pas pourquoi l'on ne vivrait pas toujours dans le même endroit. — Voyons; qu'y a-t-il de mieux à faire pour Ursule Malbone? Peut-être ne serait-elle pas fâchée d'épouser Zéphane?

— Pendant que vous étiez avec elle, avez-vous rien vu, rien entendu qui ait pu vous le faire supposer? Voyons, que vous a-t-elle dit?

— Mon Dieu! une foule de choses; mais elle n'a presque parlé que du vieux porte-chaîne. Elle n'a pas prononcé une seule fois votre nom.

— Je conçois que ce soit surtout son oncle qui l'inquiète... Mais que compte-t-elle faire? Restera-t-elle près de cet arbre jusqu'à votre retour?

— Elle est sous un rocher très-près du châtaignier, et c'est là qu'elle doit m'attendre. Il n'est point difficile de la trouver.

— Que se passe-t-il au dehors dans ce moment? ne pourrais-je pas descendre, me glisser jusqu'au lit de la rivière, et aller ainsi par un circuit rejoindre Ursule Malbone, pour l'avertir du danger qu'elle court?

Laviny ne répondit pas sur-le-champ, et je commençai à craindre de l'avoir mécontentée. Elle parut réfléchir; mais lorsqu'elle releva la tête, je ne vis sur sa figure que l'expression d'une tendre sympathie.

— Sans doute, il y aurait de la cruauté à forcer Ursule à épouser Zéphane, si elle ne l'aime pas, dit-elle avec chaleur. Peut-être, en effet, serait-il mieux de lui apprendre ce qui se passe, afin qu'elle choisisse elle-même.

— Elle m'a dit, répondis-je avec une parfaite franchise, que sa foi était engagée à un autre; et il y aurait plus que de la cruauté à lui faire épouser un homme, quand elle en aime un autre.

— Il n'en sera rien, reprit-elle avec une énergie qui m'effraya presque. Et, sans me donner le temps de répliquer, elle m'indiqua aussitôt la manière dont je devais m'y prendre pour accomplir ce que je désirais.

— Voyez-vous cette poutre qui s'avance à l'angle du moulin? ajouta-t-elle en pressant ses paroles. Elle descend jusqu'au roc d'où l'eau se précipite. Il vous est facile d'y arriver sans être vu; le toit vous cachera, et, une fois là, vous attendrez que je vous dise de passer sur la poutre. Arrivé sur le roc, vous trouverez un sentier qui vous conduira le long du bord de l'eau jusqu'à un petit pont en bois. En le traversant, et en suivant le chemin à gauche, vous atteindrez l'extrémité de la clairière, et vous n'aurez qu'à suivre un peu la lisière du bois pour arriver au châtaignier. Le rocher est à droite, à cinquante pas tout au plus.

J'écoutai avidement ces instructions, et j'étais près de la poutre presque à l'instant où Laviny cessa de parler. J'attendis alors qu'elle me dît d'avancer.

— Pas encore, me dit-elle en baissant la tête et en affectant d'être occupée de quelque chose à ses pieds; — mon père et Tobit viennent de ce côté, et ils sont juste en face du moulin. — Ah! tenez-vous prêt; voilà qu'ils détournent la tête; et ils vont sans doute rebrousser chemin. Justement! ils s'en vont. Attendez un moment. Allons, vite ! — Surtout ne partez point pour tout à fait sans que je vous aie revu.

J'entendis ces derniers mots en descendant le long de la poutre. Au moment où je la quittais, je risquai un coup d'œil sur les objets environnants, et je vis, à une centaine de pas, Mille-Acres et Tobit, qui s'étaient séparés du groupe général, et qui semblaient se concerter ensemble. Je m'élançai aussitôt sur le roc, et descendant la rampe de la colline, j'arrivai à l'endroit où un arbre avait été jeté à travers la rivière. Jusqu'à ce que j'eusse franchi ce pont et que j'eusse pu gravir l'autre bord, j'étais complétement exposé aux regards de quiconque aurait pu se trouver dans l'enfoncement; et, à tout autre moment, surtout dans cette saison, je n'aurais pu manquer d'être découvert, puisqu'il y avait toujours quelque squatter à l'ouvrage sur le bord de l'eau; mais alors ils étaient tous réunis sur un autre point par suite des incidents de la matinée, et j'effectuai ce trajet critique sans encombre. Dès que je me trouvai à l'abri derrière un rideau de petits pins qui bordaient le sentier, je repris un moment haleine, et je cherchai, en écartant quelques broussailles, à observer ce qui se passait.

Le groupe des jeunes squatters était toujours à la même place, Mille-Acre et Tobit se promenant à l'écart. Prudence se tenait à la porte d'une hutte éloignée, entourée, suivant son habitude, d'un essaim de petits marmots, et s'entretenant vivement avec deux ou trois de ses belles-filles. Laviny avait quitté le moulin, et elle errait sur la colline opposée, assez près du bord pour m'avoir vu franchir l'espace découvert. Voyant qu'elle était toute seule, je me hasardai à tousser assez haut pour me faire entendre d'elle. Un geste d'effroi me convainquit que j'avais réussi; et après m'avoir fait signe de partir, elle courut rejoindre les femmes qui entouraient sa mère.

Quant à moi, je ne pensai plus qu'à Ursule. Que m'importait qu'elle en aimât un autre? une fille comme elle ne devait pas être sacrifiée à un Zéphane, et, si je ne perdais pas de temps, elle pouvait encore être sauvée. Cette idée me donna des ailes, et je fus bientôt en vue du châtaignier. Trois minutes après, j'étais au pied de l'arbre. Comme j'avais été au moins un quart d'heure à contourner cette partie de la clairière, je crus prudent d'observer encore une fois la position de mes ennemis, avant de me diriger vers le rocher ; la haie de mûriers de Laviny m'offrait un abri convenable, et je m'y blottis un instant.

Il était évident que quelques mesures avaient dû être décidées entre Mille-Acres et Tobit. Sauf un jeune garçon resté en sentinelle près du magasin, et quelques enfants, on ne voyait plus aucun squatter. Susquesus lui-même, qui depuis sa délivrance n'avait point cessé d'errer çà et là, avait disparu. Prudence et ses filles couraient de hutte en hutte dans une grande agitation, et elles semblaient ne pouvoir tenir en place. Ces faits constatés, je me retournai pour courir au rocher. Comme je sortais du milieu des mûriers, j'entendis une branche sèche craquer sous un pas pesant, et regardant avec précaution autour de moi, je vis Jaap qui s'avançait vers moi, une carabine sur chaque épaule.

— Que le ciel te bénisse, mon fidèle Jaap ! m'écriai-je en tendant le bras pour recevoir une des armes ; tu arrives bien à propos, et tu vas me conduire auprès de miss Malbone.

— Oui, maître, et avec grand plaisir. Miss Ursule n'est pas loin, et nous l'aurons bientôt rejointe. Elle m'a mis ici en sentinelle, et je porte les deux carabines, celle du porte-chaîne et la mienne, parce que la chère jeune personne n'aime pas beaucoup à manier les armes à feu. Mais d'où venez-vous, maître, et pourquoi courez-vous si vite ?

— Tu le sauras en temps et lieu, Jaap. A présent ne songeons qu'à miss Ursule. A-t-elle quelque inquiétude au sujet de son oncle ?

— Si elle en a ! elle ne fait que pleurer la moitié du temps ; puis elle montre un courage de lion, et prend un air intrépide, comme vieux maître quand il commandait au régiment de charger à la bayonnette ; et alors j'ai toutes les peines du monde à la détourner de courir droit aux huttes de Mille-Acres. Dieu me pardonne, maître, si elle ne m'a pas parlé cent fois de vous aujourd'hui !

— De moi ! m'écriai-je. Mais je comprimai le mouvement involontaire qui me portait à demander ce qu'elle avait pu dire : c'eût été une sorte de profanation de chercher à pénétrer ses secrets en interrogeant mon domestique. Mais j'avais hâte de la rejoindre, et, guidé par Jaap, je fus bientôt à ses côtés. Le nègre n'eut pas plutôt accompli sa mission, qu'il eut la discrétion de retourner à l'entrée de la clairière, emportant les deux carabines, car je lui avais rendu la mienne, dans mon empressement à me précipiter au-devant d'Ursule, dès que je l'avais aperçue.

Je n'oublierai jamais le regard par lequel cette noble et chère enfant m'accueillit. Il me donna presque lieu d'espérer que mes oreilles m'avaient trompé, et que, malgré tout, je lui inspirais le plus tendre intérêt. Quelques larmes, mal comprimées, l'accompagnaient; et j'eus le bonheur de tenir quelque temps et de presser sur mon cœur la petite main, qui était venue s'offrir à moi d'elle-même, et avec un touchant empressement.

— Partons à l'instant, chère Ursule, m'écriai-je dès qu'il me fut possible de parler. Fuyons des misérables qui ne vivent que de déprédations et de pillage.

— Partir, et laisser mon oncle entre leurs mains ! dit Ursule d'un ton de reproche; ce n'est pas vous assurément qui me donnez un pareil conseil !

— Pardon ! pardon ! il le faut absolument; votre sûreté l'exige, et il n'y a pas un moment à perdre. Ces malheureux ont formé le projet de s'emparer de vous et d'exploiter vos terreurs pour s'assurer l'impunité. Il y a danger pour vous, je le répète, à tarder d'un seul instant.

Ursule me répondit par un sourire d'une expression ineffable. Il était plein de douceur et de tristesse à la fois.

— Mordaunt Littlepage, me dit-elle gravement, avez-vous oublié les paroles que j'ai prononcées lors de notre dernière séparation ?

— Les oublier ! Ah ! le pourrais-je jamais ! ne m'ont-elles pas réduites au désespoir ? n'ont-elles pas été la cause première de tous nos malheurs ?

— Je vous ai dit que je n'étais point libre; que je ne pouvais accepter votre offre si noble, si généreuse, parce qu'un autre réclamait toutes mes affections ?

— Sans doute, et pourquoi vous plaire à rouvrir toutes mes blessures ?

— Si je parle ainsi, c'est que cet homme à qui toute ma vie appartient est dans cette habitation, et que je ne saurais l'abandonner.

— En croirai-je mes sens! Comment vous, Ursule, il est possible que vous aimiez Zéphane Mille-Acres, un squatter?

Le regard que me jeta Ursule exprimait une surprise non moins vive que la mienne, et je me reprochai tout aussitôt ma précipitation. La rougeur qui me monta au front dut lui apprendre à quel point j'avais honte de mes soupçons injurieux; et j'aurais voulu être à cent pieds sous terre, quand je vis l'abattement et la mortification qui se peignirent sur la physionomie d'Ursule, et la peine qu'elle avait à contenir ses larmes.

Nous fûmes un instant l'un et l'autre sans parler. Alors ma compagne me dit d'un ton ferme et avec une sorte de solennité :

— C'est une preuve de l'abaissement auquel je suis réduite! Mais je vous pardonne, Mordaunt; car vous n'en avez pas eu moins pitié d'une pauvre fille, et, après tout, vos suppositions pouvaient être assez naturelles dans les circonstances où nous nous trouvions. Quoi qu'il en soit, toute méprise doit cesser entre vous et moi. L'homme à qui je me suis dévouée, à qui toute ma vie appartient, n'est autre que mon oncle le porte-chaîne. Si vous ne m'aviez pas quittée si précipitamment, je vous l'aurais appris, Mordaunt, le jour où vous-même vous me montriez une si noble franchise.

— Ursule! miss Malbone! comment! je n'aurais pas de rival préféré?

— Jamais aucun homme ne m'a parlé d'amour que ce grossier squatter et vous.

— Eh quoi? votre cœur serait libre? personne n'a réussi à le toucher encore?

Il y avait une certaine malice dans la manière dont Ursule me regarda, mais cette expression fit bientôt place à un sentiment plus tendre.

— Je devrais peut-être répondre que non, pour défendre les droits de mon sexe après avoir été traitée avec si peu de cérémonie; mais.....

— Mais quoi? très-chère Ursule! ne me laissez pas en suspens.

— Je préfère la vérité à la coquetterie ; et il serait inexplicable qu'après les preuves si touchantes d'affection qui m'ont été données, j'eusse pu rester insensible. Si nous étions au milieu du monde, Mordaunt, je sens que je vous préférerais encore à tous les hommes ; jugez si, au milieu de cette forêt, dans la position où je me trouve, vous pouvez avoir un rival !

Je ne communiquerai au lecteur, des saintes confidences qui suivirent, que ce qui est indispensable pour lui en apprendre le résultat. Un quart d'heure s'écoula si rapidement et si doucement qu'il me parut à peine une minute. Ursule, après m'avoir fait l'aveu de son attachement, fit valoir sa pauvreté comme un obstacle à mes désirs, mais sans insister, et en véritable Américaine. A cet égard, du moins, nous avons l'avantage sur tous les autres pays. Si la différence de position dans le monde peut sembler pouvoir compromettre le bonheur d'un mariage, il est rare que le manque de fortune paraisse une barrière insurmontable, surtout quand l'un des deux époux est assez riche pour subvenir seul aux frais du ménage.

Le bras passé autour de la taille d'Ursule, sa tête penchée sur mes épaules, nous savourions innocemment les délices de ce paradis anticipé, quand je fus rappelé brusquement sur la terre par une voix rauque et gutturale qui criait :

— La voici, père ! la voici ! Ils sont ici tous deux !

En m'élançant en avant pour faire face à nos agresseurs, je me trouvai en présence de Tobit et de Zéphane ; et, à peu de distance derrière eux, était Laviny. Le premier avait l'air farouche, le second, l'air jaloux et mécontent ; la jeune fille semblait abattue et mortifiée. L'instant d'après nous étions entourés de Mille-Acres et de tous ses enfants mâles.

CHAPITRE XXIV.

> Celle que j'aime est jeune ; mais il y a bien des jeunes filles ; elle est belle, mais d'autres le sont aussi. — Un air divin révèle son origine. Lors donc que vous verrez cet air divin, vous saurez celle que j'aime.
>
> SHENSTONE.

JAMAIS scène plus douce n'eut un dénouement plus brusque et plus violent. J'étais trop bien au fait de ce qui s'était passé précédemment pour ne pas sentir tout ce que notre position avait de grave ; mais Ursule n'éprouva alors que l'embarras d'une jeune fille qui vient de révéler à des yeux profanes son secret le plus sacré. Cet attachement, qu'un mois plus tard, lorsque des serments solennels auraient été échangés, elle eût été fière de manifester à la face de l'univers, elle était toute confuse de le voir surpris ; et, dans sa pudeur virginale, c'était ce qui lui avait rendu surtout pénible la brusque intervention des squatters. Car elle n'avait pas une idée très-exacte de leur véritable caractère ; et son désir le plus vif était de pouvoir rejoindre son oncle. Mais Mille-Acres ne tarda pas à nous faire comprendre à tous deux combien il était loin de plaisanter.

— Ainsi donc, mon jeune major, vous vous laissez prendre dans le même nid, vous aussi ! Choisissez, ou de retourner paisiblement où vous savez bien, ou d'être garrotté et porté comme une bête fauve qu'on viendrait de tuer à quelque distance dans les bois. Vous ne connaissez ni Mille-Acres ni sa famille, si vous avez pu croire nous échapper ainsi, lorsqu'il y a vingt milles de forêt autour de nous !

Je me résignai de bonne grâce, et certes je n'aurais pas été tenté de prendre la fuite, lorsque Ursule était emmenée devant moi. L'aiguille ne se tourne pas plus invariablement vers le nord que je n'aurais suivi mon aimant, quand même j'aurais été libre.

On me permit d'aider ma compagne à traverser quelques broussailles, et à franchir une ou deux barrières. Les squatters, qui étaient tous armés, formaient un cercle autour de nous, à une distance suffisante pour nous permettre d'échanger quelques mots. Ursule avait beaucoup de courage pour une femme, et je crois pouvoir dire, sans qu'on m'accuse de vanité, que nous étions l'un et l'autre si heureux des explications que nous venions d'échanger, que ce nouveau malheur ne pouvait nous abattre entièrement, tant que nous n'étions pas séparés.

— Courage, chère Ursule ! lui dis-je tout bas, en arrivant au magasin ; après tout, ces misérables n'oseront se porter à aucun excès qui leur ferait encourir la rigueur des lois.

— Je me sens tranquille, lorsque je suis près de vous et de mon oncle le porte-chaîne, répondit-elle en souriant. Nous ne pouvons tarder à entendre parler de Frank, qui, comme j'ai dû vous le dire, est allé à Ravensnest pour demander main-forte. Il est parti en même temps que nous, et il doit être en route pour revenir.

Je serrai tendrement la main d'Ursule qui me répondit par une douce étreinte, car je sentais que j'allais être séparé d'elle. J'avais hésité à lui apprendre les épreuves qui l'attendaient sans doute ; mais comme on ne pouvait faire aucune tentative pour la forcer à épouser Zéphane avant l'arrivée du magistrat, je ne voulus pas l'alarmer inutilement d'avance ; d'ailleurs, je connaissais le caractère ferme et décidé d'Ursule, et je savais que, maintenant qu'elle s'était prononcée si formellement en ma faveur, aucune menace ne pourrait lui arracher son consentement à une union avec un autre.

Notre séparation eut lieu à la porte de la première habitation. Ursule fut confiée à la garde de la femme de Tobit, digne compagne de son brutal mari. Néanmoins aucune violence ne fut exercée envers elle ; on lui laissa même sa liberté ; seulement quelques-unes des femmes ne la perdaient pas de vue un seul instant.

Comme nous avions suivi un nouveau sentier pour revenir, le porte-chaîne ne connut que par moi l'arrestation de sa nièce. Il ne sut même qu'on m'avait repris qu'en me voyant rentrer. Quant à Susquesus, il ne manifestait d'ordinaire ni surprise ni émotion d'aucun genre, quoi qu'il pût arriver.

— Eh bien! Mordaunt, je savais que vous aviez trouvé moyen de vous éclipser, mon garçon; mais je craignais bien que vous n'eussiez de la peine à dérouter ces damnés squatters, s'écria André en venant me serrer vivement la main. Nous voilà donc de nouveau réunis tous les trois; et il est heureux que nous soyons aussi bons amis, car notre cellule n'est ni des plus grandes, ni des plus commodes. Dès que l'Indien eut appris que j'étais seul, il a repris sa parole, et le voilà prisonnier comme nous, quoique, dans un sens, il ait recouvré sa liberté. Vous pouvez maintenant déterrer la hache contre ces squatters quand vous voudrez, — n'est-ce pas, Susquesus?

— Certainement. — La trêve est finie. — Susquesus est prisonnier comme les autres; — il a rendu à Mille-Acres sa parole; — il est libre à présent.

Je compris ce que l'Onondago voulait dire, quoique sa liberté fût assez problématique. Il voulait dire seulement que, étant venu se remettre entre les mains des squatters, il se trouvait dégagé des conditions de sa parole, et qu'il n'était plus astreint à cette neutralité qu'il avait promis de garder. Par bonheur, Jaap s'était échappé; car rien n'indiquait du moins que sa présence eût été remarquée de Mille-Acres ou de ses fils; et il était du plus haut intérêt pour moi qu'il pût rejoindre Frank Malbone. Frank devait être alors à peu de distance avec la force armée. Mais les squatters ne se soumettraient pas aisément; et s'ils voulaient engager une lutte, malgré leur petit nombre elle pouvait être sérieuse. Dans une semblable famille les femmes comptaient aussi bien que les hommes, et souvent elles n'étaient ni les moins intrépides, ni les moins acharnées.

— Dieu seul, Mordaunt, sait ce qui adviendra de tout ceci, répondit le porte-chaîne à une de mes remarques, en allumant tranquillement sa pipe; rien n'est plus incertain que la guerre, comme Susquesus peut vous le dire par une longue expérience, et, au surplus, comme vous le savez vous-même, puisque, tout jeune que vous êtes, vous avez déjà été au feu plus d'une fois. Frank n'en est pas non plus à son coup d'essai, et sans doute il va charger vigoureusement les squatters. C'est à nous de faire tous nos efforts pour être en mesure de le seconder efficacement.

— Mais êtes-vous certain que l'écuyer Newcome, qui est en rapports si intimes avec ces squatters, accordera le mandat d'arrêt qu'il est allé demander ?

— C'est une question que je me suis déjà faite, Mordaunt, et elle est pleine de sens. Je crois que du moins il fera prévenir, sous main, Mille-Acres de ce qui se prépare, et qu'il cherchera à gagner du temps le plus possible. La justice n'a pas toujours de très-bonnes jambes, et il est bien des fripons qui savent la devancer à la course. Néanmoins celui qui a le bon droit de son côté a toujours de grandes chances en sa faveur. C'est ce que j'ai toujours senti depuis mon enfance, et ce que je comprends encore mieux depuis que je suis de retour, et que j'ai Ursule auprès de moi. La chère enfant m'apprend une foule de choses que j'ignorais ; et cela vous réjouirait le cœur de la voir le dimanche seule avec un vieil habitant des bois, simple et ignare, essayant de lui enseigner sa religion, et comment on doit craindre et aimer Dieu.

— Comment, mon vieil ami, Ursule remplit ce pieux devoir, et montre un intérêt si tendre et si éclairé pour votre bonheur à venir ! J'avais déjà pour elle autant de vénération que d'estime, à cause de son dévouement pour vous ; mais j'avoue que cette nouvelle preuve de sa tendresse me touche encore plus que toutes les autres.

— Voyez-vous, mon garçon, Ursule à elle seule vaut mieux que vingt ministres pour faire passer un vieil endurci tel que moi, dont la conscience s'est toute ratatinée dans le commerce du monde, des voies de la perdition dans celles de la paix et du bonheur. Vous le savez, Mordaunt, le métier de porte-chaîne n'est pas celui qui porte le plus à la religion ; car elle n'est guère florissante dans les bois, sans que je puisse dire pourquoi, puisque, ainsi qu'Ursule me l'a expliqué mainte et mainte fois, Dieu est dans les arbres, sur les montagnes, dans les vallées, et que sa voix se fait entendre au milieu des solitudes du désert, tout aussi bien et même mieux que dans les clairières et dans les villes. Mais, enfin, la vie que je menais avant la guerre n'était point une vie religieuse, et la guerre n'est pas une profession où l'on pense, comme on le devrait, à la mort, bien qu'on l'ait, pour ainsi dire, jour et nuit devant les yeux.

— Ainsi donc, à toutes ses autres qualités, Ursule, si bonne, si sincère, si charmante, joint encore ce mérite admirable? Non-seulement elle se distingue par sa piété; mais sa tendre sollicitude s'étend à cet égard sur ceux qu'elle aime?

— On ne connait pas Ursule en un jour, mon ami. Vous ne sauriez croire tout ce que son âme renferme de trésors cachés. Il faut avoir vécu longtemps avec elle pour découvrir tout ce qu'il y a en elle de douceur, d'affection, de vertus et de piété! Vous l'apprendrez quelque jour, Mordaunt!

— Quelque jour? moi qui, déjà, l'aime avec une ardeur que je n'aurais jamais crue possible il y a trois mois; moi qui ne vois qu'elle, ne pense qu'à elle, même dans mes rêves; moi dont elle n'a point rejeté les vœux, quand je lui ai promis solennellement de l'épouser!

Le vieil André fut surpris de la chaleur de cette déclaration; et l'Indien, lui-même, tourna la tête de mon côté d'un air de satisfaction. Entraîné par une impulsion irrésistible, j'avais été trop loin pour ne pas achever.

— Oui, ajoutai-je en saisissant la main du porte-chaine, j'accomplirai le vœu que vous avez si souvent formé. Que de fois ne m'avez-vous pas dit que tout votre désir serait de me voir épouser votre charmante nièce! Eh bien, aujourd'hui je viens vous prendre au mot, et vous dire que mon plus grand bonheur sera de pouvoir vous appeler mon oncle.

A ma grande surprise, le porte-chaîne ne manifesta point de joie. J'avais bien remarqué que, depuis mon arrivée à Ravensnest, il ne m'avait plus ouvert la bouche de son projet favori; et, maintenant que j'étais non-seulement disposé à le satisfaire, mais que c'était même le plus ardent de mes vœux, il montrait plus que de la froideur. Je ne revenais point de mon étonnement, et j'attendis avec inquiétude qu'il s'expliquât.

— Mordaunt! Mordaunt! me dit-il du fond du cœur; voilà une parole que j'aurais voulu ne vous entendre jamais prononcer. Je vous aime, mon garçon, presque autant que j'aime Ursule elle-même ; mais je suis fâché, très-fâché de vous entendre parler de l'épouser !

— Vous m'affligez autant que vous m'étonnez, mon vieil ami. Vous ne désiriez qu'une chose, c'était que je connusse votre nièce, que j'en devinsse amoureux et que j'en fisse ma femme. La connaissance est faite, l'amour est venu, et maintenant vous me refusez sa main, comme si j'en étais indigne !

— Non, mon garçon, non. Vous savez bien que telle ne peut être ma pensée, et que c'est un tout autre motif qui dicte ma conduite. Je ne me souviens que trop que je vous ai tenu le langage que vous dites. Que voulez-vous? j'étais un vieux fou, un vieux radoteur qui ne voyait pas plus loin que le bout de son nez. J'étais alors dans l'armée ; nous étions tous deux capitaines ; j'étais votre ancien ; il me semblait que nous étions égaux, et que c'était un honneur d'épouser ma nièce ; mais, depuis que je suis revenu dans les bois, que j'ai repris ma chaîne, que je travaille pour vivre, que je sens ma misère ; en un mot, que je me vois tel que je suis, tout a bien changé de face. Non, non, Ursule Malbone n'est pas un parti sortable pour le fils du général Littlepage !

— Voilà un langage qui est si contraire à toutes vos idées, à tous vos principes, qu'il ne peut venir de vous, André ; il faut qu'il vous ait été suggéré.

— Je ne m'en défends pas, et c'est Ursule elle-même qui, avec sa gentille manière de s'exprimer, a fait naître ces scrupules.

— Ursule ! Et comment a-t-elle pu supposer que jamais il pourrait être question de mariage entre nous?

— Asseyez-vous là, mon garçon, et je vous conterai toute l'histoire. Susquesus, vous n'avez pas besoin d'aller vous retirer dans un coin, comme si vous n'aviez pas une bonne figure à montrer. Revenez, mon ami, reprenez votre ancienne place à côté de moi, comme vous étiez lorsque l'ennemi nous chargeait hardiment en face ; je n'ai pas de secrets pour vous. — Voici, Mordaunt, le fort et le faible de la chose. A mon retour du camp, la tête encore tout échauffée par les fumées de la gloire, et par le souvenir des épaulettes, je me mis à parler de vous à Ursule, tout comme je vous parlais d'elle. Je lui dis quel beau garçon vous étiez, brave, généreux, honnête, — que le lecteur me pardonne de répéter ce que la partialité du porte-chaîne lui suggérait en ma faveur; — je lui parlai de vos campagnes et de votre esprit, comment vous nous faisiez tous rire, même en marchant au combat, quel père et quel grand-père vous aviez, enfin tout ce qu'un ami dévoué doit dire de son ami, quand ce qu'il dit est vrai, et qu'il parle à une jeune et jolie personne dont il voudrait le voir aimé. Et ces conversations, je ne les ai pas eues une fois, Mordaunt, mais vingt fois et plus, je vous en réponds.

— Je serais curieux de savoir ce qu'Ursule pouvait répondre.

— Ce sont justement ses réponses qui m'ont éclairé. D'abord elle se contentait de rire, ou de prendre de petits airs malins, et elle en était plus gentille encore. Mais enfin, un jour que je revenais à la charge, elle prit son air sérieux et me dit qu'une pauvre orpheline comme elle ne pouvait point songer à une union semblable; que vous aviez des parents qui n'y consentiraient jamais, ou qui du moins ne pourraient qu'avec une grande répugnance voir entrer dans leur famille la nièce d'un porte-chaîne; que ce serait une mésalliance aux yeux du monde, et que le fils et l'héritier du général Littlepage ne pouvait jamais épouser une pauvre fille des bois.

— Et vous avez réfuté toutes ces misérables considérations, mon bon André?

— Ah bien oui! J'aurais voulu vous voir à ma place! Si vous saviez avec quelle grâce elle parlait, comme tout ce qu'elle disait partait du cœur! Vous auriez trouvé comme moi, Mordaunt, qu'il n'y avait rien à répondre.

— Comment, André? est-ce que sérieusement vous me refuseriez Ursule?

— C'est Ursule que cela regarde. Votre position n'est pas changée: elle est toujours la nièce d'un porte-chaîne, et vous le fils d'un général. Parlez-lui: vous verrez ce qu'elle vous dira.

— Je lui ai parlé, et elle ne m'a rien dit de semblable.

— Voilà qui est étrange! Comment, vous n'avez pas été repoussé avec perte?

— Nullement. Que j'aie le consentement de mes parents, et celui d'Ursule ne se fera pas attendre.

— Je n'en reviens pas! Ce que c'est alors que de voir les gens, de leur parler, de chanter, de rire avec eux! Moi, j'ai toujours été garçon, Mordaunt, et j'avoue que je ne suis pas fort pour lire ce qui se passe dans le cœur d'une jeune fille; mais il paraît que quand on a dit blanc, cela n'empêche pas de dire noir ensuite. Mais enfin Ursule n'en a pas moins pour oncle un pauvre porte-chaîne.

— André Coejemans, je vous le jure, on me proposerait d'épouser la fille de Washington lui-même, s'il en avait une, que je préférerais devenir votre neveu. Mais brisons là pour le moment. Voici les squatters qui viennent en masse. Qu'il soit bien entendu seulement qu'Ursule sera ma femme, pourvu que nous puissions la protéger contre ces mécréants.

André me serra la main affectueusement. Il ignorait la conversation que j'avais entendue dans le moulin, et ne partageait pas au même degré mes inquiétudes. Je ne craignais point qu'Ursule cédât à des considérations ordinaires pour devenir la femme de Zéphane; mais on pouvait l'effrayer en se portant devant elle à des menaces contre son oncle et contre moi. Et ces menaces pouvaient finir par être mises à exécution. On se trouve quelquefois entraîné par les circonstances à franchir les limites qu'on s'était imposées de sang-froid, et alors le crime ne s'arrête pas à moitié chemin. Mais la crise approchait, et j'en attendis le dénouement avec le calme dont j'étais capable.

Le soleil était couché et l'obscurité s'était répandue autour de nous, au moment où Tobit et ses frères se présentèrent à la porte de notre prison, et me dirent ainsi qu'au porte-chaîne de les suivre; il ne fut pas question de Susquesus. Nous obéîmes avec empressement; car c'était déjà quelque chose de se trouver en plein air, malgré la surveillance sévère dont nous étions l'objet. Nous marchions l'un et l'autre entre deux hommes armés; mais nous ne pensions qu'au bonheur de toucher au moment où nous entendrions sans doute parler d'Ursule.

Nous pouvions être à mi-chemin entre le magasin et l'habitation de Mille-Acres, quand tout à coup André s'arrêta, et demanda la permission de me dire quelques mots en particulier. Tobit, dans le premier moment, ne savait trop s'il devait accéder à cette demande; mais j'avais déjà pu remarquer qu'on avait des ménagements pour le porte-chaîne, et Tobit finit par consentir à former avec ses frères un grand cercle au centre duquel on me laissa avec mon vieil ami.

— Il faut que je vous communique une idée qui me vient, commença André à voix basse. Malbone ne peut tarder à arriver avec du renfort. Si nous disions à ces gueux-là que nous n'avons pas la tête assez libre ce soir pour une nouvelle conférence, et que nous préférons attendre le matin, peut-être nous reconduiraient-ils à notre prison, et pendant ce temps Frank serait ici?

— Il vaut beaucoup mieux, André, tâcher de prolonger notre conférence, de manière à ce que nous soyons libres ou à peu près, au lieu d'être renfermés dans le magasin, quand Malbone se présentera. Dans la confusion nous pourrons trouver moyen de nous échapper et de rejoindre nos amis.

André inclina la tête en signe d'assentiment, et, à partir de ce moment, il ne parut plus chercher qu'à traîner les choses en longueur.

L'obscurité était si grande que Mille-Acres avait résolu cette fois de siéger dans l'intérieur de la maison, en plaçant une garde suffisante à l'entrée. Il y a peu de variation dans la distribution intérieure d'une chaumière américaine. Deux tiers environ de l'espace sont donnés à la pièce principale où se trouve le foyer, et qui sert à la fois de cuisine et de salon, tandis que le reste du bâtiment est partagé en trois subdivisions : une petite chambre à coucher, un endroit pour le beurre, et la cage de l'escalier ou de l'échelle par laquelle on descend à la cave ou l'on monte au grenier. Le fermier qui prospère ne se contente pas longtemps d'une demeure aussi étroite et aussi modeste; et bientôt la maison à deux étages et à cinq croisées de face succède à l'humble chaumière. Quelques maisons de campagne ont jusqu'à huit et même neuf croisées; mais elles sont rares, et ce sont des résidences privilégiées qui font exception.

Dans la forêt, et surtout dans les parties les plus récemment défrichées de l'État de New-York, les soirées sont généralement froides, même en plein été. Ce soir-là, en particulier, l'air était si piquant qu'il gelait presque, et Prudence avait allumé un grand feu dans l'âtre de la grossière cheminée. C'est à la clarté de ce feu ardent, constamment entretenu par des broussailles sèches qu'on y jetait, que se passèrent les scènes qu'il me reste à raconter.

Nous trouvâmes, en entrant, presque toute la famille rassemblée dans la grande salle que j'ai décrite. La femme de Tobit et une ou deux de ses sœurs étaient absentes; sans doute elles étaient auprès d'Ursule. Laviny, debout près de la cheminée, avait l'air triste et pensive. On ne m'accusera pas de vanité si j'ajoute que, dans ma pensée, la vue d'un jeune homme qui, par ses manières et sa tournure, était si supérieur à ceux au milieu desquels elle passait sa vie, avait produit une certaine impression, je ne dirai pas sur le cœur, mais du moins sur l'imagination de la jeune fille. C'est ce qui expliquait sa conduite antérieure et les attentions qu'elle avait eues pour moi; tandis que le nuage qui couvrait alors son front provenait autant de la scène dont elle avait été témoin entre Ursule et moi près du rocher, que de ce qu'elle me voyait de nouveau prisonnier. L'amitié de Laviny pouvait encore m'être très-utile, et j'avoue que l'idée de l'avoir perdue ne m'était rien moins qu'agréable. Au surplus le temps seul pouvait m'apprendre à quoi m'en tenir à ce sujet.

Mille-Acres eut la politesse de nous faire donner des siéges. En regardant toutes les figures de ce cercle grave et attentif, je ne surpris aucune trace d'hostilité; au contraire, les physionomies étaient plus calmes que lorsque nous avions été renfermés. J'en augurai que mon vieil ami et moi nous allions recevoir des propositions d'une nature assez pacifique. Je ne me trompais pas : les premières paroles qui furent prononcées furent dans ce sens.

— Il est temps, porte-chaîne, commença Mille-Acres en personne, que cette affaire entre nous arrive à une solution. Elle empêche les garçons de se livrer à leur travail, et elle met toute la famille sens dessus dessous. Je suis raisonnable, et jamais je n'ai cherché à embrouiller les choses. Que de différends n'ai-je pas amenés à bonne fin dans ma vie! et je ne suis pas trop vieux pour en faire encore autant. Quand il a suffi de bonnes raisons, tant mieux; quand il a fallu en venir à des arguments plus solides, j'étais encore là; néanmoins tout finissait par s'arranger. Une ou deux fois dans ma vie, j'ai pu être accablé par le nombre, et terrassé par votre maudite justice, comme vous l'appelez; j'étais jeune alors, sans expérience; il a bien fallu filer doux et décamper. Mais l'habitude nous rend parfaits. Je n'ai pas vécu soixante-dix ans sans apprendre qu'il faut saisir l'occasion par les cheveux, et que les affaires demandent à être menées rondement. Je vous ai toujours jugé du même caractère que moi, porte-chaîne, c'est-à-dire un homme raisonnable, expérimenté, et prêt à entrer en accommodement. Je ne vois donc pas grande difficulté à arranger cette affaire à l'instant, afin qu'il n'y ait plus entre nous ni gros mots ni sentiments haineux. Voilà ma manière de voir; est-ce aussi la vôtre?

— Puisque vous me parlez si poliment, Mille-Acres, je suis prêt à vous entendre et à vous répondre sur le même ton, répliqua André dont la figure s'était sensiblement adoucie à ce langage conciliant; il n'y a rien qui convienne mieux à un homme, et surtout à un vieillard, que la modération. Je ne crois pas néanmoins qu'il y ait beaucoup de points de ressemblance entre vous et moi, Mille-Acres, si ce n'est l'âge. Nous sommes l'un et l'autre assez avancés dans la vie pour méditer les grandes vérités qui se trouvent dans la Bible. Voyez-vous, Aaron, c'est un livre qu'on ne lit pas assez, dans les bois. Si je dis cela, ce n'est pas pour me vanter. Si j'en sais quelque chose, c'est à Ursule, ma nièce, que je le dois. C'est qu'elle vous explique tous ces beaux dogmes mieux qu'un révérend. Je voudrais que vous l'entendissiez, vous et Prudence. Rien n'est plus édifiant ni plus profitable. Et tenez, à présent que vous paraissez dans des dispositions convenables, vous en retireriez un grand profit. Il paraît qu'elle n'est pas loin d'ici, et....

— Non, elle n'est pas loin, et je suis charmé que vous ayez prononcé son nom; car j'allais vous en parler moi-même. Je vois que nous avons la même opinion de la jeune personne, et j'espère que grâce à elle nous pourrons nous réconcilier et redevenir bons amis. Je l'ai envoyé chercher; et elle va venir avec la femme de Tobit, qui s'est déjà prise pour elle d'une affection étonnante.

— Voilà qui est étonnant en effet! s'écria le porte-chaîne, qui croyait réellement que la grâce opérait tout à coup dans la famille du squatter, et qu'il se préparait quelque chose dans le genre d'une conversion générale. — Oui, oui, les prodiges arrivent au moment où on les attend le moins; et c'est ce qui les rend si *prodigieux*.

CHAPITRE XXV.

> Oui, Hastings, ceux qui sont dignes de l'amour du pays, ce sont les cœurs généreux et fidèles qui seuls savent comprendre ce que demande la gloire, ou ce qu'approuve la liberté.
>
> AKENSIDE.

Après ce préambule, il y eut une pause pendant laquelle l'assemblée attendit l'arrivée d'Ursule Malbone et de cette geôlière à demi sauvage qui s'était prise d'une si étonnante affection pour elle qu'elle ne la perdait pas de vue un seul instant. Enfin il se fit un mouvement du côté de la porte, le cercle s'ouvrit, et Ursule s'avança au milieu de la salle, le teint animé, mais la démarche ferme et l'air intrépide. D'abord la grande clarté du foyer l'éblouit, et elle passa la main sur ses yeux. M'étant retourné dans ce moment, je rencontrai son regard, et je fus récompensé de toutes mes angoisses par un de ces coups d'œil auxquels la tendresse sait donner une expression si éloquente. Puis aussitôt elle chercha le porte-chaîne qui s'était levé à son approche, et, dès qu'elle l'aperçut, elle se précipita dans ses bras.

Ce mouvement avait été involontaire ; mais il me procura le bonheur de contempler un des plus beaux spectacles qui se puissent voir : la jeunesse, dans tout l'éclat et toute la grâce de la beauté, s'abandonnant aux plus tendres effusions de la tendresse envers un vieillard dont les traits étaient ridés et flétris par la vie la plus laborieuse. Le contraste entre les longues boucles blondes d'Ursule, et les quelques mèches éparses de son oncle ; entre les joues fraîches et roses de la jeune fille, et les traits labourés et brûlés du soleil du porte-chaîne, avait quelque chose de singulièrement touchant. Il proclamait combien doivent être vives ces sympathies de notre nature qui rapprochaient si étroitement deux êtres dont les tendances étaient si opposées sous tous les rapports.

Ursule ne se laissa entraîner ainsi par son cœur qu'un moment. Tout accoutumée qu'elle était à toutes les péripéties d'une existence passée au milieu des bois, c'était la première fois qu'elle comparaissait en présence d'une assemblée pareille ; et je la vis se replier en quelque sorte sur elle-même avec toute la réserve de son sexe, dès qu'en jetant les yeux autour d'elle elle vit en présence de quels êtres étranges elle se trouvait. Néanmoins je ne l'avais jamais vue si charmante, et elle éclipsait complétement Priscilla Bayard et Catherine, quoique celles-ci n'eussent jamais été exposées aux intempéries de l'air, et qu'elles eussent en outre l'avantage de la toilette. Peut-être, au contraire, la vie même qu'Ursule avait menée avait-elle donné à sa beauté ce complément, ce fini qui manque le plus souvent à la jeune Américaine élevée trop délicatement dans le giron de sa mère.

Mille-Acres épiait tous les mouvements d'Ursule avec un intérêt jaloux, mais il ne dit rien pour arrêter l'élan de sa sensibilité. Dès qu'elle se fut arrachée des bras de son oncle, elle prit le siége grossier que j'avais avancé pour elle à côté du porte-chaîne. Je fus payé de cette légère attention par un doux sourire de la part de celle qui en était l'objet, tandis que le vieux squatter fronçait le sourcil ; et je compris qu'il ne serait pas sans danger de laisser trop voir l'intérêt que je prenais à l'être charmant qui était devant moi. Comme il arrive assez souvent dans les réunions composées d'êtres grossiers et sans expérience, l'arrivée d'Ursule fut suivie d'un long et gauche silence. Enfin Aaron prit la parole.

— Nous sommes assemblés, comme je le disais, pour régler tous nos différends, dit-il avec autant de sang-froid et de gravité que s'il n'eût eu aucun reproche à se faire, et qu'il eût véritablement siégé sur un trône de justice; et quand des hommes, assemblés pour un semblable motif, sont animés d'un bon esprit, la conclusion ne peut se faire attendre. Ce qui est juste est juste, voilà mon symbole, porte-chaîne.

— Et il est bon, Mille-Acres, et c'est de la vraie religion, répondit froidement André.

— C'est cela, c'est cela même! et je vois qu'il y aura moyen de s'entendre. Je méprise celui qui est si entêté dans ses opinions qu'il ne veut jamais en démordre d'un pouce. Ne pensez-vous pas comme moi, capitaine André?

— C'est selon. Il y a des opinions qui ne valent pas le diable, et celles-là, on ne saurait s'en débarrasser trop vite. Il en est d'autres, au contraire, qui sont si excellentes qu'il vaut mille fois mieux perdre la vie que d'y renoncer.

Mille-Acres ouvrit de grands yeux en entendant ces paroles. Il ne concevait pas qu'on pût mourir pour un principe. Il était au contraire pour le système des concessions, ainsi que le pratiquent certains personnages, et même quelquefois des États, qui exagèrent souvent leurs prétentions, afin de se faire ensuite un mérite en cédant sur des points qu'ils n'avaient jamais eu sérieusement l'idée de contester. Mais cette disposition du squatter se manifestera suffisamment d'elle-même. Laissons-le s'expliquer.

— Il ne s'agit point de parler de perdre la vie, porte-chaîne, reprit-il, et cette affaire ne saurait avoir des conséquences aussi sanglantes. Que la justice ait ses coudées franches, qu'elle fasse tout ce qu'elle voudra : le squatter en sera toujours quitte pour quelques jours de prison et pour une amende, et il n'y a pas dans cette perspective de quoi tant effrayer un homme qui l'a bravée toute sa vie. Mon principe à moi, c'est de faire ce qui est bien ; peu importe ce qu'en pense la loi ; et c'est sur ce principe que je voudrais asseoir notre transaction.

— Voyons vos conditions, voyons-les! s'écria le porte-chaine avec un peu d'impatience. Des paroles ne sont que des paroles; des actes sont des actes. Si vous avez quelque chose à proposer, parlez; nous écoutons.

— A la bonne heure, voilà comme j'aime à traiter une affaire, et j'entre sur-le-champ en matière. Il y a des droits de deux sortes sur toutes les terres qui existent dans l'univers : d'abord ce que j'appelle le droit du roi, celui qui résulte d'actes, de contrats et de toutes ces inventions infernales; et ensuite celui que constitue la possession. Il est évident que le fait vaut mieux que toutes les écritures du monde; mais enfin je veux bien les mettre tous les deux un moment sur la même ligne, par esprit d'accommodement, car je suis très-accommodant, et je veux éviter tout ce qui pourrait échauffer la bile.— Nous ne voulons tous que la paix et l'harmonie, n'est-ce pas, garçons?

Un murmure d'approbation se fit entendre dans la plus grande partie de l'assemblée, quoique une faible minorité protestât par son silence contre ces dispositions trop pacifiques.

— Oui, voilà mes principes, reprit Mille-Acres en avalant une longue gorgée de cidre, et en passant ensuite poliment la cruche au porte-chaîne. Eh bien! en partant de là, le général Littlepage et son associé représentent les écrits, et moi et les miens nous représentons le fait. Je ne me prononce ni dans un sens, ni dans l'autre; j'expose les choses telles qu'elles sont. Maintenant il s'élève des difficultés entre nous; il faut y mettre un terme. Vous, porte-chaîne, qui êtes l'ami d'un des deux ordres de propriétaires, voyons, que proposez-vous?

— Je n'ai rien à proposer, puisque je ne suis qu'un porte-chaîne, chargé de mesurer les terres et de les diviser en plusieurs lots. Mais voici le fils unique du général Littlepage; il a sa procuration.....

— Ah! oui, ce procureur qui n'en est pas un! interrompit Mille-Acres avec une certaine aigreur qui n'était pas trop d'accord avec son humeur si conciliante; il l'est ou il ne l'est pas. Sachons donc une bonne fois à quoi nous en tenir; car Mille-Acres aimerait mieux voir sa clairière couverte de serpents à sonnettes que d'y souffrir un seul procureur!

— Calmez-vous; il ne l'est pas dans le sens que vous supposez; c'est un brave jeune homme qui a servi comme moi, vieux squatter, et qui s'est battu courageusement pour la liberté.

— Eh bien! s'il aime tant la liberté, qu'il laisse donc aussi les autres libres. La liberté, suivant moi, c'est le droit d'avoir autant de terres qu'on en a besoin. Si son père et lui sont de véritables amis de la liberté, qu'ils le prouvent en abandonnant toutes prétentions sur des terres qui ne leur sont pas nécessaires. Voilà ma liberté à moi, et en même temps ma religion!

— Pourquoi être si modéré, Mille-Acres? Pourquoi ne pas dire tout de suite que tout homme a droit à tout ce qui lui manque? Il ne faut pas faire les choses à demi, et il vaut mieux faire la mesure bonne pendant que vous avez la boussole et la chaîne à la main. Si la liberté est de prendre les terres d'un autre, ce doit être aussi de lui prendre sa bourse.

— Vous allez trop loin, porte-chaîne, dit Mille-Acres avec un degré de modération de nature à confondre les ennemis de ses principes. L'argent est ce qu'un homme gagne par lui-même, et il est en droit de le conserver, sans qu'on ait rien à dire. Mais la terre est nécessaire; chaque homme a droit d'en avoir juste ce qu'il lui faut. Jamais, par exemple, je ne lui en donnerais un pouce de plus.

— Mais avec de l'argent on achète des terres, et prendre de l'argent c'est se procurer les moyens d'avoir la terre dont on a besoin. Il en faut si peu pour cela dans ce pays où la terre est si abondante! Non, Mille-Acres, non; vous avez tort. Vous devriez commencer par prendre votre bonne part des dollars; c'est beaucoup plus simple. Les dollars sont dans la poche; ils en sortent à tous moments; au lieu que la terre n'est pas quelque chose qui puisse se transporter; elle reste là où elle est, et il y a des individus qui aiment leurs rochers, leurs arbres, leurs champs, surtout lorsque ces biens sont depuis longtemps dans la famille.

— Qui veut rester ami avec moi ne doit rien dire contre les squatters! dit Mille-Acres dont le front s'était contracté, et qui commençait à perdre patience. Tout ceci n'est que du verbiage, et je veux en venir au fait. Vous voyez bien cette clairière et les bois qui sont préparés pour la vente. Que j'aie le temps de m'en défaire ; que je puisse disposer des arbres qui sont abattus ; je promets de ne pas en abattre de nouveau, et l'on me reprendra à un prix raisonnable les constructions que j'ai pu faire.

— Mordaunt, c'est vous que cette proposition regarde. Moi, je n'ai qu'à mesurer la clairière, et je le ferai dès que je serai arrivé à cette partie de la concession, quoi qu'il doive m'arriver.

— Mesurer cette clairière ! s'écria Tobit de sa voix gutturale et d'un air menaçant. Non, non, porte-chaîne ; il n'y a point d'homme dans la forêt qui puisse jamais se vanter d'avoir étendu sa chaîne ici.

— Vous vous trompez, mon garçon ; cet homme existe, et il s'appelle André Coejemans, ou, si vous aimez mieux, le porte-chaîne ; et rien ne l'empêchera jamais de faire son devoir, répondit mon vieil ami avec calme.

La figure de Mille-Acres s'était encore rembrunie. Cependant il se ravisa, et, se tournant vers Tobit :

— Laissez-nous, mon fils, lui dit-il, régler cette affaire entre nous. Les années refroidissent le sang, et laissent à la raison le temps de mûrir. Je conçois, porte-chaîne, que, si l'on vous portait le défi de mesurer cette clairière, vous voudriez alors l'entreprendre, en dépit de tous les obstacles. Mais personne n'a l'intention de vous molester à cet égard. Mesurez tant que vous voudrez ; c'est une besogne qui pourra nous servir à nous-mêmes pour nos arrangements ultérieurs. Mais j'ai fait une proposition, et l'on n'y a pas répondu.

— C'est moi que ce soin regarde, dis-je alors, jugeant à propos d'intervenir pour donner à Malbone le temps d'arriver ; mais je regrette d'avoir à dire que je ne suis nullement autorisé à faire de pareilles concessions. Et d'ailleurs je les ferais, que, dans l'état de contrainte où je me trouve aujourd'hui, elles seraient nulles, de toute nullité.

— En voilà bien d'une autre ! s'écria le squatter ; et je n'entends plus rien à tous les caprices de votre loi, qui tantôt veut un écrit, tantôt n'en tient aucun compte ! — Tenez, porte-chaîne, ajouta-t-il d'un ton d'impatience, il n'y a pas moyen de parler d'affaires avec ce jeune citadin. Il a toujours vécu dans les plaines, il a les principes, il a le langage des plaines, et moi je n'y entends rien. Vous êtes des bois, vous, lui de la plaine, moi de la clairière; la clairière et les bois se donnent la main; nous nous entendrons mieux ensemble. Voyons, André, êtes-vous disposé à entrer en accommodement, oui ou non?

— Oui, pour tout ce qui est juste et raisonnable, mais pas autrement.

— Voilà ce que j'appelle parler, et nous sommes du même avis. Écoutez-moi donc bien. Vous êtes garçon, porte-chaîne; mais je ne crois pas que ce soit par aversion pour le mariage. Non, c'est tout simplement parce que vous n'avez pas trouvé de fille qui vous convînt, ou bien à cause de la vie errante qu'il vous faut mener par suite de votre profession, quoique les squatters soient dans le même cas après tout.

Je vis sur-le-champ où il voulait en venir, en virant ainsi de bord, et en mettant sur le tapis une question de mariage. Le porte-chaîne, qui ne soupçonnait rien, ne manifesta que de la surprise. Pour moi, j'éprouvais une véritable angoisse. Ursule écoutait avec intérêt, mais sans soupçonner le moins du monde le coup terrible qui se méditait contre elle. André ne répondant rien, Mille-Acres continua :

— Il est tout naturel de penser au mariage en présence de toute cette jeunesse, n'est-ce pas, porte-chaîne? dit-il tout joyeux de sa malice. Vous le voyez, il y a ici des tas de garçons et de jeunes filles, et je suis tout aussi disposé à procurer des femmes et des maris à mes voisins qu'à vivre en bonne intelligence avec eux. Tout pour la paix et pour les bonnes relations de voisinage, voilà ma religion.

Le vieil André avait beau se creuser la tête, passer la main sur ses yeux comme pour s'éclaircir le jugement, il n'y était point du tout.

— Je ne vous comprends pas, Mille-Acres, dit-il enfin. Est-ce que votre intention serait de me proposer une de ces belles filles en mariage?

A cette supposition, le squatter éclata de rire et sa gaieté fut partagée par tous les assistants. A nous voir dans ce moment, on aurait cru que la meilleure harmonie régnait parmi nous.

— De tout mon cœur, porte-chaîne, si vous pouvez en décider une à vouloir de vous! s'écria Mille-Acres avec un empressement enjoué; avec un pareil gendre, qui sait si je ne prendrais pas goût à la chaîne, et si je ne ferais pas mesurer ma clairière, comme tous les grands fermiers qui aiment à ce que leurs limites soient bien établies? Tenez, voilà Laviny qui n'est pas encore pourvue. Elle vous conviendrait assez, si tel est son goût.

— Ce n'est pas son goût, et ce ne le sera jamais, répondit la jeune fille avec un petit ton irrité.

— Ah! il paraît alors, porte-chaîne, que nous n'aurons pas de noces cette fois-ci. Il est vrai qu'à soixante-dix ans, il est un peu tard pour se marier pour la première fois, quoique j'aie vu des veufs se remarier lorsqu'ils avaient quatre-vingt-dix ans sonnés. Quand un homme a pris une femme étant jeune, il a le droit d'en prendre une autre dans sa vieillesse.

— Pourquoi pas à cent ans? s'écria Prudence avec aigreur. Voyez ces hommes! ils prendront de nouvelles femmes tant qu'il leur restera un souffle pour les demander! Vous entendez, mes filles! on ne vous pleurera pas longtemps, une fois que vous serez mortes et enterrées!

Cette brusque repartie n'était sans doute pas quelque chose de très-rare dans la famille, car personne ne parut y faire grande attention. Mille-Acres reprit le cours de ses idées, comme si de rien n'était.

— A vous parler franchement, porte-chaîne, je pensais moins à vous trouver une femme qu'à en procurer une à un de mes fils. Tenez, voilà Zéphane, par exemple; c'est un honnête garçon, actif, laborieux, infatigable, comme on n'en trouverait pas un autre dans le pays. Il est en âge de se marier, et je lui répète tous les jours qu'il faut y songer sérieusement; que le mariage est, après tout, l'état par excellence. Vous êtes étonné de m'entendre parler ainsi, parce que vous voyez la vieille Prudence telle qu'elle est aujourd'hui. Et pourtant rien n'est plus vrai, et je parle par expérience. Un petit mariage pourrait nous mettre vite d'accord, porte-chaîne.

— Je ne vois pas ce que vous voulez dire, Mille-Acres; je ne puis pas épouser votre fils Zéphane, peut-être?

— Non, non, je ne vous demande pas cela, mon vieil André. Ce que je vous ai dit, et ce que je vous répéterai encore, c'est que je me sens d'humeur accommodante, et je vais vous en donner une preuve. J'ai mon fils Zéphane, qui cherche une femme; et mes garçons, c'est comme mes bois qui sont recherchés sur tous les marchés; on n'en rencontrerait pas de meilleurs. Vous avez, vous, une nièce que voilà, Ursule Malbone, comme je crois qu'on la nomme; — et on dirait qu'ils sont faits l'un pour l'autre. Ce n'est pas la première fois qu'ils se voient; ils se connaissent déjà, et cela aplanira bien des choses. Voici maintenant ce que j'offre, ni plus ni moins. J'enverrai chercher un magistrat à mes frais, et dès qu'il sera venu, nous marierons les jeunes gens, et voilà la paix scellée à tout jamais entre nous deux. Il ne sera pas difficile de s'entendre ensuite avec les propriétaires par écrit du sol, puisque vous êtes si bons amis ensemble qu'on pourrait vous croire de la même famille. Si le général Littlepage y tient, je prendrai l'engagement pour moi et pour les miens de ne jamais nous établir sur des terres qu'il pourrait lui prendre fantaisie de réclamer à quelque titre que ce fût.

Je vis clairement que d'abord le porte-chaîne, et même Ursule, quoiqu'elle connût les prétentions extravagantes de Zéphane, n'avaient pas bien compris ce que le squatter avait voulu dire. Mais quand Mille-Acres parla d'envoyer chercher un magistrat, et de marier les jeunes gens à l'instant même, toute équivoque devenait impossible; et au premier mouvement de surprise succéda bientôt dans l'esprit d'André un sentiment de fierté blessée, tel que je ne lui en avais jamais vu éprouver. Il fut quelque temps avant de pouvoir parler, et quand il le fit, ce fut avec une dignité et une austérité de langage à laquelle je ne me serais pas attendu. La pensée de voir Ursule sacrifiée à un être tel que Zéphane, à une famille comme celle du squatter, révoltait toutes ses idées et brisa un moment son courage. Mille-Acres et les siens, au contraire, ne voyaient rien que de très-naturel dans cette proposition. Les gens de leur espèce ne mesurent guère que par l'argent les distances sociales. Il est rare qu'ils fassent entrer en ligne de compte l'éducation, les principes, les qualités de l'âme et de l'esprit; aussi n'était-il pas étonnant qu'à leurs yeux le jeune squatter parut un parti sortable pour la nièce d'un porte-chaîne.

— Je commence à vous comprendre, Mille-Acres, dit André en se levant de son siége, et en se portant machinalement du côté de sa nièce comme pour la protéger ; — oui, quoique tant d'audace ait lieu d'étonner, vous voulez qu'Ursule Malbone épouse Zéphane, Mille-Acres, afin de plâtrer ainsi un raccommodement avec le général Littlepage et le colonel Follock, et d'obtenir une amnistie pour tous les brigandages que vous avez commis...

— Prenez garde, vieillard ! mesurez mieux vos termes.

— Je n'ai rien à mesurer, et écoutez-moi avant de répondre. Sans avoir été marié moi-même, je sais quelles sont les formes qu'on doit observer, et je vous remercie du désir que vous exprimez de contracter alliance avec nous. Ce devoir rempli, je vous déclare que jamais ma nièce n'épousera votre fils.

— Que ne laissez-vous la jeune fille répondre elle-même ? cria Mille-Acres d'une voix retentissante ; car il commençait à être agité d'une fureur qui avait besoin de s'exhaler. Zéphane n'est pas un garçon qui soit à dédaigner, et elle pourrait aller loin sans trouver qui le vaille. C'est moi qui vous le dis, quoique je sois son père ; mais, dans mon amour de la paix, je passe sur beaucoup de considérations.

— Zéphane est le meilleur des fils, ajouta Prudence avec un sentiment d'orgueil tout maternel, la nature exerçant sur elle tous ses droits aussi bien que sur la femme du monde la plus cultivée ; — et qu'on vive dans les bois, ou même dans la plaine, je ne sache aucune fille qui ne doive être fière de lui donner sa main.

— Vantez votre marchandise, faites valoir votre garçon, si cela peut vous faire plaisir, répondit le porte-chaîne avec un calme que je savais être le précurseur de quelque résolution désespérée ; — vous êtes dans votre droit ; mais cette enfant m'a été laissée par une sœur unique à son lit de mort, et, Dieu aidant, je ne trahirai point mon devoir. Jamais elle n'épousera un fils de Mille-Acres, un squatter, — jamais elle n'épousera qu'un homme dont le genre de vie, les sentiments et les principes soient en harmonie avec les siens !

Des clameurs confuses, excitées par un sentiment d'orgueil

blessé, s'élevèrent au milieu de cette réunion grossière ; mais la voix retentissante de Mille-Acres domina le tumulte.

— Prenez garde, porte-chaîne, ne nous poussez pas à bout ! La patience a un terme !

— Je n'ai besoin ni de vous, ni des vôtres, Mille-Acres, répondit paisiblement le vieillard en passant un bras autour de la taille d'Ursule qui se serrait contre lui, les joues en feu, et le regard brillant d'une ardeur qui indiquait qu'elle était toute prête à seconder les efforts de son oncle. — Vous ne m'êtes rien, et je vous laisse ici à vos méchantes actions, et à vos mauvaises pensées. Arrière, je vous l'ordonne ! n'entreprenez pas d'arrêter un frère qui veut sauver la fille de sa sœur. Arrière, vous dis-je ; car je ne veux pas rester ici plus longtemps. Dans une heure ou deux, misérable, vous comprendrez toute la folie de votre conduite, et vous en serez au regret de n'avoir pas vécu en honnête homme.

Dans ce moment le tumulte devint tel qu'il était impossible de distinguer aucune parole. Mille-Acres beuglait comme un taureau enragé, et bientôt sa voix devint rauque à force de proférer des menaces et des malédictions. Tous les jeunes squatters semblaient violemment agités, et ils se portèrent du côté de la porte ; tandis que le porte-chaîne, tenant Ursule étroitement embrassée, s'avançait lentement du même côté, faisant signe à la foule de lui ouvrir un passage, avec un air d'autorité dont je commençai à bien augurer. Au milieu de cette scène de confusion, un coup de feu partit, et je vis tomber le vieil André Coejemans.

LE PORTE-CHAPE.

CHAPITRE XXVI.

> Ombres de la nuit, répandez sur toute la nature le silence solennel qui convient à ce moment lugubre! Redoublez vos terreurs pour honorer la mort qui approche. Inspirez, à travers cette profonde obscurité, la pensée sérieuse, la crainte salutaire, ces deux gardiennes les plus convenables d'un tombeau!
>
> MALLET.

C'est une loi de notre nature que l'excès même de la passion suffise pour la calmer. On s'abandonne à toute sa fureur, jusqu'à ce que quelque acte monstrueux auquel elle a entraîné se dresse tout à coup devant le coupable pour lui montrer son aveuglement et le rendre à son bon sens. Le crime supplée à la raison, arrête la main, calme le ressentiment et éveille la conscience.

Ce fut ce qui arriva aux squatters de Mooseridge. Un silence si profond succéda à la détonation, que j'entendis la respiration étouffée d'Ursule qui, debout près du corps de son oncle, semblait pétrifiée, tant le coup avait été rapide et imprévu. Personne ne parla, personne ne tenta de sortir; pas un mouvement même ne fut fait. Jamais on ne sut positivement qui avait tiré le coup. Les premiers soupçons étaient tombés sur Tobit, plus à cause de son caractère farouche que d'aucune circonstance particulière. Plus tard, j'inclinai à croire que Mille-Acres était le coupable; mais c'était une simple conjecture qui ne reposait sur aucune preuve. La famille des squatters ne se trahit pas; ils semblaient résolus à être sauvés ou à périr tous ensemble.

Mon premier mouvement, dès que je pus rassembler mes esprits, fut de saisir Ursule par le bras et de me frayer avec elle un passage à travers la foule. Si j'avais persévéré dans cette résolution, sans doute nous aurions réussi à nous échapper, tant était profonde l'impression produite, même sur ces cœurs endurcis, par cet acte de violence imprévu. Mais Ursule ne pouvait point penser à elle dans un pareil moment. Un instant sa tête retomba sur mon épaule, et, la serrant contre mon cœur, je lui dis tout bas qu'il fallait se hâter de fuir. Mais, relevant aussitôt la tête, elle se dégagea doucement de mes bras et tomba à genoux à côté de son oncle.

— Il respire! dit-elle d'une voix entrecoupée; Dieu soit loué! il respire encore. La blessure n'aura peut-être pas des suites aussi funestes que nous l'avions craint d'abord. Prodiguons-lui nos secours.

Ce fut alors qu'Ursule Malbone montra toute la décision et toute l'énergie de son caractère. Se levant promptement, elle se tourna vers le groupe de squatters qui l'observaient en silence, et fit un pressant appel aux sentiments d'humanité qui pouvaient encore se trouver dans leurs cœurs. Mille-Acres était au premier rang, jetant un regard sombre sur le corps inanimé devant lequel se tenait Ursule, pâle, défaite, mais toujours calme et maîtresse d'elle-même.

— Est-il quelqu'un parmi vous d'assez dur, d'assez insensible pour ne pas aider une pauvre fille à soigner celui qui lui a toujours tenu lieu de père? dit-elle avec une chaleur et avec une dignité de maintien qui me remplirent d'admiration, et qui produisirent un effet visible sur ceux qui l'entouraient. Aidez-moi à le soulever et à le porter sur un lit, pour que le major Littlepage puisse examiner sa blessure. Vous ne me refuserez pas cette consolation, Mille-Acres; car vous ne savez pas si bientôt vous aussi vous n'aurez pas besoin d'appui.

Zéphane, qui certes n'avait trempé en rien dans le meurtre du porte-chaîne, s'avança alors; et avec son aide et celui de Laviny et d'Ursule, je plaçai le corps inanimé sur le lit de Prudence, qui était dans la pièce principale. Les squatters parurent tenir conseil entre eux pendant ce temps; puis ils disparurent l'un après l'autre, et il ne resta dans la maison que Mille-Acres, sa femme et Laviny. Celle-ci cherchait à seconder Ursule de tout son pouvoir et montrait l'empressement le plus dévoué. Le père, dans un morne silence, s'assit à un coin du feu, tandis que Prudence se mettait de l'autre. Le squatter semblait peser toutes les conséquences de sa conduite; sa figure était sombre; il nourrissait son ressentiment de tous les prétendus griefs qu'il prétendait avoir à faire valoir, et il méditait ses projets pour l'avenir. Rien, du reste, ne manifestait en lui une émotion extraordinaire ; il se possédait complétement. Prudence, au contraire, était dans une agitation excessive ; elle ne disait rien, mais on voyait qu'elle était saisie d'un tremblement nerveux ; et parfois un gémissement mal contenu s'échappait de sa poitrine oppressée.

J'avais souvent vu des blessures produites par des balles de fusil, et j'avais une expérience suffisante pour juger si elles devaient être mortelles. Dès que j'eus jeté un coup d'œil sur celle du porte-chaine, je ne pus conserver de doute. La balle avait traversé deux côtes, de haut en bas, et les organes de la vie avaient évidemment été attaqués. Le premier effet de la blessure avait été d'ôter la connaissance à notre ami ; cependant, dès que nous l'eûmes placé sur le lit et que nous lui eûmes humecté les lèvres, il revint à lui, et il ne tarda pas à pouvoir parler, mais la mort n'en tenait pas moins sa proie, et il était évident pour moi que ses heures étaient comptées.

— Merci, Mordaunt, merci de tous vos bons soins, mon ami, me dit-il. Ces squatters m'ont tué, mais je leur pardonne. Ce sont des êtres ignorants, égoïstes, grossiers, et je les ai piqués trop au vif. Comment aussi supporter de sang-froid qu'on veuille faire entrer Ursule dans une semblable famille ?

Comme Zéphane était dans la salle, bien que dans ce moment il ne fût pas auprès du lit, il me tardait de changer le cours des idées du vieillard, et je l'interrogeai sur la nature de sa blessure, sachant bien qu'il avait vu trop de soldats dans une position analogue pour ne pas savoir à quoi s'en tenir sur son état.

— Je suis tué, Mordaunt, répondit-il d'une voix plus ferme ; c'est un point hors de doute. La balle m'a traversé les côtes ; la vie a été attaquée dans son principe ; c'est une affaire faite. Mais peu importe ; j'ai fait mon temps, puisque j'ai mes soixante-dix ans. Quoiqu'on dise que les vieillards tiennent quelquefois plus encore à la vie que les jeunes gens, ce n'est pas moi, mon garçon ; et je suis tout prêt à me mettre en marche, dès que le grand mot du commandement me sera donné. Ce que je regrette, mon garçon, c'est que l'arpentage de la concession ne soit pas entièrement terminé. Du moins je n'ai été payé d'aucun travail qui ne soit pas fait, et c'est une grande consolation pour moi de penser que je ne mourrai pas votre débiteur, — je parle seulement en fait d'argent; car je vous dois beaucoup à vous, et à mon bon ami le général, pour toutes les marques de bonté que vous m'avez toujours prodiguées.

— Ne parlons point de cela, mon bon André. Je sais que mon père donnerait de grand cœur la meilleure de ses propriétés, pour que vous fussiez sur pied, robuste et bien portant, comme vous étiez il n'y a que vingt minutes.

— Eh bien! je le crois, mon garçon; car j'ai toujours trouvé le général plein de soins et d'attentions pour moi. Il faut, Mordaunt, que je vous apprenne un secret que je n'ai encore révélé à âme qui vive, mais qu'il est inutile de garder plus longtemps, et que j'aurais été disposé à vous apprendre bien plus tôt, si le général ne s'y était pas opposé.

— Vous vous fatiguez, mon ami, remettez cette confidence à un autre moment. Tâchez de dormir; un peu de repos vous ferait grand bien.

— Non, non, mon garçon, le sommeil et moi nous n'aurons plus rien à démêler ensemble, avant que je fasse mon grand somme! Je sens trop bien que ma blessure est mortelle, et que mon heure viendra bientôt. Néanmoins, je n'ai aucune peine à parler, et de vrais amis ne doivent pas se quitter pour si longtemps sans se dire un mot d'adieux. C'est d'ailleurs de votre père que j'ai à vous parler, et j'ai besoin de me décharger un peu le cœur, voyez-vous; cela me fera du bien. Vous savez que je n'ai jamais entendu grand' chose à l'arithmétique, et je ne sais vraiment pas pourquoi; car mon grand-père était un calculateur des plus distingués; mais, quoi qu'il en soit, je n'ai jamais pu me débrouiller avec les chiffres ni avec les figures; et le secret que je dois enfin vous apprendre, Mordaunt, c'est que, sans votre père, je n'aurais pu conserver six semaines mon brevet de capitaine. Voyant qu'il m'était impossible de sortir de mes comptes, il m'offrit de tenir pour moi les écritures de la compagnie, et, pendant sept longues années et plus que nous fûmes ensemble, il n'y manqua pas un seul jour. Et c'est que ces écritures-là faisaient l'admiration de tous ceux qui les voyaient; on ne pouvait concevoir qu'un vieux singe de Hollandais comme moi en pût faire autant ! Je ne reverrai jamais le général, mais je vous prie de lui dire que jusqu'au dernier moment j'ai conservé le souvenir de ses bontés.

— Je ferai ce que vous voudrez, André ; mais il est impossible que cela ne vous fatigue pas de parler ainsi.

— Du tout, mon garçon, du tout. Cela fait du bien au corps de décharger l'âme de ses obligations. Cependant comme je vois qu'Ursule se tourmente, je vais fermer les yeux, et jeter un peu un coup d'œil dans mon intérieur ; car il se peut que j'aie encore quelques heures à vivre.

Il était affreux d'entendre un homme que j'aimais tant parler avec une telle assurance de sa fin prochaine. Ursule, malgré les vives angoisses que ne pouvait manquer de lui causer un pareil langage, conservait à l'extérieur un calme qui eût trompé quelqu'un qui l'aurait moins connue. Elle me fit signe de m'éloigner du chevet du lit, dans l'espoir que son oncle pourrait s'endormir, et elle s'assit elle-même en silence sur un siège, à portée de lui donner ses soins. Quant à moi, je me décidai à aller examiner l'aspect des choses au dehors, afin de mieux juger de la ligne de conduite que je devais tenir, dans les nouvelles et si graves circonstances où je me trouvais placé.

Il y avait près d'une heure que le crime avait été commis, et Mille-Acres et sa femme étaient toujours assis aux deux coins de la cheminée, dans la même position : le vieux squatter, l'air sombre et lugubre, ce qui pouvait être regardé comme de mauvais augure chez un homme d'un caractère aussi altier et de principes aussi relâchés ; Prudence, toujours agitée du même tremblement nerveux, ce qui semblait du moins annoncer qu'elle éprouvait quelque repentir de ce qui s'était passé. A la porte même, je ne trouvai personne ; seulement, à peu de distance, deux ou trois jeunes gens parlaient entre eux à voix basse. Évidemment ils avaient l'œil sur ce qui se passait dans l'intérieur du bâtiment. Cependant aucun d'eux ne m'adressa la parole, et je commençai à croire que le crime qui avait été commis avait eu du moins ce résultat qu'on ne songeait plus à se porter envers nous à d'autres actes de violence, et que j'étais libre d'agir comme il me plairait. Tout à coup je me sentis tiré par la manche, et je vis Laviny qui, cachée dans l'ombre de la maison, cherchait à attirer mon attention. Elle était sortie depuis quelque temps, sans doute pour écouter ce qui se disait.

— Ne songez pas à vous aventurer loin de la maison, murmura-t-elle à mon oreille. Le malin esprit a pris possession de Tobit, et il vient de jurer que le même tombeau vous renfermerait, vous, le porte-chaîne et Ursule. — « La tombe ne parle point, » dit-il. Je ne lui ai jamais vu l'air aussi farouche qu'aujourd'hui, quoiqu'il ne soit rien moins qu'endurant, une fois qu'il est en colère.

La jeune fille passa rapidement devant moi, dès qu'elle m'eut jeté ces mots à la hâte ; et, l'instant d'après, elle était à côté d'Ursule, prête à l'aider dans les soins que pourrait réclamer le blessé. Je vis qu'on n'avait pas fait attention à son absence, et je me mis alors à examiner ma position avec plus de soin. La nuit était complète, et l'on ne se serait pas reconnu à vingt pas. Je me croyais certain que le groupe de jeunes gens que j'avais vu contenait le formidable Tobit ; mais je ne pouvais m'en assurer sans m'approcher davantage ; ce que je n'étais nullement tenté de faire, attendu que je n'avais nulle envie de parler pour le moment à personne de la famille. Si les squatters avaient pu lire dans mon cœur, ils n'auraient eu aucune inquiétude que je songeasse à m'échapper ; car, sans parler d'Ursule, dont pour rien au monde je ne me serais éloigné, jamais je n'aurais pu abandonner le porte-chaîne à ses derniers moments.

C'était naturellement près de la maison que les ténèbres étaient le plus épaisses ; et je me glissai le long du mur, jusqu'à l'extrémité du bâtiment, persuadé que personne ne m'observait. Mais j'acquis l'assurance que mes mouvements étaient surveillés ; car un des jeunes squatters me cria de ne point m'éloigner hors de vue, sous peine de la vie. C'était assez clair, et il en résulta un court dialogue entre nous, dans lequel je déclarai que j'étais décidé à ne point abandonner mes amis ; que le porte-chaîne ne passerait sans doute pas la nuit ; et que, pour moi, je ne craignais rien ; — j'avais la tête en feu ; je n'étais sorti un moment que pour prendre l'air ; s'ils n'y mettaient point obstacle, je me promènerais en long et en large pendant quelques minutes, m'engageant à ne faire aucune tentative d'évasion. Cette explication sembla satisfaire mon gardien, et on me laissa continuer ma promenade.

J'allais de la maison au groupe des squatters, et, à chaque tour, je regardais, par la porte, Ursule qui était toujours assise, immobile et silencieuse, au chevet du lit de son oncle. Je m'apercevais que les jeunes gens suspendaient leur entretien à mon approche; et insensiblement j'étendis le cercle de mes excursions, et je m'éloignai jusqu'à cinquante pas, d'abord d'un côté, et ensuite de l'autre, du groupe, qui se trouvait ainsi au centre de ma promenade. Aller plus loin, c'eût été éveiller les soupçons, et donner à croire que je cherchais à manquer à ma parole.

Je pouvais avoir fait ainsi huit à dix tours, quand j'entendis, près de moi, un léger sifflement, à l'extrémité d'une de mes courtes excursions. Il y avait là un tronc d'arbre, et c'est du pied que le son semblait sortir. D'abord, je m'imaginai que j'avais empiété sur le domaine de quelque serpent; quoique les animaux de ce genre, capables de proférer de pareilles menaces, fussent même alors très-rares parmi nous. Mais mon incertitude fut bientôt dissipée.

— Pourquoi ne pas vous arrêter à cet arbre? dit Susquesus, assez bas pour qu'on ne pût l'entendre à dix pas de distance. — J'ai quelque chose à dire que vous aimerez à entendre.

— Attendez que j'aie fait encore un ou deux tours; je reviendrai dans un moment, répondis-je avec précaution.

Je continuai ma marche; et, arrivé à l'autre extrémité, je restai appuyé contre un arbre pendant une ou deux minutes; puis je revins sur mes pas en passant encore devant les squatters. Je recommençai trois fois, m'arrêtant à chaque tour, comme pour me reposer ou réfléchir, et ayant toujours soin que la dernière pause fût plus longue que celle qui l'avait précédée. Enfin je m'arrêtai contre le tronc même qui cachait l'Indien.

— Comment vous trouvez-vous ici, Susquesus? demandai-je; est-ce que vous êtes armé?

— Oui, j'ai une bonne carabine; celle du porte-chaine. Il n'en a plus besoin, hein?

— Vous savez donc ce qui est arrivé? Oui, il est blessé mortellement.

— C'est mal! il faut une chevelure pour payer cela! Un vieil ami! un excellent ami! Il faut toujours tuer un meurtrier.

— Chassez de pareilles pensées! Mais comment êtes-vous ici, et armé?

— Jaap a brisé la porte. Le nègre est fort; il fait ce qu'il veut. Il m'a apporté une carabine. Que n'est-il venu plus tôt! le porte-chaîne n'aurait pas été tué. Nous verrons!

Je crus prudent de me remettre en marche dès que ces paroles eurent été prononcées, et je fis un tour ou deux avant de m'arrêter de nouveau. Je comprenais alors ce qui s'était passé. Jaap était sorti de la forêt, il avait enfoncé la porte de la prison de l'Onondago, lui avait donné des armes, et ils s'étaient mis à errer dans les ténèbres, épiant le moment de frapper un coup, ou d'entrer en communication avec moi. J'ignorais comment ils avaient pu apprendre qu'on avait tiré sur le porte-chaîne. Susquesus avait dû entendre la détonation; et un Indien, par une nuit pareille, sait vite découvrir ce qu'il lui importe de savoir.

J'éprouvai alors une sorte de vertige, tant ces faits s'étaient accumulés rapidement, et je ne savais à quel parti m'arrêter. Pour me donner le temps de la réflexion, je m'arrêtai un moment devant le tronc d'arbre, et je priai, à voix basse, l'Onondago de rester où il était jusqu'à nouvel ordre. Un « bon! » expressif fut sa réponse, et je le vis qui s'accroupissait encore davantage dans sa tanière, comme quelque animal des forêts qui comprime son impatience, afin que, au moment fatal, son élan n'en soit que plus sûr et plus redoutable.

Mon premier soin fut d'observer de nouveau ce qui se passait dans l'intérieur de l'habitation. L'attitude de ceux que j'y avais laissés était toujours la même. Seulement le feu s'était à peu près éteint, personne n'ayant songé à l'alimenter, et Laviny avait allumé une misérable chandelle, qu'elle avait placée de manière à ne point incommoder le blessé, mais dont la clarté rougeâtre jetait un singulier reflet sur la figure sinistre des deux époux. Ursule était restée presque immobile au chevet du lit. Tout à coup je la vis se laisser couler à genoux, cacher sa tête dans la couverture, et rester absorbée dans la prière. A cette vue, Prudence tressaillit, elle se leva comme pour rendre hommage à cette action touchante, montrant ainsi que tout sentiment de religion n'était pas éteint dans son cœur.

Dans ce moment je reconnus la voix de Tobit, qui s'avançait vers le groupe composé de ses frères; il parlait à sa femme qui l'avait accompagné jusqu'à l'habitation de son père, et qui le quitta alors, sans doute pour retourner dans la sienne. Je ne distinguai pas ce qu'il disait; mais sa voix était rude et menaçante. Craignant quelque outrage de la part de cet être grossier, si je reprenais ma promenade, comme je l'avais fait auparavant, je crus prudent d'entrer dans la maison; je désirais en même temps parler à Mille-Acres.

Cette détermination ne fut pas plus tôt prise que je la mis à exécution. Au moment où j'entrai, Ursule était encore à genoux; Prudence était toujours debout, les yeux attachés sur le foyer. Laviny était près du lit, et je pensai que, comme sa mère, elle prenait, jusqu'à un certain point, part en esprit à la prière.

— Mille-Acres, commençai-je à voix basse, voilà une triste affaire; mais du moins ne faut-il rien négliger pour réparer le mal. N'enverrez-vous pas un messager jusqu'à Ravensnest pour chercher un médecin?

— Les médecins ne peuvent rien pour une blessure faite par une carabine tirée de si près, jeune homme. Il ne faut point de médecins ici, qui aillent me dénoncer moi et les miens à la justice.

— Votre messager n'a qu'à dire que j'ai été blessé par accident; je lui donnerai de l'or, pour décider le docteur à l'accompagner. Il pourra du moins adoucir les souffrances du blessé.

— Il faut que chacun coure sa chance, répliqua froidement cet être endurci. Ceux qui vivent dans les bois ne doivent pas s'attendre à toutes les aises des villes. La conservation de ma famille et de mes bois avant tout! Aucun médecin ne mettra le pied ici!

Que faire avec un pareil être? Tout principe, tout sentiment du droit était éteint en lui. Un moment, j'avais espéré que le repentir s'était fait jour dans son cœur, et que je pourrais obtenir quelque chose à l'aide de ce médiateur puissant; mais l'intérêt étouffait toute autre voix, et l'égoïsme était le pivot sur lequel tournaient toutes ses actions.

Révolté de ce nouveau trait du caractère du squatter, je m'éloignais de lui, quand des cris énergiques retentirent autour de l'habitation, et plusieurs décharges d'armes à feu se succédèrent rapidement. Me précipitant à la porte, j'arrivai à temps pour entendre le bruit des pas d'hommes qui semblaient courir dans toutes les directions, et, de temps en temps, on entendait un coup de fusil. Des voix s'appelaient avec énergie, dans la chaleur d'une poursuite et d'une lutte; mais j'en étais réduit aux conjectures; car l'obscurité était telle qu'il était impossible de distinguer aucun objet.

Je restai dans cet état d'anxiété pénible pendant cinq ou six minutes, le bruit s'éloignant de plus en plus, quand tout à coup un homme accourut à moi; il saisit ma main, et je reconnus que c'était Frank Malbone. Des protecteurs nous étaient donc arrivés, et je n'étais plus captif!

— Dieu soit loué! vous, du moins, vous êtes sain et sauf! s'écria Malbone. Mais ma pauvre sœur?

— Elle est auprès de son oncle mourant. Y a-t-il quelqu'un de blessé dehors?

— C'est plus que je ne puis vous dire. Votre nègre nous a servi de guide, et il nous a conduits avec tant d'adresse que nous aurions pu cerner les squatters et les faire tous prisonniers sans brûler une amorce. Mais un coup de carabine partit de derrière un tronc d'arbre; nos ennemis répondirent par une décharge qui fut suivie de quelques coups de feu de la part des nôtres. Alors les squatters ont pris la fuite.

— Tant mieux, puisqu'ainsi nous pourrons peut-être éviter toute effusion de sang. Avez-vous une force suffisante pour les tenir en respect?

— Assurément, j'amène trente hommes conduits par un sous-shérif. Il ne nous manquait que de mieux connaître la direction pour arriver quelques heures plus tôt.

Hélas! ces quelques heures auraient suffi pour sauver la vie du pauvre porte-chaîne! mais le mal était sans remède, et il fallait encore nous réjouir de l'arrivée d'un secours qui mettait fin à nos angoisses. J'éprouvai une des plus douces jouissances de ma vie en voyant Ursule se précipiter dans les bras de son frère et fondre en larmes. J'étais sur le seuil de la porte, et, après cette première effusion, elle me tendit affectueusement la main. Frank parut un peu surpris de cette familiarité ; mais il lui tardait trop de voir le porte-chaîne pour s'arrêter à demander des explications, et il entra dans la salle et s'approcha du lit. André avait entendu les cris et les coups de fusil, et il était impatient de savoir ce que ce pouvait être, lorsque la vue de Malbone lui révéla ce qui avait dû se passer. Une vive anxiété se peignit dans tous ses traits.

— Qu'y a-t-il, Mordaunt? me demanda-t-il avec une force que lui donnait sans doute l'intérêt qu'il prenait à la question ; qu'y a-t-il, mon garçon? J'espère qu'on n'a pas été se battre inutilement pour une vieille carcasse comme la mienne, qui a fait son temps, et qui n'a rien de mieux à faire que de rendre à son créateur la vie qui lui a été accordée il y a quelque soixante-dix ans. Personne n'a été blessé?

— Personne, que je sache, d'autre que vous, André. Les décharges que vous avez entendues proviennent d'un détachement amené par Frank Malbone que voici.

— Dieu soit loué! je suis bien aise de voir Frank avant de mourir, d'abord pour lui dire un dernier adieu, et ensuite pour confier sa sœur à ses soins. Croiriez-vous bien, Frank, que ces squatters voulaient la faire épouser à un des leurs, comme moyen de cimenter la paix entre des coquins et des honnêtes gens! Ursule est trop bien née, trop bien élevée pour devenir jamais la femme d'un de ces êtres ignorants et grossiers.

— Un pareil malheur n'est plus à craindre, cher porte-chaîne, répondit Frank. Au surplus, je ne crois pas qu'il eût été facile d'intimider Ursule au point de lui arracher son consentement. Ma sœur n'est point de ces femmes qui cèdent à la menace.

— Il vaut encore mieux que les choses soient comme elles sont; oui, Frank, cela vaut mieux; car ces squatters sont des misérables qui ne respecteraient rien. Mais, puisque j'en suis sur ce sujet, que je vous dise encore un mot de votre sœur. Je vois qu'elle est sortie de la salle pour pleurer plus à son aise, et elle n'entendra pas ce que j'ai à vous dire. Voici Mordaunt Littlepage, qui proteste qu'il aime Ursule plus qu'il n'a jamais aimé aucune femme au monde — Frank tressaillit et sa figure se rembrunit sensiblement — et, ce qui est assez naturel quand on est bien épris, il désire vivement de l'épouser. — Le front de Frank s'éclaircit aussitôt, et voyant que ma main allait au-devant de la sienne, il la serra cordialement : — Sans doute, Mordaunt serait un excellent parti pour Ursule, car il est jeune, bien, de bonne mine ; il a de l'esprit, il a de la fortune ; toutes choses qui ne gâtent rien ; mais il a des parents qui sans doute voudraient lui voir faire un brillant mariage, et qui ne seraient pas flattés de lui voir épouser une jeune fille qui n'a pour tout avoir qu'une chaîne, une boussole, et quelques vétilles que je pourrai lui laisser. Non, non, il faut que l'honneur des Coejemans et des Malbone reste intact ; et nous ne devons pas laisser notre enfant bien-aimée entrer dans une famille qui ne se soucierait pas d'elle.

Ces réflexions ne parurent pas faire beaucoup d'impression sur Frank : il était assez généreux pour juger de moi d'après lui, et il ne pensait pas que je pusse me laisser guider par des considérations d'intérêt ; mais le porte-chaîne était entêté dans ses opinions, et je craignais qu'Ursule n'héritât des mêmes sentiments. Elle avait été la première à les exprimer à son oncle, et ils pouvaient se réveiller dans son âme, si elle venait à réfléchir au véritable état des choses, et qu'en même temps ils fussent conformes au dernier vœu d'un mourant. Il est vrai que, dans notre première entrevue, quand j'avais obtenu d'Ursule le précieux aveu de son amour, aucun obstacle de ce genre n'avait paru exister, et nous semblions regarder l'un et l'autre notre union future comme un fait certain ; mais alors Ursule, entraînée par mes protestations d'attachement, cédant aussi peut-être à la force de ses sentiments, n'avait pas eu le temps de réfléchir. Nous étions dans le délire de ravissement produit par une affection mutuelle, quand Mille-Acres était venu nous tirer violemment de ces rêves si doux pour nous jeter au milieu des scènes de violence qui nous entouraient encore. Des émotions si vives avaient pu causer une sorte d'étourdissement qui se dissiperait dans une situation plus tranquille. Il était donc d'une grande importance pour moi de mettre le porte-chaîne dans mes intérêts, de le gagner à mon opinion, et d'obtenir, sinon son concours actif, du moins sa neutralité. Je réunissais les arguments les plus capables de le convaincre, quand un sourd gémissement, qui semblait partir du fond même de la poitrine du vieux squatter, nous fit tous tressaillir.

Frank et moi nous tournâmes en même temps la tête du côté de la cheminée. La chaise de Prudence était vide; cette femme était sortie au premier bruit, sans doute pour aller veiller sur ses plus jeunes enfants. Mais Mille-Acres était toujours assis à la même place où je le voyais depuis près de deux heures. Je remarquai néanmoins, qu'il ne se tenait pas aussi droit qu'à l'ordinaire. Il s'était affaissé sur lui-même, et son menton retombait sur sa poitrine. En m'avançant, j'aperçus des traces de sang sur le sol près de lui, et nous découvrîmes qu'une balle lui avait traversé le corps, trois lignes seulement au-dessus des hanches!

CHAPITRE XXVII.

> Sa douleur s'exhalait en sons lents et plaintifs; c'était un chant étrange, lugubre, solennel; tantôt les accents étaient saccadés, tantôt ils avaient quelque chose de sauvage.
>
> COLLINS.

MILLE-ACRES avait été atteint sur sa chaise par un des premiers coups de fusil qui avaient été tirés : il était le seul qui eût été blessé, du moins à notre connaissance, bien que le bruit courût que Tobit avait eu une jambe cassée, et qu'il était estropié pour le reste de sa vie. Je suis porté à croire que le bruit n'était pas sans fondement; car Jaap me dit, après que tout fut fini, qu'il avait vu s'enfuir un homme qui avait tiré sur lui, que cet homme était tombé, qu'il l'avait vu faire de vains efforts pour se relever, et qu'il avait été emporté ensuite par deux de ses compagnons.

Il est probable que cet accident arrivé à Tobit, et le sort de son père, furent cause que nous ne fûmes plus inquiétés par les squatters. Ils avaient disparu si complètement de la clairière, tous, jusqu'aux plus petits enfants, qu'aucune trace de leur passage ou de leur retraite ne put même être découverte le lendemain matin. Cependant Laviny n'avait pas accompagné sa famille, mais elle était restée près d'Ursule, pour remplir de tristes et derniers devoirs envers son père. Je dirai sur-le-champ qu'on ne sut jamais d'une manière positive de quelle manière Mille-Acres avait reçu le coup mortel. Il avait été frappé, sans aucun doute, à travers la porte ouverte, dans le premier moment du tumulte. J'ai toujours pensé que Susquesus avait immolé le squatter aux mânes de son ami le porte-chaîne; administrant la justice à l'indienne, sans hésitation et sans remords. Cependant je n'en acquis jamais une certitude complète, et l'Onondago eut assez de prudence et de philosophie pour garder son secret. Une ou deux remarques qui lui échappèrent dans le premier moment étaient de nature à confirmer mes soupçons; mais, à tout prendre, il montra une réserve remarquable, moins par un sentiment de crainte que par une sorte de fierté et d'amour-propre. Il y avait en effet peu d'inquiétudes à concevoir : le meurtre du porte-chaîne, les actes de violence auxquels s'étaient portés les squatters autorisaient l'attaque directe et soudaine de la force armée.

Au moment où Malbone et moi nous avions découvert le triste sort de Mille-Acres, le détachement amené par l'écuyer Newcome commençait à se rassembler autour de la maison, qui servait alors d'hôpital. Comme il était nombreux, et par conséquent, assez tumultueux, j'engageai Frank à conduire du côté des autres habitations les hommes qui le composaient, dès qu'un lit eut été préparé pour le squatter dans la même chambre que le porte-chaîne. Il n'y avait pas plus d'espoir pour l'un que pour l'autre, bien qu'on eût envoyé chercher à Ravensnest le personnage qui se donnait le titre de docteur, et qui commençait en effet à acquérir quelques connaissances de son art, à force de le pratiquer. On dit qu'une once d'expérience vaut une livre de théorie, et ce disciple d'Esculape justifiait pleinement le proverbe; car, s'il tuait souvent ses malades, il faut convenir que depuis quelque temps il les guérissait quelquefois.

Dès que les dispositions nécessaires eurent été prises dans notre hôpital, je dis à Ursule que nous allions la laisser avec Laviny auprès des blessés, qui tous deux semblaient disposés à s'assoupir, tandis que tous les autres se retireraient et iraient se loger dans les autres bâtiments. Malbone devait rester en sentinelle à peu de distance de la porte, et je promis de venir le rejoindre dans une heure.

— Laviny pourvoira aux besoins de son père, tandis que vous, ma chère Ursule, je sais que vous aurez les soins les plus tendres de votre oncle. Une goutte à boire de temps en temps est tout ce qui peut alléger leurs souffrances.

— Laissez-moi entrer! interrompit une voix rauque à la porte, et une femme se fraya violemment un passage à travers plusieurs hommes qui voulaient la retenir. Je suis l'épouse d'Aaron, et l'on me dit qu'il est blessé. Dieu lui-même a ordonné qu'une femme n'abandonne jamais son mari; et Mille-Acres est le mien. Qu'il ait été meurtrier, qu'il ait été victime à son tour, il n'en est pas moins le père de mes enfants!

Il y avait quelque chose de si imposant dans l'émotion naturelle de cette femme, que toute résistance cessa aussitôt, et Prudence entra dans la chambre. Ses yeux tombèrent d'abord sur le lit du porte-chaîne; mais il n'y avait rien là qui pût les arrêter. Ils se portèrent rapidement sur l'autre lit, où était étendu le vaste corps de Mille-Acres, et alors ils y restèrent fixés quelque temps. Elle avait vu trop d'accidents de ce genre dans le cours d'une longue vie, elle s'était assise au chevet de trop de blessés, pour ne pas comprendre l'état désespéré de son mari dès qu'elle eut examiné ses traits livides. Se tournant alors du côté de ceux qui étaient près d'elle, elle sembla chercher sur qui faire tomber sa vengeance. J'avouerai qu'une sorte de frisson parcourut tous mes membres, quand j'entendis cette femme grossière et sans éducation, exaltée par son désespoir, demander d'un ton d'autorité :

— Qui a fait cela? Qui a tranché les jours de mon homme avant le temps marqué par le Seigneur? Qui a osé me rendre veuve et rendre mes enfants orphelins, contre toute loi et toute justice? Je l'avais laissé assis à cette place, tout triste et tout consterné de ce qui était arrivé à un autre, et l'on me dit qu'il a été assassiné sur sa chaise ! Le Seigneur à la fin sera pour nous, et nous verrons alors qui sera favorisé, qui sera condamné par la loi !

Un mouvement et un soupir de Mille-Acres parurent apprendre pour la première fois à Prudence que son mari n'était pas encore mort. Tressaillant à cette découverte, elle cessa toute plainte, toute récrimination; sa fureur s'apaisa à l'instant; et, avec l'énergie naturelle à une femme qui avait mené une vie si aventureuse et si pleine de fatigues et de dangers, avec l'expérience d'une mère qui avait élevé une si nombreuse famille, elle se mit à lui prodiguer tous les soins qu'exigeait son état. Elle lui essuya le front, humecta ses lèvres, releva son oreiller, tel quel, plaça ses membres dans la position qui lui parut la plus commode, enfin chercha, dans son désespoir, tous les moyens d'améliorer l'état du blessé. Tout en agissant, elle murmurait des prières et des menaces, singulièrement entremêlées, et qui étaient interrompues par les expressions de tendresse qu'elle prodiguait à son mari, à son cher Aaron, et cela avec une émotion vraie qui prouvait que Mille-Acres possédait toutes ses affections, et que pour elle, du moins, il s'était montré loyal et bon.

Je restai convaincu qu'Ursule n'avait rien à craindre de Prudence, et que je pouvais m'éloigner un moment. En quittant celle qui occupait alors toutes mes pensées, je me hasardai à lui témoigner tout bas l'espoir qu'elle n'oublierait pas la promesse qu'elle m'avait faite dans la forêt, et je la priai de me faire prévenir aussitôt que le porte-chaîne paraîtrait sortir de son assoupissement et qu'il serait en état de parler. Je craignais que les pensées qui l'avaient déjà occupé depuis qu'il avait reçu sa blessure, ne se présentassent de nouveau à son esprit, et qu'il ne cherchât à faire partager à sa nièce les scrupules exagérés qu'il avait conçus. Ursule fut la tendresse même. Il semblait que l'affliction eût donné un nouvel élan à ses sentiments pour moi, et je me convainquis que je n'avais rien à craindre de sa part. Lorsque je passai devant Frank, qui faisait sentinelle à une vingtaine de pas de la maison, il me dit : Que Dieu vous protége, Littlepage ! ne craignez rien; je suis trop dans la même situation que vous pour ne pas prendre chaudement vos intérêts. Je répondis comme je le devais à des avances qui m'étaient si précieuses, et je le quittai, heureux du moins sous un rapport.

Les hommes amenés par le magistrat s'étaient mis en possession des différentes habitations de la famille de Mille-Acres. Comme la nuit était froide, des feux brillaient dans tous les foyers, ce qui donnait à la clairière un air de gaieté que probablement elle n'avait jamais eu auparavant. On avait eu soin de laisser une hutte libre pour le magistrat, pour Frank Malbone et pour moi, quand nous jugerions à propos de nous y retirer. Lorsque j'arrivai, mes libérateurs venaient de souper, s'étant servis à discrétion du lait, du pain et des autres provisions des squatters, et ils se couchaient sur les lits ou sur les planches pour prendre un peu de repos après leur longue et rapide marche. Dans la hutte de ce que j'appellerai les autorités, je trouvai l'écuyer Newcome seul; car je ne compterai pas l'Onondago, qui, silencieux et immobile, était assis dans un coin de la cheminée. Jaap, qui m'attendait, rôdait près de la porte, et, quand j'entrai, il me suivit pour être prêt à recevoir mes ordres.

Moi qui connaissais les relations de Newcome avec les squatters, je n'eus pas de peine à m'apercevoir du trouble qu'il éprouva dès que ses regards rencontrèrent les miens. Il ne savait pas positivement si j'étais instruit de la visite qu'il avait rendue antérieurement au moulin, et il était naturel qu'il lui tardât de savoir à quoi s'en tenir. Cette circonstance était pour lui d'un grand intérêt; et j'eus bientôt un échantillon de son adresse à tourner autour d'une question pour arriver à ce qu'il voulait apprendre.

— Qui se serait attendu à trouver le major Littlepage entre les mains des Philistins dans un endroit pareil ! s'écria-t-il après le premier échange des politesses d'usage. J'avais entendu dire qu'il y avait des squatters quelque part de ce côté ; mais ce sont de ces choses si communes que, la dernière fois que j'ai vu le major, je n'ai pas songé à lui en parler.

Rien ne pouvait égaler l'humble déférence du personnage à l'égard de ceux qu'il croyait avoir intérêt à ménager ; et lorsqu'il s'adressait à un supérieur, il avait l'habitude d'employer la troisième personne ; usage qui est à peu près tombé en désuétude en

Angleterre, et qui ne s'est conservé en Amérique que dans cette classe d'individus qui vous font la courbette quand vous êtes là, et qui vous déchirent à belles dents dès que vous avez le dos tourné. Je n'étais pas d'humeur à plaisanter avec un pareil homme ; mais il pouvait n'être pas prudent de lui faire connaître que je l'avais vu et entendu quand il était venu la première fois, et que, par conséquent, j'étais au fait de toutes ses menées. Il n'était pas facile cependant de résister à la tentation de picoter un peu sa conscience, lorsque ses remarques mêmes m'en fournissaient une si bonne occasion.

— J'avais supposé, monsieur Newcome, qu'une des conditions qui vous étaient imposées comme agent du domaine de Ravensnest, c'était d'avoir soin des terres de Mooseridge?

— Il est certain, monsieur, que le colonel, — je dois dire, je crois, à présent, le général, — m'avait chargé de surveiller les deux propriétés. Mais le major sait que les terres de Mooseridge n'ont pas été mises en vente?

— En effet, monsieur, il paraît qu'elles n'ont été mises qu'au pillage. On aurait pu penser qu'un agent, chargé de surveiller un domaine, et apprenant que des squatters en ont pris possession et abattent les arbres, croirait de son devoir d'apprendre cette circonstance aux propriétaires, afin qu'à son défaut, ils pussent aviser à ce qu'il y aurait à faire?

— Le major n'a pas bien saisi ma pensée, reprit l'écuyer d'une manière légèrement évasive ; je n'ai pas voulu dire que je savais positivement qu'il y eût des squatters dans ces environs, mais qu'il circulait certains bruits de cette nature. Au surplus les squatters sont chose si commune dans les pays nouveaux, qu'on se retourne à peine pour les regarder !

— C'est du moins une peine que vous n'avez pas daigné prendre, à ce qu'il paraît, monsieur Newcome. On dit pourtant que ce Mille-Acres est très-connu dans le pays, et que depuis sa jeunesse il n'a guère fait autre chose que d'abattre des arbres sur la propriété d'autrui. Je supposais que vous aviez dû le rencontrer depuis vingt-cinq ans que vous résidez dans cette partie du monde?

— Que Dieu bénisse le major ! Si j'ai rencontré Mille-Acres ?

Mais je l'ai rencontré plus de cent fois! Il n'est personne qui ne connaisse le vieux bonhomme; et où ne le voit-on pas? Aux érections, aux assemblées, même au tribunal, quoique la loi ne soit pas son fort; et pourtant c'est une excellente chose, puisque la société ne serait guère qu'une collection de bêtes sauvages, si la loi n'était pas là pour contenir les malveillants. Je suis sûr que le major est de mon avis?

— Puisque vous avez vu si souvent Mille-Acres, vous pouvez me dire quelque chose de son caractère. Je n'ai pas eu beaucoup d'occasions d'étudier cet homme, confiné comme je l'étais dans une espèce de grange où il a coutume, je crois, de renfermer son sel, son blé et ses autres provisions.

— Ce n'est pas du vieux magasin que le major veut parler! s'écria le magistrat d'un air assez inquiet; car le lecteur n'a peut-être pas oublié que c'était contre ce bâtiment qu'avait eu lieu la conversation confidentielle entre lui et le squatter, de manière à ce que je n'en perdisse pas un mot. — Pourrait-on savoir s'il y a longtemps que le major est dans cette clairière?

— Pas très-longtemps par le fait, quoiqu'il me semble déjà qu'il y a un siècle.

— C'est sans doute depuis hier matin?

— Sans doute, monsieur. Mais, monsieur Newcome, en voyant les énormes approvisionnements de bois qui sont accumulés ici, et quand je songe à la distance qui nous sépare d'Albany, je ne conçois pas comment ces squatters ont pu se flatter de les transporter sans être découverts. Il était impossible que leurs mouvements ne fussent pas connus; et les agents si honnêtes et si fidèles de cette partie du pays, ne pouvaient manquer de saisir leurs trains. Si le vol peut être commis sur une si grande échelle avec une semblable impunité, on conçoit qu'il s'organise systématiquement.

— Oh! je suppose que le major sait comment les choses vont dans ce monde. On n'aime pas à se mêler des affaires des autres.

— Comment donc? Mais j'aurais cru tout le contraire; et on convient assez généralement, ce me semble, que le grand défaut de notre pays, c'est justement cette manie générale de juger et de parler à tort et à travers de tout ce qui se passe à vingt milles à la ronde ; en un mot, de s'immiscer dans tout et partout.

— Oh ! pour les choses légères, peut-être ; mais non pas quand il s'agit d'affaires qui peuvent entraîner des conséquences aussi sérieuses que celle-ci !

— Nous y voilà ! le même homme qui passera des journées entières à discuter la vie privée de son voisin, dont il ne sait absolument rien que ce qu'il a puisé aux sources les plus vulgaires, se croisera tranquillement les bras quand il le verra volé, sous l'influence de cette délicatesse extrême qui ne lui permet pas de se mêler de ce qui ne le concerne pas personnellement !

M. Newcome était trop habile pour se méprendre sur mon caractère, et il chercha à détourner la conversation.

— Ce Mille-Acres était vraiment un homme dangereux, major, me dit-il, et c'est un bonheur que le pays en soit délivré. On dit que le vieux squatter a été tué, et que le reste de la famille a pris la fuite.

— Cet *on dit* n'est pas complétement exact. Mille-Acres est blessé, et il est possible que sa blessure soit mortelle ; tous ses fils ont disparu ; mais sa femme est encore ici, avec une de ses filles, à soigner son mari.

— Prudence est ici ! s'écria M. Newcome, oubliant un moment sa réserve ordinaire.

— Oui, sans doute ; mais il paraît que vous connaissez assez bien la famille, tout magistrat que vous êtes, puisque vous savez même le nom de cette femme ?

— Il me semble, en effet, que je l'ai entendu appeler ainsi. Le major a raison : nous autres magistrats, nous nous trouvons connaître tout le voisinage ; il y a tant de citations décernées, tant de sommations, tant de mandats d'arrêt ! — Mais le major allait me dire à quel moment il est tombé entre les mains de ces misérables ?

— Je suis entré, monsieur, dans cette clairière hier matin, peu de temps après le lever du soleil, et depuis lors je n'en suis pas sorti.

Une longue pause suivit cette déclaration. Sans en avoir une certitude complète, l'écuyer ne pouvait s'empêcher de soupçonner à présent que je connaissais ses relations avec les squatters, et il semblait ne savoir quelle conduite tenir. Le voyant occupé à ruminer sans doute quelque histoire pour me donner le change, je me tournai du côté de l'Indien et du Nègre, ces deux natures si honnêtes, afin de leur adresser tour à tour un mot d'amitié.

Susquesus était à l'état de repos. Il venait d'allumer sa pipe qu'il fumait paisiblement. A le voir, on n'aurait jamais cru qu'il venait de prendre une part active à des scènes de violence; on eût plutôt dit quelque grave philosophe, habitué à consacrer son temps à la réflexion et à l'étude.

Comme ce fut une des occasions où l'Onondago tint le langage qui ressemblait le plus à un aveu pour ce qui concernait la mort du squatter, je transcrirai les quelques mots qui furent échangés entre nous.

— Bonsoir, Sans-Traces, lui dis-je en lui présentant la main qu'il prit gracieusement comme il avait l'habitude de le faire; je suis bien aise de vous voir en liberté. Vous voilà donc sorti du magasin?

— Le magasin est une pauvre prison. Jaap a fait sauter la serrure comme un brin de paille. Je m'étonne que Mille-Acres n'ait pas prévu cela.

— Il avait bien d'autres soins à prendre ce soir, pour se rappeler une semblable bagatelle. Maintenant il a à penser à sa fin.

L'Onondago acheva de vider le fourneau de sa pipe avant de répondre :

— Oui, je crois que cette fois il a son affaire.

— Je crains que sa blessure ne soit mortelle, et j'en suis affligé. C'était bien assez que le sang de notre excellent ami, le porte-chaîne, eût coulé dans une si misérable affaire.

— Oui, misérable; c'est ce que je me disais aussi. Si le squatter a tué l'arpenteur, il devait bien penser que l'ami de l'arpenteur tuerait le squatter.

— C'est peut-être de la justice à l'indienne, Sans-Traces; mais ce n'est pas la justice telle que l'entendent les Visages Pâles en temps de paix et de tranquillité.

Susquesus continua à fumer, sans rien répondre.

— C'était très-mal sans doute de tirer sur le porte-chaîne; et

Mille-Acres aurait été livré aux magistrats, s'il eût été constant qu'il fût coupable. Mais ce n'était pas une raison pour le tuer comme un chien.

L'Onondago retira sa pipe de sa bouche, tourna la tête du côté de l'écuyer, qui était venu respirer le frais à la porte ; puis, me regardant d'un air significatif :

— A quoi sert un magistrat, hein? Qu'importe une loi bonne si le magistrat est mauvais ? La loi de la Peau-Rouge est préférable ; le guerrier est son propre magistrat, et il a son gibet à lui.

La pipe fut remise à sa place ; et Sans-Traces parut content de lui ; car il baissa de nouveau la tête, et sembla reprendre le cours de ses réflexions.

Après tout, ce barbare, avec son intelligence grossière, avait pénétré le secret d'une des grandes plaies de notre état social. De bonnes lois mal appliquées sont pires que l'absence de toute législation, puisque les artisans du mal se trouvent protégés par la puissance conférée à des agents pervers. Ceux qui ont étudié les défauts du système américain reconnaissent que le grand vice provient de ce qu'il n'y a pas un pouvoir supérieur qui donne l'impulsion à la justice. En théorie, c'est la morale publique qui doit constituer ce pouvoir ; mais la morale publique est loin d'avoir la même énergie que le vice individuel. La seule répression efficace du crime est dans la force, et la force ne peut appartenir qu'à la société tout entière. L'individu outragé, qui seul exerce les poursuites, ne peut rien ; il est débordé par les partis qui se forment dans la localité. On ne peut plus compter sur les jurés ; les magistrats perdent graduellement de leur influence. Il viendra un jour où les verdicts seront rendus en opposition directe avec l'évidence et avec le texte de la loi, où les jurés se croiront autant de législateurs ; et alors le bon patriote pourra se voiler le visage. Ce sera le commencement du paradis du fripon. Rien n'est plus facile, j'en conviens volontiers, que l'abus et l'excès du pouvoir ; mais je ne sais si, politiquement parlant, lorsque les hommes sont trop peu gouvernés, il n'y a pas à craindre des résultats presque aussi déplorables.

Jaap attendait humblement mon bon plaisir. Malgré la confiance qui régnait entre nous, il était certaines limites que son respect ne se serait jamais permis de franchir. Ainsi jamais il n'aurait osé me parler le premier, mais du moment que je lui eus adressé la parole, il me répondit avec autant de liberté que de franchise.

— Eh bien! Jaap, il paraît que votre conduite a été pleine de résolution et d'adresse. Je vous en fais mon compliment. On ne pouvait mieux s'y prendre pour délivrer l'Indien, et pour guider la force armée.

— En effet, maître, j'ai assez bien réussi. Je savais bien ce que je faisais en donnant la volée à Susquesus ; car ce gaillard-là ne manque jamais son coup avec sa carabine. Nous aurions pu faire mieux encore, maître ; mais l'écuyer ne voulait jamais nous laisser tirer. S'il avait voulu seulement commander feu! quand je le lui disais, il ne s'en serait pas échappé la moitié d'un.

— Il vaut mieux que les choses se soient passées autrement, Jaap. Nous sommes en paix, dans l'intérieur des terres, il faut éviter toute effusion de sang.

— Oui, mais alors, pourquoi celui du porte-chaîne a-t-il coulé?

— Il y a un sentiment de justice dans ce que vous dites, Jaap; mais il faut laisser agir la loi. Notre devoir était de faire ces squatters prisonniers, et de les livrer à la justice.

— C'est vrai; personne ne le contestera, maître. Mais ils n'ont été ni pris ni tués, après tout, et c'est cependant ce qu'ils méritaient. C'est égal; il y en a un parmi eux qu'ils appellent Tobit, qui se souviendra toute sa vie de Jaap Satanstoe. C'est bon, n'est-ce pas?

— Très-bon! s'écria l'Onondago avec énergie.

Je vis que pour le moment il était inutile de vouloir discuter des principes abstraits avec des hommes aussi purement pratiques que mes deux compagnons, et je continuai ma reconnaissance, avant de rentrer dans notre hôpital pour le reste de la nuit. Le nègre me suivit, et je l'interrogeai sur le chemin que les squatters avaient pris en se retirant, pour juger s'il y avait quelque inquiétude à concevoir. Les hommes étaient descendus dans l'enfoncement formé par la rivière, afin de pouvoir en suivre les bords sans être aperçus. Les femmes et les enfants s'étaient enfuis dans les bois sur un autre point, et il est probable que toute la tribu devait se réunir à un lieu de rendez-vous convenu d'avance en cas d'alerte ; car, dans la vie nomade qu'ils menaient, exposés à des attaques continuelles, c'était une précaution que les squatters manquaient rarement de prendre. Jaap était certain que nous ne les reverrions plus, et il avait raison. Seulement le bruit courut plus tard qu'ils avaient paru dans des comtés plus septentrionaux, où ils avaient recommencé leur train de vie ordinaire.

Je retournai alors près de Frank Malbone qui était toujours à son poste à peu de distance de la porte, à travers laquelle nous pouvions distinguer la forme et les traits de sa sœur chérie. Ursule était assise auprès du lit de son oncle, et Prudence s'était placée à côté de celui de son mari. C'était un spectacle étrange et solennel que celui que présentait cette salle. Deux vieillards, au déclin de la vie, à peu près du même âge, voyaient leur existence tranchée encore avant le temps, victimes tous deux d'un meurtre ; car si la mort de Mille-Acres était enveloppée d'un certain mystère, et pouvait passer pour méritée, elle était évidemment la conséquence du meurtre du porte-chaîne. C'est ainsi que le mal s'étend et se perpétue ; et c'est ce qui prouve la nécessité de l'arrêter à sa naissance par des moyens énergiques, au lieu de se contenter de palliatifs insuffisants.

Là gisaient deux victimes de ces principes erronés que la configuration du pays, et la facilité avec laquelle on tolère les empiétements sur le droit, ont laissé graduellement s'infiltrer parmi nous. L'insuffisance de la population et l'abondance des terres ont accru l'audace des squatters, qu'elles rendaient moins excusable encore au point de vue moral. Ce qui est déplorable, ce n'est pas seulement que la loi soit violée, c'est qu'il se forme des opinions qui en sont le renversement complet. C'est là ce qui constitue le grand danger de notre système social : de fausses idées de philanthropie à l'égard des châtiments, la substitution du nombre aux principes, voilà ce qui peut amener la révolution la plus importante qui ait encore été opérée sur le continent américain. Dans de semblables circonstances, l'ami sincère de la liberté ne doit jamais oublier que la route qui conduit au despotisme touche de bien près aux confins de la licence.

Dès que nous pûmes détourner nos regards de ce triste spectacle, Malbone me raconta en détail tout ce qu'il avait fait. Le lecteur n'a peut-être pas oublié que ce fut à la suite de la rencontre que l'Indien fit du nègre dans la forêt que mes amis eurent la première nouvelle de mon arrestation et des dangers que je pouvais courir. Aussitôt le porte-chaîne, Ursule et Jaap s'étaient dirigés vers la clairière de Mille-Acres, tandis que Frank se rendait en toute hâte à Ravensnest pour requérir l'assistance de la force armée. En méditant toutes les circonstances de l'affaire, et en s'exagérant sans doute encore la malice et la cruauté de Mille-Acres, mon jeune ami, à son arrivée à Ravensnest, était dans un état d'agitation difficile à décrire. Son premier mouvement fut d'écrire à mon père ce qui se passait, et de lui envoyer un messager qui avait ordre d'aller jusqu'à Fishkill, où toute la famille devait se trouver réunie chez mistress Kettletas, ma sœur aînée, ainsi que me l'avaient appris les dernières lettres que j'avais reçues. Je tressaillis en apprenant cette nouvelle, car je ne doutais pas que le général ne se mît en route sur-le-champ ; et qui sait si ma mère, si Catherine, si par conséquent Tom Bayard ne l'accompagneraient pas ?

Le messager était parti la veille à l'entrée de la nuit ; la distance, qui était d'environ cent quarante milles, pouvait être franchie en grande partie par eau ; et à l'aide de la brise qui soufflait alors, il était possible qu'il arrivât à Fishkill à l'instant même où j'écoutais l'histoire de ce message. Je connaissais trop bien l'affection de mon père pour penser qu'il différât d'un seul jour son départ. Ainsi donc je calculai que presque toute la famille arriverait à Ravensnest en même temps que moi, quoique je ne pusse préciser encore l'époque de mon retour, puisqu'il dépendait de la position du porte-chaîne.

C'était un nouveau champ ouvert à mes réflexions. Je ne pouvais blâmer Frank de ce qu'il avait fait ; sa conduite était simple et naturelle.

Néanmoins c'était précipiter les choses un peu plus que je ne l'aurais voulu par rapport à mes relations avec Ursule. J'aurais voulu avoir le temps de sonder ma famille sur le sujet important de mon mariage. J'avais écrit trois ou quatre lettres dans lesquelles je parlais d'elle avec une intention marquée, et j'aurais désiré leur laisser produire leur effet. Je comptais sur l'appui que je trouverais dans l'amitié de miss Bayard. Je ne pouvais me dissimuler que toute ma famille verrait avec une vive affliction s'évanouir les beaux rêves qu'elle avait formés au sujet de Priscilla, et il eût été de mon intérêt de laisser cette impression s'amortir un peu, avant de présenter Ursule. Mais il fallait actuellement que les choses eussent leur cours, et je résolus d'en agir avec mes parents avec une entière franchise. Je connaissais leur profond attachement pour moi, et c'était là ce qui devait me rassurer.

Frank ayant pris la place de sa sœur auprès du lit du blessé, je me promenai une demi-heure avec Ursule devant l'habitation, et je pus causer un instant avec elle. Ce fut alors que je lui parlai de nouveau de mes espérances. Je lui appris que ma famille allait probablement venir à Ravensnest; et, à cette nouvelle, je sentis trembler le bras qui était appuyé sur le mien.

— Voilà qui est bien soudain et bien inattendu, Mordaunt, dit-elle après s'être un peu remise de son émotion. J'ai tant sujet de craindre le jugement de vos respectables parents, celui de votre charmante sœur dont Priscilla Bayard m'a parlé si souvent, de tous ceux, en un mot, qui ont vécu, comme eux, au milieu des raffinements de la société, moi nièce d'un porte-chaîne, et porte-chaîne moi-même!

— Allons, méchante, vous n'avez jamais porté de chaîne aussi solide que celle que vous avez su river autour de mon cœur; et, le monde dira ce qu'il voudra, celle-là je la porterai jusqu'à mon dernier jour. Mais vous n'avez rien à craindre de personne, et notamment de ma famille. Mon père a les sentiments les plus libéraux; et, quant à ma mère chérie, je n'ai qu'une crainte, c'est que, lorsqu'elle vous connaîtra, elle ne vous aime bien plus que son fils.

— Voilà un portrait tracé par votre aveugle partialité, Mordaunt, répondit la jeune fille, dont le contentement se montrait, malgré elle, sur son visage, et il ne faut pas trop s'y fier. Mais c'est trop nous occuper de nous, quand le bonheur ou le malheur éternel de ces deux vieillards n'est suspendu, pour ainsi dire, qu'à un fil. Je viens de réciter pour mon oncle les prières d'usage; et cette femme étrange, qui joint certains élans de sensibilité à la férocité d'une tigresse, a balbutié quelques paroles pour exprimer l'espoir que son « pauvre homme » ne serait pas oublié. Je l'ai promis, et il est temps de commencer.

Quelle scène se passa alors! Ursule posa la lumière sur une caisse près du lit de Mille-Acres, et, son livre de prières à la main, elle s'agenouilla à côté. Prudence se plaça de manière à cacher sa tête dans les plis d'une jupe suspendue à la muraille, et elle resta immobile pendant qu'Ursule récitait, de la voix la plus touchante, l'office des morts. Prudence et Laviny restèrent droites, fidèles aux préjugés de leurs ancêtres, qui regardaient comme une abjection de s'agenouiller; mais elles n'en priaient pas moins avec ferveur au fond du cœur. Frank et moi, nous tombâmes à genoux dans le passage; et je puis affirmer que jamais prières ne résonnèrent si doucement à mes oreilles, que celles qui sortirent alors des lèvres d'Ursule Malbone.

CHAPITRE XXVIII.

> Nous voici arrivés au ténébreux royaume de Pluton.
> Ce ne sont que déserts arides et que plaines sauvages;
> ce ne sont que cris, que lamentations, que soupirs.
> L'air et la terre se les répètent tour à tour.
>
> SACKVILLE.

Ainsi se passa cette nuit mémorable. Les deux blessés sommeillèrent la plupart du temps; et il n'y avait autre chose à faire pour les soulager que d'humecter de temps en temps leurs lèvres. Je parvins à obtenir d'Ursule qu'elle se jetât sur le lit de Laviny; et j'eus le plaisir de lui entendre dire qu'elle avait reposé un peu vers le matin. Pour Prudence, elle passa toute la nuit à la même place, l'œil sec, l'air sombre, mais atterrée, au fond du cœur, du coup subit qui venait de frapper sa race, et ne perdant pas un seul des mouvements de son mari. Son attachement ne se démentit pas une seule minute ; et si elle avait eu jamais à se plaindre de la brutalité de Mille-Acres, ces torts étaient complétement oubliés.

Enfin le jour revint, après des heures de ténèbres qui me semblaient ne devoir jamais finir. L'écuyer Newcome était parti pendant la nuit, fort inquiet sans doute, et toujours dans la même incertitude sur ce que je pouvais savoir de ses rapports avec les squatters. Il fallait, disait-il, qu'il allât réunir un jury. Car, je l'ai déjà dit, M. Jason Newcome cumulait en sa personne toutes les fonctions possibles : juge de paix, coroner, avocat, marchand de bois, aubergiste, et, par-dessus tout, patriote par métier, et défenseur intrépide des droits du peuple.

Il est une vérité que je regarde comme incontestable, et plus j'ai vécu, plus je me suis convaincu que je ne me trompais pas : c'est que l'homme qui se proclame le plus haut l'ami du peuple, qui se dit toujours prêt à le servir, n'a jamais d'autre but que de le tromper à son profit. Mais il est temps de quitter Jason Newcome pour assister à la scène intéressante qui nous attendait dans la demeure de Mille-Acres, lorsque Jaap vint nous chercher.

A mesure que la journée avançait, le porte-chaine et le squatter semblaient sortir de cet état de torpeur dans lequel ils étaient restés plongés depuis leurs blessures, et ils commençaient à prendre intérêt à ce qui se passait autour d'eux. Quoique la vie parût bien près de s'éteindre en eux, leurs pensées se reportèrent alors sur le monde qu'ils allaient quitter, comme s'ils voulaient jeter un regard sur le théâtre où ils avaient joué un rôle pendant tant d'années.

— Mon oncle a repris tous ses sens, dit Ursule en venant audevant de nous à la porte, et il vous demande l'un et l'autre, et surtout vous, Mordaunt, dont il a prononcé le nom à trois reprises différentes depuis cinq minutes. Il veut, dit-il, vous parler avant de vous quitter. Je crains qu'il n'ait quelque pressentiment intérieur de sa fin prochaine.

— C'est possible, chère Ursule ; car il est rare que la mort ne fasse pas sentir son approche. Je vais m'approcher de son lit, afin qu'il sache que je suis là. Il vaut mieux qu'il juge lui-même s'il est en état de parler.

Le son de la voix du porte-chaîne, qui parlait bas mais distinctement, frappa alors nos oreilles, et nous nous arrêtâmes tous pour écouter.

— Mille-Acres! disait André en élevant la voix, dites-moi si vous m'entendez et si vous êtes en état de répondre? Vous et moi, nous allons partir pour un très-long voyage, et il serait déraisonnable de nous mettre en route, le cœur chargé de mauvaises pensées et de sentiments pervers. Si vous aviez une nièce comme Ursule, pour vous tenir ce langage, mon vieux, votre âme s'en trouverait mieux, à son passage dans le monde où nous allons entrer tous les deux.

— Il le sait, — je suis sûr qu'il le sait, et il le sent aussi, murmura Prudence, le corps toujours aussi raide qu'auparavant. Il a eu de pieux ancêtres, et la grâce ne l'a pas tellement abandonné qu'il ne sache ce que c'est que la mort et l'éternité.

— Voyez-vous, Prudence, c'est très-bien d'avoir eu des ancêtres pieux; mais ce qui importe surtout, c'est que votre homme ait le repentir dans le cœur; qu'il déplore tous les actes d'illégalité et de violence qu'il s'est permis dans ce monde, et les licences qu'il a prises à l'égard de la propriété d'autrui. C'est d'après nos actions que nous serons jugés, et non d'après celles de nos ancêtres.

— Répondez-lui, Aaron, ajouta Prudence, répondez-lui, afin que nous sachions tous dans quelle disposition d'esprit vous vous séparez de nous. Le porte-chaîne est un brave homme au fond, et il ne nous a point fait de mal volontairement.

Pour la première fois depuis qu'il avait reçu sa blessure, j'entendis la voix de Mille-Acres. Jusqu'alors le squatter avait gardé un morne silence, et j'avais supposé qu'il lui était impossible d'ouvrir la bouche. A ma grande surprise, il parla alors avec une fermeté de voix qui m'abusa dans le premier moment, en me donnant lieu de penser qu'il n'était pas aussi mal que je l'avais cru d'abord.

— S'il n'y avait point de porte-chaînes, grommela-t-il, il n'y aurait point de bornes, point de limites; il n'y aurait pour tout droit que la possession. Sans toutes vos inventions d'actes et de titres écrits, je ne serais pas étendu ici ; prêt à rendre le dernier soupir.

— Oubliez tout cela, mon homme, oubliez tout cela, comme doit le faire un bon chrétien, répondit Prudence à cette apostrophe caractéristique, dans laquelle le squatter fermait si complétement les yeux sur ses propres fautes, disposé qu'il était à rejeter tous les torts sur les autres. C'est la loi de Dieu de pardonner à vos ennemis, Aaron. Allons, il faut pardonner au porte-chaîne, et ne point partir pour le monde des esprits avec du fiel dans le cœur.

— Mille-Acres ferait bien mieux, Prudence, de demander à Dieu de lui pardonner à lui-même, dit André. Ce n'est pas que je dédaigne le pardon de qui que ce soit. Je puis très-bien avoir dit ou fait quelque chose qui ait pu blesser votre mari ; car nous sommes rudes et grossiers, et nous avons notre franc-parler dans les bois. Que Mille-Acres me pardonne, soit ! j'accepte son pardon, je l'accepte avec plaisir, et je lui donne le mien en échange.

Un profond gémissement sortit de la vaste poitrine du squatter. Ce me parut être une sorte d'aveu qu'il était le meurtrier d'André.

— Oui, ajouta le porte-chaîne, grâce à Ursule...

— Me voici, mon oncle ! s'écria Ursule, trop émue pour savoir ce qu'elle disait.

— Oui, oui, chère nièce, c'est votre ouvrage. Dans tous les temps, vous n'avez jamais oublié d'enseigner à un pauvre vieillard son devoir.

— Oh ! mon oncle, ce n'est pas moi, c'est Dieu, dans sa merci, qui a éclairé votre esprit et touché votre cœur.

— Oui, chère enfant, je comprends encore cela : Dieu, dans sa merci, a envoyé un ange sur la terre pour être son ministre auprès d'un pauvre Hollandais bien ignorant qui ne saurait pas le peu qu'il sait sans votre aide, et qui vous doit toutes les consolations qu'il goûte en ce moment. Non, non, Mille-Acres, je ne rejetterai pas votre pardon, quelque peu que vous ayez à pardonner ; car il n'y a rien qui soulage le cœur, quand on sent qu'on va partir, comme de savoir qu'on ne laisse aucun ennemi derrière soi. On dit qu'on ne doit pas faire fi de l'amitié même d'un chien ;

à plus forte raison de celle d'un être ayant une âme qui n'a besoin que d'être purifiée pour jouir, pendant toute l'éternité, de la présence du Tout-Puissant!

— J'espère et je crois, murmura de nouveau Mille-Acres, que, dans le monde où nous allons, il n'y aura ni loi ni procureur.

— C'est ce qui vous trompe, Aaron, c'est ce qui vous trompe. Là-bas, c'est toute loi, toute justice, toute équité. Cependant, — que Dieu me pardonne si j'outrage quelqu'un, — à vous parler franchement, comme il convient à deux mortels qui sont si près de leur fin, je ne crois pas qu'il y ait là-bas beaucoup de procureurs pour troubler ceux qui seront appelés à comparaître devant la cour céleste. La manière dont ils exercent leur métier sur la terre n'est pas de nature à leur faire espérer de le continuer dans le ciel.

— Si vous aviez toujours eu des idées aussi raisonnables, porte-chaîne, aucun mal ne vous serait arrivé, et ma vie et la vôtre eussent été épargnées. Mais les meilleurs calculs se trouvent déjoués dans ce monde. Je me croyais bien sûr, il y a trois jours, d'envoyer à Albany tout le bois que nous avions préparé. — Eh bien! voilà les garçons dispersés, peut-être pour ne revenir jamais en cet endroit; les filles sont dans la forêt à courir avec les daims; les planches sont dans les griffes des gens de loi. Et tout cela est arrivé avec l'assistance d'un homme qui, en honneur, était tenu de me protéger, et voilà que, moi, je meurs ici!

— Ne pensez plus aux planches, mon homme, n'y pensez plus, dit gravement Prudence. Les jours sont courts pour tout le monde, courts pour vous surtout, malgré vos soixante-dix ans, tandis que l'éternité n'a pas de fin. Oubliez le bois, oubliez les garçons et les filles, oubliez la terre et tout ce qu'elle contient!

— Vous ne voulez pas que je vous oublie, Prudence, interrompit Mille-Acres, vous, ma femme depuis quarante longues années, vous que j'ai prise jeune et belle, qui m'avez donné tant d'enfants, et qui avez toujours été une femme fidèle et laborieuse! Vous ne voulez pas que je vous oublie, vous!

Ce singulier appel, venant d'une pareille bouche, presque au moment de l'agonie, avait quelque chose de saisissant et de solennel, au milieu des scènes étranges et à demi sauvages du drame qui se passait sous mes yeux. Ursule en fut surtout vivement émue ; elle quitta le chevet de son oncle, et, avec une expression d'intérêt peinte dans tous les traits, elle s'approcha de ces deux vieux époux, qui allaient être séparés pour peu de temps, et ses yeux restèrent fixés sur l'homme qui, probablement, était le meurtrier de son oncle, comme si elle cherchait quelque moyen d'adoucir ses souffrances morales. Le porte-chaîne, lui-même, essaya de soulever la tête, et regarda l'autre groupe d'un air de sympathie. Personne ne parla : on sentait que les communications qui avaient lieu entre ce mari et cette femme, dans un pareil moment, avaient un caractère trop sacré pour qu'il fût permis de les interrompre.

— Non, sans doute, mon homme, répondit Prudence dont la voix tremblait, malgré elle, d'émotion ; il ne peut y avoir ni loi, ni précepte qui le demande. Nous ne sommes qu'une seule et même chair, et Dieu ne voudra pas séparer ce qu'il a uni lui-même. Je ne resterai pas longtemps après vous, Aaron, et quand je vous rejoindrai, j'espère que ce sera dans un lieu où il n'y aura ni arbres, ni planches, ni acres de terre, qui puissent être un sujet de tourment pour nous.

— J'ai été durement traité pour ce bois, murmura le squatter qui avait alors repris tous ses sens, et qui ne pouvait s'empêcher de reporter ses pensées sur ce qui avait fait la grande occupation de sa vie, même au moment où cette vie lui échappait, — oui, durement traité, Prudence. Car, enfin, qu'est-ce que les Little-page pouvaient réclamer après tout, en leur supposant tous les droits du monde ? seulement les arbres sur pied, voilà tout ; car ces arbres, ce sont mes garçons et moi, comme vous savez, qui les avons convertis en planches, les plus belles et les plus droites qu'on ait jamais présentées au marché !

— C'est d'un autre genre de conversion que vous avez besoin à présent, Aaron. Il faut que nous nous convertissions tous une fois dans notre vie, nous, du moins, qui sommes les enfants de parents Puritains ; et il faut avouer que, si l'on considère notre âge, et l'importance de l'exemple dans une famille telle que la nôtre, nous n'avons attendu que trop longtemps. Il faut en finir, mon homme ; car aujourd'hui pour vous, le temps et l'éternité c'est à peu près la même chose.

— Je mourrais plus tranquille, Prudence, si le porte-chaîne voulait seulement convenir que l'homme qui abat un arbre, qui le taille, qui le scie, y acquiert une sorte de droit, légal ou naturel.

— Je suis fâché, Mille-Acres, de ne pouvoir vous donner cette satisfaction, dit André ; mais si j'en convenais, je ne mériterais plus l'estime des honnêtes gens. Écoutez plutôt votre femme, et les consolations ne vous manqueront pas. Seulement il n'y a pas de temps à perdre. Nous n'avons l'un et l'autre que peu d'heures à vivre. Je suis un vieux soldat, camarade, et j'ai vu plus de trois mille hommes tués à côté de moi, sans parler de ceux qui sont tombés dans les rangs ennemis. J'ai donc acquis assez d'expérience pour juger des blessures, et des suites qu'elles peuvent avoir. Je m'y connais : nous ne passerons pas la nuit. Réglons donc nos comptes le mieux et le plus vite possible. Un squatter doit hésiter moins que personne. Voyez-vous, ce qui fait le mérite de tel ou tel état, de telle ou telle profession, c'est la manière dont on s'y conduit. On ne demande pas à un pauvre porte-chaîne d'être savant, d'avoir de belles manières ; mais de mesurer la terre avec fidélité, et de s'acquitter, de son mieux, des travaux qui lui sont confiés. Ainsi, prenez courage, camarade. Si la vieille Prudence ne connaît pas assez la religion et sa Bible pour prier convenablement pour votre âme, adressez-vous à ma nièce que voici. Ursule s'entend à prier, tout aussi bien et mieux qu'un ministre. Essayez ; vous verrez que, à mesure que vos forces s'affaibliront, vous sentirez croître votre courage et vos espérances.

Mille-Acres tourna la tête du côté d'Ursule, et attacha sur elle un long regard. Je vis la lutte qui se passait dans son âme ; et voulant laisser à la chère enfant toute liberté d'agir comme son bon cœur le lui dicterait, sans être gênée par des témoins, je fis un signe à Frank Malbone, et nous sortîmes ensemble en fermant la porte après nous.

Les deux heures qui suivirent, et qui me parurent d'une longueur mortelle, furent employées par nous à parcourir la clairière, et à remercier les hommes qui étaient venus nous prêter main-forte. Ils l'avaient fait avec empressement, à la première réquisition du magistrat; car le respect pour la loi est un des traits caractéristiques des Américains, et notamment des habitants de la Nouvelle-Angleterre, et la plupart étaient originaires de ce pays. Quelques observateurs prétendent que ce respect s'affaiblit graduellement, et que l'influence des hommes tend à se substituer à celle des principes. Ceux-ci sont éternels et immuables; ils viennent de Dieu, et les hommes n'ont pas plus le droit de chercher à les altérer, que de blasphémer son saint nom. Le résultat le plus beau, le plus généreux que puisse se promettre la liberté politique, c'est d'appliquer ces principes au bonheur de la race humaine; mais vouloir substituer à ces règles justes et invariables du droit, des lois dictées par l'égoïsme et votées à coups de majorités, c'est faire revivre la tyrannie sous une forme populaire, et ouvrir le champ à des abus aussi criants que tous ceux qu'on a reprochés aux gouvernements monarchiques ou aristocratiques. C'est une erreur déplorable de penser que la liberté est conquise, du moment que le peuple a acquis le droit de gouverner. Ce droit n'est autre chose que la faculté de faire prévaloir en sa faveur les grands principes de justice, de la possession desquels il avait été exclu jusqu'alors. Il ne confère en aucune manière le pouvoir de faire ce qui est mal en soi, quelque prétexte qu'on puisse invoquer, et l'Amérique n'aurait rien gagné, si en secouant un joug qui la forçait d'user toutes ses ressources et toute son énergie à augmenter les richesses et l'influence d'une nation lointaine, elle s'était mise à fabriquer un nouveau système dans lequel les abus de tout genre n'auraient fait que changer de nom.

J'appris dans cette tournée que Susquesus et Jaap étaient partis ensemble pour pousser une reconnaissance et voir ce que les squatters étaient devenus. Ils se proposaient de suivre leurs traces pendant plusieurs milles, afin de bien s'assurer que Tobit et ses frères ne rôdaient pas dans les environs, prêts à tomber sur nous au moment où nous ne serions pas sur nos gardes.

Quand nous repassâmes devant l'habitation de Mille-Acres, Laviny venait nous prévenir qu'on nous demandait, et je vis à la porte, Ursule, pâle et triste, mais ayant néanmoins dans toute sa personne ce calme religieux qui annonçait le pieux devoir qu'elle venait d'accomplir. Elle vint à moi, me prit la main et me dit tout bas : —Mon oncle veut nous parler ; je n'ai pas besoin de vous dire à quelle occasion.

Un frisson involontaire parcourut ses membres ; mais elle fit un effort sur elle-même, sourit tristement, et ajouta : — Écoutez-le avec patience, Mordaunt ; songez qu'il me tient lieu de père, et qu'il a droit à mon obéissance comme à mon plus tendre attachement.

Dès que j'entrai, je reconnus l'influence des prières qu'Ursule avait sans doute récitées. Prudence paraissait consolée, et Mille-Acres lui-même avait une expression singulière, comme si des doutes commençaient à l'assaillir. Son regard inquiet ne quittait pas Ursule, et il était évident qu'il la considérait comme le bon ange qui avait éveillé dans son âme le sentiment de son état critique. Mais mon attention fut bientôt appelée sur l'autre lit.

— Venez ici, Mordaunt, mon garçon ; et vous aussi, Ursule, ma bien chère enfant. J'ai quelques paroles essentielles à vous adresser avant de partir, et si je ne les disais pas tout de suite, je pourrais bien ne vous les dire jamais. Ce n'est pas lorsqu'on a déjà, je ne dirai pas un pied, mais bien les deux pieds et plus de la moitié du corps dans la tombe, qu'il faut remettre au lendemain. Écoutez donc les derniers avis d'un vieillard, et ne l'interrompez pas qu'il n'ait achevé ce qu'il a à vous dire ; car je m'affaiblis, et je pourrais ensuite n'avoir pas la force d'achever. — Mordaunt m'a fait entendre, clairement et sans détour, qu'il aime, qu'il adore mon enfant, et que son vœu le plus cher est de l'épouser. De son côté Ursule convient qu'elle a pour Mordaunt autant d'estime que d'attachement, et qu'elle est prête à devenir sa femme. Tout cela est naturel, et il y a eu un temps où j'aurais eu du bonheur pour toute ma vie à vous entendre parler ainsi. Vous savez, mes enfants, que je vous confonds également dans mon amour, et certes à tous égards, sauf la fortune, il n'y a point dans toute l'Amérique de couple qui me parût mieux assorti. Mais, quand le devoir parle, il n'est pas permis de faire la sourde oreille. Le général Littlepage a été mon colonel ; brave et honnète homme lui-même, il a droit d'attendre de ses anciens capitaines les procédés qu'il a toujours eus pour eux. Eh bien! si le ciel est le ciel, le monde, lui, est le monde, et les règles qui le gouvernent doivent être observées. Je sais que les Malbone sont une ancienne et respectable famille; et quoique le père d'Ursule ait été un fou, un extravagant.....

— Ah! mon oncle!

— Bien, ma fille, bien! c'était votre père, et un enfant doit respecter ses parents. D'ailleurs, si Malbone avait des défauts, il avait aussi ses avantages. C'était le plus bel homme qu'on pût voir, et ma pauvre sœur ne s'en était que trop aperçue ; il était brave comme un lion, plein de générosité et de franchise. Toutes ces qualités prévenaient d'avance en sa faveur. Je vous disais en même temps qu'il était d'une excellente famille ; et Frank, le frère d'Ursule, ne dément pas ses ancêtres. C'est par la famille de ma mère qu'Ursule est ma nièce, et c'est encore une famille distinguée, plus distinguée même que les Coejemans. Aussi Ursule ne laisse-t-elle rien à désirer du côté de la naissance. Mais la naissance n'est pas tout. Viennent des enfants qu'il faut nourrir, qu'il faut habiller, et pour cela il faut de l'argent. Je connais madame Littlepage. Elle est fille du vieil Herman Mordaunt, qui était un des grands propriétaires fonciers du pays, et qui menait un grand train dans la province. Madame Littlepage, née et élevée au milieu du grand monde, pourrait ne pas aimer à avoir pour bru la nièce d'un porte-chaîne, qui elle-même a porté la chaîne, comme vous savez, Mordaunt, ce qui ne la rend que plus chère encore et plus estimable à mes yeux, mon garçon; mais le monde égoïste la méprisera...

— Ma mère, au cœur si noble, au jugement si droit, aux sentiments si généreux! Ah! jamais, jamais! m'écriai-je dans un élan de sensibilité qu'il me fut impossible de réprimer.

Ces paroles et plus encore la manière dont elles furent prononcées firent une impression profonde sur mes auditeurs. Un éclair de joie brilla sur la figure d'Ursule, aussi prompt, aussi fugitif que le passage de l'étincelle électrique. Le porte-chaîne me regarda fixement, et il était facile de lire dans ses traits l'intérêt qu'il prenait à mes paroles, et l'importance qu'il y attachait. Quant à Frank, il détourna la tête pour cacher les larmes qui s'échappaient de ses yeux.

— Si je pouvais le croire, si je pouvais l'espérer, Mordaunt, reprit le porte-chaîne, ce serait une grande consolation pour moi au moment du départ ; car je connais assez le général Littlepage pour être sûr que tôt ou tard il envisagerait la chose sous son vrai jour, en bon et loyal homme qu'il est. Je craignais qu'il n'en fût pas tout à fait de même de madame Littlepage ; j'avais toujours entendu dire que les Mordaunt frayaient avec le grand monde, et qu'ils en avaient tous les sentiments. Cela change un peu mes idées et mes projets. Cependant, mes jeunes amis, j'ai une promesse à vous demander, à l'un et à l'autre, promesse solennelle, faite à un mourant ; c'est de…

— Entendez-moi, André, m'écriai-je en l'interrompant, entendez-moi avant d'arracher à Ursule une promesse imprudente, et j'oserai dire cruelle, qui pourrait faire à jamais notre malheur à tous deux. C'est vous, vous le premier, qui m'avez excité, qui m'avez encouragé à l'aimer ; et maintenant que j'ai suivi vos conseils, et que j'ai su apprécier tout ce qu'elle vaut, vous voulez éteindre ma flamme, et me commander un sacrifice auquel il ne m'est plus possible de me résigner !

— J'en conviens, j'en conviens, mon ami, et j'espère que le Seigneur, dans sa grande miséricorde, me pardonnera cette grande erreur. Nous en avons déjà parlé, Mordaunt, et j'ai dû vous dire que c'est Ursule qui la première m'a fait sentir l'inconvenance de ma conduite, en me démontrant clair comme le jour que, loin de vous encourager, je devais éviter avec soin de vous suggérer des idées semblables. Comment se fait-il, ma chère enfant, que vous ayez oublié tout cela, et que vous paraissiez aujourd'hui m'engager à faire ce que vous condamniez si vivement alors ?

Ursule devint pâle comme la mort ; puis l'instant d'après ses joues se couvrirent d'une vive rougeur. Elle se laissa tomber à genoux, et cachant sa figure dans la couverture grossière du lit, elle répondit avec la plus touchante naïveté :

— C'est qu'alors, mon bon oncle, je n'avais jamais vu Mordaunt !

Je m'agenouillai à côté d'Ursule, je la pressai contre mon cœur, et je cherchai à lui témoigner par les plus tendres caresses tout le plaisir que me causait un si doux aveu. Mais Ursule se dégagea doucement de mes bras ; elle se releva, et nous attendîmes en silence l'effet de ce que le porte-chaîne venait de voir et d'entendre.

— Je vois que la nature est plus forte que la raison, l'opinion, l'usage, répondit le vieillard après avoir réfléchi ; j'ai peu de temps à consacrer à cette affaire, mes enfants, et il faut en finir. Promettez-moi du moins tous deux de ne jamais vous marier que du libre consentement du général et des deux dames Littlepage, la vieille et la jeune ?

— Je vous le promets, mon oncle, dit Ursule avec un empressement que j'étais tenté de déplorer ; je vous le promets, au nom de l'amour que je vous porte, et comme j'espère en mon Sauveur. Je serais trop malheureuse d'entrer dans une famille qui ne me recevrait pas avec plaisir.

— Ursule, très-chère Ursule, réfléchissez ! Ne suis-je donc rien à vos yeux ?

— Je serais bien malheureuse aussi de vivre sans vous, Mordaunt ; mais, d'un côté, je serais soutenue par le sentiment d'avoir fait mon devoir ; tandis que, de l'autre, les malheurs qui m'arriveraient me paraîtraient la juste punition de mon imprudence.

Pour moi, je ne voulus rien promettre ; car, à dire vrai, si j'étais sûr de mon père et de ma mère, je n'étais pas aussi tranquille à l'égard de ma vénérable aïeule. Je savais que non-seulement elle s'était mis dans la tête de me marier à Priscilla Bayard, mais qu'elle avait la fureur de faire elle-même les mariages ; et je craignais que, comme la plupart des vieillards, elle ne tînt fortement à ses idées. Ursule chercha à me faire céder ; mais j'éludai toujours, et les sollicitations furent abandonnées par suite d'une remarque que fit bientôt le porte-chaîne.

— Ne le pressez pas, mon enfant, ne le pressez pas ; votre promesse suffit. Je sais que je puis compter sur votre parole ; qu'importe que Mordaunt soit un entêté ? A présent, mes enfants, comme je désire ne plus parler des affaires de ce monde, pour donner toutes mes pensées à Dieu, je vais prendre congé de vous. Que vous vous mariiez ou non, j'appelle sur vous deux toutes les bénédictions du Tout-Puissant. Vivez, mes chers enfants, de manière à voir approcher le moment solennel où je suis arrivé, avec espoir et avec joie, afin que nous puissions tous nous retrouver plus tard dans les régions du ciel !

A cette bénédiction succéda un silence solennel qui fut interrompu par un gémissement terrible, sorti de la poitrine de Mille-Acres. Tous les regards se tournèrent sur l'autre lit, qui présentait un contraste terrible avec la scène calme et consolante qui accompagnait le départ de l'âme de notre vieil ami. Seul, je m'avançai pour aider Prudence qui, poussant jusqu'au bout le dévouement de la femme, restait collée contre son mari, « les os de ses os et la chair de sa chair. » J'avoue cependant que l'horreur dont j'étais saisi paralysa mes membres, et que lorsque je fus arrivé au pied du lit du squatter, je me sentis comme cloué à ma place, sans qu'il me fût possible de faire un pas en avant.

Mille-Acres avait été soulevé, au moyen de traversins, de sorte qu'il était presque assis sur son séant; changement de position qu'il avait demandé lui-même quelques instants auparavant. Ses yeux étaient ouverts, livides, hagards, désespérés. Ses lèvres, en se contractant dans les étreintes convulsives de la mort, donnaient à sa figure renversée une sorte de grimace sardonique, qui la rendait doublement horrible. Dans ce moment, toute sa personne devint immobile, et ses traits conservèrent un calme effrayant. Je savais qu'il lui restait à rendre le dernier soupir, et je l'attendis comme l'oiseau fasciné ne peut détacher ses yeux du regard du serpent. Ce soupir, en s'exhalant, écarta les lèvres du moribond de manière à montrer toutes les dents; et il n'en manquait pas une dans cette constitution de fer. J'avouerai ma faiblesse : ce spectacle était si révoltant, que je me cachai la figure. Quand j'écartai la main, j'entrevis cette sombre enveloppe dans laquelle l'esprit du squatter, du meurtrier, avait habité si longtemps. Prudence était occupée à lui fermer les yeux, qui, tout ternes qu'ils étaient, avaient encore quelque chose de farouche. Jamais je n'avais vu de cadavre si hideux !

CHAPITRE XXIX.

> Doux et calme comme l'enfant qui se penche pour goûter le repos, et qui dort en souriant sur l'épaule de sa mère, animé de la même confiance et du même espoir que les patriarches, il donna son âme au ciel et son corps à la tombe.
>
> HARTH.

Je vis que le porte-chaîne et Ursule évitaient de regarder du côté du lit de Mille-Acres, depuis que cet être égoïste et opiniâtre avait cessé d'exister. Je fis préparer aussitôt une autre hutte pour le recevoir, et le corps y fut transporté sans délai. Prudence l'y suivit, et elle y passa le reste de la journée et toute la nuit suivante avec Laviny. Parmi les hommes venus avec le magistrat, il se trouvait quelques charpentiers, qui firent un cercueil, et le corps y fut placé de la manière ordinaire. D'autres creusèrent une fosse au milieu d'une de ces plaines grossières où le squatter avait fait quelques essais de culture; de sorte que tout était prêt pour l'enterrement, dès que le coroner serait arrivé pour remplir les formalités d'usage.

Quand le corps de Mille-Acres eut été emporté, une sorte de tranquillité religieuse régna dans la hutte du porte-chaîne. Mon vieil ami s'affaiblissait de plus en plus, et il ne disait presque plus rien. Il conserva sa connaissance jusqu'au dernier moment, et Ursule passa presque toute la journée en prières à côté de lui. Vers le soir, nous eûmes beaucoup de peine à la décider, Frank et moi, à monter au grenier pour y prendre quelques instants de repos après tant de fatigues. Ce fut pendant son absence que le vieil André m'adressa de nouveau la parole.

— Je sens que j'irai jusqu'à demain matin, Mordaunt, me dit-il; mais, que la mort vienne quand elle voudra : elle est envoyée par mon Créateur et elle sera la bienvenue. La mort n'a rien qui m'effraie.

— Vous l'avez affrontée assez de fois sur les champs de bataille pour ne pas la craindre, capitaine Coejemans.

— Ah! c'est là que pendant longtemps j'ai désiré mourir, avec les Montgomery, les Laurens, les Warren, et tant de braves, morts les armes à la main! Toutes ces idées sont passées aujourd'hui. Je suis comme un voyageur qui, suivant une plaine immense, lorsque enfin il est arrivé à l'extrémité, voit à ses pieds un abîme qu'il lui faut franchir. Qu'est-ce en effet que toutes les peines, les travaux, les tribulations de la vie auprès de l'éternité! ce n'est pas que cette éternité ait pour moi quelque chose d'effrayant. Dieu m'a fait la grâce de m'éclairer, et il ne reste plus place dans mon âme qu'à des sentiments d'amour et de désir pour mon Créateur. Ah! Mordaunt, vous ne trouverez pas mauvais, n'est-ce pas, que votre vieil ami, avant de vous quitter, vous parle une dernière fois de ce sujet sacré?

— Parlez, parlez en toute liberté, mon cher porte-chaîne. Vos avis m'ont été précieux dans tous les temps; ils me le seront encore davantage dans un moment aussi solennel.

— Merci, Mordaunt, merci de tout mon cœur. Vous savez, mon ami, comment s'était écoulée mon enfance; je vous l'ai raconté assez souvent dans nos campagnes. Resté tout jeune sans père ni mère, n'ayant ni guide, ni protecteur, je ne connaissais pas Dieu, et je n'avais aucune idée de mes devoirs envers lui. Il a fallu qu'une enfant m'apprît ma religion, dont je ne savais pas le premier mot. Aussi, graduellement, et à mesure que cette chère Ursule m'instruisait, quel changement se faisait dans mes goûts et dans mes habitudes! Autrefois je faisais souvent la ribotte; j'aimais le rhum, l'eau-de-vie, toutes les liqueurs fortes; eh bien! Ursule a réformé tout cela. Vous avez pu observer, depuis que vous êtes avec moi, que je n'ai plus à tous moments le verre à la main comme jadis. C'est le résultat des conversations que j'ai eues avec elle! Vous auriez joui, Mordaunt, à voir la chère enfant assise sur mes genoux, jouant avec mes cheveux gris, et caressant de ses jolies petites mains mes joues rudes et flétries, comme l'enfant caresse sa mère, tandis qu'elle me racontait l'histoire de Jésus-Christ, et ses souffrances pour nous tous, et combien nous devions l'aimer! Ursule vous paraît jolie; vous avez du plaisir à la voir et à l'entendre? Que serait-ce si vous l'entendiez parler de Dieu et de la Rédemption!

— Rien ne m'étonne de la part d'Ursule, mon cher porte-chaîne; et rien ne saurait m'être plus agréable que de vous entendre ainsi faire son éloge!

Le porte-chaîne avait bien prévu l'instant de sa mort. Jamais je n'ai vu de fin plus tranquille. Ses souffrances avaient cessé avant qu'il rendît le dernier soupir; mais elles avaient été atroces par moments, comme il me l'avait confié dans le cours de la journée. — Tâchons surtout qu'Ursule n'en sache rien, m'avait-il dit tout bas; la pauvre enfant ignore que ces sortes de blessures sont toujours douloureuses; n'ajoutons pas à ses peines.

A moins d'être dans le secret, on n'aurait pu soupçonner qu'André souffrît autant. Ursule fut trompée, et elle ne sait pas encore la vérité. Mais, comme je l'ai dit, les douleurs cessèrent vers le soir, et le porte-chaîne eut même, à divers intervalles, quelques instants de repos.

Il se réveilla avec le jour et ne s'endormit plus que du dernier sommeil. Par suite sans doute de son grand âge, ses sens s'éteignirent en quelque sorte l'un après l'autre. Il répétait plusieurs fois les questions auxquelles nous venions de répondre; et, au moment même où Ursule, qui était descendue dès cinq heures du matin, priait et veillait auprès de lui comme un ange gardien, il demanda avec anxiété où elle était.

— Me voici, mon oncle, répondit la chère enfant d'une voix tremblante, me voici, devant vous; je vais humecter un peu vos lèvres.

— Frank ou Malbone, appelez-la; je voudrais qu'elle fût près de moi au moment où mon âme monte au ciel!

— Mon bon oncle, c'est moi qui vous serre dans mes bras! répondit Ursule en élevant la voix pour se faire entendre, effort qui lui coûta beaucoup; ne croyez pas que je puisse vous quitter un seul instant!

— Je le sais! dit le porte-chaîne, en cherchant à soulever sa main défaillante pour sentir sa nièce. Vous n'oublierez pas, Ursule, ce que je vous ai demandé au sujet de Mordaunt. Si cependant il obtient le consentement de toute sa famille, épousez-le, ma fille, et recevez ma bénédiction. — Embrassez-moi, Ursule. Comme vos lèvres sont froides! ce n'est pas comme votre cœur, mon enfant. — Embrassez-moi aussi, Mordaunt. — Ah! cela fait du bien. — Adieu, Frank, mon ami, — je suis votre débiteur; votre sœur vous paiera... Le général Littlepage me doit encore... dites-lui bien, ainsi qu'à madame Littlepage, que le respect...— Adieu, Frank, Ursule. — Oh! mon Sauveur, recevez mon...

Ces mots furent à peine balbutiés, et la vie s'éteignit avec le dernier son. Jamais je n'avais vu de fin plus calme, plus propre à raviver les espérances du chrétien. Mon amour, mon admiration pour Ursule s'en accrurent encore, puisque cette sérénité était en quelque sorte son ouvrage.

Il fallut bien songer alors à prendre les dispositions nécessaires, et à remplir les formalités légales. Ursule, accompagnée de Laviny, qui ne nous quittait plus, fut conduite dans une autre hutte, pendant qu'on déposait le porte-chaîne dans un cercueil préparé par les mêmes mains qui avaient fait celui du squatter. Vers midi, le coroner arriva; un jury fut formé; les événements qui s'étaient passés furent racontés brièvement; et le jury déclara que la mort du porte-chaîne était le résultat d'un meurtre commis par quelque personne inconnue, et que celle de Mille-Acres était accidentelle. Cette dernière déclaration ne me paraît pas aussi fondée que la première; car je crois que jamais balle ne fut lancée d'une main plus ferme et d'un œil plus sûr que celle qui frappa le squatter; mais enfin tel fut le verdict; et j'en étais réduit à mes conjectures sur la part que l'Indien avait prise à ce qu'il regardait comme un grand acte de justice.

Le soir même, nous ensevelimes Millé-Acres au milieu de la plaine dont j'ai parlé. De toute sa nombreuse famille, Prudence et Laviny seules étaient présentes. La cérémonie fut courte; les hommes qui avaient porté le corps, le peu de spectateurs qui se trouvaient là, remplirent la fosse, la recouvrirent avec soin de mottes de gazon. Ils se retiraient paisiblement, quand le silence solennel qui n'avait pas cessé de régner fut interrompu par la voix retentissante de Prudence, et chacun s'arrêta.

— Hommes et frères, dit cette femme extraordinaire, qui rachetait par la plupart des vertus naturelles à son sexe, les vices qui semblaient inhérents à sa condition, — hommes et frères, car je ne puis vous appeler voisins, et je ne veux pas vous nommer ennemis, merci de vos attentions pour celui qui n'est plus comme pour celle qui lui survit, — merci d'avoir prêté votre aide pour ensevelir le défunt!

Ces paroles étaient à peu près celles qu'il est d'usage de prononcer à la fin de pareilles cérémonies ; mais personne ne s'attendait à les entendre, et elles nous surprirent et nous firent tous tressaillir. Lorsque le cortége se fut dispersé, et que chacun se dirigeait de son côté vers les huttes, je me trouvai rester seul avec Prudence, qui était debout à côté de la tombe.

— La nuit sera froide, lui dis-je, et vous feriez mieux de rentrer.

— Rentrer? et où? et avec qui? Aaron n'est plus, les garçons sont partis, leurs femmes et leurs enfants aussi! Il ne reste dans cette clairière que Laviny qui est plus des vôtres que de ma race, et le corps qui est étendu sous ces mottes de terre! — Il y a dans la maison quelques effets que je suppose que la loi elle-même ne nous contesterait pas, et qui peuvent être utiles à l'un ou à l'autre. Donnez-les-moi, major Littlepage, et je ne vous importunerai plus. On ne traitera plus Aaron de squatter, j'espère, pour le petit coin de terre qu'il occupe à présent? et un jour, peut-être, vous ne me refuserez pas une petite place auprès de lui. Je n'irai pas bien loin, je le sens, et la première tente que je dresserai sera la dernière.

— Je n'ai aucune envie d'aggraver votre position, pauvre femme. Vos effets vous seront rendus quand vous le voudrez, et je vous aiderai même à les emporter, sans que vos fils soient obligés de reparaître ici. Il me semble que j'ai vu un bateau sur la rivière, au-dessous du moulin?

— Pourquoi pas? les garçons l'ont construit il y a deux ans, et il n'est pas probable qu'il s'en soit allé tout seul.

— Eh bien, donc! tout ce qui vous appartient ici sera transporté à bord de ce bateau. Demain matin, mon nègre et l'Indien le conduiront à un ou deux milles plus bas sur la rivière, et vous pourrez envoyer qui vous voudrez en prendre possession.

Prudence parut surprise, et même touchée de cette proposition, quoiqu'elle conservât un peu de défiance.

— Puis-je y compter, major Littlepage? demanda-t-elle d'un

air de doute. Tobit et ses frères ne me pardonneraient jamais, si cette offre cachait quelque piége pour les arrêter.

— Tobit et ses frères n'ont à craindre aucune trahison de ma part. Ne savez-vous pas ce que vaut la parole d'un homme d'honneur?

— Il suffit, major, je me fie à vous, et l'on ira chercher le bateau à l'endroit que vous indiquez. Que Dieu vous récompense de cette bonne action, et accomplisse vos plus chers désirs! Nous ne nous reverrons jamais. — Adieu.

— Vous allez rentrer, et passer du moins la nuit dans une des habitations?

— Non, je vous quitte ici. Les maisons ne renferment plus rien que j'aime, et je serai plus heureuse dans les bois.

— La nuit est froide, et vous allez souffrir cruellement, pauvre femme!

— Il fait plus froid dans cette tombe, répondit Prudence en montrant tristement de son long doigt décharné le monticule de terre qui recouvrait les restes de son mari. Je suis accoutumée à la forêt, et il faut que j'aille rejoindre mes enfants. La mère qui est séparée de ses enfants n'est arrêtée ni par le froid ni par le vent. Adieu donc, major Littlepage. Merci encore une fois!

— Mais vous oubliez votre fille. Que va-t-elle devenir?

— Laviny s'est prise de passion pour Ursule Malbone, et tout son désir est de rester avec elle, tant que celle-ci voudra bien la garder. Quand elles seront lasses l'une de l'autre, ma fille saura bien me trouver. Ce n'est pas un de mes enfants qui se livrerait sans succès à une pareille recherche.

Je n'avais plus d'objections à faire. Prudence agita la main en signe d'adieu, et elle s'éloigna à travers la sombre clairière, du pas allongé d'un homme. Bientôt elle s'enfonça dans l'ombre des bois avec aussi peu d'hésitation qu'un autre fût entré dans l'avenue conduisant à une grande ville. Jamais je ne la revis.

Comme je rentrais, Jaap et Sans-Traces revenaient de leur excursion. Leur rapport fut complétement satisfaisant. Ils avaient suivi les traces des squatters jusqu'à une très-grande distance, et ne les avaient point aperçus. Il était évident que les fils de Mille-Acres avaient pris leur parti, et qu'ils avaient quitté pour toujours cette partie du pays. Le mobilier appartenant à la famille n'était ni somptueux, ni considérable. Je tins ma promesse, et tout était transporté à bord du bateau le lendemain matin. J'appris indirectement par Laviny que Prudence avait reçu la cargaison, et qu'elle me remerciait de cette faveur. Une grande partie des trains de bois qui étaient déjà sur la rivière tombèrent entre les mains des squatters, que je ne cherchai plus à inquiéter, et le reste fut vendu pour indemniser les hommes qui avaient montré un louable empressement à prêter main-forte à la loi en venant à notre secours.

Le lendemain nous fîmes nos apprêts pour quitter la clairière abandonnée. Des dispositions furent prises pour transporter le corps du porte-chaîne à Ravensnest. Ursule prit les devants avec Laviny, accompagnée de son frère. Nous fîmes une halte aux huttes du porte-chaîne, où nous passâmes la nuit. A la pointe du jour, notre lugubre cortége se remit en marche. Ursule et Frank nous précédèrent encore; ils arrivèrent à Ravensnest une heure avant le dîner; mais ceux qui escortaient le corps ne pouvaient aller aussi vite, et le soleil allait se coucher lorsque la maison parut à nos yeux.

En approchant, je vis un certain nombre de chariots et de chevaux dans le verger qui s'étendait à l'entour. Je crus d'abord que c'étaient les fermiers qui s'étaient réunis pour rendre un dernier hommage au porte-chaîne; mais la vérité ne tarda pas à m'être révélée. Quelques pas plus loin, j'aperçus mes chers parents en personne, le colonel Follock, Kate, Priscilla Bayard et son frère, et jusqu'à ma sœur Kettletas. Par derrière, accourait, aussi vite que la faiblesse de ses jambes le permettait, ma vieille et respectable grand'mère elle-même!

Ainsi se trouvait rassemblée presque toute la famille Littlepage, avec quelques bons et intimes amis. Frank Malbone était avec eux, et sans doute il leur avait déjà raconté ce qui s'était passé, de sorte qu'on ne fut pas surpris de voir paraître notre triste cortége. Il m'était facile de m'expliquer de mon côté comment mes parents se trouvaient là. A la réception du message de Frank, tout le monde s'était mis en route, comme je m'y étais attendu.

Kate me dit ensuite que la marche du cortége était vraiment imposante, lorsque nous arrivâmes à l'entrée de la maison, portant le corps du porte-chaîne. En avant marchaient Susquesus et Jaap, l'un et l'autre armés, et le dernier portant de plus une hache, comme remplissant les fonctions de pionnier. Les porteurs venaient ensuite, avec les hommes de l'escorte, rangés deux par deux, le havre-sac sur le dos et la carabine sur l'épaule. C'était moi qui conduisais le deuil, et les pauvres esclaves du porte-chaîne suivaient le corps de leur maître, portant sa boussole, ses chaînes et les autres emblèmes de sa profession.

Nous passâmes, sans nous arrêter, au milieu de la foule rassemblée sur la pelouse ; nous entrâmes, et ce ne fut que lorsque nous fûmes arrivés au milieu de la cour que le cercueil fut déposé un instant. Comme toutes les dispositions avaient été prises d'avance, il ne restait plus qu'à procéder à l'enterrement. Je savais que le général Littlepage avait souvent présidé à des cérémonies semblables, et Tom Bayard le pria de réciter les prières d'usage. Pour moi, je n'adressai la parole à aucun membre de ma famille ; je me serais reproché de m'accorder cette jouissance, avant d'avoir rendu les derniers devoirs à mon vieil ami. En une demi-heure tout était prêt, et le cortége se remit en marche. Comme précédemment, Susquesus et Jaap ouvrirent la marche. Celui-ci, qui alors devait remplir le rôle de fossoyeur, avait une pelle à la main. L'Indien portait une torche de pin enflammé, car l'obscurité était alors profonde. D'autres personnes avaient aussi de ces flambeaux naturels, ce qui ajoutait à l'effet de la cérémonie. Le général Littlepage marchait devant le corps, un livre de prières à la main. Venaient ensuite les porteurs avec le cercueil. Ursule suivait, vêtue de noir des pieds à la tête, et appuyée sur Frank. Quoique ce ne fût pas conforme à l'usage dans l'État de New-York, personne ne songea à empêcher cette infraction, si naturelle, dans une telle circonstance, à la réserve imposée à son sexe. Hommes et femmes, tout ce qui habitait Ravensnest ou les environs, s'étaient empressés de venir montrer leur respect pour la mémoire du porte-chaîne, et Ursule conduisit le deuil. Priscilla Bayard, appuyée sur le bras de son frère, suivait son amie, bien qu'elles n'eussent pas encore échangé une seule parole; et, après la cérémonie, Priscilla me dit que c'était le premier convoi funèbre qu'elle eût accompagné. Il en était de même de ma mère et de mes sœurs. Je mentionne cette circonstance, de peur que quelque antiquaire, dans quelques mille ans d'ici, ne vienne à tomber sur ce manuscrit, et ne se méprenne sur nos usages. Depuis quelques années, on juge convenable, dans la Nouvelle-Angleterre, de déroger à cette coutume comme à beaucoup d'autres; mais dans toutes les familles respectables de l'État de New-York, aucune femme, même aujourd'hui, n'assiste aux funérailles. Je crois qu'en cela nous suivons l'usage de l'Angleterre, où ce n'est que parmi le peuple que les femmes se montrent dans des cérémonies semblables. Je ne tire point les conséquences, je me borne à mentionner le fait.

Toutes nos dames suivirent donc le convoi du porte-chaîne. Je venais derrière Tom et Priscilla, et je sentis le bras de Kate qui venait se poser doucement sur le mien. Elle le pressa tendrement, comme pour m'exprimer tout le plaisir qu'elle éprouvait à me voir sain et sauf, hors des mains des Philistins. Le reste des parents et des amis se rangea à la suite, et dès que l'Indien vit que tout le monde était placé, il se mit lentement en marche, tenant sa torche assez haut pour éclairer ceux qui se trouvaient auprès de lui.

L'ordre avait été donné d'avance de creuser une fosse pour André dans le verger, à peu de distance de l'extrémité des rochers. C'était un endroit où s'était passé, à ce qu'il paraît, un des événements les plus mémorables de la vie du général; événement dans lequel Jaap et Susquesus avaient joué tous deux un rôle important. Nous nous y rendîmes lentement et en bon ordre, à la lueur des torches qui jetaient leur clarté lugubre sur cette scène. Jamais cérémonie religieuse ne m'avait paru si imposante. La voix de mon père avait une gravité, une onction toute particulière. Les prières furent récitées, non pas machinalement, mais avec un sentiment de piété remarquable; car le général n'était pas seulement l'ami intime du défunt, c'était un fervent chrétien.

J'éprouvai un vif serrement de cœur, lorsque la première pelletée de terre tomba sur le cercueil du porte-chaîne ; mais la réflexion me rendit plus calme, et, de ce moment, Ursule me devint doublement chère. Je sentais qu'elle devait retrouver en moi les soins et l'attachement de son oncle, et que c'était un devoir sacré pour moi de le remplacer auprès d'elle. Ursule ne laissa pas échapper un seul sanglot pendant toute la cérémonie ; sans doute ses larmes coulèrent abondamment, mais en silence, et elle eut assez d'empire sur elle-même pour contenir sa douleur. Nous restâmes tous autour de la fosse jusqu'à ce que Jaap l'eût remplie entièrement et eût formé le tertre qui devait la recouvrir. Alors le cortége se réunit de nouveau pour accompagner Frank et Ursule jusqu'à la porte de la maison, où elle entra seule ; nous restâmes en dehors. Cependant Priscilla Bayard se glissa après son amie ; et à la clarté du feu de la cheminée, je les vis, par la fenêtre du parloir, entrelacées dans les bras l'une de l'autre. Un instant après, elles se retirèrent dans la petite chambre qu'Ursule avait choisie pour elle.

Je pus enfin alors m'occuper de mes chers parents, et je me jetai dans les bras de ma mère, qui me tint longtemps embrassé, les yeux baignés de larmes, en m'appelant son cher, son bien cher enfant. Mes sœurs me prodiguèrent aussi les plus tendres caresses. Ma grand'mère, qui était derrière elles, me demanda d'un air de reproche si je l'oubliais, et elle se dédommagea de venir la dernière, en me retenant plus longtemps dans ses bras. Elle protesta que j'étais de plus en plus tout le portrait des Littlepage, et elle ne se lassait pas de remercier Dieu de m'avoir tiré sain et sauf de cet affreux guet-apens. La tante Mary m'embrassa avec son affection ordinaire.

Le colonel Follock vint me serrer la main.— Savez-vous, mon garçon, me dit notre vieil ami, que le général officie admirablement? J'ai toujours dit que Corny Littlepage eût fait un excellent ministre. Il est vrai qu'alors nous aurions eu un excellent militaire de moins. C'est un homme extraordinaire, Mordaunt, et je vous prédis qu'un jour il sera gouverneur.

Le colonel avait beaucoup d'ambition pour mon père. Il répétait sans cesse qu'il n'y avait rien d'assez bon pour son ami, et qu'il n'y avait point de position élevée à laquelle il ne pût prétendre. Je ne sais si ces insinuations, sans cesse répétées, n'y furent pas pour quelque chose ; ce qui est certain, c'est que mon père fut nommé membre du congrès aussitôt après la promulgation de la nouvelle constitution, et qu'il y siégea tant que ses forces le lui permirent.

Le souper nous réunit bientôt à table. Frank et Ursule n'y parurent pas, et Priscilla Bayard tint compagnie à son amie. Nous ne les revimes pas de la soirée. Après le souper, je fus prié de raconter mes aventures. J'étais à côté de ma bonne grand'mère, qui, pendant mon récit, ne cessa pas de me tenir la main.

— Ah ! voilà bien ces Yankees ! s'écria le colonel Follock quand j'eus terminé. Ils ont toujours le mot de religion à la bouche ; mais voyez-les à l'œuvre ! Je parierais, Corny, que ce misérable Mille-Acres eût prêché au besoin !

— Il y a des malhonnêtes gens partout, colonel, répondit mon père, à New-York aussi bien que dans la Nouvelle-Angleterre. L'existence des squatters tient à l'état même du pays. Quand des propriétés ne sont ni surveillées ni gardées, il est tout simple qu'on les respecte moins ; ce sont les circonstances qui font les squatters, plutôt que la disposition particulière de telle ou telle partie de la population à s'approprier le bien d'autrui. Il en serait de même de nos bestiaux et de nos chevaux, s'ils étaient également exposés aux déprédations d'hommes sans principes, quelle que fût l'origine de ces hommes.

— Eh bien, que j'en surprenne un dans mon écurie ! répondit le colonel en agitant la tête d'un air menaçant ; car, en bon Hollandais, il avait une prédilection toute particulière pour les Yankees ; je lui tondrai de près la peau, sans l'intervention de juges ni de jury !

— Ce serait tomber dans un autre excès qui ne serait pas moins funeste, reprit mon père.

— A propos, m'écriai-je pour donner un autre cours à la conversation, car je savais que le colonel Follock, malgré les extravagances qu'il débitait quelquefois sur de pareils sujets, était le meilleur des hommes, j'ai oublié de vous parler d'une circonstance qui peut n'être pas sans intérêt pour vous, car il me semble que l'écuyer Newcome est une de vos vieilles connaissances.

Je leur racontai alors la visite de M. Jason Newcome à la clairière de Mille-Acres, et la substance de la conversation que j'avais entendue entre le squatter et cet intègre magistrat. Mon père m'écouta tranquillement; mais le colonel cligna les yeux, grommela, rit autant que le lui permettait la pipe qu'il tenait à la bouche, et dit aussi distinctement qu'il le pouvait dans les circonstances données, et d'un ton sentencieux : Du Danbury tout pur !

— Allons, vous voilà encore, Dirck! répondit mon père. Il n'est pas juste de rejeter tous ces vices et tous ces excès sur nos voisins; car il en est qui prennent racine sur notre sol même. Je connais cet homme; et si je lui ai accordé plus de confiance que je ne l'aurais dû, c'est que, sans le croire d'une délicatesse extrême, je le supposais du moins ce que nous appelons légalement honnête. Il paraît que je me suis trompé; mais je n'irai pas en accuser le lieu de sa naissance.

— Soyez de bonne foi, Corny, et convenez qu'ils sont tous de même. Pourquoi laisser votre fils se faire de fausses idées? Il faudra bien que tôt ou tard il découvre la vérité.

— Je serais désolé, Dirck, que mon fils entretint des préjugés étroits. La dernière guerre m'a mis en rapport avec un grand nombre d'officiers de la Nouvelle-Angleterre, et j'ai appris à estimer cette portion de nos concitoyens plus que nous n'étions dans l'habitude de le faire avant la révolution.

— Estimez, estimez tout à votre aise, Corny! Il n'en est pas moins vrai que ce sont de damnés squatters, et que, si nous n'y prenons pas garde, les Yankees nous prendront toutes nos terres.

Cette petite guerre se prolongea encore quelque temps ; après quoi, chacun alla chercher le repos dont il avait grand besoin après une journée si fertile en incidents et en émotions de tout genre.

CHAPITRE XXX.

— La victoire est à vous, sire.
— Elle est glorieuse et couronne dignement notre clémence. Les morts ont nos regrets ; les vivants, nos souhaits empressés pour leur bonheur.

BEAUMONT ET FLETCHER.

La fatigue me retint au lit plus tard qu'à l'ordinaire. Quand je descendis pour prendre un moment l'air avant le déjeuner, je vis de loin la tante Mary, dont les yeux étaient fixés sur un ravin boisé qui lui rappelait de cruels souvenirs. C'était là que son fiancé avait été tué il y avait près d'un quart de siècle, et elle revoyait, pour la première fois depuis lors, le théâtre de ce triste événement.

Respectant son émotion, je dirigeai ma promenade d'un autre côté, et je ne tardai pas à rencontrer mon père et ma mère qui se promenaient bras dessus bras dessous, parcourant les lieux témoins de tant de scènes intéressantes de leur jeunesse.

— Nous parlions de vous, Mordaunt, me dit le général dès qu'il m'aperçut. Voici un domaine qui acquiert de l'importance et qui en acquerra davantage de jour en jour. Naturellement vous songerez bientôt à vous marier, et nous disions, votre mère et moi, que vous devriez vous construire ici une maison en bonnes pierres de taille, et vivre dans vos terres. Vous ne sauriez croire les bons effets que vous en retireriez. Rien ne contribue autant à civiliser un pays que la présence d'une famille dont les mœurs, les manières, les habitudes, puissent servir de modèle.

— Je serai toujours disposé, mon père, à suivre vos conseils ; mais ce n'est pas une petite entreprise que de construire un édifice semblable, et je ne pourrais jamais réunir assez d'argent.

— On vous aidera, mon fils, on vous aidera. D'ailleurs, la dépense sera moins forte que vous ne pensez. Les matériaux sont à bas prix, la main-d'œuvre n'est pas grand'chose à présent. Nous avons fait quelques économies que nous ne saurions mieux employer. Choisissez l'emplacement, jetez les fondations cet automne, faites préparer les bois ; enfin disposez tout pour que vous puissiez faire votre repas de Noël, en 1785, dans votre nouvelle résidence. Nous viendrons tous alors pendre la crémaillère, et vous pourrez vous marier.

— Serait-il arrivé quelque chose qui puisse vous faire croire que je sois si pressé de me marier, mon père ? A la manière dont vous parlez mariage et constructions nouvelles, comme si ces deux idées se rattachaient ensemble dans votre esprit, on serait tenté de le supposer.

Le général regarda ma mère en souriant, et pendant qu'il me répondait, ma grand'mère arriva doucement derrière nous, et vint se pendre à son autre bras.

— J'avoue, mon garçon, que vous ne seriez pas un Littlepage, si vous pouviez voir tous les jours une jeune personne aussi charmante que celle qui est maintenant auprès de vous, sans tomber amoureux d'elle.

Ma grand'mère et ma mère manifestèrent quelque embarras. Elles trouvaient sans doute que le général voulait aller un peu trop vite en besogne ; c'était, suivant elles, risquer de tout compromettre. Quant à moi, mon parti fut bientôt pris. Je résolus de m'armer d'une entière franchise ; et qui sait si je trouverais une occasion plus favorable de révéler mon secret ?

— Ce n'est pas avec vous, mon père, que je voudrais m'entourer de mystère, et je vous exposerai sans détour l'état de mon cœur. Je suis un vrai Littlepage, croyez-le bien. Si j'ai vu tous les jours une jeune personne charmante, mon cœur est loin d'être resté insensible ; et mon désir de me marier est tel que j'espère bien ne pas attendre que le nouveau manoir de Ravensnest soit élevé.

Les acclamations de joie qui suivirent cette déclaration me firent mal, puisqu'elles ne pouvaient être causées que par un malentendu. Je m'empressai de faire cesser l'erreur de mes parents.

— Je crains bien, leur dis-je avec une certaine confusion, que vous ne m'ayez pas compris.

— Si fait, mon garçon, parfaitement au contraire. Vous aimez Priscilla Bayard; mais vous n'avez pas encore osé vous déclarer. Pourquoi cela, Mordaunt? Sans doute votre réserve est louable et je la comprends; mais il ne faut pas la pousser trop loin, et quand un homme d'honneur a fait son choix, il doit, suivant moi, se prononcer immédiatement, et ne point tenir en suspens l'objet préféré.

— Ce n'est point là un reproche que j'aie à me faire, et peut-être me suis-je trop avancé avant de consulter ma famille. Je dois commencer par vous dire que je n'éprouve pour miss Bayard que les sentiments d'une sincère amitié, et qu'il en est de même de ses sentiments à mon égard.

— Mordaunt! s'écria une voix que je n'ai jamais entendue sans qu'elle excitât dans mon âme une émotion profonde.

— Ma bonne mère, je n'ai dit que la vérité, et tout mon regret, c'est de n'avoir point parlé plus tôt. J'aurais beau demander à miss Bayard sa main, qu'elle me la refuserait.

— Qu'en savez-vous, Mordaunt, qu'en savez-vous? dit ma grand'mère en prenant vivement la parole. Il ne faut pas juger les jeunes personnes d'après les mêmes règles que les jeunes messieurs. Des partis semblables ne se présentent pas tous les jours; je le lui dirai bien à elle-même; et elle a trop d'esprit et de bon sens pour faire une pareille sottise. Certes, il ne m'appartient pas de dire quels sont les sentiments de Priscilla à votre égard; mais si son cœur est libre, et si ce n'est pas Mordaunt Littlepage qui l'a dérobé, je ne connais plus rien à mon sexe.

— Mais vous oubliez, bonne grand'maman, qu'en admettant que vos suppositions si bienveillantes fussent vraies, et j'ai de bonnes raisons de croire le contraire, il y aurait toujours un obstacle invincible; c'est que j'en aime une autre!

Cette fois, la sensation fut si profonde qu'il en résulta un silence général. Précisément à ce moment survint une interruption, tout à la fois des plus douces et des plus étranges, qui m'épargna la nécessité de m'expliquer sur-le-champ.

Le lecteur n'a peut-être pas oublié que dans les murs extérieurs de la maison se trouvaient des meurtrières, qui y avaient été ménagées pour offrir des moyens de défense, et qui, dans ces temps paisibles, servaient de petites fenêtres. Nous étions immédiatement au-dessous d'une de ces ouvertures, et nous causions assez bas pour ne pouvoir être entendus d'en haut. Tout à coup de cette meurtrière sortirent des accents d'une douceur exquise. C'était un hymne indien, s'il m'est permis de l'appeler ainsi, sur une plaintive mélodie écossaise. En regardant du côté de la tombe du porte-chaine, je vis Susquesus qui y était debout, et je compris sous quelle impression Ursule s'était mise à chanter. Les paroles m'avaient été expliquées, et je savais qu'elles faisaient allusion à la mort d'un guerrier.

Ma mère porta un doigt à ses lèvres comme pour nous recommander le silence, et son regard charmé, son air attendri, toute son attitude, indiquaient le plaisir et l'émotion qu'elle éprouvait. Mais quand la chanteuse changea subitement de langage, et qu'après les derniers sons du dialecte onondago, elle entonna de la voix la plus suave un hymne anglais très-court, mais plein de piété et d'espérance, les yeux de ma mère et de ma grand'mère se remplirent de larmes, et le général lui-même se moucha bruyamment pour cacher son émotion. Les accents s'éteignirent bientôt, et cette ravissante mélodie cessa.

— Au nom du ciel, Mordaunt, quelle est cette ravissante fauvette? demanda mon père.

— C'est la personne qui a reçu ma foi, celle que j'épouserai, ou je ne me marierai jamais!

— C'est donc Ursule Malbone, dont Priscilla Bayard ne fait que me parler depuis un jour ou deux? dit ma mère, comme si elle eût été éclairée d'une lumière soudaine; je ne dois pas m'en étonner si seulement la moitié des éloges de Priscilla sont mérités.

Jamais il n'y eut de meilleure mère que la mienne. A toutes les qualités d'une dame du monde elle joignait l'humilité et la piété d'une chrétienne. Cependant il est des convenances sociales qu'on ne peut se dispenser d'observer, et ce principe devient plus rigoureux encore quand il s'agit de mariage. Des parents éclairés ne sauraient pousser trop loin la prudence à cet égard, et les unions bien assorties, plus encore pour le caractère et pour la position dans le monde que pour la fortune, peuvent seules assurer un bonheur durable. Mes parents partageaient à cet égard l'opinion générale, et ils pensaient sans doute que la nièce d'un porte-chaîne, qui elle-même avait porté la chaîne, car j'avais fait une légère allusion à cette circonstance dans une de mes lettres, n'était guère un parti convenable pour le fils unique du général Littlepage. Ils ne le dirent pas positivement; mais je pus le présumer d'après une ou deux questions que m'adressa mon père avant de me quitter.

— Dois-je comprendre, Mordaunt, me demanda-t-il d'un air grave que n'expliquait que trop bien l'annonce imprévue d'une semblable nouvelle, que vous êtes lié par un engagement positif à cette jeune fille?

— Ursule Malbone, par sa naissance et par son éducation, est au niveau des familles les plus distinguées, et loin d'avoir à rougir de son alliance, permettez-moi de vous assurer, mon père, qu'on ne peut que s'en honorer.

— Et quelle est la nature de cet engagement?

— J'ai offert ma main à Ursule; que j'aie agi témérairement, avec une précipitation coupable, lorsque avant tout j'aurais dû consulter ma mère et vous, j'en conviens de grand cœur; mais il est difficile dans des affaires de cœur de suivre toujours les conseils de la raison! Sans doute, mon père, dans votre temps, vous eûtes plus de force et de courage, — un léger sourire, que je surpris sur les lèvres de ma mère, sembla me faire entendre que le général n'avait guère droit à cet éloge; — mais j'espère que vous me pardonnerez en songeant à l'influence d'une passion à laquelle nous avons tous tant de peine à résister.

— Mais, enfin, cet engagement, quel est-il, Mordaunt? Ce n'est point que vous seriez marié?

— Loin de moi une pareille pensée, mon père! jamais je n'aurais manqué à ce point au respect que je vous dois. Je me suis offert, et j'ai été accepté sous condition.

— Laquelle?

— Le consentement plein et entier de toute ma famille. J'ai lieu de croire qu'Ursule m'aime, et qu'elle me donnerait sa main avec joie, si elle était sûre de vous plaire; mais rien au monde ne saurait la décider à y consentir autrement.

— C'est quelque chose, et c'est une preuve que la jeune fille a des principes. — Mais qui vient là ?

C'était Frank Malbone donnant le bras à Priscilla Bayard, et l'un et l'autre si occupés de ce qu'ils se disaient qu'ils ne voyaient pas qu'ils n'étaient point seuls. Je suis sûr qu'ils se croyaient au milieu des bois, à l'abri de tout œil profane, et libres de se parler et de se regarder à leur aise ; ou bien encore, ce qui est plus probable, ils ne pensaient à rien qu'à eux-mêmes. Ils sortirent de la cour, et entrèrent dans le verger, semblant à peine raser la terre, et aussi heureux que les oiseaux qui voltigeaient autour d'eux de branche en branche.

— Tenez, mes chers parents, dis-je avec une intention marquée, voilà la preuve que miss Priscilla Bayard n'en mourra pas.

— Voilà qui est bien extraordinaire, en effet ! s'écria ma grand'-mère toute désappointée. N'est-ce pas le jeune homme qui secondait le porte-chaîne, et qui était son arpenteur, Corny ?

— Lui-même, ma mère, répondit le général, et à en juger par une conversation que j'ai eue hier avec lui, c'est un charmant jeune homme. Il est évident que nous nous sommes tous trompés, quoique je ne puisse dire qu'on ait voulu nous tromper volontairement.

— Voici Kate, dont la figure semblerait annoncer qu'elle est au fait, ajoutai-je en voyant ma sœur qui débusquait derrière l'angle du bâtiment. A son regard, à son maintien, il était impossible de ne pas reconnaître qu'elle était sous l'influence de quelque grande préoccupation. Dès qu'elle nous eut rejoints, elle prit mon bras sans parler, et suivit mon père, qui nous conduisit à un arbre entouré d'un banc de bois. Quand nous fûmes tous assis, ma grand'mère fut la première à rompre le silence.

— Chère Kate, dit-elle, voyez-vous Priscilla qui se promène là-bas avec M. Frank le porte-chaîne ou l'arpenteur, car je ne sais pas trop son nom ?

— Oui, grand'maman, répondit Catherine avec une certaine malice.

— Et pourriez-vous nous expliquer ce que cela signifie, chère enfant ?

— Très-aisément, grand'maman, si Mordaunt le désire.

— Parlez, Kate, parlez sans crainte. Ne craignez pas de me faire de la peine; je saurai prendre mon parti.

Le regard que me jeta Catherine me remplit d'une vive reconnaissance, et je sentis combien l'affection d'une sœur est une douce chose! Sans doute mon air tranquille et souriant suffit pour la rassurer complétement, et elle raconta ce qu'elle venait d'apprendre.

— Voici mon explication qui est fort simple, dit-elle. Ce jeune homme est M. Francis Malbone; c'est le fiancé de Priscilla. — Oui, vous avez beau me regarder d'un air surpris; rien n'est plus certain. Je tiens tous les détails de Priscilla elle-même.

— Voudriez-vous donc bien nous répéter ce que nous pouvons en savoir? demanda gravement le général.

— Bien volontiers, d'autant plus que Priscilla ne désire rien cacher. Voilà plusieurs années qu'elle connaît M. Malbone, et leur attachement remonte à une date déjà bien éloignée. Le manque de fortune était la seule objection. M. Bayard le père la regardait comme très-grave, et Priscilla ne voulut pas s'engager. Mais vous vous rappelez peut-être, ma chère maman, d'avoir entendu parler de la mort d'une vieille mistress Hazleton, décédée cet été à Bath, en Angleterre, et dont les Bayards portent encore le deuil?

— Assurément, mon enfant. Mistress Hazleton était la tante de M. Bayard; je la connaissais beaucoup avant qu'elle eût émigré. M. Hazleton était un colonel à la demi-solde; c'était un tory prononcé, cela va sans dire. Sa femme se nommait Priscilla, et elle fut la marraine de miss Bayard.

— Justement. Eh bien, elle a laissé à sa filleule dix mille livres sterling dans les fonds publics, et les Bayards consentent à présent au mariage de leur fille avec M. Malbone. On dit en même temps, — mais je ne crois pas que cette considération soit entrée pour rien dans le consentement donné, car M. Bayard et sa femme sont d'un extrême désintéressement, — on dit que, par suite d'un décès survenu dans la famille, M. Malbone se trouve le plus proche héritier d'un vieux parent qui est très-riche.

— J'avais bien raison, comme vous voyez, m'écriai-je, de dire que miss Bayard se consolerait facilement d'apprendre que j'aime

Ursule. A votre mine, petite sœur, je serais tenté de croire que vous soupçonniez encore cette nouvelle?

— Oui, monsieur mon frère, et je vous dirai même que j'ai vu la jeune personne, et que je ne suis pas surprise de votre choix. Anneke et moi, nous avons passé deux heures avec elle ce matin ; et puisque vous ne pouvez épouser Priscilla, je ne connais personne qui puisse mieux la remplacer. Anneke en raffole !

Cette chère Anneke ! avec son esprit calme et judicieux, il lui avait suffi d'une seule entrevue pour apprécier Ursule. Il est vrai que la nièce du porte-chaîne, encore sous l'impression d'émotions si vives et si poignantes, avait banni en grande partie cette réserve qui lui était naturelle, et ses rares et solides qualités s'étaient révélées à sa nouvelle amie. Elle n'avait pas été lui confier, comme quelque petite sotte pensionnaire n'eût pas manqué de le faire, l'état de son cœur, et lui révéler notre attachement réciproque. Si ma sœur en était instruite, c'était par Priscilla Bayard, à qui Frank n'avait rien eu de plus pressé que de tout raconter. Catherine m'avoua plus tard que son amie lui avait exprimé tout son bonheur d'apprendre que la préférence qu'elle avait accordée à Frank avant de me connaître ne me causerait aucun regret, et qu'elle avait l'espoir de m'avoir pour beau-frère.

— Voilà qui me passe, s'écria le général ; qui s'y serait jamais attendu ?

— Nous n'avons pas à nous occuper du choix de miss Bayard, dit ma mère avec sa rectitude d'esprit ordinaire. Elle est sa maîtresse, et si ses parents approuvent son choix, nous n'avons pas une seule observation à faire. Quant à la personne dont parle Mordaunt, il trouvera sans doute tout naturel que nous prenions le temps de nous former une opinion à son égard.

— C'est tout ce que je demande, ma bonne mère. Attendez, pour vous prononcer, que vous ayez vu Ursule, que vous la connaissiez à fond. Vous jugerez alors si elle mérite de devenir votre fille. Je me soumets d'avance à votre décision.

— Très-bien, mon fils ; votre mère et moi, nous n'en demandons pas davantage, dit le général.

— Après tout, Anneke, reprit ma mère, je ne sais trop si nous ne serions pas en droit de nous plaindre de la conduite de miss Bayard envers nous. Si elle nous eût laissé entrevoir le moins du monde que son cœur appartînt à ce Malbone, je ne me serais point donné tant de peines pour décider mon petit-fils à penser sérieusement à elle.

— Tranquillisez-vous, bonne maman, m'écriai-je ; votre petit-fils n'a jamais pensé sérieusement à elle une seule minute. Le plus grand bonheur qui puisse m'arriver, c'est d'apprendre que Priscilla Bayard doit épouser Frank Malbone ; — excepté toutefois celui d'acquérir la certitude que moi-même j'épouserai sa sœur.

— Je n'y conçois rien, en vérité! Dire que je n'ai jamais entendu parler de cette jeune personne, et que, par conséquent, je n'ai pu encore vous la proposer !

— Vous la connaîtrez, ma chère bonne maman, et vous vous convaincrez qu'aucun choix ne saurait mieux me convenir.

Mais à quoi bon répéter tout ce qui se dit dans cette longue conversation, si intéressante pour moi? Certes, j'avais tout lieu d'être content; car mes parents ne pouvaient me montrer ni plus de bonté, ni plus d'indulgence. J'avoue cependant que, quand un domestique vint annoncer que le déjeuner était servi, et que miss Ursule nous attendait dans la salle à manger, je tremblai un peu que l'effet qu'elle allait produire ne répondît pas entièrement à mon attente. Elle avait beaucoup pleuré depuis une semaine ; et, quand je l'avais vue, la veille, à l'enterrement, elle était pâle et abattue. Je n'étais pas sans une certaine inquiétude.

Anneke, Priscilla, la tante Mary, Frank et Ursule étaient assis déjà quand nous entrâmes. Ursule occupait le haut bout de la table. Elle n'avait pas commencé à verser le thé ou le café ; elle attendait respectueusement l'arrivée des convives qu'on pouvait regarder comme les plus importants. Dès que je la vis, je fus complétement rassuré : jamais elle ne m'avait paru plus jolie. Ses cheveux blonds, ses joues roses, ses yeux brillants, faisaient un contraste charmant avec ses vêtements de deuil. Ses traits avaient repris leur enjouement et leur fraîcheur. Le fait était que la position de fortune de son frère était beaucoup meilleure qu'on ne nous l'avait dit d'abord. Frank avait trouvé des lettres où son vieux parent lui annonçait la mort de son fils unique, et sa résolution de l'adopter. Il le pressait de venir auprès de lui avec Ursule, pour partager sa fortune. C'en était assez pour rendre à la chère enfant sa sérénité. Sans doute elle regrettait sincèrement son oncle le porte-chaîne, et elle le pleura longtemps ; mais sa douleur était celle d'une chrétienne qui sait que la résignation est le premier devoir, et que celui qui a bien vécu en est récompensé dans le ciel.

Il était facile de remarquer la surprise qui se manifesta sur la figure de tous mes parents, lorsque miss Malbone se leva avec l'assurance d'une personne qui sent que maintenant sa position lui donne le droit d'échanger, sur le pied de l'égalité, les politesses d'usage en pareille occasion. Il était impossible de montrer plus de grâce et plus d'aisance. La nature avait fait beaucoup pour elle ; et elle avait eu, en outre, l'avantage d'être élevée avec plusieurs jeunes personnes des premières familles des colonies. Ma mère fut enchantée ; car décidée, au fond du cœur, à traiter Ursule comme sa fille, elle était ravie de voir qu'il lui serait si facile de l'aimer. Elle pensait plus que jamais qu'il était de mon honneur de tenir la promesse que j'avais faite. Le général n'aurait pas été si scrupuleux, quoiqu'il convînt que j'avais de grandes obligations à la famille ; mais il avait eu beau fermer tous les abords de la citadelle de son cœur ; Ursule emporta la place d'assaut. Une douce mélancolie semblait ajouter encore à sa beauté, et répandait une grâce de plus sur toute sa personne. En un mot, c'étaient une surprise et une admiration générales.

Une heure ou deux plus tard, mon excellente grand'mère vint me trouver et m'emmena à l'écart pour avoir, disait-elle, un moment d'entretien avec moi.

— Eh bien, Mordaunt, il est grandement temps, mon cher enfant, que vous songiez, comme on dit, à faire une fin, et à vous marier. Puisque heureusement miss Bayard n'est point libre, je ne vois pas ce que vous pourriez faire de mieux que d'offrir vos hommages à miss Malbone. Jamais je n'ai vu de plus belle personne, et Priscilla m'assure qu'elle est aussi bonne, aussi sage, aussi vertueuse que belle. Elle est d'une bonne naissance ; elle a reçu une éducation convenable ; elle peut avoir une jolie fortune, si ce vieux Malbone est aussi riche qu'on le dit, et s'il persévère dans ses bonnes intentions. Croyez-moi, mon cher enfant, épousez Ursule Malbone.

Cette chère bonne maman ! j'ai suivi ses conseils, et je suis persuadé que jusqu'à son dernier jour elle a été heureuse de penser que c'était elle qui avait décidé cette union.

Le général Littlepage et le colonel Follock prolongèrent leur séjour pour visiter leurs propriétés, et revoir quelques sites qui avaient pour eux un grand intérêt. Ma mère et la tante Mary parurent aussi rester avec plaisir, car l'aspect des lieux rappelait des événements dont le souvenir n'était pas sans charmes. Pendant ce temps Frank était allé voir son cousin, et il revint que nous étions encore tous réunis. Pendant son absence, tout avait été préparé pour mon mariage avec sa sœur. Il eut lieu deux mois, jour pour jour, après les funérailles du porte-chaîne. Un ministre vint d'Albany pour célébrer la cérémonie ; car aucun de nous n'appartenait à l'ordre des congrégationistes.

La noce se fit sans pompe et sans éclat ; mais le contentement des mariés se refléta sur tous ceux qui les entouraient. Ma mère ne pouvait se lasser d'embrasser Ursule, et j'eus la satisfaction de voir que sans effort, et par le seul ascendant du plus heureux naturel, ma petite femme se faisait aimer de plus en plus de toute ma famille.

— Jamais je n'aurais osé espérer un bonheur si complet ! me dit Ursule, un soir que nous nous promenions ensemble sur la pelouse, quelques minutes après qu'elle venait de s'arracher des bras de ma mère, qui l'avait embrassée et bénie comme sa fille bien-aimée ; — avoir été choisie par vous, et me voir si complétement adoptée par vos parents ! Je n'avais jamais su jusqu'à ce moment ce que c'est que d'avoir une mère. Mon oncle le porte-chaîne faisait pour moi tout ce qu'il pouvait, et je chérirai sa mémoire tant que je vivrai ; mais ce n'était pas la même chose. Que mon sort est digne d'envie, et que j'étais loin de le mériter ! Non-seulement vous me donnez un père et une mère pour lesquels je me sens portée de la même tendresse que si c'étaient ceux que la nature m'avait accordés, mais vous me donnez en même temps deux sœurs comme il n'en existe pas !

— Oui ; mais ajoutez qu'il vous a fallu prendre en même temps un mari, et je crains bien que les autres avantages ne vous paraissent trop chèrement achetés, quand vous viendrez à le mieux connaître.

Ursule sourit de manière à me convaincre qu'elle n'avait pas d'inquiétude à cet égard. Je ne savais pas encore, mais je devais apprendre par une bien douce expérience, que l'affection d'une épouse tendre et dévouée s'accroît de jour en jour, au lieu de diminuer, et finit par faire partie de son existence morale. Je ne suis point partisan de ce qu'on appelle strictement des mariages de raison; et je crois qu'une union aussi solennelle, aussi durable, doit être cimentée par un attachement réciproque, et par la mise en commun de tous les sentiments et de toutes les pensées ; mais j'ai vécu assez longtemps pour comprendre que, quelque vives, quelque ardentes que soient les passions de la jeunesse, elles ne procurent point de bonheur comparable à celui qu'on goûte dans les affections profondes et éprouvées d'un heureux ménage.

Enfin nous étions mariés! La cérémonie avait eu lieu de grand matin, afin que nos amis pussent gagner la grande route avant que la nuit les surprît. Le repas qui suivit fut silencieux, parce que chacun était occupé de ses pensées. Avant de partir, ma mère prit Ursule dans ses bras, et l'accabla littéralement de caresses et de bénédictions; le général en fit autant, et il dit à la mariée, qui souriait à travers ses larmes, de ne pas oublier que désormais elle était sa fille. — Mordaunt, au fond, est un bon garçon, ajouta-t-il, et il vous aimera comme il l'a promis ; mais, s'il vous donne jamais la plus légère ombre de chagrin, venez me trouver, et je le tancerai d'importance.

— Vous n'avez rien à craindre de Mordaunt, dit ma digne grand'mère, dont le tour était venu de faire ses adieux ; c'est un Littlepage, et tous les Littlepage font d'excellents maris. Ce garçon est tout le portrait de ce qu'était son grand-père à son âge.
— Dieu vous bénisse, ma fille! quand vous viendrez à Satanstoe cet automne, j'aurai grand plaisir à vous montrer le portrait de mon général à moi.

Anneke, Kate, Priscilla, serrèrent tellement Ursule dans leurs bras, que je tremblais qu'elles ne l'étouffassent. Frank prit congé de sa sœur avec la même tendresse qu'il lui avait toujours montrée.

Il était trop heureux lui-même pour verser beaucoup de larmes, quoique Ursule éprouvât un profond attendrissement. La chère enfant ne pouvait s'empêcher sans doute d'établir dans son esprit des comparaisons entre le passé si triste et le présent si heureux !

A la fin de la lune de miel, j'aimais Ursule deux fois plus encore qu'au moment de notre mariage. Si quelqu'un m'eût dit d'avance que cela était possible, je n'aurais jamais voulu le croire ; et cependant le fait était certain, et cet attachement s'accrut encore de jour en jour. Nous quittâmes alors Ravensnest pour Lilacsbush, et j'eus le plaisir de voir mon Ursule faire son entrée dans le monde, dans celui du moins qu'elle était destinée à voir, avec un succès complet. Cependant, avant de quitter la concession, tous mes plans avaient été faits pour la construction de la maison dont mon père avait parlé. Les fondations en furent faites dans la saison même, et, l'année suivante, nous y célébrâmes les fêtes de Noël : Ursule alors m'avait rendu père d'un beau garçon.

Ai-je besoin d'ajouter que Frank et Priscilla, Thomas et Catherine se marièrent très peu de temps après nous, et que ces unions furent parfaitement heureuses ? le vieux M. Malbone ne passa pas l'hiver, et il laissa toute sa fortune à son cousin. Frank voulait la partager avec sa sœur, mais je m'y opposai. Je n'avais épousé Ursule que pour elle-même, et son cœur était un trésor trop précieux pour que je ne dusse pas m'estimer encore trop heureux de le posséder. Ce que je pensais en 1785, je le pense encore aujourd'hui. Il fallut bien accepter quelques riches cadeaux en argenterie et en bijoux, mais je refusai obstinément tout partage de la fortune. L'accroissement rapide de New-York ne tarda pas à donner une grande valeur aux propriétés que nous y avions, et nous devînmes bientôt plus riches qu'il n'était nécessaire à notre bonheur. J'espère n'avoir jamais fait un mauvais usage des dons de la Providence ; ce dont je suis sûr du moins, c'est que de tout ce que je possédais, ce que j'aimais, ce que j'estimais le plus, c'était Ursule.

Je dois dire un mot de Jaap et de Susquesus. Tous deux vivent encore, et ils demeurent à Ravensnest. Je fis construire pour l'Indien, à peu de distance de la maison, une petite habitation dans un certain ravin qui avait été le théâtre d'un de ses premiers exploits dans cette partie du pays. Voilà vingt ans qu'il l'occupe, et il espère y mourir. Il est maintenant d'un grand âge, mais il a conservé son agilité et sa vigueur, et je ne serais pas surpris qu'il allât jusqu'à cent ans. Il en est de même de Jaap; le vieux nègre tient bon, et il jouit de la vie en vrai descendant des Africains. Susquesus et lui sont inséparables, et ils vont souvent, même en plein hiver, faire de longues parties de chasse dans la forêt, et ils reviennent chargés de gibier. Jaap demeure avec nous, mais il couche la moitié du temps dans le wigwam de Susquesus, comme nous appelons son habitation. Les deux vieux amis se querellent parfois; mais comme ils ne boivent ni l'un ni l'autre, les querelles ne sont jamais ni longues ni sérieuses. Elles proviennent généralement de leurs différences d'opinion sur la philosophie morale, en ce qu'elle se rapporte à la manière différente d'envisager le passé et l'avenir.

Laviny continua de rester avec nous, et elle finit par épouser un de mes fermiers. Pendant les premiers mois qui avaient suivi mon mariage, elle m'avait paru triste et pensive; c'était sans doute le regret d'être séparée de sa famille; mais cette impression s'effaça bientôt, et elle est heureuse. Elle a encore meilleure mine depuis que l'influence de la civilisation s'est fait sentir sur elle, et j'ai la satisfaction d'ajouter qu'elle n'a jamais eu à se repentir de s'être attachée à nous. Elle est notre voisine, a pour ma femme la plus tendre et la plus respectueuse amitié, et elle cherche toutes les occasions de se rendre utile. C'est surtout en cas de maladie de l'un de nos enfants que ses soins nous sont précieux.

Que dirai-je de l'écuyer Newcome? Il vécut jusqu'à un âge très-avancé, car il n'est mort que tout récemment; et auprès d'un grand nombre de ceux qui le connaissaient, ou plutôt qui ne le connaissaient pas, il passa pour un des sages de la terre. Je n'intentai point de poursuites contre lui par suite de sa complicité avec les squatters, et il ne sut jamais positivement jusqu'à quel point j'étais instruit de ses tours. Cet homme devint une sorte de patriarche dans son église; il fut plus d'une fois membre de l'Assemblée, et il continua jusqu'à son dernier jour à être accablé des marques de la faveur publique; et cela uniquement parce que ses habitudes le mettaient en contact journalier avec les masses, et qu'il prenait le plus grand soin de ne jamais leur dire une vérité qui leur fût désagréable. Il eut une fois la témérité de se mettre en opposition avec moi pour devenir membre du Congrès, mais cette tentative avorta ; quarante ans plus tard, elle eût été sans doute couronnée de succès. Malgré toutes ses ruses et toutes ses friponneries, Jason mourut pauvre. Son avidité pour l'or avait dépassé le but, et elle fut la cause de sa ruine. Ses enfants, qui continuent à demeurer auprès de nous, n'ont donc guère hérité que de ses manières vulgaires, et de son esprit cauteleux et dissimulé. C'est ainsi que la Providence « fait retomber les fautes des pères sur les enfants jusqu'à la troisième et quatrième génération. »

Il reste peu de chose à dire. Les propriétaires de Mooseridge ont réussi à se défaire avantageusement de tous les lots de terres qu'ils ont mis en vente, et ils ont réalisé des sommes considérables. La pauvre tante Mary ne tarda pas à mourir, victime de la petite vérole. Je n'ai pas besoin de dire qu'elle ne s'était point mariée, et elle partagea sa fortune entre mes sœurs et une certaine dame Ten Eyck, qui n'était pas heureuse, et dont le principal titre à ses yeux était d'être, je crois, cousine éloignée de son ancien amant. Ma mère pleura longtemps la mort de son amie, et nous partageâmes sa douleur ; mais nous eûmes la consolation de penser qu'elle était heureuse avec les anges.

Je fis construire, dans les vastes terrains qui s'étendaient autour de notre nouvelle habitation, un monument convenable sur la tombe du porte-chaîne. Mes enfants vont souvent lire et commenter l'inscription simple qui s'y trouve, et ils ne parlent qu'avec respect de leur oncle le porte-chaîne. Excellent homme ! Sans doute il n'était pas à l'abri des faiblesses humaines ; mais toute sa vie n'avait été qu'une nouvelle démonstration de cette vérité : qu'à tout prendre, et même au seul point de vue humain, la simplicité, la droiture et la franchise réussissent encore souvent mieux que la duplicité, l'esprit de chicane et la mauvaise foi.

FIN DU PORTE-CHAÎNE.

www.ingramcontent.com/pod-product-compliance
Lightning Source LLC
Chambersburg PA
CBHW060334170426
43202CB00014B/2779